ARCHITECTURE INSIDE-OUT
UNDERSTANDING HOW BUILDINGS WORK

イラスト解剖図鑑
世界の遺跡と名建築

イラスト解剖図鑑

世界の遺跡と名建築

John Zukowsky & Robbie Polley
ジョン・ズコウスキー&ロビー・ポリー

目次

序 6

公共 12

コロッセウム ローマ, イタリア 16
ディオクレティアヌス宮殿 スプリト, クロアチア 22
ドゥカーレ宮殿 ヴェネチア, イタリア 28
アメリカ合衆国議会議事堂 ワシントンD.C., アメリカ 34
クライスラー・ビル ニューヨーク, ニューヨーク州, アメリカ 38
ダレス国際空港 シャンティリー, バージニア州, アメリカ 44
立法議会議事堂 チャンディーガル, インド 48
バングラデシュ国会議事堂 ダッカ, バングラデシュ 54
ライヒスターク ベルリン, ドイツ 58
ロンドン・アクアティクス・センター ロンドン, イギリス 64
ワールド・トレード・センター駅 ニューヨーク, ニューヨーク州, アメリカ 70

モニュメント 76

パルテノン神殿 アテネ, ギリシア 80
アンコール・ワット シェムリアップ, カンボジア 86
タージ・マハル アグラ, インド 92
ヴェルサイユ宮殿 ヴェルサイユ, フランス 96
モンティチェロ シャーロッツビル, バージニア州, アメリカ 102
アインシュタイン塔 バーベルスベルク, ドイツ 108

芸術と教育 112

- サー・ジョン・ソーンズ美術館　ロンドン, イギリス　116
- グラスゴー美術学校　グラスゴー, イギリス　122
- バウハウス　デッサウ, ドイツ　126
- バルセロナ・パビリオン　バルセロナ, スペイン　130
- ソロモン・R・グッゲンハイム美術館　ニューヨーク, ニューヨーク州, アメリカ　134
- ベルリン・フィルハーモニー　ベルリン, ドイツ　140
- キンベル美術館　フォートワース, テキサス州, アメリカ　146
- シドニー・オペラ・ハウス　シドニー, オーストラリア　150
- ポンピドー・センター　パリ, フランス　156
- グラン・ルーヴル　パリ, フランス　162
- グッゲンハイム美術館ビルバオ　ビルバオ, スペイン　168
- 国立アフリカ系アメリカ人歴史文化博物館　ワシントンD.C., アメリカ　174

生活 180

- ボーヌの施療院　ボーヌ, フランス　184
- ヴィラ・アルメリコ・カプラ「ヴィラ・ラ・ロトンダ」　ヴィチェンツァ, イタリア　188
- タッセル邸　ブリュッセル, ベルギー　192
- シュレーダー邸　ユトレヒト, オランダ　196
- メゾン・ド・ヴェール（ガラスの家）　パリ, フランス　200
- 落水荘　ミル・ラン, ペンシルベニア州, アメリカ　206
- マイレア邸　ノルマルク, フィンランド　210
- ルイス・バラガン邸　メキシコシティ, メキシコ　214
- イームズ邸　パシフィック・パリセーズ, カリフォルニア州, アメリカ　220
- 中銀カプセルタワー　東京, 日本　224
- アブソリュート・タワーズ　トロント, カナダ　230

宗教 234

- アヤソフィア　イスタンブール, トルコ　238
- コルドバの聖マリア大聖堂　コルドバ, スペイン　244
- シャルトル大聖堂　シャルトル, フランス　250
- 金閣寺　京都, 日本　256
- サンタ・マリア・デル・フィオーレ大聖堂　フィレンツェ, イタリア　260
- バターリャ修道院　バターリャ, ポルトガル　266
- サン・ピエトロ大聖堂　バチカン, ローマ, イタリア　270
- セント・ポール大聖堂　ロンドン, イギリス　276
- ノートルダム・デュ・オー礼拝堂　ロンシャン, フランス　282
- サグラダ・ファミリア　バルセロナ, スペイン　288

主な参考文献 294

用語集 296

索引 298

クレジット 303

序

●著者
ジョン・ズコウスキー
John Zukowsky

　この本の目次だけを見てみると、これらのような世界の有名なランドマークについて、新たな解説書が本当に必要なのかと疑問に思うかもしれません。パルテノン神殿、コロッセウム、アヤソフィア、シャルトル大聖堂といった50の有名建築についていまさら語ることがあるのか、と。実際この本に掲載されている建物には、ユネスコ（国際連合教育科学文化機関）が指定する世界遺産リストに登録されているものなど、世界的によく知られているモニュメントが多く含まれています。その一方で、独自の外観とデザイン手法が時代を超えて世界的なランドマークとなっていく可能性をもった現代建築も含まれています。それらの建物はいずれも名作と呼ばれるような芸術作品に匹敵するものであり、何度でも見る価値があります。すべての偉大な芸術がそうであるように、これらの建物を繰り返し訪れることはそれまで気付いていなかった新たな魅力の発見につながるかもしれません。建物の創造主と、それが生み出された社会の価値について、それらはいつも私たちに語りかけてくれるのです。

　この本では、建物に刻み込まれた歴史的および社会文化的背景をなるべく紹介するように心がけました。選ばれた建物のなかには、お馴染みのものだけでなく、少し意外に思われるものもあるでしょう。もしあなたのお気に入りの建物が見つからなかった場合には、私たちはそのことを謝罪しつつ、世界のモニュメントを50例だけに絞り込むことは実に困難な作業であったと言い添えたいと思います。チームによって行われた建物選定の過程では、この種の解説書では必然的に避けられない、多くの議論が行われました。しかし私たちが最終的に何をどのように選定したかはとにかく、取り上げられたすべての建物は建築イラストレーターのロビー・ポリーのスケッチによって切り取られ、視覚的に解体されました。彼の説得力のある描写によって、昨今の建築CGによる解析のごとく、建築の構成が可視化されています。ポリーの絵はまた、建築が概して紙の上に表現されるひとつのアイデアから始まったものであることを想起させます。少なくとも中世以降はそうであるし、おそらく古典時代もそうであったことでしょう。現存する最古の設計図はスイスのザンクトガレン修道院図書館内に収容されている、縫製された5枚の羊皮紙上に描かれた『ザンクトガレンの修道院平面図』（817頃〜23）であるといわれています。13世紀から16世紀にかけて羊皮紙に描かれた中世の建築図はそのほかにも500点ほどあり、ヨーロッパのあちこちの収蔵庫、特にその多くはウィーン美術アカデミーの収蔵庫に保管されています。

　図面作成から建設にいたるまでのプロセスは確立されたものです。ナプキンに描きとめられるようなデザインのひらめきから始まり、建築主に説明するためのより精度の高い透視図へと発展し、その透視図はそのプロジェクトの売り込みやマーケティングのためのツールとして使用されたりもします。プロジェクトが進むと、さまざまな意匠図、より詳細で縮尺のある実施設計図、仕上げ表、仕様書などが、建物を実際に建設するために作成されます。設計終盤の図面には、施工契約者によって作成される、さらに詳細な施工図と呼ばれるものが含まれることもよくあります。あるいは現在70種類以上も存在する3Dモデリングソフトウェアのどれかを使って、設計者がノートパソコン上で3次元データとしてアイデアを生み出すところからスタートすることもあるでしょう。プロジェクトが進行すると、それらのデータは別のプログラムか最初に使われたソフトウェアの拡張ソフトウェアに引き継がれて、建設のための関連図面が作成されていきます。さらにBIM（Building Information Modeling）ソフトウェアが利用される場合は、事実上ペーパーレスプロセスで設計、施工、さらには保守計画の作成までが行われます。ここに挙げたような昔ながらの鉛筆やペンと紙を用いた図面であっても、コンピュータプログラムによる図面であっても、建築は構築的かつ空間的なコンセプトから生み出されます。それはアイデアが設計のプロセスとその記録（電子データや印刷されたものも含む）を通して実体化したものなのです。

　建物が建てられた後に、記録用の図面が作成されることもあります。それは個人的な思い入れを盛り込んだスケッチであってもよく、その図面の見た目は最初のコンセプトスケッチにも似ています。あ

るいは19世紀の出版物に完成した建物の広報として掲載されていたような完成度の高い透視図がプレゼンテーション用に描かれることもあります。さらに貴重な歴史的文書ともいえる意味をもつ記録としては、現地実測によって作成された実測図が挙げられるでしょう。実施設計図がもはや存在していない建物においては、その実測図が将来の建物の修復や復元に役立てられることもありえます。この本に掲載されているイラストは、つまりはロビー・ポリーによる世界のランドマークの記録図です。思い入れを盛り込んだスケッチと同様に、彼が解釈した建物の姿です。しかしそれらは単なる記録ではなく、解析図でもあります。独自の部分切断図や断面図が、それぞれの建築の内部空間や構造の関係性を明らかにします。重要な歴史的事象やあまり知られていない細部を記録した印象的な写真、そして興味をひくような説明がそこに加わることで、それらの建築はさらにはっきりと照らし出されます。

　この本はテーマごとに分かれた章で構成されています。場合によっては、選ばれた建物がその章とは別の章にふさわしいと思われることもあるかもしれません。しかしそれは多くの建物がそうであるように、その建物の役割が多面的であるということです。実際、建物の意味が時間とともに変化することもあります。寺院や大聖堂には、本来意図されていた宗教的目的を超えて、都市機能に貢献するようになったものが数多くあります。時にはひとつの宗教建築が複数の信仰の器となることもあります。また公共、モニュメント、芸術と教育、生活、そして宗教という5つに分類された章構成において、各章に含まれる建物数のバランスをとることにも配慮しました。

　公共をテーマにした第1章では、古典時代から現在までの事例が取り上げられています。軍事施設として計画され、後に都市施設となった宮殿も含まれています。またスポーツ複合施設、都市開発の中心となった超高層ビル、議事堂、航空・鉄道施設なども紹介されています。モニュメントをテーマとした第2章は、古典時代から20世紀までの建物から特に好みのものを選んで構成しました。寺院、葬儀のモニュメント、宮殿の複合施設、私有の家と地所、小さな展望塔が紹介されています。芸術と教育をテーマとした第3章では、19世紀から今日までの文化施設を取り上げています。ここには歴史的事物を保存するためのものや、視覚芸術、パフォーマンス芸術のための建築も含まれます。この章の中心となるのは博物館です。博物館は過去の争いや成果を保存するものであり、人類の歴史を崇拝する、現代における非宗教的な聖堂ともいうべき存在です。生活をテーマとした第4章で取り上げるのは、人を防護するシェルターという原初的な機能を担う建物でありつつも、その基本原理をはるかに超えたような存在たちです。15世紀の私立救貧院から、その後5世紀のあいだにつくられた壮大な邸宅群、創造性あふれる高層建築まで、幅広い事例が紹介されています。宗教をテーマにした最終の第5章では、過去1,500年にわたって建てられたさまざまな聖堂、モスク、寺院を取り上げています。なかでも最も興味深いのは、時代の移り変わりとともに異なった宗教に適応し、複数の宗教を収容したものです。これらの多くは、信じる対象を具現化するために何十年かそれ以上の期間にわたって注がれつづけた、人々の信仰と献身の力を証明しています。

　この本の特徴は、世界を代表するような建物のいくつかを取り上げ、それらがどのように構築されたかわかるように、あなたの意識をファサード（正面壁）や仕上げの背後に連れていくというところにあります。それぞれの建物を文章と図解で示すことによって建築家が経験した時間を追体験し、設計の背後にある思考や専門知識をより深く理解することを目指しています。

　『イラスト解剖図鑑 世界の遺跡と名建築』は、2千年以上にわたる人類の建築的達成の記録です。未来の建築家が世界の偉大なモニュメントのリストに新たな建築を加えたとしても、この記録はその観測者たちに受け継がれていくことでしょう。

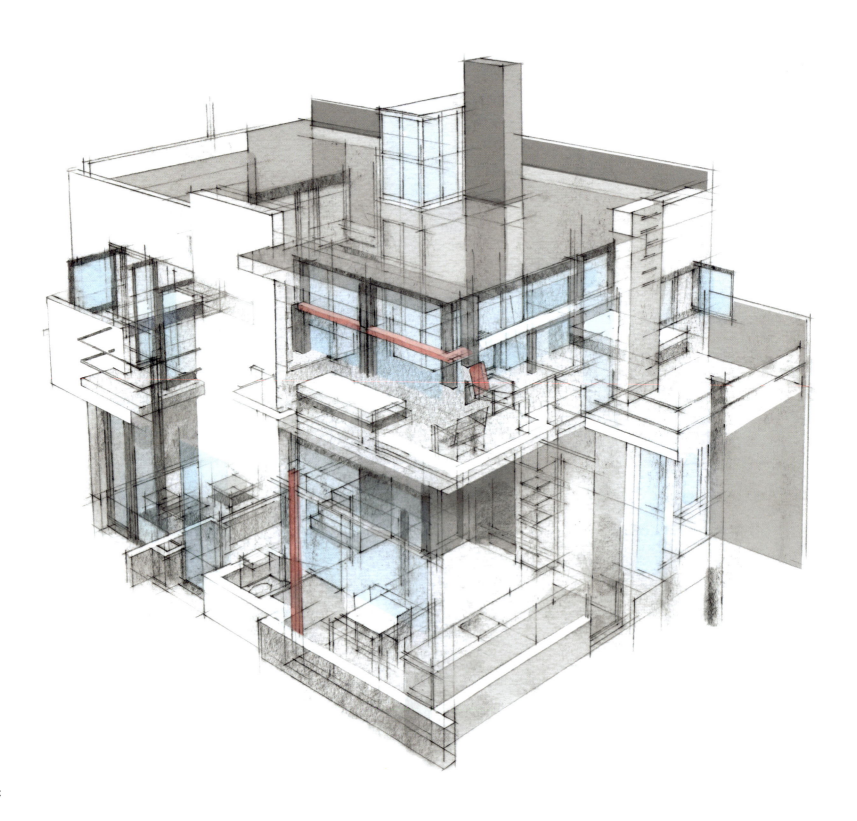

●アーティスト
ロビー・ポリー
Robbie Polley

　ロンドンに移り住んだ最初の頃、建築ファサードの図面や絵画による「plein air（外部空間）」シリーズの制作をウエスト・エンド・シアターで始めたときから、建築を描くという私の情熱は明確でした。華やかな石造りとまばゆい光を放つ看板文字という組み合わせは、熱心で熟練したグラフィックデザイナーにとってとても魅力的なものだったのです。また私の子ども時代である1960年代の男の子向けの漫画が示していた、超高層ビル、高速船、ジェット機などの詳細で衝撃的な描写が、技術的な図像への私の執心を形成したことも間違いありません。そしてそのきっかけが何であったかはとにかく、私は建物を描くのが大好きなのです。

　スケッチをしたり筆で描いたりすると、対象を見る焦点が定まり、輪郭が明確になり、そこから理解が深まります。建物を描くということと、梨や木の椅子を描くということには何も変わりはないのですが、最初は建物のほうが圧倒的に複雑なように思えるかもしれません。そこでは一見複雑な建物のデザインを解析して、シンプルな視覚的アイデアの構成図に変換することが必要となるのです。描くことによって建築を探求しようとする場合、その目的は建築の本質に近づくことです。その旅の過程では、建築家が最初に思い描いたイメージをより深く知ることも可能なのです。

　私の建築図はいつも、私の心の目で見たままに描かれます。私たちはそれぞれ空間を非常に個性的で個人的な方法で認識しますが、心の目を使うことは、建物の中に本当の意味で入り、理解するための唯一の方法です。図面や写真を参照しながらならばなおさら有効です。どのように建築を能動的に知覚し、コミュニケーションしたかは、スケッチによって示しました。建築の形態をきわめて正確に再現してはいますが、スケッチのスタイルはかなり自由なものです。さまざまな描画方法、縮尺、詳細度のものが混在しています。どのように変換されて描かれたかによって、その建築空間の印象は異なるものとなると考えました。

　私には、存在しない対象を描くと描画スタイルが解放されるという持論があります。心の目によって導かれていくと、目の前にあるものを再現しようとする行為から解放され、想像したイメージを自由に表現できます。この邪魔者の消去は重要です。描いたもの自体が実体であり、図面は心の目の中のイメージを実体化するものなのです。

　同じように、彫刻家によって描かれた、きっちり仕上げられた彫刻よりも面白いスケッチを見かけることがよくあります。それらのスケッチは即興的で、自然に湧き上がったイメージそのものを伝えています。特に自然なイメージは魅力的です。硬く生気のないブロンズや石の彫像よりも、それらはおそらく純粋なものです。

　通常の私の作業手順は、まずいろいろなスケッチを描いて視点を構築し、そこから最終的な図面へと微調整していくというものです。描画用の紙にはいろいろなものを用います。それぞれがある特定のイラスト技法に適しているからです。しかし空間イメージの最初の作図はいつも、平面図もしくは断面図あるいはその両方をもとにしてコンピュータを使って行います。この空間イメージ作成には、遠近図法を用いることも等角図法を用いることもあります。それをライトボックスの上でトレースしながら、建物をわかりやすくするために必要なさまざまな要素を描き足していきます。

　私は、いささか古くさい用語であり、稚拙な技術や熱意のない描画を批判するために用いられがちな「ドラフトマンシップ」という言葉に大きな敬意を払っています。図面を芸術品ではなく工芸品として描くことを主張しています。図面は絵画よりも正確であるだけでなく、より豊かな表現力をもつと言えるとも思っています。正確さもまた表現の一形態なのです。そして、自由な表現で図面を描くことがなぜいけないのでしょうか。プラスチック製の目盛り付き定規に従順に描く必要などないのです。

　建築空間を視覚化するためには、それぞれの建物に最も適したスタイルでアプローチする必要があります。いくつかの建物は、ドーム形屋根や素晴らしいコンサートホールのように、強調しなければならない重要な要素を備えています。単純に屋根を取り外しただけの図面は、特に単層の建物の場合に有効です。しかしそのように主

要な要素を明示するだけでは不十分で、建物全体の形態を最もよく示すアングルや図法を見出さなくてはなりません。では、複数の階層をもつような建物はどのように図解すればよいのでしょうか。

ひとつの図面で説明することがほとんど不可能な建物もあります。だからといって建物を分解して表現すればするほど、元の(えてして単純な)コンセプトが失われてしまう可能性も高くなります。したがって最も適切な分解図は、建築全体の描写を簡略化し、元来の設計意図を明確にするために必要な部分だけをはっきり描くというものです。

図面を描くときに取り除かれる部分については慎重に検討する必要があります。建物の構成を視覚化するときには、それを切り分けられる木製の模型のように考えるとうまくいきます。それをまっすぐに切ったり曲線で切ったりと、注意深く切断していくことによって、内部空間をわかりやすく見せることができるのです。あまり多く切除しすぎると、支えられていない壁や宙に浮いた構造体の山が残されてしまいます。

結局、図面にはその適切さで評価されるくらいの表現力がなければなりません。芸術として美しい図像であると同時に、その建物の正確な説明図であることもできるはずです。表現力のある図面は、技術的すぎる建築図面では失われてしまいそうな新しい何かを提示することができます。

今では一般的に建物の設計と視覚化にコンピュータが使用されていますが、優れた手描きの図面にはデジタル画像では再現できない特別なものがあります。手描きの図面や絵画を見るとき、鑑賞者は機械計算によるリアルなコンピュータレンダリング画像に対するときとは違う反応をします。そこに描かれている建築だけではなく、図面やその作成者が建物をどのようにとらえているのかを見るのです。コンピュータで生成された画像は人間味が薄く感じられます。おそらくそれはあまりにもリアルすぎるのです。

私がこの本の作図のために使用した鉛筆は、描線ツールの中でも間違いなく最も純度の高いものです。最初のスケッチを作図することは、作業としてはまだまだ手始めにすぎません。私はコンピュータ作図を作業に組み込んでいますが、そこには紙や鉛筆のような感触がありません。鉛筆は紙のざらざらした表面をこすったり跳ね飛んだりすることで、変化に富んだ黒鉛の筋跡を残すことができます。古代の石のエッジや現代のガラスの手すりをどのような線で表現しようかと考えるのは楽しいことです。鉛筆を用いた描線によって、あらゆるものを個性のあるタッチで記述することができます。

すべてのアーティストには好きな鉛筆というものがあります。私のお気に入りはブラックウイング602で、ジャック・ケルアックが使っていたことでも知られているシリーズです。ケルアックはアーティストとしてよりも小説家や詩人としてよく知られていますが、スケッチも描いていて、この鉛筆の鉛独特のインクのような質感を高く評価していたのかもしれません。直線を描くときにフリーハンドで描画するか、直定規や三角定規を使用するか判断することも重要ですが、鉛筆による「速い」ラインと「遅い」ラインを使い分けることもまた大きな効果を生み出します。すべての絵にはさまざまな調子の線が必要なのです。

しかしおそらく、図面を描き始める際に最も重要な判断となるものは縮尺です。小さすぎる紙面に大規模な建物を描こうとするとそのメッセージは制限され、全体的な空間だけなら表現できますが、触覚的な質感まで描写することはできません。建物の細部や材料の情報は失われてしまいます。

コンピュータ時代以前の建築家たちによって作成された図面は概して美しいものです。フランク・ロイド・ライトの水彩画やクリストファー・レンの華やかなインク画がすぐに思い出されます。機械化、加工技術、論理によって構築された形態を人間的で触覚的な手描きの図像によって表現するために、私は美を見つけ出します。このようにして描かれた作品は、何百年ものあいだ残されていくすべての建物が始めはシンプルな手描きの線から生み出されたはずであるということを穏やかに思い出させるものなのです。

この本の図面において、私は複雑な建物形状や空間的な建築コンセプトを人の感覚に寄り添うように変換しようと試みましたが、それらを完全に伝えきれてはいないかもしれません。それでも私の作成した図面が、触覚的で、技術的に正確で、あなたの興味をそそり、そして何よりも視覚的に楽しいものとなっているならば幸いです。

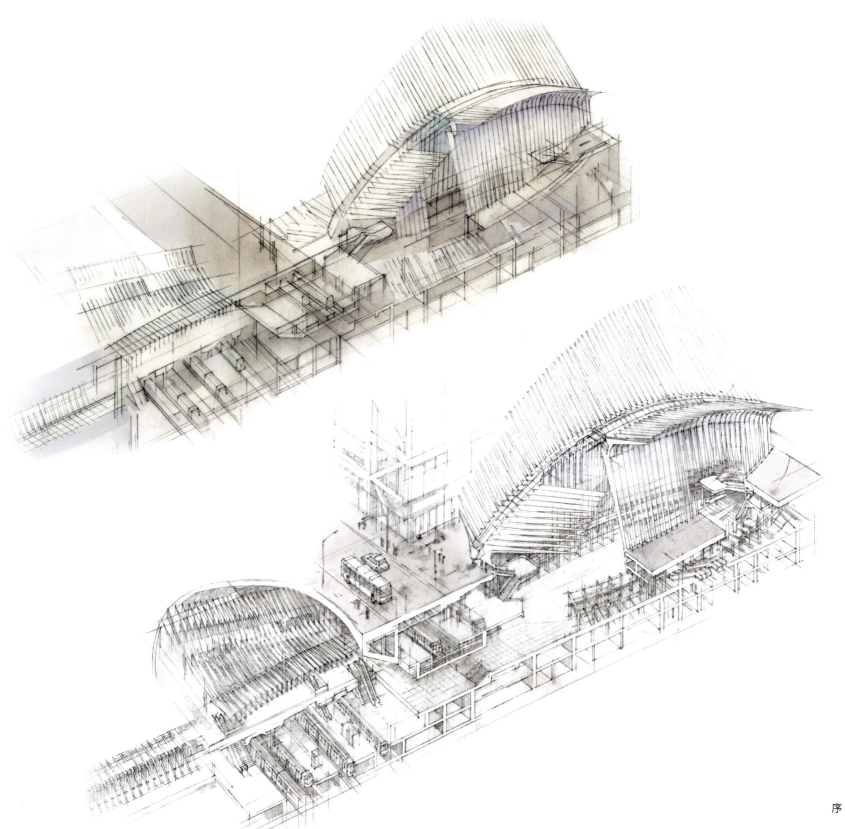

序

公共
Public Life

　建築の話のなかで「公共（パブリック）」という言葉を見かけると、多くの人は市民から得た税金によって建てられ、必要な公的サービスを提供する公共建築や構築物をすぐに思い浮かべるでしょう。郵便局、警察署、消防署、ごみ処理施設、交通施設、市庁舎、いろいろな議員施設、省庁のオフィス、裁判所など多様な公共建築がここに含まれることになります。なかでも一番立派につくられることが多いのは、選挙で選ばれた代表者による立法府を収容するための議事堂です。中世の評議会や議会から継承されてきているこれらの議会は、しばしば2つ（またはそれ以上）の独立した議院に分かれています。13世紀から18世紀にかけてイギリスで生み出されたこの2院制は数多くの議会制度のモデルとなっており、さまざまな意味で、イギリスは現在世界中に広がっている議会制民主主義の生みの親であるといえるでしょう。そのイギリスにおける2院制の中心となる議事堂はチャールズ・バリー（1795～1860）とオーガスタス・ピュージン（1812～52）によって設計された、有名なウェストミンスター宮殿（1840～70）です。この建築に用いられたゴシック・リバイバル様式は、13世紀に設立されたイギリス議会の伝統、そして1215年に調印された、王権からの貴族の独立を保障するマグナカルタ大憲章への敬意を示しています。他の国の議事堂も、建築様式は異なりつつも同じように立派な印象のものとなっています。ここでは、バングラデシュ、ドイツ、インド、イタリア、アメリカ合衆国における、6世紀にわたる議事堂の事例を取り上げました。

　これらの5つの事例のうちの4つは、程度の差はあれ建築の中心部に議場を配置するように計画されていて、ほとんどがドーム状の構造によって覆われるという、古典的な伝統に則ったイメージを示しています。ル・コルビュジエ（1887～1965）の設計によるインドのチャンディーガルの立法議会議事堂（1952～61）、ルイス・カーン（1901～74）の設計によるバングラデシュのダッカの国会議事堂（1962～82）は、長い間、建築家たちにとって世界における20世紀の偉大な建築巡礼地とされてきました。ベルリンのライヒスターク（ドイツ議会議事堂、1884～94）もノーマン・フォスター（1935～）によって設計された壮大な鋼鉄とガラス製のドーム（1999）を追加したことで、この巡礼地リストに最近加わりました。ワシントンD.C.にあるアメリカ合衆国国会議事堂（1792～1891）は、2世紀にわたる建築の変遷があったため議事堂建築の設計としては同一線上で語ることはできません。しかしそれは世界的に認識されているアメリカ合衆国の象徴であり、また20世紀につくられた3つの有名議事堂をはるかに超える規模の政府機能を収容するものであり、さらに主要な観光地でもあります。19世紀と20世紀に建てられたこれら4つの建物はすべて、本質的に政府の立法機能を中心とするように計画されています。5番目の例であるヴェネチアのドゥカーレ宮殿（1340～1614、以降改修あり）もまた、約3世紀にわたって大評議会の議事堂という立法機能が組み込まれていた建物ですが、これはさらに裁判所、刑務所、居住区画も備えるという複合的な公共建築でした。

　この章には、国際的に重要なレクリエーション建築と交通施設も含まれています。ここで取り上げられたレクリエーション建築は、古代ローマ時代から残っているコロッセウム（72頃～80）とロンドン・アクアティクス・センター（2012）という、何千年もの時を隔てた2つの事例です。どちらもスポーツや娯楽のための主要施設として設計されており、また都市のコミュニティ形成に貢献することも意図されていました。コロッセウムは、数万人の観客を収容する階段状のスタジアム席を備えており、主要スポーツ施設の古典的なコンセプトモデルとなっています。ロンドン・アクアティクス・センターは小規模な建築ですが、オリンピックの観客という大群衆を収容するための仮設スタンドを備えて計画され、その後に仮設スタンドを撤去して地域のレクリエーションセンターとして公共サービスを継続しています。

　またこの章では交通施設として、アメリカの2つの事例を取り上げました。ミッドセンチュリー・モダンの古典であるダレス国際空港（1958～62）と、ニューヨークのワールド・トレード・センター駅（2004～16）という現代建築です。激しく曲がりくねった形態イメージが今日の設計支援ソフトウェアによって一般的になるよりもずっと前の時代に、エーロ・サーリネン（1910～61）によって設計されたダレス国際空港は、1960年代に新しく登場したジェット旅客機を受け入れる専用空港としておそらく最初のものでした。農地や野生の森林に囲まれたこの地に空港をつくることで、ジェット機のエンジン騒音をワシントンD.C.から遠ざけたのです。サンティアゴ・カラトラバ（1951～）がつくり出したワールド・トレード・センター駅は、巨大な平和のシンボルとして地面から飛び出しています。広大なショッピングアトリウムは、郊外鉄道および都市内の地下鉄システムにつながっており、周辺の建物がテロリストによって破壊された2001年9月11日のテロ事件の後にこの場所の活性化の一環としてつくられました。過去50年にわたってダレスはその郊外中心都市の発展に大きな影響を与えており、地下鉄システムの延伸によってワシントンD.C.と接続することが計画されています。同様にワールド・トレード・センター駅は、新しい高層商業ビルが周辺に建てられたことにより増加した通勤者

ドゥカーレ宮殿（28頁参照）

の数に対応するために建設されました。

　これらの交通施設のように隣接するエリアの経済成長に関係し、さらにはそれを促進するような建物の働きは、スプリトのディオクレティアヌス宮殿（クロアチア、295頃〜305）、ニューヨークのクライスラー・ビル（1929〜30）という本章で取り上げる残り2つの都市開発の物語に組み込まれた事例にも共通するものです。前者は皇帝の退位後の邸宅としてつくられ、後者は世界的に有名なアール・デコ様式の超高層商業ビルです。ディオクレティアヌス宮殿は当初、四角形で囲まれた直交軸というローマ軍の城塞都市の平面形に倣って計画されました。紀元前2〜3世紀、初期ギリシアでアスパーラトスと呼ばれた植民地に建てられたディオクレティアヌス宮殿とその1万人ほどの居住者は、その後、第1次世界大戦（1914〜18）に至るまで、ビザンチン帝国、ヴェネチ共和国、オーストリアのハプスブルク帝国の都市として発展しました。現在スプリトの人口は約17万人であり、都市圏での人口は34万人を超えています。

　ニューヨーク市、マンハッタンのミッドタウンにあるクライスラー・ビルは42番街の街区のひとつに位置し、周囲の街区における同様の巨大商業ビルの建設を見守ってきました。それらの中でも重要な建物はアーウィン・チャニン（1891〜1988）とスローン＆ロバートソンによって設計され、クライスラー・ビルに匹敵するほど詳細にデザインされたチャニン・ビル（1929）、ヨーク＆ソーヤによって設計された大きなアーチが特徴のバワリー貯蓄銀行（1921〜33、現在はレストラン・チプリアーニ）、ウォーレン＆ウェットモアの設計によるコモドール・ホテル（1920、現グランド・ハイアット）です。このグランド・ハイアットは不動産起業家ドナルド・J・トランプの最初の大規模プロジェクトとして、1980年にデア・スカットの設計によって建て替えられています。クライスラー・ビルはこれらの建物と並んで、リード＆ステムの設計によるグランド・セントラル駅（1913）の開発とその後のパーク・アベニューの巨大大通りへの再開発の地域に面しています。1930年代以降の大恐慌、第2次世界大戦（1939〜45）後の超高層ビルブームはパーク・アベニューのすぐ北側で起こった出来事です。鉄道駅が交通のハブとなっていたため42番街はまたたく間に超高層ビルで埋め尽くされました。今日、このターミナル駅は周辺の超高層ビルに毎日75万人以上の通勤者を送り込んでいます。多くの人々に愛されるクライスラー・ビルは、数多くの歩行者にとって公共空間における日常生活の一部ともなっているのです。

ワールド・トレード・センター駅（70頁参照）

コロッセウム

所在地────ローマ（イタリア）
設計者────不明
建築様式────ローマ古典様式
建設年────72頃〜80年

　歴史的な遺跡のなかでも、コロッセウムはおそらくローマ帝国における公共のイメージを最も喚起するものでしょう。ウェスパシアヌス帝の下で建設が始められ、紀元72年頃から80年のティトゥス帝時代に完成したこの建築はこの種のアリーナのなかでも最大のものであり、長径615フィート(189m)、短径510フィート(156m)、高さ157フィート(48m)という大きさです。構造体はレンガとコンクリートでつくられ、表面にはトラバーチン石が張られています。船による模擬戦闘のためにメインフロアに水を張ることもできる円形劇場として建設されたこの複合施設は、その後ドミティアヌス帝時代にいくらかの改修が加えられて、最大人8万人以上の観客を収容することができるものとなりました。

　ウェスパシアヌス帝はこの施設の建設地として、紀元64年のローマの大火災の後に建てられたネロ帝の宮殿の敷地の一画を選定しました。そして紀元70年のエルサレム神殿の征服によって得た戦利品による資金と10万人のユダヤ人奴隷という労働力がコロッセウムの建設に注ぎ込まれました。帝国時代、この施設では剣闘士による戦闘、野生動物によるショー、古典演劇などが催されました。現代のスタジアムがスポーツイベントにもロックコンサートにも使われているのと同じように、大規模な都市娯楽の中心となっていたのです。建物の完成から10年も経たない頃に広まった警句である「パンとサーカス」は、ここにおける見世物の人気と、帝国の伝統でもある無料の穀物配給によってローマが大衆を政治的に盲目化していることを示唆するものでした。この構築物はもともとフラウィウス円形闘技場と呼ばれていましたが、中世以降は「コロッセウム」という名称が普及しています。これはすぐそばに設置されたネロ帝の像がロードス島の巨像（Colossus of Rhodes）をモデルにしたといわれていたことに由来しています。

　5世紀から6世紀にかけてのローマへの度重なる攻撃と自然災害の後も建物はまだ使われていましたが、やがて一部が壊れた状態となってしまいました。中世には墓地、作業場、店舗、要塞、修道院などに使われていましたが、1349年に発生した大地震によっていよいよ遺跡として決定づけられ、採石場にも等しい存在となってしまいました。16世紀から19世紀にかけてこの構築物の再利用のための働きかけを行ったのはローマ教皇庁です。短い期間、闘牛のために使うというだけではありましたが、その存続の働きかけの背景にはここをキリスト教徒が殉教した聖地であるとする教皇庁の見解があったと考えられます。いずれにしても、教皇庁は19世紀にこの建物の構造補強を開始しています。それは20世紀にベニト・ムッソリーニ政権などが進めた国家安定化計画を促すものでもありました。2013年から2016年には修繕・修復工事が行われました。

　その規模、その歴史ゆえにコロッセウムはローマで最も重要な観光スポットのひとつであり、年間約400万人の観光客が訪れます。またこの巨大な建物は同じように大きなスポーツ競技場のコンセプトモデルにもなっています。例としては、ジョン&ドナルド・パーキンソンによるロサンゼルスのメモリアル・コロシアム(1923)、ヴェルナー・マーチ(1894〜1976)によるベルリン・オリンピック・スタジアム(1936)、ロイド&モルガンによるヒューストンのアストロ・ドーム(1965)などが挙げられます。

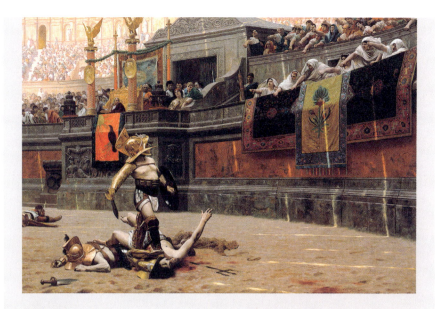

歴史絵画

歴史上の重要人物たちや出来事を描いた絵画は、コロッセウムでの戦闘競技の様子を描いた『グラディエーター』(2000)のような長編映画などと同様の役割をもっていた。フランスの画家ジャン・レオン・ジェロームによる絵画『Pollice Verso』(1872)は、19世紀の鑑賞者にそのような映画に匹敵するスペクタクル感覚を与えるものであった。絵画のタイトルは「指し降ろされた親指」を意味し、下層階にいる皇帝と貴族が敗北した競技者の運命を決定したという伝説を一般に広めた。

左 下層階の床下の通路は多くは暴力的なコロッセウムの催しの際に、出場する動物や剣闘士が移動する通路としてつくられた。最上階の観覧席にはヴェラリウムと呼ばれる天幕が円環状に設置されていたと考えられている。

上 コロッセウムのアーチは内部の階層を外観形態として表現している。用いられたトラバーチン石はローマから約12マイル(20km)離れたティボリ近郊で採石され、それをローマに運ぶために道路が建設されたといわれている。

設計
あらゆるスタジアムと同様に、動線計画が最優先されている。87,000人の観客が76以上もある入口から入場した。観客の階級に対応した観覧席が設けられており、まず大理石で覆われクッションが置かれた元老院用の席があり、次に階段状のベンチがあり、奴隷や女性のための立見スペースは最上階のみに設けられた。

皇帝の間
皇帝の間はローマ帝国の皇帝が座る観覧所であり、その周囲には貴族と護民官のためのVIP席があった。この席におけるサムズアップとサムズダウンの手振りは、剣闘士から最もよく見えるようになっている。どちらの手振りが生を意味し、死を意味するのかは、まだ正確には解明されていない。

アリーナ出入口
ここにおける娯楽興行戦闘によって命を落とした出場者は、アリーナステージ下の地下通路につながる出入口から運び出された。この死の門は、ローマ帝国における娯楽の残虐性を想起させる。

トラバーチン石
アーチ部分、主柱、床仕上げにはトラバーチン石が使用されているが、大部分の構造体はレンガ、火山石、コンクリートでつくられている。ローマのコンクリートは、19世紀以降、今日まで用いられているポルトランドセメントよりも耐久性が高いことが判明している。

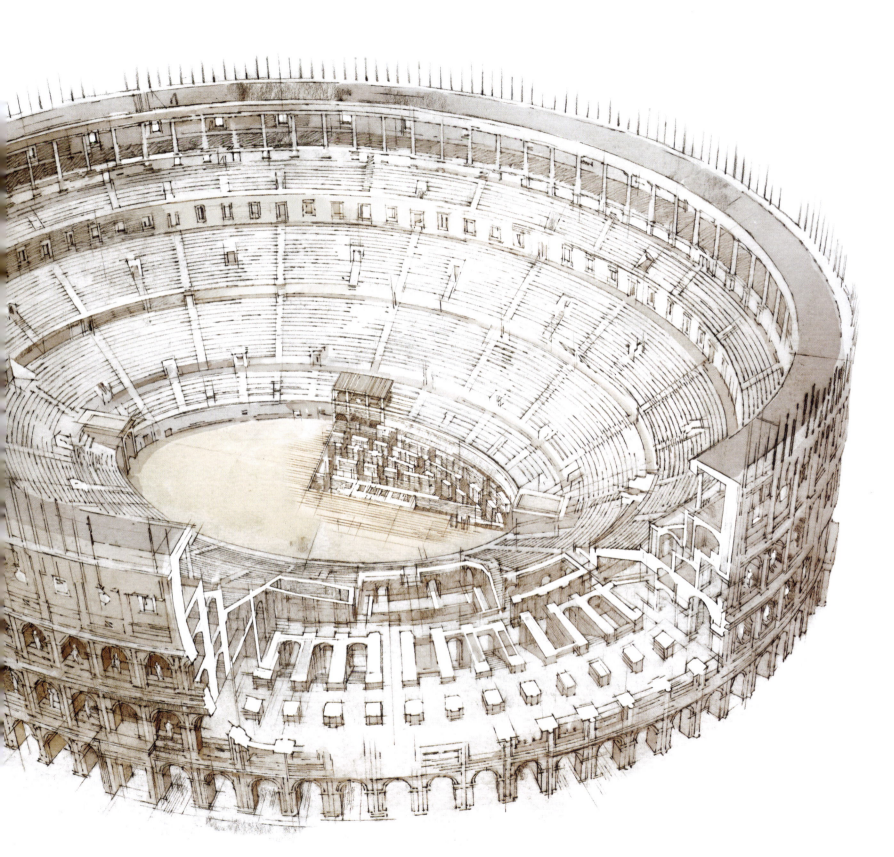

コロッセウム

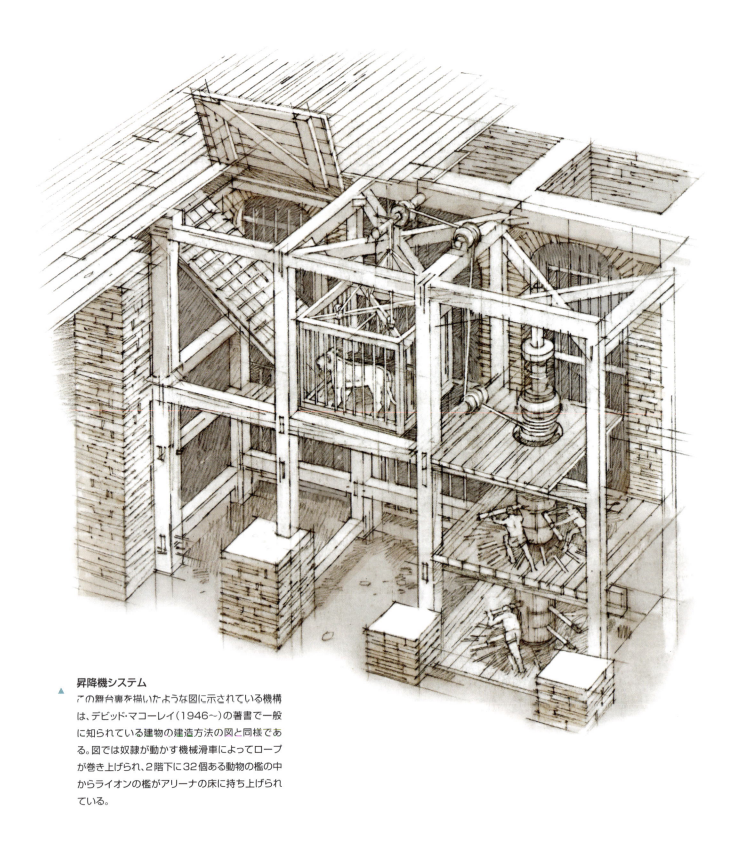

昇降機システム

この舞台裏を描いたような図に示されている機構は、デビッド・マコーレイ（1946〜）の著書で一般に知られている建物の建造方法の図と同様である。図では奴隷が動かす機械滑車によってロープが巻き上げられ、2階下に32個ある動物の檻の中からライオンの檻がアリーナの床に持ち上げられている。

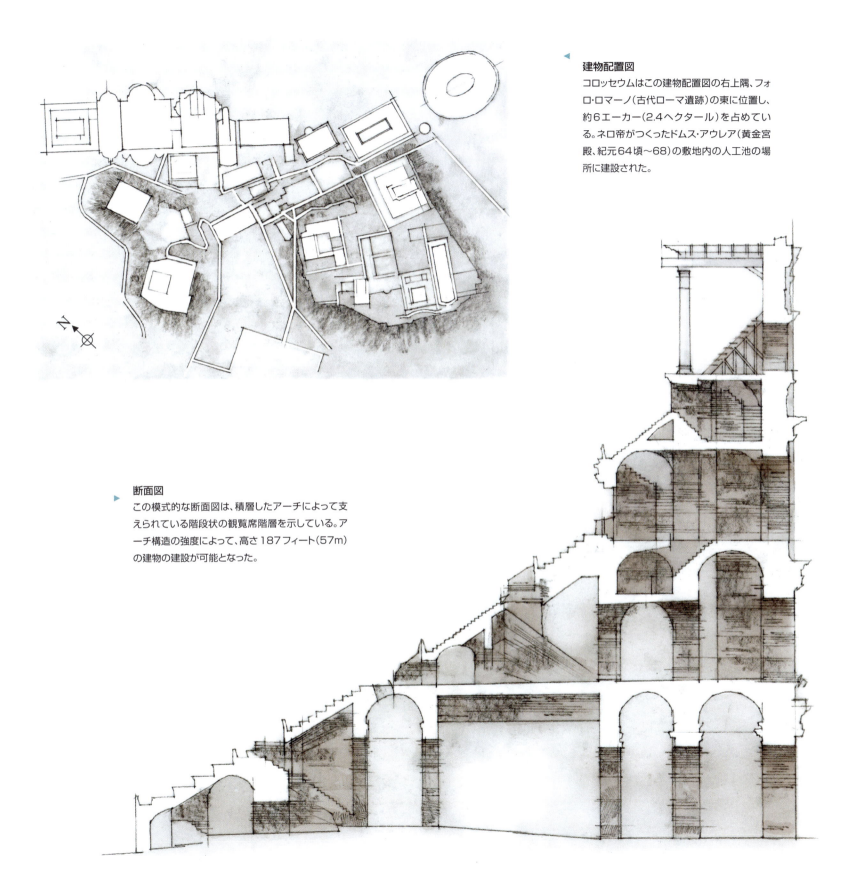

建物配置図
コロッセウムはこの建物配置図の右上隅、フォロ・ロマーノ（古代ローマ遺跡）の東に位置し、約6エーカー（2.4ヘクタール）を占めている。ネロ帝がつくったドムス・アウレア（黄金宮殿、紀元64頃〜68）の敷地内の人工池の場所に建設された。

断面図
この模式的な断面図は、積層したアーチによって支えられている階段状の観覧席階層を示している。アーチ構造の強度によって、高さ187フィート（57m）の建物の建設が可能となった。

ディオクレティアヌス宮殿

所在地────スプリト(クロアチア)
設計者────不明
建築様式───後期ローマ古典様式
建設年────295頃〜305年

　ローマ帝国の皇帝が精緻な造りの宮殿を建てるのは一般的なことでしたが、現在そのほとんどは残っていません。ティベリウス帝は自身の宮殿をカプリ島に建てました。ハドリアヌス帝は2世紀初頭の数十年間にティボリに宮殿を建てましたが、それは250エーカー(1km²)以上の敷地に30以上の建物が建っているというものです。2006年にはローマ南東部のラツィオ地方において、長く失われていたアントニヌス・ピウス帝の居宅であるヴィラ・マグナの遺跡が考古学者によって発見されました。これらの壮大な宮殿の姿はディオクレティアヌス帝の宮殿へとつながるものです。ガイウス・アウレリウス・ウァレリウス・ディオクレティアヌス帝(皇帝以前はディオクレス)は現在のクロアチアのスプリト近郊、紀元295〜305年頃に建てられたこの宮殿の敷地の近くで生まれたと考えられています。貧しい家庭で生まれた彼は兵役によって地位を上げ、紀元283年にはついに帝国軍の最高指揮官にまで昇格しました。

　歴史家は、彼が紀元283年と284年のカルス帝とヌメリアヌス帝の死に関与していたのではないかと示唆しています。そして実質的な皇帝となった後、ヌメリアヌス帝に近かったライバルを打ち破って285年に正式に皇帝となりました。ディオクレティアヌス帝は290年にはドナウ川を越えて東方シリアにまで遠征し、自らを東方正帝とし、帝国の西部を管理するためにマクシミアヌスを西方正帝に任命しました。293年にはその制度を発展させ、帝国を4分割して2人の正帝とその下の副帝がそれぞれのエリアを統治するという仕組みとし、さらに13のより小さな州に細分することによって各地域の支配者による反乱の可能性を減らしました。また徴兵制度を復活させたことによりローマ軍を50万人以上に増員しました。そして彼の治世においてさらに物議をかもした政策は体系的な宗教弾圧で、特に紀元297年から304年に行われたキリスト教徒に対するものでした。ディオクレティアヌス帝はその野心的な人生をほとんど軍人として送ってきたため、生地であるスプリトに建てられたこの

宮殿が退任後の住居と帝国軍の司令部の両用建築として計画されたことも意外ではないでしょう。

現在ではスプリトの市内に組み込まれているこの宮殿は、ローマのカストルムに倣って計画されました。カストルムとは矩形または正方形の城壁に囲まれた軍事拠点施設で、交差する主動線軸が両側の門につながっている形式をもつものです。この建物もいわば城塞都市であり、陸地側の3面にはしっかりした造りの城門が設けられ、アドリア海に面した南側の門はシンプルで小さなものとなっています。平面形は約525×623フィート（160×190m）で、居住スペースと宗教施設がある南側半分に宮殿機能の大半が収められました。写真や絵画で有名な列柱に囲まれた広場はディオクレティアヌスの帝国東方軍の権力を象徴する建築形態であり、宮殿、ディオクレティアヌス廟（現在は7世紀に建設された聖ドムニウス大聖堂。前頁の写真と下の再現図を比較のこと）、アスクレーピオス神殿（現在は洗礼堂）へのモニュメンタルなアプローチ空間となっています。北側の半分には軍の駐留施設、兵舎、および関連施設がありました。当時宮殿内には合計約9千人が住んでいました。

全体の構造はほとんどがレンガと石灰岩で、部分的には、アドリア海をはさんでスプリトの反対側にあるブラ島で採取された大理石が仕上げに用いられています。宮殿は西ローマ帝国と東ローマ（ビザンチン）帝国が解体された後に荒廃し、スプリト（旧名スパラトゥム）のような周囲の都市もその後さまざまな王や国によって統治されました。

イギリスの建築家ロバート・アダム（1728〜92）が『ダルマチアのスプリトにおけるディオクレティアヌス宮殿遺跡』（1764）を出版するまで、遺跡は事実上まったく注目されていませんでした。この宮殿の細い列柱、コリント式柱頭、そして列柱広場のアーチなどはすべて18世紀後半のアダムの建築作品に影響を与えています。

右
宮殿を再現したこの鳥瞰図を前頁のスプリトの航空写真と比較のこと。再現図では典型的なローマのカストルム形式の平面計画が明確に示されている。

下
皇帝の宮殿へのメインアプローチでもある中央広場の列柱は、旧宮殿の遺跡の中でも最もはっきりと確認できるもののひとつ。

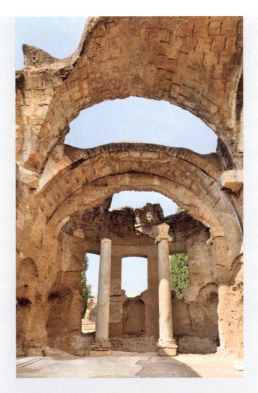

ハドリアヌス宮殿

ハドリアヌス帝はチバロン（現在のティボリ）に郊外住居を建てた。彼は帝国のあちこちで見た建築形態をベースにして、ここにある30以上の建物の多くを自分で設計した。これらの建物にはギリシアのセラピス神殿の影響を受けたセラペウム洞窟、エジプトの都市カノプスの影響を受けたカノプス・プールなどが含まれる。ギリシア風の水上劇場が人工池の中にあり、そこにはドームに覆われたローマ浴場もある。4世紀の歴史書『ヒストリア・アウグスタ（ローマ皇帝群像）』には、この宮殿が「有名な地域や場所の名前を冠した」「素晴らしい構築物」と記されている。

1　ユピテル神殿

列柱広場の東側に位置する、後にディオクレティアヌス廟となるユピテル神殿の再現図。305年頃に建てられ、大理石と石灰岩、内部には斑岩の柱が用いられた。斑岩でつくられたディオクレティアヌス帝の墓の痕跡は現在では残っていない。建物は後に聖母マリアに捧げられた聖堂になり、7世紀初めに聖ドムニウスの大聖堂の一部として奉献された。聖ドムニウスはディオクレティアヌス帝によるキリスト教などへの宗教弾圧によって304年に殉教した聖人であり、建物の内部にはその聖遺物が祀られている。隣接する大きな鐘楼は1100年に建てられたものだが、1908年に元々あったロマネスク彫刻を取り除く改装がなされた。

2　宮殿の前庭
図の中央の前庭(23頁の列柱広場の写真を参照)はアーチ状の梁とエジプト花崗岩の柱でつくられているが、そこに架けられていた屋根がドーム形であったかピラミッド形であったかは不明。ペディメント(屋根下の三角形部分)の頂部にはローマのクアドリガ(4頭立て馬車)の像が配されていたと考えられる。このペディメントがある部分がディオクレティアヌス帝の私邸の玄関であった。基壇部分にあるアーチ状の入口は地下階につながっている。弓形の玄関ポーチはシリアの建築様式を参照したといわれている。後にイタリアのマニエリスム建築家セバスティアーノ・セルリオ(1475〜1564)や16世紀から19世紀初頭のパッラーディオ様式の窓などで繰り返し引用されている。

3　アスクレーピオス神殿
東端の直線的な寺院は医学の神であるアスクレーピオスに捧げられたものと考えられている。その近くの小さな神殿はおそらく愛の女神ヴィーナスとローマの女神キュベレーに捧げられたものであり、ローマ帝国の最後期に建てられた神殿のひとつである。この断面図では内陣の手前の入口列柱廊が示されている。キリスト教の礼拝方式に変わると、神殿は教会の洗礼堂に変化した。中央に石の洗礼盤があり、クリプト(地下聖堂)は聖トーマスに捧げられた。

ディオクレティアヌス宮殿

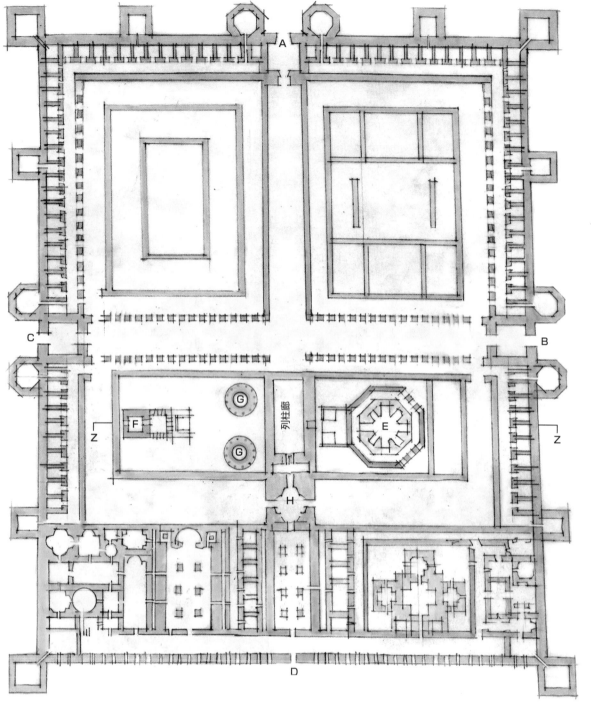

▸ **配置図:当時と現在**
建設当時の宮殿(左)とその後の変更を包含した現在の遺跡(次頁)を比較するための配置図。切断線(Z)は断面図(前頁)の切断位置を示す。

場所・建物
A 黄金の門
B 銀の門
C 鉄の門
D 小さな門がある南側壁
E ユピテル神殿(ディオクレティアヌス廟)
F アスクレーピオス神殿
G 小さな丸い神殿
H 前庭

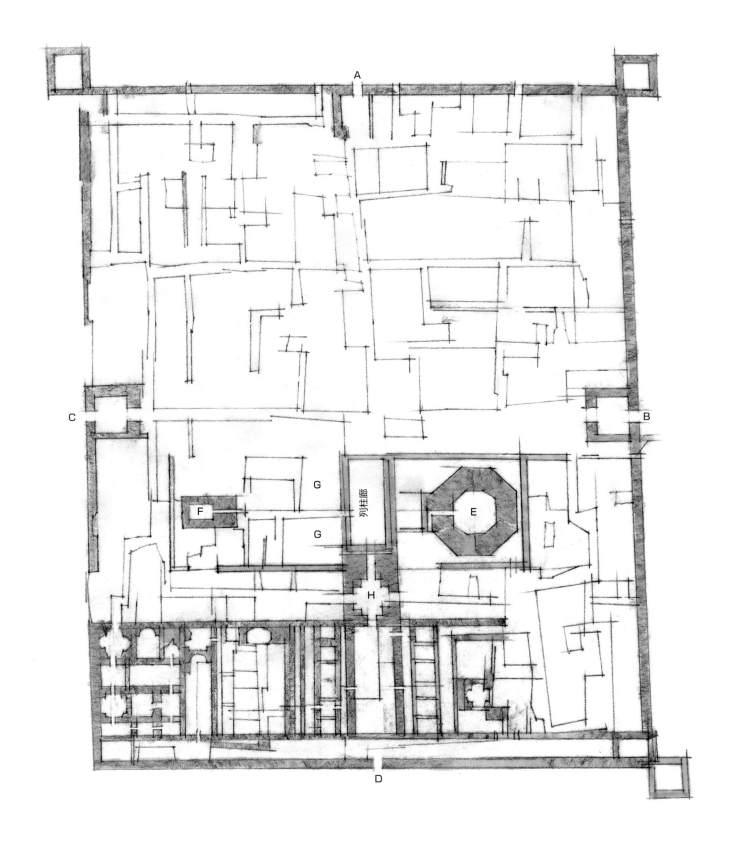

ディオクレティアヌス宮殿

ドゥカーレ宮殿

所在地―――ヴェネチア（イタリア）
設計者―――ピエトロ・バセッジオ、フィリッポ・カレンダリオ、他
建築様式―――ヴェネチアン・ゴシック様式
建設年―――1340〜1614年、以降改修あり

公共

フィレンツェ、そしてそこで金融業を営んだメディチ一族はルネサンス期のイタリア都市国家の権力と影響力、芸術的な創造性の象徴ともいえる存在です。しかしヴェネチアもまたその伝説的な経済と芸術の中心地に引けをとりません。ヴェネチア共和国はビザンチン帝国の自治領であり、最高責任者である総督（ドージェ）を含め代表者である領事は選挙で選ばれていました。そして中世、ルネサンス時代には大きな海軍力と海洋貿易力を備えるようになり、その領土はアドリア海、イオニア海、地中海をまたいでキプロス島におよび、部分的にはオスマン帝国にも国境を接していました。ヴェネチアはイタリアにおける東方への主要な玄関口として他の追随をゆるさない都市国家だったのです。

このような国家の背景、そしてこの海に浮かんだような都市の限られた土地面積を反映して、サン・マルコ大聖堂に隣接した敷地に建つこのドゥカーレ宮殿は住宅、行政府、立法府、司法府、刑務所という複合機能をもった建物とされました。さらに教会と一体となった国家の権力を誇示するために、中庭の北側面は大聖堂の外壁と接するようになっています。12世紀までの宮殿として使われていた時代の痕跡も残ってはいますが、カラフルな石積みの複合施設とい

う現在の姿は14世紀から16世紀にわたってつくられたものです。改修は1340年、ピエトロ・バセッジオ（1354頃没）とフィリッポ・カレンダリオ（1315〜55）のデザイン指揮の下で海に面した南側壁面から始められました。そして1424年からは狭い広場に面した西側の壁面へと継続されました。聖堂と宮殿の間にはめ込まれた精緻な造形の主門（布告門）は建築家ジョバンニ・ボン（1355〜1443）とその息子バルトロメオ（1400頃〜64）によって1442年につくられたものです。そこにはフランチェスコ・フォスカリ総督と思われる彫像、および有翼のヴェネチア獅子、正義、博愛の美徳、賢明、不屈の精神、自制といった、聖堂のファサードで見られるような主題の彫刻が設置されています。さらに1536年以降には、投票の間の特徴的なバルコニーが西側の柱廊の上に追加されました。この柱廊は1574年と1577年の火災後および19世紀の火災後に修復されています。ファサードにおけるヴェネチアン・ゴシック様式の柱廊の形態はジョン・ラスキンによって著された『ヴェネチアの石』（1851〜53）によってよく知られるようになり、19世紀のゴシック・リバイバル建築でしばしば引用されたものです。

有名なゴシック様式のファサードの完成以降も、1480年代後半から16世紀半ばにかけて総督府の住居、運河の上に置かれた行政事務所、東側壁面へと工事は拡張され、その多くはアントニオ・リッツォ（1430〜99）によって設計されました。これらの追加部分のうちリッツォが中庭に設けた巨人の階段（1485頃〜91）は最も建築的に重要なものであり、国家的な儀式の際に使われました。宮殿の内部スペースは改修が進められるとともに精緻な装飾が施され、ティントレットとパオロ・ヴェロネーゼの絵画も設置されています。これらの内部空間の中で最も有名なのはアンドレア・パッラーディオ（1508〜80）の設計による大評議の間です。174×82フィート（53×25m）の大きさで、ヨーロッパ最大の部屋のひとつであるといわれています。政府が大きくなるにしたがって、運河を越えた側にある古い建物の南側に刑務所と裁判所を入れるための新しい建物がつくられ、1614年からは両方の建物を結ぶため息橋がつくられました。この建物は1923年から博物館となっています。

上左
中庭。中央下部に巨人の階段が見える。上部にはマルス神とネプチューン神の2つの巨大な彫像が置かれている。これはイタリアの建築家・彫刻家であるヤーコポ・サンソヴィーノ（1486〜1570）により1567年につくられた。

上右
宮殿内にある豪華なホールのうちのひとつ、元老院の間の天井。16世紀のヴェネチアの芸術家ティントレットは世界最大の油彩画「天国」を含む宮殿の内装画を描いた。

ヴェネチアン・ゴシック様式
ピーター・B・ワイト（1838〜1925）の設計したニューヨーク国立デザイン・アカデミー（1865）は、19世紀の建築において、デザインのインスピレーションにヴェネチアン・ゴシック様式の石積みパターンを用いた最初期のもののひとつである。ワイトは、近くにあり、「聖なるシマウマ教会」という愛称で呼ばれるヤコブ・レイ・モールド（1825〜86）の設計によるイタリア・ロマネスク様式のオール・ソウルズ教会（1855）を参照し、その類似した石積みパターンをグレーと白の大理石に変換してつくった。アカデミーは1900年以降も4半世紀のあいだ23番街（現在のパーク・アベニュー南）で存続したが、その後建物は売却され、取り壊された。

場所・彫刻

A 巨人の階段
B ため息橋
C アダムとイヴの彫像
D パリャ橋
E 布告門
F 元老院の庭
G 井戸
H フィリッポ・カレンダリオによる彫刻『ノアの泥酔』

中庭

この詳細図は、サン・マルコ大聖堂が隣接している北側を望む方向で宮殿の中庭を描いている。右上には巨人の階段がある。大聖堂の身廊からの扉が宮殿の中庭へとつながっており、教会と国家の権力が密接に結びついていたことを象徴している。

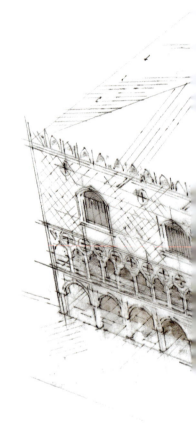

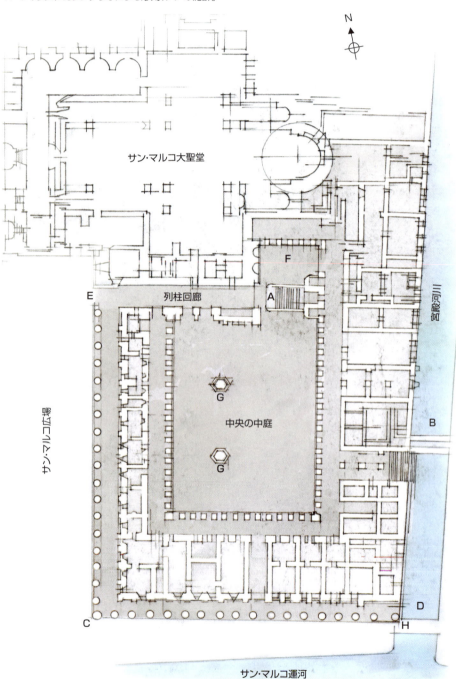

建物配置図

この配置図は、この宮殿と運河、サン・マルコ大聖堂の位置関係を示している。広場に面した柱廊の南西角にあるカレンダリオの作品であるアダムとイヴ(C)は、14世紀イタリア彫刻の傑作のひとつとされている。反対側の建物の南東角には泥酔したノアとその息子たちの彫刻(H)があり、それぞれ異なった印象を与えるものとなっている。

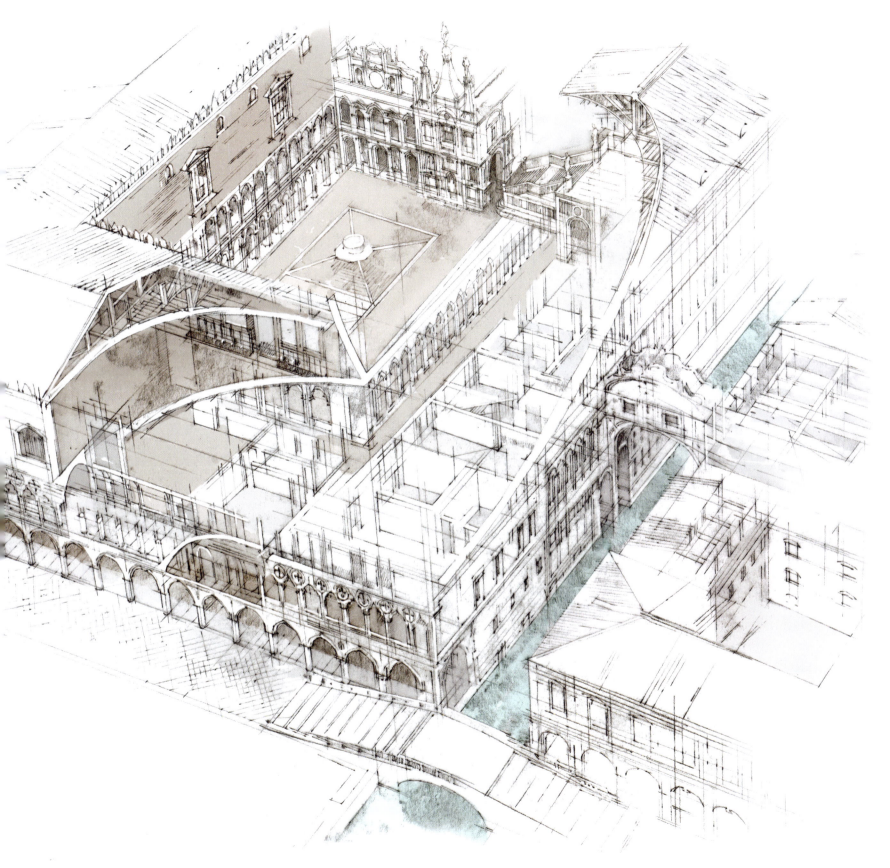

ドゥカーレ宮殿

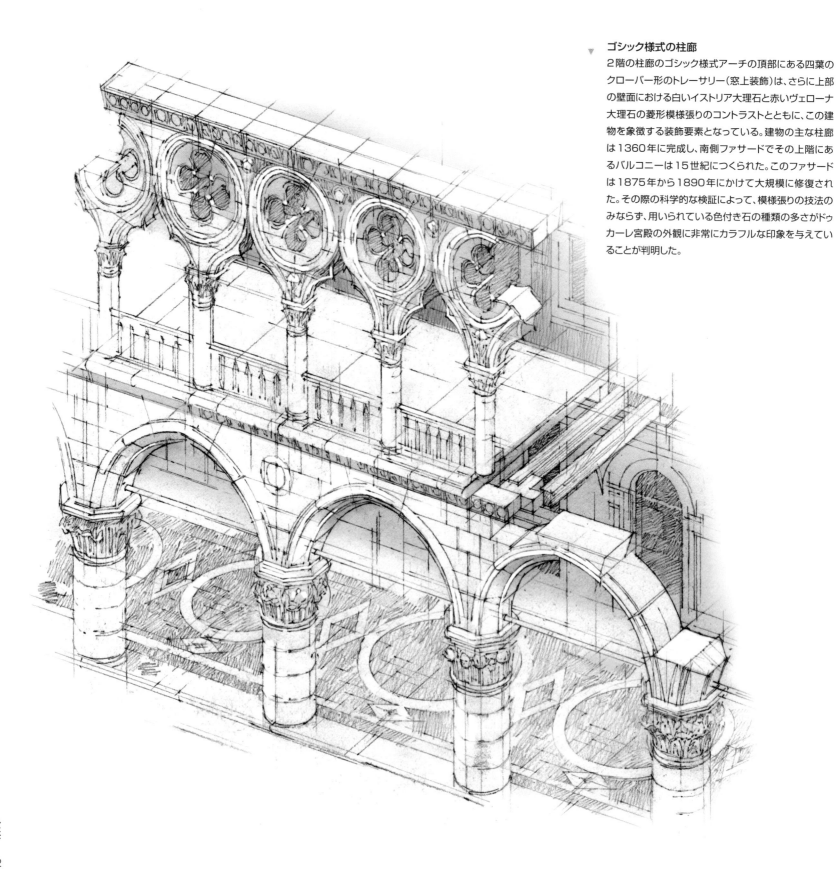

ゴシック様式の柱廊

2階の柱廊のゴシック様式アーチの頂部にある四葉のクローバー形のトレーサリー(窓上装飾)は、さらに上部の壁面における白いイストリア大理石と赤いヴェローナ大理石の菱形模様張りのコントラストとともに、この建物を象徴する装飾要素となっている。建物の主な柱廊は1360年に完成し、南側ファサードでその上階にあるバルコニーは15世紀につくられた。このファサードは1875年から1890年にかけて大規模に修復された。その際の科学的な検証によって、模様張りの技法のみならず、用いられている色付き石の種類の多さがドゥカーレ宮殿の外観に非常にカラフルな印象を与えていることが判明した。

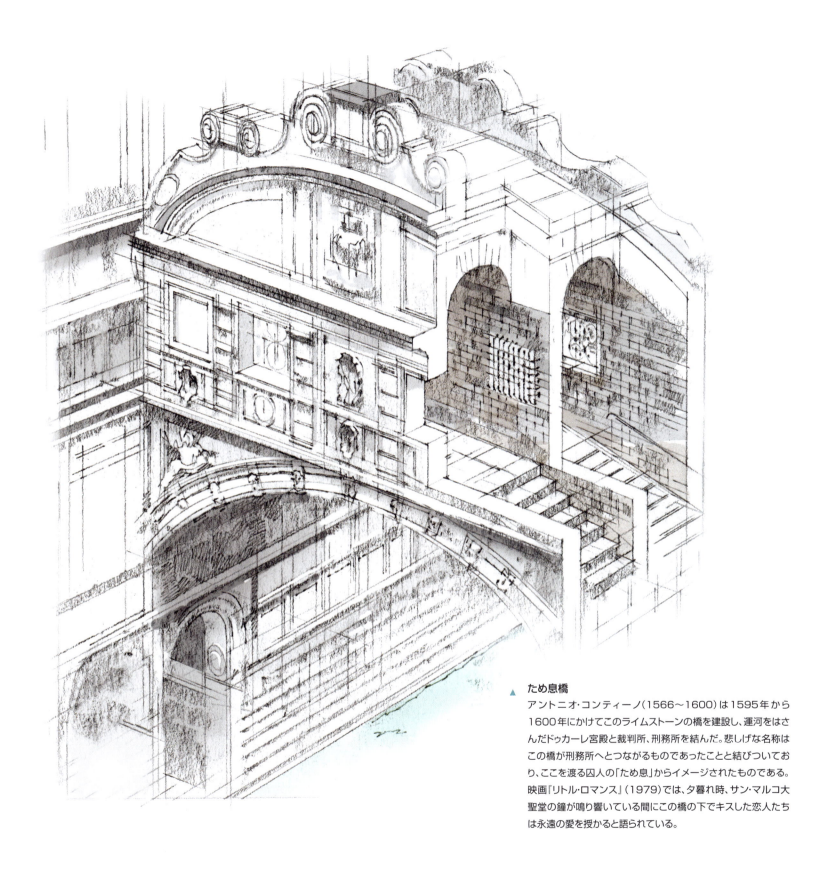

▲ ため息橋
アントニオ・コンティーノ（1566〜1600）は1595年から1600年にかけてこのライムストーンの橋を建設し、運河をはさんだドゥカーレ宮殿と裁判所、刑務所を結んだ。悲しげな名称はこの橋が刑務所へとつながるものであったことと結びついており、ここを渡る囚人の「ため息」からイメージされたものである。映画『リトル・ロマンス』（1979）では、夕暮れ時、サン・マルコ大聖堂の鐘が鳴り響いている間にこの橋の下でキスした恋人たちは永遠の愛を授かると語られている。

ドゥカーレ宮殿

アメリカ合衆国議会議事堂

所在地────ワシントンD.C.(アメリカ合衆国)
設計者────ウィリアム・ソーントン(基本設計)、トーマス・ウステ
　　　　　ィック・ウォルター、他
建築様式───新古典主義様式
建設年────1792〜1891年、以降改修あり

　2017年1月20日、ドナルド・J・トランプはアメリカ合衆国議会議事堂前の大階段でアメリカ合衆国の第45代大統領としての宣誓を行いました。この式典は1833年のアンドリュー・ジャクソン大統領の就任式以来、1回の例外を除いてこの建物の中かすぐ前で行われてきたものです。議論を巻き起こした2016年の大統領選挙、その余波の残る2017年というこの時においても、大部分を大理石と砂岩で覆われたこの議事堂の建物はアメリカ合衆国の民主主義を体現するモニュメントでした。この建物は1792〜93年に設計競技が行われ、選ばれた英国からの移民の建築家ウィリアム・ソーントン(1759〜1828)によるデザインはパリのルーヴル美術館(162頁参照)とローマのパンテオン神殿のドームの特徴を併せもつようなものでした。フランス生まれのピエール・シャルル・ランファン(1754〜1825)によりつくられた首都の都市計画の中心に位置する敷地において、その工事は雇用労働者と、植民地から連れてこられた奴隷を使役することによって始められました。

　ソーントンのデザインは当初、エティエンヌ・スュルピス・アレ(1755〜1825)とジェームス・ホバン(1762頃〜1831)によって実施設計されました。後者は大統領の公邸であるホワイトハウス(1792-1800)の設計者として知られています。アメリカとイギリスが戦った1812年戦争(1812〜15)の戦時中である1814年8月24日、イギリス軍が町に火を放ったことによりホワイトハウスと部分的に完成していた議事堂は大きな損傷を受けました。議事堂はその後修復と再建が繰り返され、その設計には19世紀初頭のアメリカで最も重要な建築家の1人であるベンジャミン・ヘンリー・ラトローブ(1764〜1820)も参画していました。彼がつくった部分

としては、中央のロトンダ（円形ホール）の南側にある半割ドーム天井の国立彫像ホールなどがあります。ラトローブの後を継いだのは著名なボストンの建築家チャールズ・ブルフィンチ（1763～1844）です。彼は両翼にある両院議会の議場をつなぐ中央ロトンダを仕上げ、その上部に自身のデザインによる仮設の木造ドームを架けることによって、1824年についに当初構想された建築全体を完成させました。

合衆国の発展に伴い、早くも1840年代には建物の広さが足りないと考えられるようになり、また仮設のドーム部分を恒久的な構築とすることも求められました。そしてワシントン記念塔（1848～88）の建築家ロバート・ミルズ（1781～1855）の議会への提案により拡張計画の設計コンペが実施され、その結果、フィラデルフィアの建築家トーマス・ウスティック・ウォルター（1804～87）が選定されました。彼が提案した大理石仕上げの新しい増築部分は1851年に承認され、また鋳鉄を用いた鉄骨構造の本設ドームの工事も1855年に始まり、1866年に完成しました。このドームの構造はパリに建てられたパンテオン（1758～90）の技術を一部に採り入れたものとなっています。ウォルターによるこの高さ287フィート（87.5m）のドームの頂部には、彫刻家トーマス・クロフォードによる高さ19フィート6インチ（5.9m）の「自由」の像が据えられています。ドームの建設工事はアメリカ南北戦争（1861～65）の勃発に伴い1年間中断されました。ウォルターの設計事務所は合衆国内務省の監督下にあり、工事を指揮した陸軍の土木技師であるモンゴメリー・C・メグズ大佐が工事計画を作成し、ドームの鋳鉄製トラスの建設を監理し、彫刻や装飾を制作するアーティストを集めました。

こうしてできあがったドーム構造（2016年に修復）と両院議場の拡張（北ウイングが上院、南ウイングが下院）によって現在の建物の姿はほぼ完成しました。建物の建築面積は4エーカー（1.6ha）にも及び、ファサードの幅は約751フィート（229m）です。ランドスケープとして整備された遊歩道へとつながる前面テラスと大階段は1884年から1891年にかけてフレデリック・ロー・オルムステッド（1822～1903）の設計により増築されました。これは視覚的にこの建物とワシントン記念塔、そしてその先にあるリンカーン記念堂（1922）を結びつけており、それらが一直線に並ぶ東西の軸線は1902年のマクミラン計画によるものです。この計画以降にも議事堂の敷地は1930年代から1960年代にかけて拡張され、議員や職員用の地下鉄によって議事堂とつながっている上下院のオフィス、議会図書館（1897～1980）、新しい議会議事堂ビジター・センター（2009）などを取り込んでいます。

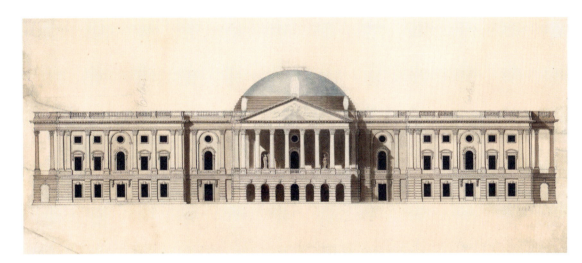

上
議会図書館に収蔵されているこの水彩画の立面図（1796頃）は、ジョージ・ワシントン大統領に絶賛されたソーントンによる議事堂設計案。

右
ウォルターによるドームには1865年にコンスタンティノ・ブルミディによって描かれたフレスコ画がある。これは「ワシントンの神格化」を主題とする絵画であり、ジョージ・ワシントンが天に昇る姿、その両側にいる自由の女神と勝利の女神、そして建国時の13の州を象徴する13人の巫女、その外側には科学、海洋活動、商業、工学、農業が描かれている。

アメリカ合衆国議会議事堂の建築家
トーマス・ウスティック・ウォルターはフィラデルフィアの石工の家に生まれ、10代にギリシア・リバイバル主義の建築家ウィリアム・ストリックランド（1788～1854）のもとで修業した後、1830年に独立して活動を開始した。ウォルターの作品はいずれも新古典主義のものであり、ペンシルベニア州のウエストチェスターにある第一教会（1832）とチェスター郡銀行（1836）、フィラデルフィアにあるジラール大学（1833～48）などがある。1851年には代表作となるアメリカ合衆国議会議事堂の設計者に任命され、1865年に退任するまで従事することとなった。

「自由」の像

ロトンダのドーム頂部には1863年、彫刻家クロフォードによるブロンズ像が据えられた。高さは19フィート6インチ（5.9m）、重さは15,000ポンド（6,804kg）。この像によって、東正面プラザから見た議事堂の高さは288フィート（87.7m）となる。彫像の女性はトーガ（古代ローマの公民服）とワシの頭と羽で装飾されたヘルメットを身に着けている。その右手は鞘に入った剣の上に置かれ、左手には勝利の月桂冠と盾をもつ。プラチナ箔が貼られたブロンズが頭部と肩に設置され、避雷導体とされている。作品は、すぐ近くにあるクラーク・ミルズ鋳造所で鋳造された。

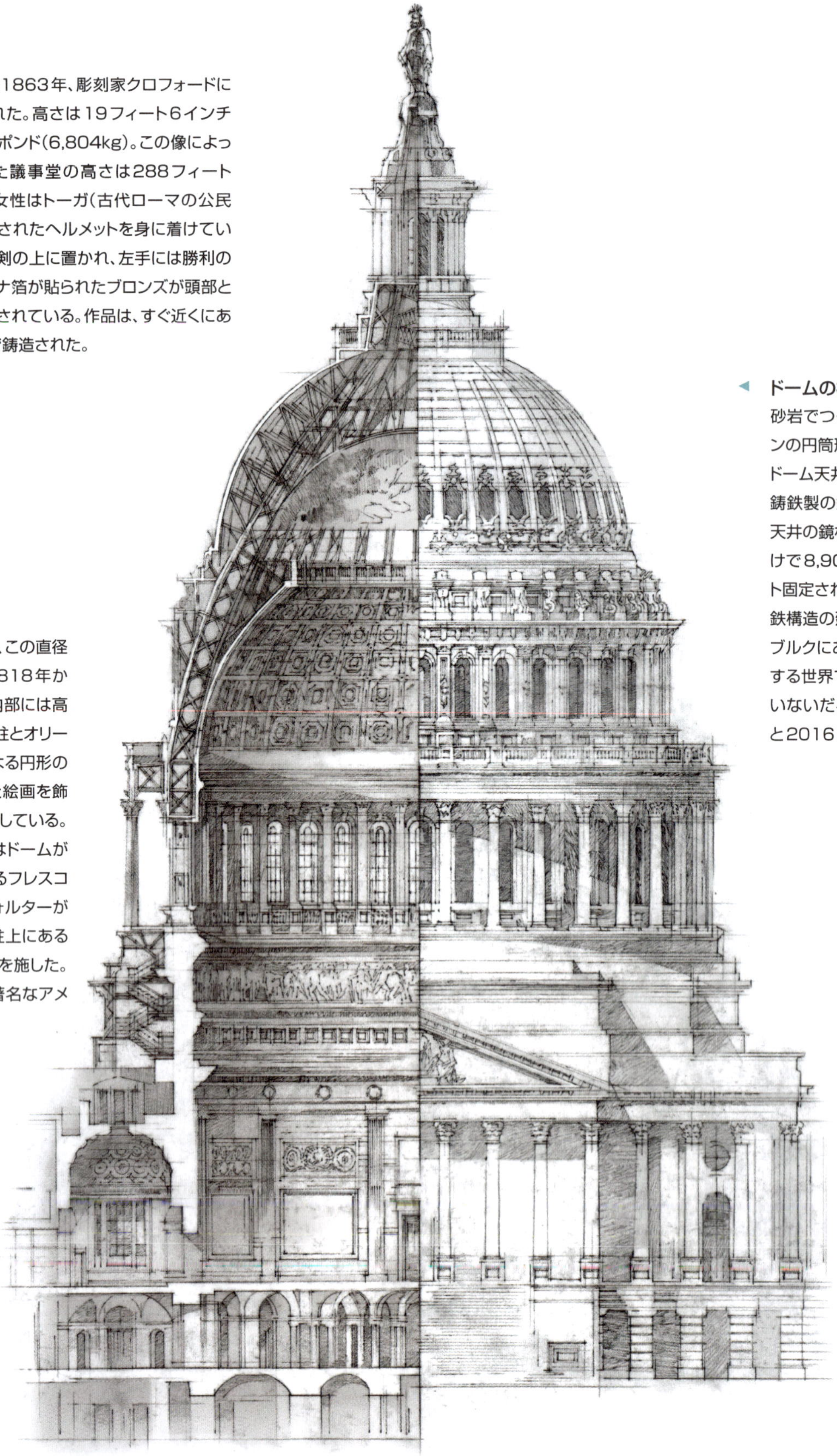

ロトンダ（円形ホール）

ローマのパンテオンをモデルとした、この直径96フィート（29.3m）の空間は、1818年から1824年にかけて建設された。内部には高さ48フィート（14.6m）のドリス式柱とオリーブの枝の花冠で装飾された砂岩による円形の壁があり、歴史的出来事を記録した絵画を飾るための8つのニッチ（凹み）を形成している。このロトンダの円筒形空間の上にはドームが架けられ、頂部にはブルミディによるフレスコ画が描かれている。ブルミディはウォルターがデザインしたロトンダのフリーズ（柱上にある梁部の帯状壁）部分にもフレスコ画を施した。ロトンダの周囲には歴代大統領や著名なアメリカ人などの彫像が置かれている。

ドームの構造

砂岩でつくられたルネサンス様式古典主義デザインの円筒形ロトンダの上部に、議事堂の中心となるドーム天井が架けられている。ドームには工業的な鋳鉄製の鉄骨構造体が内包されており、格子状の天井の鏡板部分は白く塗られている。ドーム部分だけで8,909,200ポンド（4,041,145kg）のボルト固定された鉄骨が使用されている。このような鋳鉄構造の建築物としては、ロシアのサンクトペテルブルクにあるイサク大聖堂（1858）と並んで現存する世界で最古のもののひとつであることは間違いないだろう。ウォルターの鋳鉄構造は2015年と2016年に修復された。

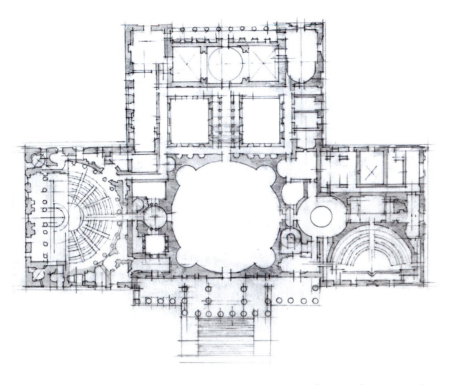

拡張計画
1824年の完成時点から両院の議場はあったが、アメリカ合衆国の領土が拡大していくにしたがって増加した代議員を収容するため、上院、下院の議会堂の大規模な拡張設計がウォルター事務所に委託されることとなった。建築の平面形は751×350フィート（229×106.5m）以上となり、175,000平方フィート（16,258m²）の床面積に約540の部屋が設けられている。現在の建物をつくりあげた総工事予算は約1億3,300万ドルであった。

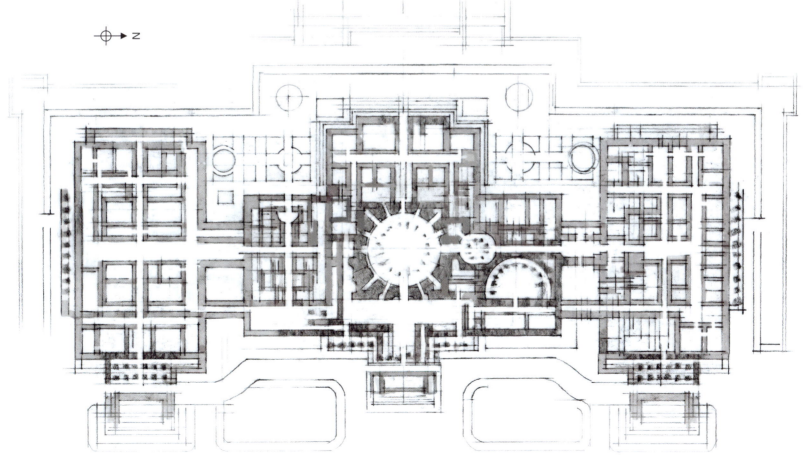

アメリカ合衆国議会議事堂

クライスラー・ビル

所在地────ニューヨーク州ニューヨーク（アメリカ合衆国）
設計者────ウィリアム・ヴァン・アレン
建築様式───アール・デコ様式
建設年────1929〜30年

　2007年のアメリカ建築家協会の調査では、クライスラー・ビルはアメリカにある好きな建物のトップ10にランクインしています。これはなにも意外なことではありません。有名な建築家のル・コルビュジエはこのビルを「石と鉄のホットジャズ（即興・熱狂的ジャズ音楽）」と批判しましたが、それでもニューヨークの観光客や居住者の票をとれば、人気トップ2か3に入る建物であることは間違いないでしょう。設計者はウィリアム・ヴァン・アレン（1883〜1954）。ネイティブニューヨーカーであり、プラット・インスティテュート大学の学生であった彼は、奨学留学生として1908年にパリに渡ってエコール・デ・ボザール校で学びました。1910年にニューヨークに戻ると、彼はハロルド・クレイグ・セヴェランス（1879〜1941）と共同で、1107ブロードウェイ・ビル（1915）や724フィフス・アベニュー・ビル（1923）などの建物を手がけます。1920年代半ばには2人はそれぞれ独立して競争相手となり、セヴェランスが40ウォール・ストリート・ビル（1929〜30）や400マディソン・アベニュー・ビル（1929）などの高層ビルを設計する一方、ヴァン・アレンは604フィフス・アベニューのチャイルズ・レストラン（1924、その後大きく改修された）や558マディソン・アベニューのデルマン靴店（1927、現存せず）など主に小さめの空間設計を行っていました。しかしヴァン・アレンは807フィート（246m）の超高層ビルの設計委託によって再び脚光を浴びることになります。その建物の複雑な頂部のデザインは、自動車会社の社長であるウォルター・P・クライスラーがこの敷地の賃貸と設計権を取得した後に再設計されたものでした。
　18カ月間にわたる建設時、マンハッタンに建設中の他のビルとの高さ競争において、2人は、巨大なステンレス製の空調排気口と頂部の装飾をステンレスでつくられたアール・デコ様式の戴冠装飾へと設計変更することで、このレンガと鉄鋼の建物を最も高いものにしようと画策しました。最終的に125フィート（38m）のステンレス製の尖塔を備えたクライスラー・ビルは高さ1,046フィート（319m）にまで達し、1930年に完成した時点で世界で最も高く、また世界で初めて高さ1000フィート（305m）を超えた構造物となりました。
　この建物には高さ以上に際立った2つのデザイン的特徴があります。ひとつは建物オーナーの専門分野の表現であ

下
ロビーとエレベーターにはアッシュ材とウォールナット材を組み合わせたエキゾチックな象嵌装飾、壁面にはモロッコ産大理石、床にはシエナ・トラバーチン、天井にはエドワード・トムブルの天井画が使われている。このロビーはエバーグリーン・アーキテクチャルアーツ社とベイヤー・ブラインダー・ベル社によって2001年に修復された。

エンパイア・ステート・ビル

シュリーブ・ラム・アンド・ハーモンによって設計されたエンパイア・ステート・ビル(1931)は1,250フィート(381m)という高さによってクライスラー・ビルを抜き、世界最高の構造物となった。そして映画『キング・コング』(1933)のラストシーンに登場したことで瞬く間に有名になった。このビルは40年以上にわたり世界で最も高い超高層ビルであり続けたが、ワールド・トレード・センター・ビルの北棟(1972)の1,368フィート(417m)、さらにシカゴのシアーズ・タワー・ビル(1974)の1,454フィート(443m)に追い越された。現在ではシアーズ・タワー・ビル(現ウィリス・タワー・ビル)もエンパイア・ステート・ビルも高さランキング上位からは大きく離されている。

り、もうひとつは比類のない華やかな印象です。クライスラーは通信課程によって独学で機械工学を学びました。自動車業界における彼のキャリアは1911年にゼネラル・モーターズ傘下のビュイック社の社長として始まりましたが、10年も経たないうちにその株式配当によって億万長者になりました。1925年にはマクスウェル自動車会社を買収し、それをベースに新しくクライスラー社を設立。1928年には『タイム』誌の「今年の人」に選ばれ、世界で最も高いオフィスビルに出資し、その運気と名声は頂点に達します。1928年の同社は360,399台の自動車とトラックを販売し、総売上高315,304,817ドル、利益は30,991,795ドルでした。その桁違いの資金の豊富さは、おそらくヴァン・アレンの設計手腕よりもこの建物の印象を決定づけているといえるでしょう。

オフィススペースにはすべて冷暖房装置がついていて、これも世界初でした。ロビーなどのパブリックスペースはシエナ・トラバーチン石の床、モロッコ産大理石の壁、木の象嵌装飾が施されたエレベーターや壁装パネルでつくられています。クライスラー社の自動車は隣接するショールームで展示されました。71階にもパブリックスペースがあり、展望スペースには惑星をかたどった彫刻がつるされていました。66～68階には会員制のクラブがあり、イングリッシュパブ、理髪店、ジム、そしてニューヨークで最高と評判のトイレがありました。クラブ内にはクライスラーの専用ダイニングルームもあり、自動車産業の労働者を描いたレリーフ壁画で装飾されていました。56階にあるクライスラーのチューダー様式のオフィスとメゾネット型の住宅には、仕事の時間が終わるとファイブオクロック・ガールズと呼ばれるショーガールや女優の卵たちがいつもドリンクパーティに集っていました。

クライスラー家は1953年にこの建物を売却しましたが、さまざまな所有者を経た後に買い戻されています。ヴァン・アレンはこの最高傑作となるビルの完成後、1931年にはエコール・デ・ボザール校の恒例のコスチュームパーティにクライスラー・ビルのコスチュームを着て参加していましたが、その名声は長くは続きませんでした。彼は訴訟によりクライスラー・ビルの未払いの設計料を獲得することはできましたが、その後これに匹敵する建物を建てることはありませんでした。

▶ **上層階**
この切断図は、使用されていた最上階が71階であったことを示している。図ではこの展望スペースの天井につるされていた惑星の彫刻が再現されている。その直下階にはエレベーター機械室があり、その下の66階から68階には300人の会員がいた会員制クラブがある。ここにはクライスラー自身のプライベートダイニングルームもあった。この図で表現されていないその下層階にはクライスラー社のオフィスとクライスラーの私邸があった。これらの特別仕様のスペースは1970年代に改装され、現存していない。

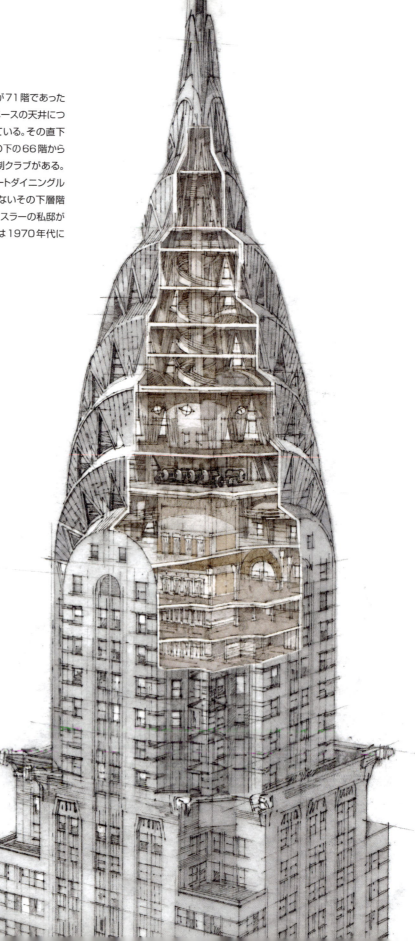

▶ **スチール製の外装**

ヴァン・アレンはガラスでできたクリスタルのような頂部装飾を望んだが、クライスラーは自動車企業の社長として、金属を要求した。骨組みには鋼材が用いられ、またダイナミックな尖塔形状部分をはじめとした外装の特に装飾的なディテールの大部分にはナイロスタ・スチール（ドイツのクルップ社の製品であるNichtrostende Stähle《錆びない鋼鉄》の短縮呼称）が採用された。選択された鋼種は18-8ステンレス鋼と呼ばれ、18％のクロムと8％のニッケルを含有する鉄の合金である。あたかも1930年代の宇宙船のように、派手な装飾のスチール製の尖塔がレンガの建物から飛び出してきたように見える。そこにある三角窓は建物に特徴的なシルエットを与えるとともに、上層階からの眺望を三角形の額縁で切り取っている。

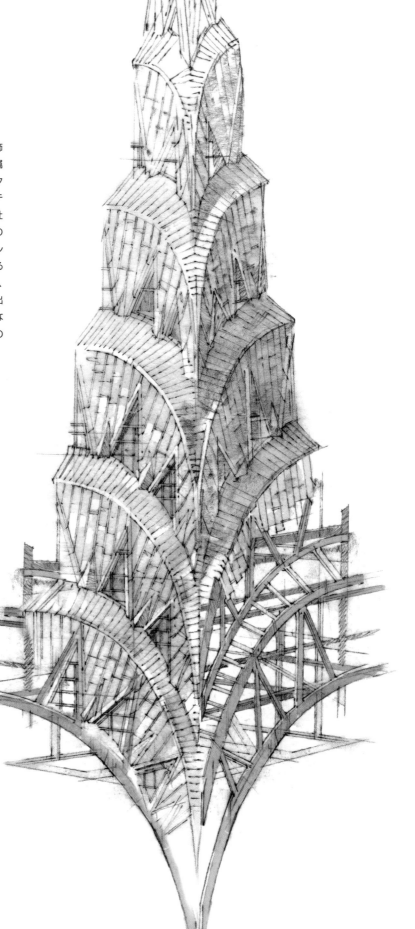

クライスラー・ビル

▶ ガーゴイル

ステンレス鋼をリベット接合してつくられた特徴的なガーゴイル（怪物形の屋根装飾）は、尖塔部分と同様、レンガで仕上げられた鉄骨造の建物から生き物のごとく飛び出してきたように見える。クライスラー社の研究所はさまざまな金属建材に関する調査を行った。その結果選択された18-8ステンレス鋼は強く、しかも容易に細かい加工ができた。自動車界の大物にふさわしく、様式的なワシ形のガーゴイルは自動車のホイールキャップやボンネット上のマスコットと融合したようなデザインとなっており、すべてがステンレス鋼でつくられている。尖塔部分と装飾ディテール部分はソーントン・トマセッティ社により2001年に修復された。

◀ アール・デコ様式の装飾

42番街側のステンレス製の出入口扉（前頁）とロビー内の小さなドア（左）は建物内のいたるところで見られるアール・デコ様式を典型的に示している。アール・デコという用語は1925年にパリで開催された『Exposition internationale des arts décoratifs et industriels modernes（現代装飾美術・産業美術国際博覧会）』に由来する。ギャルリ・ラファイエットのようなデパートを国家の展示施設にした感じのフランス・パビリオンは、クライスラー・ビルのデザインに通じる幾何学図形的な装飾を特徴としていた。この博覧会はその後10年間のデザイン潮流に多大な影響を与えた。

ダレス国際空港

所在地――――バージニア州シャンティリー（アメリカ合衆国）
設計者――――エーロ・サーリネン
建築様式――有機的モダニズム様式
建設年――――1958～62年

　1950年代半ばから1960年代初頭、商業航空におけるジェット旅客機時代の幕開けとともに、航空会社と空港当局は新時代を反映した近代的な施設をつくって航空交通のイメージを一新しようと奮闘しました。シカゴ・オヘア空港、ロンドン・ガトウィック空港、ニューヨーク・アイドルワイルド空港（後のジョン・F・ケネディ国際空港）、パリ・オルリー空港といった当時の空港を見ればわかるように、それらは大抵鉄とガラスでできた直線的な近代建築でした。同時代の他の建築家たちは移動や輸送をより直接的に象徴するような建築形態表現を行っていました。ミノル・ヤマサキ（1912～86）の設計によるセントルイス・ランバート国際空港（1956）の薄いコンクリートのヴォールト（かまぼこ形）は前時代の大きな鉄道ターミナル駅をイメージさせます。しかしエーロ・サーリネン（1910～61）による空港のデザインはさらに先を行くものであり、ダイナミックに曲がりくねった形状がジェットエンジン時代の空の旅をドラマチックに演出するものでした。それが1962年につくられた2つの空港、ニューヨークにあるジョン・F・ケネディ国際空港のTWAターミナル（ランドマークとして現在はホテルに用途変更・改修）、そしてワシントンD.C.の郊外、バージニア州にあるダレス国際空港です。後者の平面計画と形態は航空旅行のイメージを大きく変えるものだったといえるでしょう。

　サーリネンが空から舞い降りたような曲面コンクリートによって空の旅のドラマを象徴的に表現しただけでなく、チャールズ（1907～78）＆レイ（1912～88）・イームズ（220頁参照）はその後の空港の家具とインテリアデザインに大きな影響を与えました。彼らが1960年代初期にダレス国際空港のために設計した座席は公共スペースの座席の標準形になりました。また彼らが制作したアニメーションフィルムである『空港の拡張』（1958、現在はYouTubeなどのウェブサイトで視聴可能）では、駐機場内に分棟して配置されたターミナルとメインターミナルを移動型ラウンジによって連携するというダレス国際空港の計画が示されています。そ

こで提案されたアイデアはサーリネンとともに空港建設を委託されたチームが1958年に実現しました。空港を建設した橋梁・土木エンジニアのアンマン＆ホイットニー、機械工学の専門家である産業・輸送施設エンジニアのバーンズ＆マクドネル、そしてマスタープランのコンサルタントであるエレリー・ハステッド（1901～67）などです。ジェット時代の空港建設地としては、ジェット騒音を都市から遠ざけるため、ワシントンD.C.から26マイル（42km）離れたバージニア州の農場にある10,000エーカー（4,047ha）の土地が選定されました。空港として使う敷地は当初、メインターミナル、それと連携する駐機場内ターミナル、3本の滑走路——うち2本は大型で高速の航空機に対応するために長さ11,500フィート（3,505m）——を合わせて3,000エーカー（1,214ha）でした。サーリネンが設計したメインターミナルもはじめは600フィート（183m）の長さでしたが、後にスキッドモア・オーウィングズ・アンド・メリル（SOM）事務所の設計によって、同じデザインで300フィート（91m）拡張されました。

空港は1962年11月17日、ジョン・F・ケネディ大統領によって公式に開港宣言されました。当初は国務長官のジョン・フォスター・ダレスの名が冠されていましたが、1984年にワシントン・ダレス国際空港に名称変更されています。1962年の開港後の期間だけで52,000人以上の乗降客がこの空港を利用し、1966年には年間100万人が利用しました。その後に駐機場内施設の増設と改修も行われ、2015年には乗降客数が2,160万人に達しています。特に駐機場内のターミナルや駐機スペースがメインターミナルとバスや地下通路で連携するという計画が、その後の空港設計に及ぼした影響ははかりしれません。ワシントンという都市から離れて立地するこの空港は、企業のオフィスやその従業員の住居を引き寄せることにより郊外発展の触媒ともなりました。近隣地の主要なプロジェクトには、2003年に開館した、161,145平方フィート（14,970m²）の展示スペースをもつ国立航空宇宙博物館のあるスティーブン・F・ウドバーヘイジー・センターなどがあります。この郊外発展には、連邦政府所在地であるコロンビア特別区へとつながる地下鉄をはじめとした地上交通インフラの整備も含まれています。

上左
乗降客のシャトル移動のためにターミナルの搭乗ゲートと航空機の間を行き来する移動式ラウンジ（ゲート自動車）は、クライスラー社とバッド社によって製造された。1台で一度に102人を運ぶことができた。

上右
ターミナルの車寄せから移動式ラウンジのゲートまで、ターミナルスペースを約200フィート（61m）歩くだけで到達できる。

TWAターミナル

1962年、ニューヨークのアイドルワイルド空港（現ジョン・F・ケネディ国際空港）内にサーリネンの設計によるTWAターミナルができたとき、あるタクシー運転手はこう話した。「お客さん、これは単なる建物ではありません。感覚的空間です。中に入ると空に浮かんでいるみたいに感じますよ」。この空間は旅のもつ劇的で感動的な経験、そして飛行の興奮を演出するものであった。サーリネンは「非静的」であり「動き」を感じさせる空間を意図していた。この現場打ちコンクリートによる傑作はコンピュータを使用した同様のデザインを半世紀以上も先取りしたものであり、そのことがさらにこの建築を際立たせている。2012年、ベイヤー・ブリンダー・ベルの設計により、ホテルとしての再利用のための10年にわたる改修が完了した。

ダレス国際空港

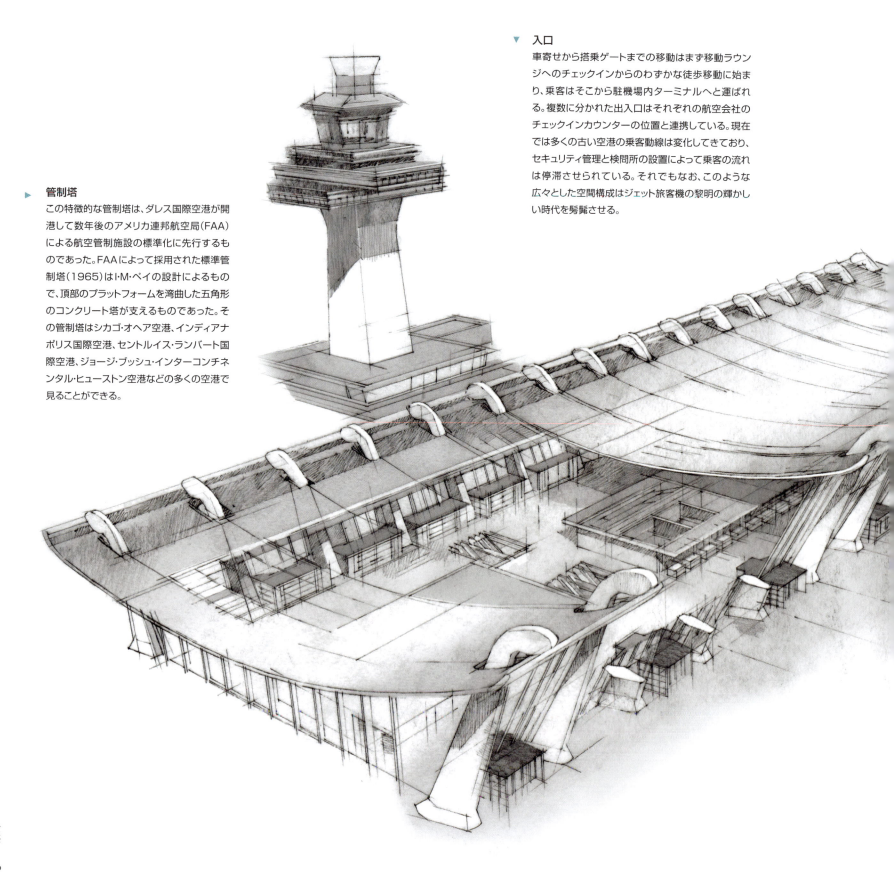

▶ 管制塔
この特徴的な管制塔は、ダレス国際空港が開港して数年後のアメリカ連邦航空局(FAA)による航空管制施設の標準化に先行するものであった。FAAによって採用された標準管制塔(1965)はI・M・ペイの設計によるもので、頂部のプラットフォームを湾曲した五角形のコンクリート塔が支えるものであった。その管制塔はシカゴ・オヘア空港、インディアナポリス国際空港、セントルイス・ランバート国際空港、ジョージ・ブッシュ・インターコンチネンタル・ヒューストン空港などの多くの空港で見ることができる。

▼ 入口
車寄せから搭乗ゲートまでの移動はまず移動ラウンジへのチェックインからのわずかな徒歩移動に始まり、乗客はそこから駐機場内ターミナルへと運ばれる。複数に分かれた出入口はそれぞれの航空会社のチェックインカウンターの位置と連携している。現在では多くの古い空港の乗客動線は変化してきており、セキュリティ管理と検問所の設置によって乗客の流れは停滞させられている。それでもなお、このような広々とした空間構成はジェット旅客機の黎明の輝かしい時代を髣髴させる。

▼ 屋根
大きな曲面を描く屋根はサーリネンがTWAターミナルで設計した湾曲した車路と歩道にも通じるものであり、乗客に旅のイメージを演出している。優雅な曲面は正面に並ぶ丸みを帯びた斜めの支柱と組み合わされており、これによってこの屋根はコンクリート板というよりも、旅行者の上に浮かぶ大きな布のような印象を与えている。サーリネンはこの屋根を「コンクリートの木の間に吊り下げられた巨大で細長いハンモック」と表現した。

▼ 支柱
湾曲した柱は入口を明示するとともに、屋根の支点ともなっている。屋根はコンクリート仕上げの中にある鋼製の吊り橋ケーブルで支持されている。この支柱が建物の外周に沿って配置されることで、この大きな倉庫のような建物の内部空間は柱の制約から解放され、流れるような（サーリネン曰く「滑空するような」）印象の内観が実現している。

ダレス国際空港

立法議会議事堂

所在地────チャンディーガル（インド）
設計者────ル・コルビュジエ
建築様式───有機的レダニズム様式
建設年────1952〜61年

　1947年8月15日にインドが公式に独立した際、新国家は依然としてイギリス連邦の一部でありつつも、ニューデリーを首都とし続けることとなりました。28ある州にはそれぞれ州都があり、チャンディーガルはハリヤーナー州とパンジャブ州の州都としてインド独立後に創設された新しい都市のひとつです。その言語はそれぞれヒンディー語とパンジャブ語。第2次世界大戦（1939〜45）後のワルシャワの復興に取り組んだポーランド人建築家マシュー・ノビッキ（1910〜50）が、アメリカ人建築家アルバート・マイヤー（1897〜1981）とともに最初のマスタープランを作成しました。マイヤーはいくつものインドの都市計画に取り組んでいて、インドの初代首相ジャワハルラール・ネルーに重用されていました。ネルーはこう宣言しています。「この都市を、過去の歴史にとらわれないインドの自由の象徴としよう……未来の国家への確信を表現して」

　ノビッキの死とともにマイヤーもチャンディーガルでの任を離れ、1951年に彼らの都市計画はル・コルビュジエという名で知られるシャルル＝エドゥアール・ジャンヌレ（1887〜1965）に引き継がれることとなりました。コルビュジエは計画案の修正と最終的な建物の設計を行いましたが、そこにはイギリス人建築家マックスウェル・フライ（1899〜1987）とフライの妻であるジェーン・B・ドリュー（1911〜96）の助力もありました。また設計チームには、M・N・シャルマー（1923〜2016）、ユーリー・チョウドリー（1923〜95）、アーディティヤ・プラカーシュ（1924〜2008）といったインドの建築家や都市計画家も参加しています。ル・コルビュジエによる都市計画と設計する建物の選定のあと、彼の従弟にあたるピエール・ジャンヌレ（1896〜1967）によって実施設

計が行われました。

　ル・コルビュジエにこの仕事が委託された1951年は、ニューヨークの国連ビル(1947〜52)、マルセイユのユニテ・ダビタシオン(1947〜52)、ロンシャンのノートルダム・デュ・オー礼拝堂(1950〜55、282頁参照)などといった第2次大戦後の建築によって彼がまさに国際的な名声を確立しつつあった時期にあたります。当初の都市計画は人口15万人の都市(現在は100万人以上)として構想されたもので、都市の中心には政府の建物が配置されていました。コルビュジエは立法議会議事堂(1952〜61)だけでなく、高等裁判所(1951〜56)、ファサードの幅が820フィート(250m)もある巨大な行政庁舎(1952〜58)、そして実現しませんでしたが州知事の公邸も設計しました。実現した3つの建物はすべて型枠の木の板の形を表面にそのまま残した現場打ちコンクリートである「ベトン・ブリュ(荒々しいコンクリート)」の技法で仕上げられています。そのなかでも立法議会議事堂は最も際立った建物として、計画の中心に配置されました。

　立法議会議事堂の内部には建物の主機能となるパンジャブ州とハリヤーナー州それぞれの立法府のための2つの議場があります。前者は冷却塔のような形態、後者はピラミッド形の屋根によって建物の外観に明示されています。より大きな空間であるパンジャブ州議会の双曲面形のタワーは厚さわずか6インチ(15cm)以下という薄いシェル構造です。最下部の直径は128フィート(39m)、高さは124フィート(38m)であり、117人の議員のための議場を形成しています。ハリヤーナー州議会は議員数90人であるため小さめの議場となっています。建物の大部分が打放しコンクリート仕上げであるのに対して、この2つの議場だけは着彩された壁画でしっかりと装飾されています。内部にはその他に立法府のオフィス、垂直動線のある大きな中庭があります。外部に並ぶ穴のあいた厚いコンクリート壁は日射除けであるとともに人工池に面して大きな曲面屋根を載せたアーケードを形成して、高等裁判所や行政庁舎の直線的な外観とは対照的な印象深い外観を生み出しています。立法議会議事堂についてコルビュジエはこのように述べています。「これは剥き出しのコンクリートの新しい芸術によって、壮大な外観をもった議事堂です。それは壮大であると同時に恐ろしいものです。なぜ恐ろしいかというと、見た目にはまったく冷たい印象を与えないからです」

上
チャンディーガルにある2つの議場のうちのひとつ(パンジャブ州議会)。この空間の豊かな色彩が無彩色のコンクリートによる建築を活気づける。赤、黄、明るい緑という色の組み合わせはル・コルビュジエによってデザインされた塗装仕上げの議事堂入口扉にも使用されている。ハリヤーナー州議会議場も同様にカラフルであり、ル・コルビュジエのデザインによる大きなタペストリーが設置されている。

国連本部ビル
ル・コルビュジエは、ニューヨークの国連本部ビルの設計チームの一員であった。この建設委員会はニューヨークにあるハリソン&アブラモヴィッツ事務所のウォレス・K・ハリソン(1895〜1981)を設計責任者とし、10人の国際的な建築家たちによって構成されていた。ル・コルビュジエとオスカー・ニーマイヤー(1907〜2012)は実施設計者のハリソンとともに最終的な全体計画の設計者として表記されることが多い。この国連本部の大議場をチャンディーガルの議場の概念モデルとして考察することは興味深い。

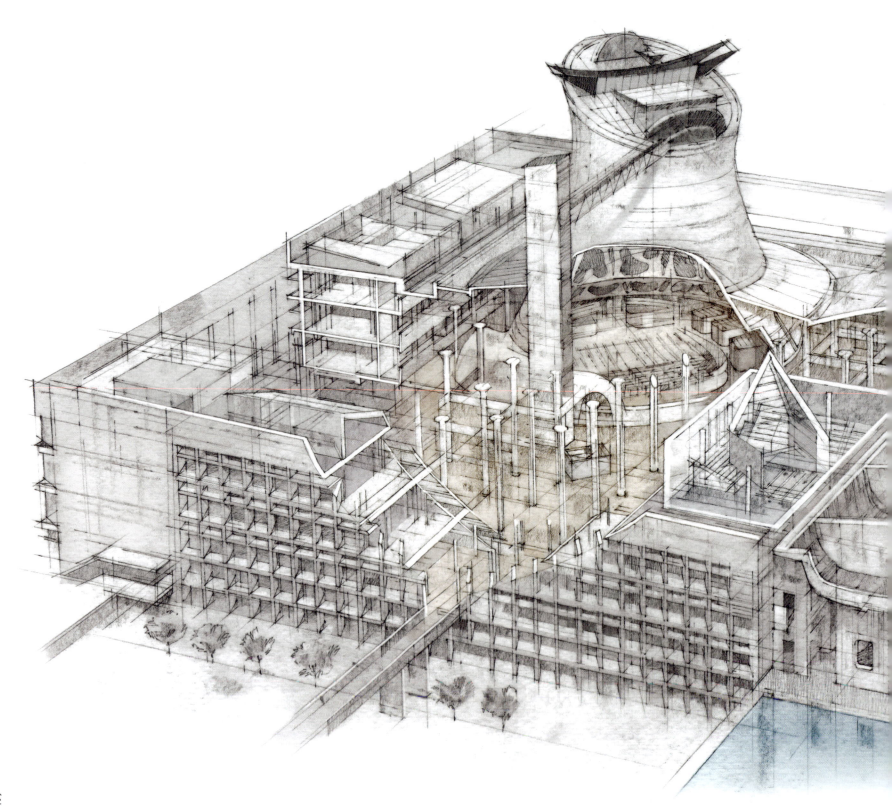

抽象彫刻

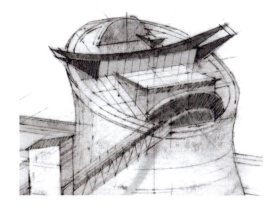

ル・コルビュジエは建築家としてだけでなく彫刻家としても知られている。1985年、彼がデザインした85フィート（26m）の高さの『オープンハンド』モニュメントが、立法議会議事堂の北東に設置された。議事堂の設計図にはパンジャブ州議会議場の頂上にこの彫刻を据えるスケッチが含まれていた。ル・コルビュジエの彫刻は彼の建築に対する有機的な思想の延長線上にある。

パンジャブ州議会議場タワー

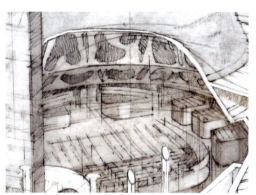

特徴的な双曲面形態のパンジャブ州議会議場タワーのこの切断図には、同様に曲線的な議場内の壁面装飾も描かれている。ル・コルビュジエは建築を空間的、体験的な芸術としてとらえ、建築、装飾、家具を総合的にデザインした。双曲面のタワーは内部の空間体験だけでなく、外観にも際立った特徴を与えている。

構造グリッド

この彫りの深い構造グリッドによるファサードはル・コルビュジエ建築によく見られるデザインであり、このような暑い気候下ではブリーズ・ソレイユ（日射除け）としても機能する。オフィスの外壁部分の日射除けは内部から周囲の風景を眺めるときの額縁にもなっている。グリッドは支柱（ピロティ）によって地面から持ち上げられており、その支柱がそのままファサードに貫通してグリッドを形成している（下記も参照）。

ピロティ

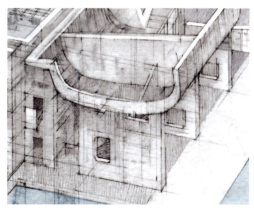

近代建築において、上部の構造を支える支柱や独立構造柱はピロティと呼ばれる。ここでは巨大な鉛直支柱が印象的な曲面屋根を持ち上げ、他の部分とは異なる際立った形態要素を建物に与えている。ル・コルビュジエが意図したように、ピロティは建築に地面の延長のような空間表現を与えることを可能にする。このピロティからは遠方に外ヒマラヤのシワリク丘陵を眺望することができる。

▼ ハリヤーナー州議会議場
ハリヤーナー州議会議場では変則的なピラミッド形タワーが外観に明示されており、パンジャブ州議会議場の双曲面形状と対比的な表現となっている。傾斜した面形状の塔は北側からの外光を室内に採り入れている。内部のレイアウトはその形状を反映しており、これもパンジャブ州議会議場の内部とは対照的である。議会のフロアの上には複数の傍聴席があり、それぞれ男性用、女性用、報道関係者用となっている。

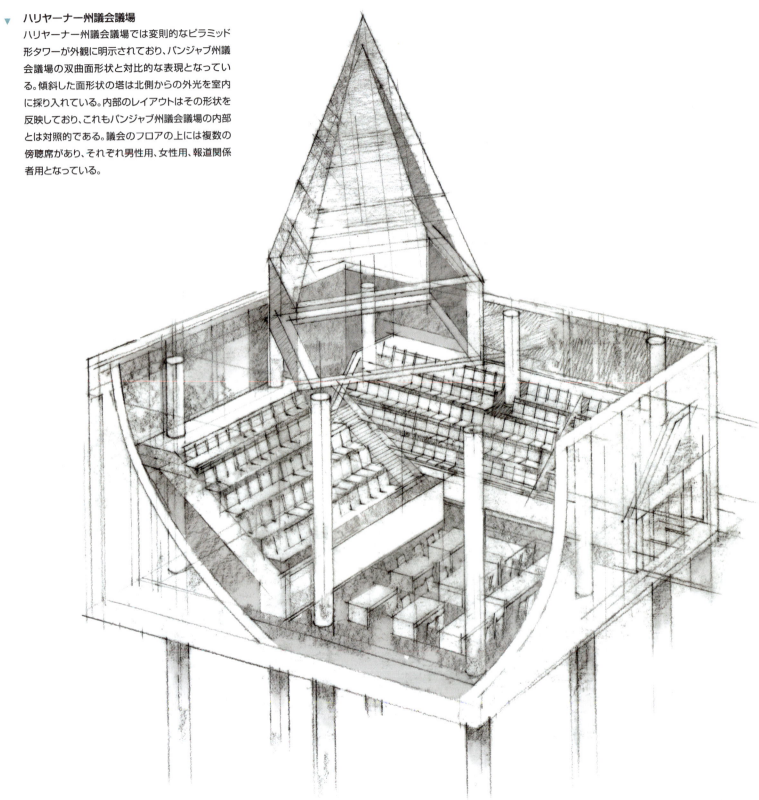

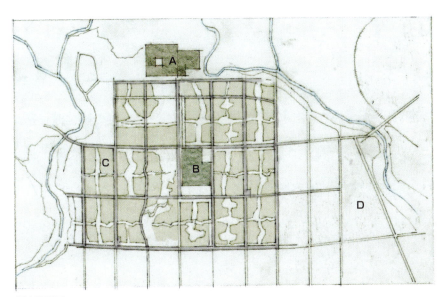

都市計画図

計画された都市

チャンディーガルはもともと人口15万人規模の行政都市として計画されていたが、今日では100万人以上の住民を抱えている。都市計画は2回拡張され、1回目は人口50万人を想定したエリア群、2回目は最大350万人に対応する高密度なエリア群を組み込んだものとされた。各エリアは都市の隣接地に設定され、単位広さ2,624×3,937フィート（800×1,200m）、人口3,000〜20,000人の計画とされている。

エリア・建物

A 州都施設エリア
B シティセンター
C 大学エリア
D 工業エリア
E 行政庁舎
F 立法議会議事堂
G 州知事公邸（未建）
H 高等裁判所

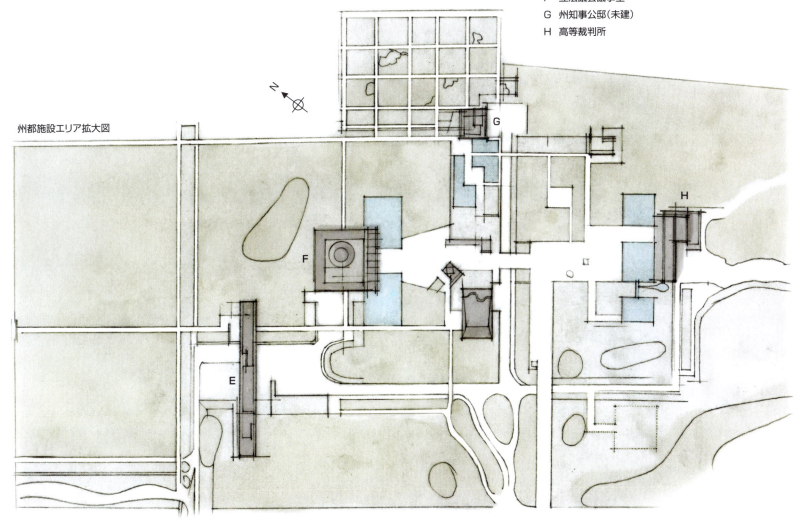

州都施設エリア拡大図

バングラデシュ国会議事堂

所在地────ダッカ（バングラデシュ）
設計者────ルイス・カーン
建築様式────有機的モダニズム様式
建設年────1962〜82年

　バングラデシュ独立戦争（1971）とバングラデシュ（旧東パキスタン）の独立国家としての建国（1971年3月26日）は、より大きなインド・パキスタン戦争の原因のひとつともなりました。インドはバングラデシュの独立を支持し、1971年12月16日、ついにパキスタンが敗北しました。そうして新国家となったバングラデシュは首都ダッカのシェレ・バングラ・ナガーにジャテオ・ションショド・ボボンという正式名称をもった国会議事堂を建設します。この建物はまだ東パキスタンであった1959年から1962年にかけて構想されたものであり、その目的は西パキスタンのイスラマバードに本議事堂を置くパキスタン議会の第2議事堂をつくることでした。

　1971年のバングラデシュ建国後、その建物の機能は国家の議会に適応するように変更されました。そしてこの地域の建築の近代化を先導した建築家であるモザール・イスラム（1923〜・2012）の推薦によって、アメリカの建築家ルイス・カーン（1901〜74）がその設計者に選出されました。イスラムはカルカッタで建築と建設工学を学び、それぞれ1942年と1946年に学位を取得しています。その後1950年から1961年にかけてアメリカとイギリスで建築を学び、1961年にイエール大学で学んだ際にカーンや、ポール・ルドルフ（1918〜97）、スタンリー・タイガーマン（1930〜）といった建築家たちと友人になりました。イスラムの初期の作品にはダッカ大学図書館、美術工芸大学、バングラデシュ国立公文書館（すべて1954〜55）などがあります。1958年から1964年まで東パキスタン政府の上席建築家だったイスラムは、1962年から1963年に国会議事堂と首都計画のためにカーンを呼び寄せ、その仕事はカーンの死まで続くこととなりました。またルドルノとタイガーマンがバングラデシュで建築設計をすることもサポートしました。

　国会議事堂は堀のような湖の中に位置しており、庭園、付帯構築物、住宅、駐車場を含む200エーカー（81ha）の施設群の中心となる建物です。カーンの傑作とされるこの建

物はその死後である1982年に完成し、総工事費は3,200万ドルでした。要塞ビルとも呼ばれる建物は大理石を埋め込んだコンクリートでできており、中心部分の八角形は155フィート（47m）の高さです。354の議席を有する中央の議場の周りには8つの積木のようなボリュームが配置されています。これらのボリュームと中央の議場の間にはドラマチックな入口や動線を含んだ9階構成の空間が挟まれています。積木ボリュームに開けられた幾何学形態の穴は日射を調整する役割を果たしていて、このような外光の扱いこそカーンが追求し続けてきたものでした。議場には屋根の上から間接光として外光が入るようになっており、議場上部に設置されたシンプルな人工照明がそれを補助しています。

この建物におけるスケールの大きい求心的な平面計画はタージ・マハル（92頁参照）などのムガール建築の傑作と比較されてきました。しかしこの平面図や巨大な幾何学形は、アメリカのフィリップ・エクスター・アカデミー図書館（1965〜72）などの同時代以降にカーンが手がけた建築でも展開されています。建物内には議員ラウンジ、図書館、会議室、オフィス、そして祈祷ホールなどがあります。祈祷ホールは当初モスクとして独立した建物で構想されましたが、結局は議事堂の建物内に組み込まれることになりました。メッカの方角に正対するために、この部分の平面図は全体の軸線から角度がずれています。この部分の設計のためにカーンがかなりの数の図面を作成したことも記録に残っています。小塔のような外観は中世の都市城門、ムガール建築、14世紀のベンガル王国のモスクなどを連想させます。

左
内部空間は他のカーン建築と同様にシンプルで力強い幾何学形態を用いたものであり、その自然光との相互作用が空間に特質を与えている。この建物の幾何学形態の巨大さは人間の大きさとの比較で明らか。壁面に穿たれた幾何図形は外光を採り入れる穴であるとともに、内部からの眺望の壮大な額縁でもある。

下
2017年までに10回の選挙が行われ、中央の議場は選ばれた議会を毎回収容してきた。議員定数350人に対して座席数は最大354。上階にはVIP席がある。天井高さは117フィート（36m）。

ソーク生物学研究所
1966年にカリフォルニア州ラ・ホーヤに建てられたソーク生物学研究所（1965）前で撮られた写真でカーン（左）と並ぶのは、研究所の創設者であるアメリカのウイルス学者ジョナス・ソーク。シンプルな幾何学的形状が陰影によって浮かび上がる造形は、ニューヨーク州ロチェスターにあるファースト・ユニタリアン教会（1962、1969）にも見られる、カーン建築の典型的な特徴。

バングラデシュ国会議事堂

大切断図
この切断図は建築のユニークな図解となっている。議場は中心部にあり、右手前の曲面壁があるボリュームにはカフェテリアが入っている。その左右の直方体のボリュームにはオフィスが入っている。

▼ **国会議事堂**
この建物の中心である議場には天窓と円形窓から外光が入る。議場には350人の議員が収容されるが、うち選挙で選ばれた議員は300人であり、残り50議席は女性に割り振られている。女性議員は各政党の議席数の比率に応じて任命される。国会議員の任期は5年。

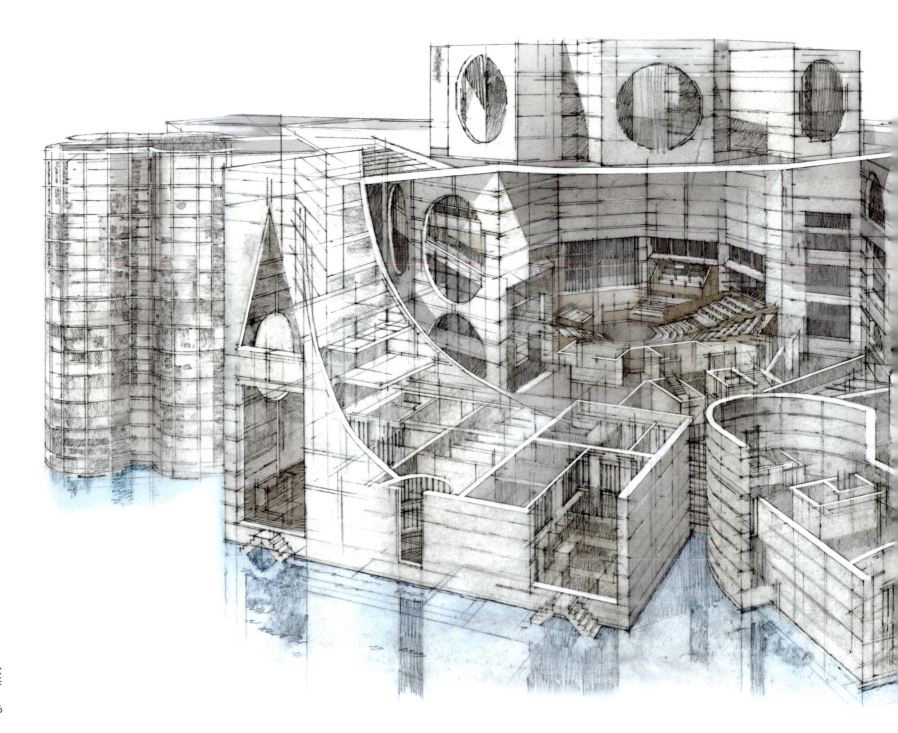

▼ 壮大な幾何学

大胆に大きく開けられた開口から入る外光は議場周囲の構造体と壁面の様相に変化をもたらす。またそのスペースにはオフィス、ラウンジ、動線通路といった議事堂をサポートする空間がある。「サーブド」エリア（サービスの供給を受ける主空間）と「サーバント」エリア（主空間をサポートする2次空間）の明確化は、カーンの設計の基本理念のひとつである。

▼ モニュメントとしての平面計画

ここに示されている平面図では右上がエントランスホール（D）、反対側の左下の小塔のような部分は祈祷ホールと沐浴場（B）、そしてその中央に議場（E）がある。議場の外側は動線とサポート空間によってぐるりと囲まれ、その周囲の長方形の建物はオフィスである。計画の巨大なスケールとその建築形態の素晴らしさは、タージ・マハルとも比較される。

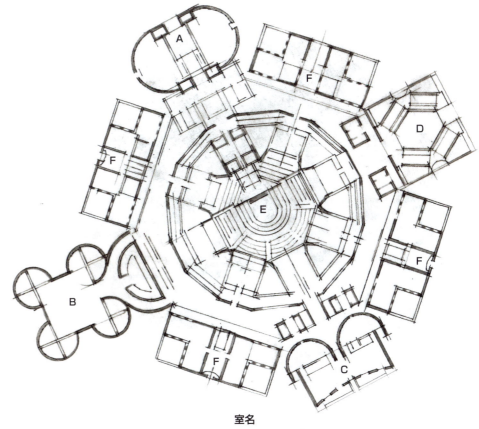

室名
A　大臣ラウンジ
B　祈祷ホール
C　カフェテリア、休憩室
D　エントランスホール
E　議場
F　オフィス

バングラデシュ国会議事堂

ライヒスターク

所在地──ベルリン(ドイツ)
設計者──パウル・ヴァロット、ノーマン・フォスター
建築様式──ネオ・ルネサンス様式、現代建築
建設年──1884〜94年、1999年(増築・改修)

1867年にオットー・フォン・ビスマルクによって多くの域内の領邦が連邦とされたことにはじまって、1871年にはドイツ帝国が樹立されました。ビスマルクは1871年から1890年までその初代首相となり、皇帝にはヴィルヘルムⅠ世が即位し、1700年代初頭からプロイセン王国の首都であったベルリンが帝国の首都となりました。ベルリンのそれまでの居住人口は50万人から70万人の間くらいでしたが、1871年以降すぐに80万人を超え、1880年代半ばまでには130万人を突破しました。この急速な成長により、新しい交通システム、住宅、特に商業および政府機関向けのオフィスの建設が必要となりました。

19世紀後半から20世紀初頭、国際的に重要な建物はそれにふさわしい壮大な古典主義建築とされることが一般的な傾向でした。アウグスト・ブッセ(1839〜96)によるライヒピーチウーファー50〜54番地にある帝国保険事務所(1894)、ユリウス・カール・ラシュドルフ(1823〜1914)とオットー(1854〜1915)親子によるベルリン大聖堂(1894〜1905)、ラインハルト&ズッセングート事務所によるライヒピーチウーファー72〜76番地の帝国海軍本部(1911〜14)などが例として挙げられます。1882年の設計コンペによって選定されたライヒスターク(ドイツ議会議事堂、1884〜94)もこれらの壮大な古典主義建築のひとつであり、設計者はパウル・ヴァロット(1841〜1912)でした。建物はケーニヒス広場(国王広場。現在の共和国広場)の、政府が買収・解体したラチンスキ宮殿跡地に建設されました。ヴァロットの設計のベースとなったのは、1876年にフェアマウント・パークで開催されたアメリカ建国100周年記念博覧会のために建てられたフィラデルフィア・メモリアルホール

(現在のプリーズタッチ博物館)であり、設計者はドイツ系アメリカ人の建築家ヘルマン・J・シュヴァルツマン(1846〜91)でした。完成したヴァロットの議事堂は高さ246フィート(75m)でした。

第1次世界大戦(1914〜18)の後、アドルフ・ヒトラーのドイツ首相就任の直後まで、建物はワイマール共和国(1919〜33)の国会議事堂として継承されました。1933年2月27日、この建物においてナチスが共産主義者によるものとした放火事件が発生し、出火後に建物内で放火犯として逮捕されたマリヌス・ファン・デア・ルッベが裁判を経て処刑されます。ヒトラーはこの事件を根拠としてワイマール憲法の実効力を停止し、従来の議会を崩壊させました。それに続いてナチスの傀儡議会が召集された1933年から1942年までの間は近くにあるクロール・オペラ・ハウス(1951解体)が国会議事堂となりました。ヴァロットのライヒスタークは第2次世界大戦(1939〜45)の間廃墟の状態であり、連合軍の爆撃やロシアのベルリン解放戦でさらに損傷を受けることになります。

その後、冷戦(1948〜89)と東西ドイツの分裂によって議会は別の場所に移り、悪名高きベルリンの壁(1961)にも程近いこの建物はほとんど使用されていませんでした。建築家のパウル・バウムガルテン(1900〜84)の設計によって建物の修復とより近代的な外観への改修は行われたのですが、使用は式典などに限定されていました。そして1989年のベルリンの壁崩壊、1990年のドイツ統一、ボンからベルリンへの首都移転を経て、新しいドイツ連邦議会議事堂としてこの建物の復元と再活性化のための設計コンペが行われ、ノーマン・フォスターが選定されます。彼の計画提案は建物の歴史的要素を復元して明示するとともに、既存建物との合計高さで154フィート(47m)まで達する新しいドームを上部に載せるというものでした。鉄とガラスでできたドームはこの都市と国家を象徴するランドマークであり、民主主義の透明性の象徴でもあります。

議場は面積12,900平方フィート(1,200m²)で、669の議席が収容されています。フォスター作品の典型的な特徴は環境問題への配慮であり、この新議事堂では植物油由来のバイオ燃料を使用したコジェネレーション(熱電併給)プラントによって発電と同時に暖房用の温水を生成し、それを地下に貯湯しています。

上左
ライヒスタークの東ロビー。フォスターの設計では自然光が建築デザインの特徴を担う。太陽の動きと、その光をどのように内部空間に採り入れるかが緻密に検討された。

上右
ドイツ連邦議会のためにフォスターがつくった新しい空間。1999年4月19日、この新しいドームの下にドイツ連邦議会が初召集された。

第2次世界大戦による廃墟状態
都市とライヒスタークが瓦礫と化したベルリンのこの有名な写真は、ベルリンの戦いが終結した1945年5月2日、赤軍兵士によってライヒスタークの上にソビエト国旗が掲げられた様子を写したもの。1933年にこの建物を閉鎖したのはナチスであったが、皮肉なことにソビエトはこの建物をナチス・ドイツの象徴と見なしていた。大戦後も建物は残されていたが、骨組みだけのドームと砲撃痕の残る石積みという廃墟の姿であった。戦後西ドイツによって行われた改修はドームを取り払って外観を単純化したもので、1990年のドイツ統一を契機とした再生計画まではその状態であった。

▶ フォスターのドーム
ドーム頂部の高さは246フィート(75m)、直径は131フィート(40m)以上。この切断図は総重量330.7ショートトン(300トン)の360枚の鏡で覆われた採光コーンを描いている。議事堂にはこれを介して自然光が導入される。選出された国会議員による連邦議会が、ドイツ全土の16の州の政府から派遣された議員による連邦参議院と分担して立法府を形成する。連邦議会の議席数は630であり、直接選挙により選出された議員が502人、残りは各政党の比例代表で構成される。

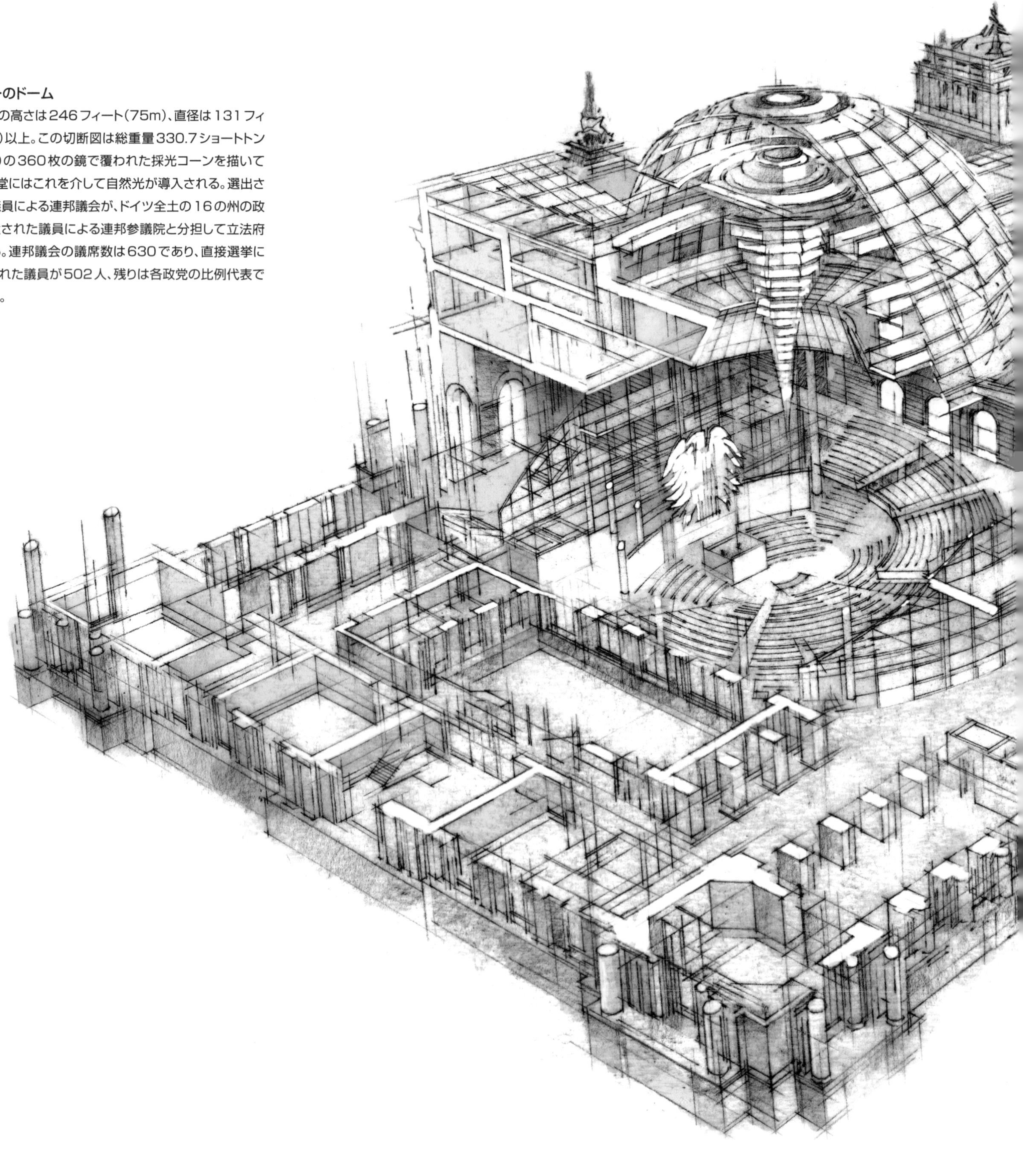

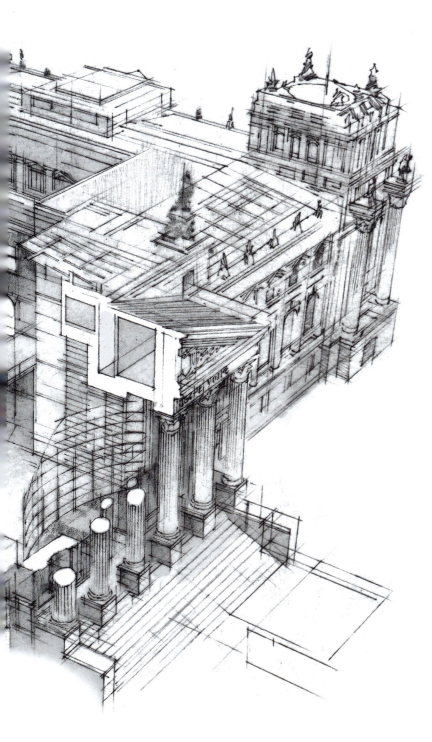

▼ コーナータワー
4つの正方形の塔は建物の輪郭とドームの両側にある中庭の平面形を明確にしている。中庭を取り囲む屋上テラスはレストランへのアクセスを供するだけでなく、このコーナータワーや中庭横の屋根に設置された太陽光発電パネルを間近で見学できる場でもある。残念ながら、タワーの細かな装飾デザインは豪華な原形と比較すると全体的に単純化されている。タワーの頂部に設置されていた彫刻は戦争によって損傷を受け、1960年代の修復・補強工事の際に撤去された。建物、ドーム、屋上レストランには一般客が入ることができ、毎年270万人以上の人々が建物を訪れている。

▼ ペディメントのある入口
西側にある古典様式のポルティコ(列柱式入口)は1999年に復元された。1916年にペディメントのリンテル(まぐさ梁)に刻字された「Dem Deutschen Volke (ドイツ国民に捧ぐ)」も復元されている。ファサードの頂部にあった騎馬像は第2次世界大戦後に撤去解体されたが、古い写真にその姿が残されている。最後を飾った彫刻はポルティコの上のラインホルト・ベガスによる『ゲルマニア群像』(1892〜93頃)であった。ペディメント部分の砂岩のレリーフは同時代の彫刻家フリッツ・シェーファーによるものであり、現在も残っている。議事堂内のワシの彫刻は、1953年から1999年までボンの西ドイツ連邦議会議事堂に設置されていたルートヴィヒ・ギースによる彫刻をフォスターが再解釈したもの。

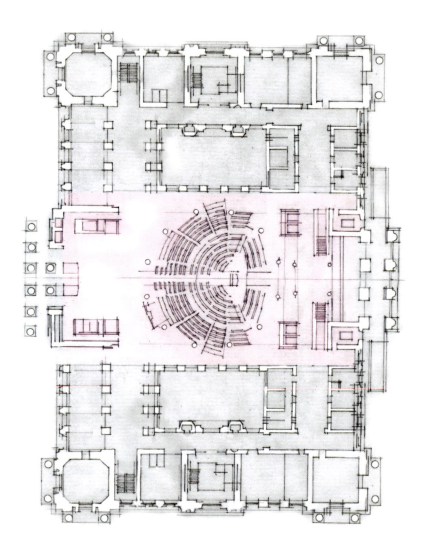

▲ 平面図
この平面図は北側ファサードが上、西側の大ポルティコが左という向きに描かれている。四角い部屋のオフィスや関連諸室の多くはかつての建物の部屋を復元したものだが、平面図にある柱によってそのエリアが示されている中央の議場はその上部にかかるダイナミックなドームとともに新しくつくられた空間である。平面図の色は旧建物の復元部分（グレー）と1999年に改修された中央の部分（ピンク）を示している。

▼ 断面透視図
建物を垂直に切断したこの断面透視図では、新しくつくられたドームとその下の議場の空間の関係性がよくわかる。反射鏡に覆われたコーンは議場に外光を導入するとともに、上部のドーム空間にまるでガラスの竜巻のようなダイナミックな印象を与えている。夜になるとドームはすべての人々が目にする巨大なかがり火となる。それは統一ドイツにおける民主主義の象徴に他ならない。

◤ **空中歩廊**
ガラス張りのドームの中を渦巻く歩廊は上昇しながらベルリンの360度の景観を楽しむ旅を体験させてくれる。それはまたドイツという国の、帝国、民主主義国、ファシスト国家、そして再び民主主義に戻ったという1世紀以上にわたる旅を表現してもいる。このドームは一般公開されており、ライヒスタークのウェブサイトで事前予約すれば無料で見学できる。

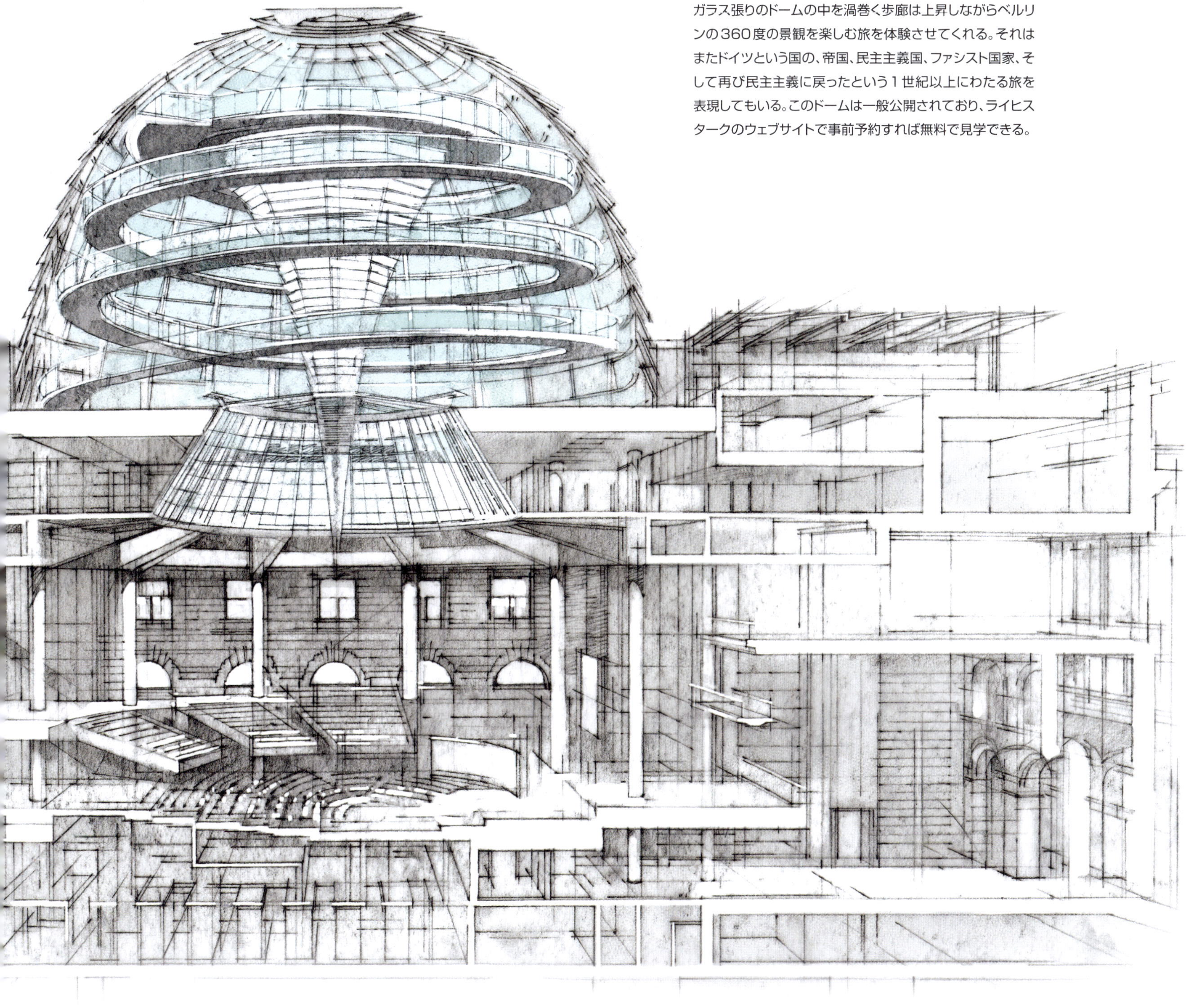

ロンドン・アクアティクス・センター

所在地────ロンドン（イギリス）
設計者────ザハ・ハディド
建築様式───有機的現代建築
建設年────2008〜12年

　オリンピックや万国博覧会などのイベントは、開催する都市や国への観光客を増やすだけでなく、新しい交通機関、住居、スポーツ施設といったインフラ整備のきっかけにもなります。2012年のロンドン・オリンピックも例外ではなく、900万人を超える人々が何らかの形でオリンピックというイベントに関わり、それに付随する消費が都市経済を活性化させました。オリンピック関連の建設の影響についていえば、プロジェクト費用の75％が東ロンドン地域の都市再生に貢献するものであったと算定されています。政府はクイーン・エリザベス・オリンピック・パークに3億ポンドを投入し、スポーツ施設だけでなく住宅、学校、医療施設などを建設しました。ロンドン交通局は交通インフラ整備に65億ポンドを注ぎこみました。オリンピック村（イースト・ビレッジ）は2,800戸の住宅に用途変更改修され、さらに同地区には11,000戸の住宅建設も計画されており、その3分の1以上は低価格帯で供給される予定です。この巨大プロジェクトの一環としてオリンピック用に建てられたロンドン・アクアティクス・センターも会期後は地域のレクリエーション施設として残されています。この水泳施設の設計は世界的な建築家の1人ザハ・ハディド（1950〜2016）が手がけました。

　ハディドは2004年に有名なプリツカー建築賞を受賞した最初の女性、2016年に王立英国建築家協会（RIBA）のゴールドメダルを受賞した最初の女性となりました。彼女はイラクのバグダッドに生まれ、1970年代にはベイルート・アメリカン大学とロンドンのAAスクールで建築を学びました。1980年にはロンドンで活動を始め、1988年のニューヨーク近代美術館の『デコンストラクティビスト・アーキテクチャー（脱構築主義者建築）』展やドイツのヴァイル・アム・ラインのヴィトラ消防署（1993）などによって世界的に有名になりました。角張った形態から生物的な形態へと変化していった彼女のデザインの実現は、コンピュータの3Dプログラムがその斬新的なイメージと才能を支援できるようになってからです。ドイツのヴォルフスブルクにあるフェアノ科学センター（2005）、イタリアのローマにあるMAXXI国立21世紀美術館（2010）、アゼルバイジャンのバクーにあるヘイダル・アリエフ文化センター（2012）などが主な作品であり、

ロンドン・アクアティクス・センターも他と同様、「曲線の女王」という彼女のニックネームにふさわしい形態です。

2012年夏季オリンピックの水泳競技用に設計されたロンドン・アクアティクス・センターは、2008年から2011年までの本体工事で初期予算を1億9,600万ポンド超過する2億6,900万ポンドをかけて建設されました。その浮遊しているかのように見える形態は波打つ水の流動性を想起させ、また水辺にあるクイーン・エリザベス・オリンピック・パークの環境も反映したものです。そこでは巨大な波をイメージした湾曲した屋根が内部空間を包み込んでいます。この波形屋根の高さは150フィート（46m）、投影面積は11,200平方フィート（1,040m²）。構造は鉄骨造で、上面はリブ補強されたアルミニウム板で仕上げられ、室内仕上げはグレーに塗装されたブラジリアンハードウッド材です。

ハディドは合計17,500人分の観客席を2つの張り出した鉄骨造の仮設スタンドとしました。これらは各140×260フィート（43×79m）の大きさで、PVC（ポリ塩化ビニル）シートで覆われ、会期後に解体撤去されました。「オリンピック遺産」となった状態で接続部分は大きなガラス窓となり、客席数は2,500席に縮小されました。建物と3つのプールの軸線はストラトフォード・シティ橋の軸線に合わされています。トレーニングプールは長さ164フィート（50m）で、基壇部分の外部通路によってアプローチできます。飛び込み用プールと競泳用プールは主ボリューム内に収容され、それぞれ82フィート（25m）、164フィート（50m）の長さです。プールはオリンピック後に地域施設として改修できるようにつくられ、鉄筋コンクリート造の曲面形状の飛び込み台は有機的な形の空間における優美でドラマチックな要素となっています。施設が公開されると評論家たちは「液体の塊」のようであると賞賛し、「スティングレイ（アカエイ）」というニックネームをつけました。しかしそれより的確な表現は現在この屋根の下で泳いでいる地域の子どもたちのこんな意見です。「まるで宇宙船の中で泳いでいるみたい」。

上左
アクアティクス・センターの外壁は堤防に沿って緩やかに湾曲し、その形状は隣接するリー川の形を視覚的に反映している。

上右
2012年オリンピックの遺産であるアクアティクス・センターのプールおよび関連施設は重要な地域施設となっている。

オリンピック遺産
クイーン・エリザベス・オリンピック・パークは2012年オリンピックの最大の遺産である。オリンピック後に3億ポンドをかけて敷地面積1平方マイル（2.5km²）が整備され、過去150年間にヨーロッパで新しく建設された最大の公園となった。いくつかのスポーツ施設を残しつつ、森林、湿地、芝生、草原などがある。公園の南広場はニューヨークのハイライン公園も手がけた造園家ジェームス・コーナーによって設計された。

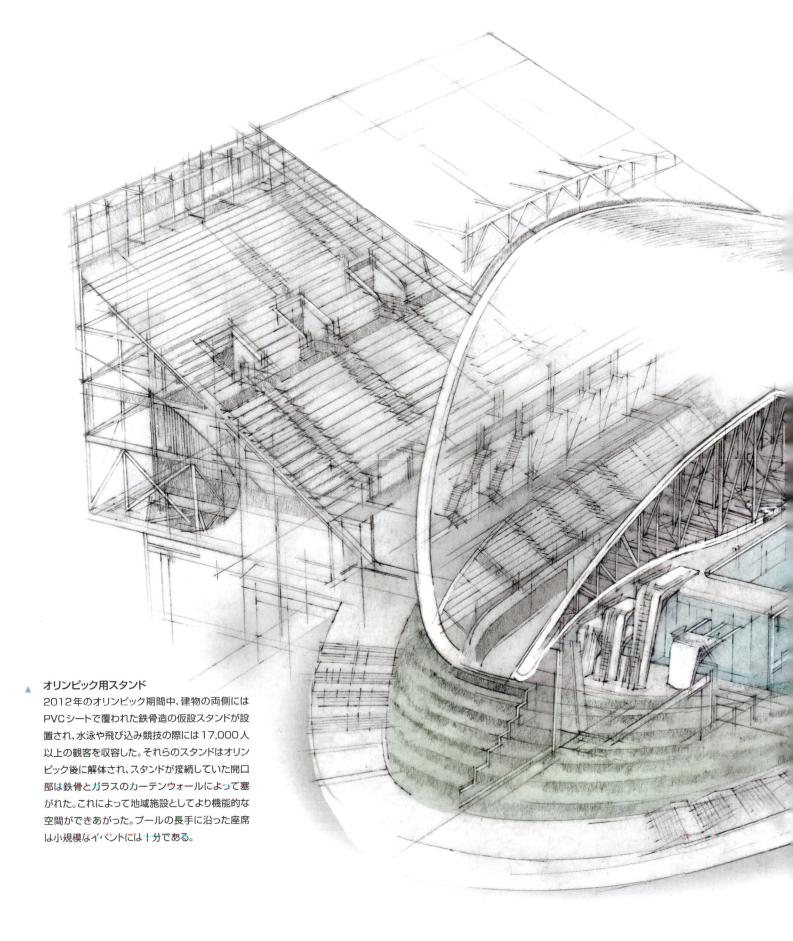

▲ オリンピック用スタンド
2012年のオリンピック期間中、建物の両側にはPVCシートで覆われた鉄骨造の仮設スタンドが設置され、水泳や飛び込み競技の際には17,000人以上の観客を収容した。それらのスタンドはオリンピック後に解体され、スタンドが接続していた開口部は鉄骨とガラスのカーテンウォールによって塞がれた。これによって地域施設としてより機能的な空間ができあがった。プールの長手に沿った座席は小規模なイベントには十分である。

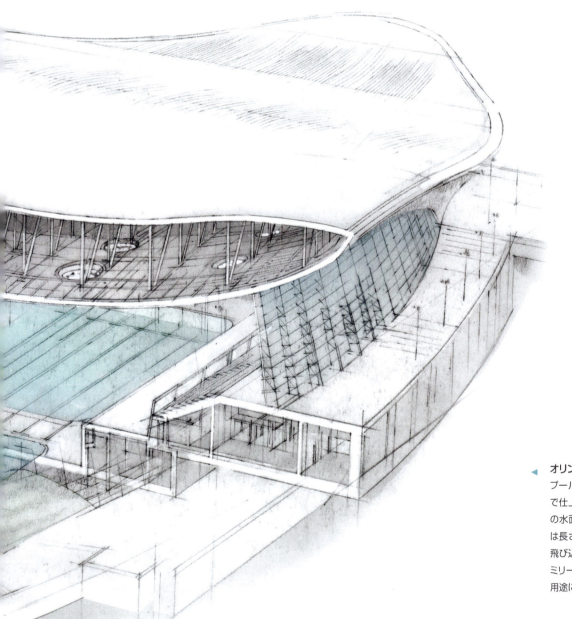

◀ **ダイナミックな曲線屋根**
今日の多くの建築家と同様、ザハ・ハディド事務所もコンピュータソフトウェアを使用してダイナミックな形態を設計している。フランク・ゲーリー(1929〜、168頁参照)が開発した設計ソフトウェアのCATIAのカスタマイズ版やオートデスク社のMayaなどが使用されたと報道されている。波形の屋根は水を使った競技を象徴し、また近くを流れる川とも関連づけられている。その外観は鉄骨でつくられ表面にアルミニウムが張られた中空体の屋根という事実とはかけ離れた、大きな塊のような印象を与えるものである。

◀ **オリンピック競技用プール**
プールの上の天井面は耐湿性の高いハードウッドで仕上げられている。波打つ形状の天井はプールの水面の流動性にも呼応している。大きなプールは長さ164フィート(50m)。曲面コンクリートの飛び込み台は特別イベントやスイミング教室、ファミリー向け娯楽イベントなどの地域利用といった用途に十分なスペースを提供している。

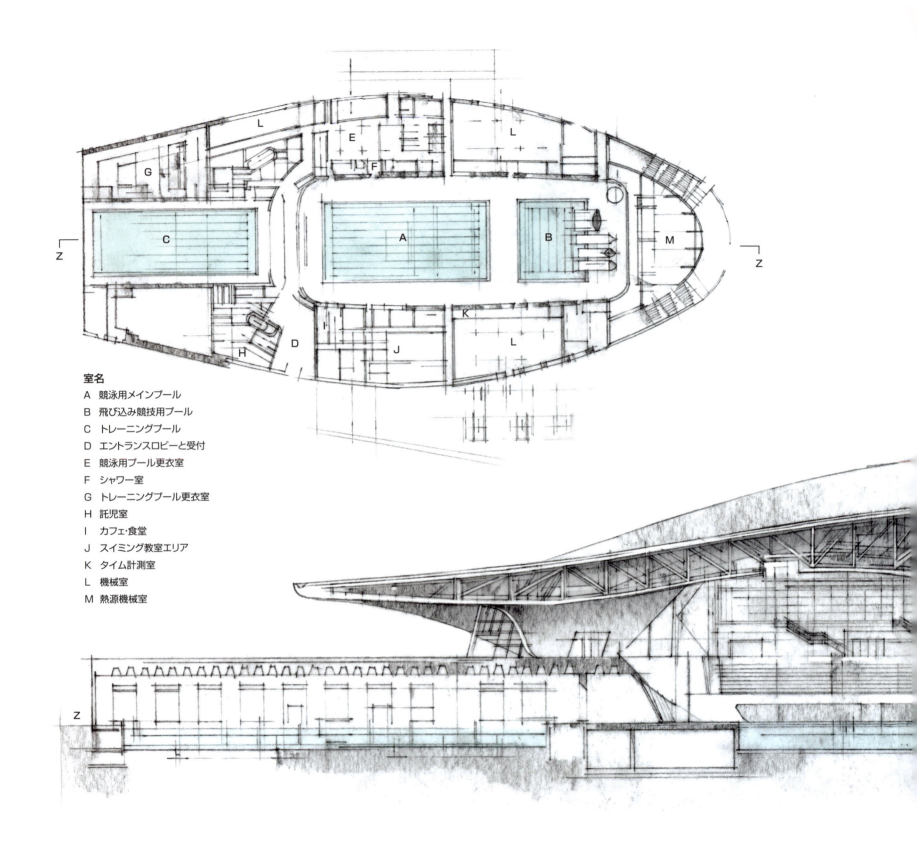

室名

- A 競泳用メインプール
- B 飛び込み競技用プール
- C トレーニングプール
- D エントランスロビーと受付
- E 競泳用プール更衣室
- F シャワー室
- G トレーニングプール更衣室
- H 託児室
- I カフェ・食堂
- J スイミング教室エリア
- K タイム計測室
- L 機械室
- M 熱源機械室

◀ 平面図
平面図の輪郭となる曲線はSF映画に登場する空気力学的デザインの宇宙船のようなものを想起させる。しかし内部空間の平面形はほとんど四角形であり、これは公式に規定された形状のプールを設置するためには特に重視されるべきことである。下の断面図でもわかるように宇宙船の中にいるような印象は空間の立体的な形状によって与えられている。

▼ 断面図
この断面図（切断位置は前頁の平面図にZと表記）は164フィート（50m）の長さの2つの大きなプールと小さな飛び込み用プールを切断している。屋根内部の鉄骨トラスは建物の長手の南北方向に架け渡されている。長い鉄骨部材は長さ131フィート（40m）、重量77ショートトン（70トン）を超える。

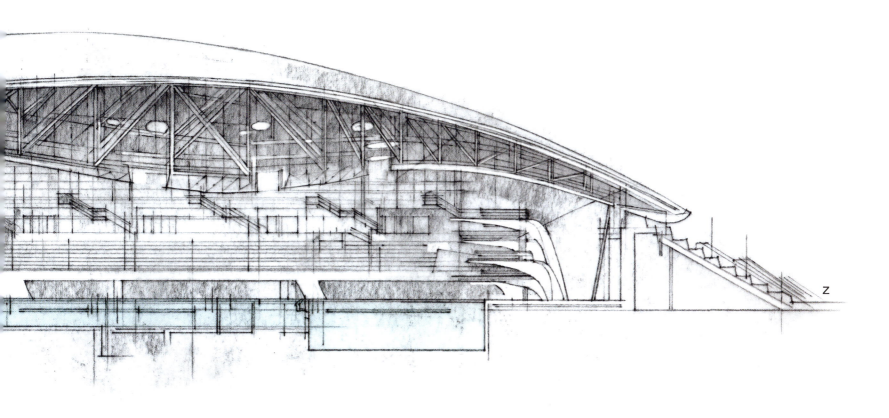

ワールド・トレード・センター駅

所在地——ニューヨーク州ニューヨーク(アメリカ合衆国)
設計者——サンティアゴ・カラトラバ

建築様式——表現主義的現代建築
建設年——2004〜16年

　2001年9月11日は、世界が、アメリカ合衆国が、そしてミノル・ヤマサキ (1912〜86) の設計によるワールド・トレード・センター (1972) が大きな衝撃を受けた日となりました。テロリストが2機の旅客飛行機をハイジャックして操縦し、ツインタワーの複合超高層ビルに衝突させてそれらを破壊したのです。死者2,600人以上、負傷者はさらに数千人にのぼり、周囲の建物も大きなダメージを受けました。その後このロウアー・マンハッタンのグラウンド・ゼロと名付けられた14.6エーカー (5.9ha) の敷地の再開発に際してはさまざまな議論がありましたが、多くの提案はヤマサキのタワーに替わる超高層ビルの再建を中心としたものでした。2002年に行われた国際設計コンペではダニエル・リベスキンド (1946〜) が率いるチームが選定され、その提案の中心に位置したフリーダム・タワーはワン・ワールド・トレード・センターという名称となって、リベスキンドと、スキッドモア・オーウィングズ・アンド・メリル (SOM) 事務所のデイビッド・チャイルズ (1941〜) によって設計されました。この高さ1,776フィート (541m) の超高層ビルはセキュリティ機能をより強化する設計変更を経て2006年から2014年にかけて建設されました。隣接する敷地にはチャイルズによる7ワールド・トレード・センター (2016)、槇文彦 (1928〜) による4ワールド・トレード・センター (2013)、マイケル・アラッド (1969〜) とピーター・ウォーカー (1932) がツインタワー跡地に設計したナショナル9.11メモリアル (2011)、スノヘッタ事務所とデイビス・ブロディ・ボンド事務所が設計した9.11ミュージアム (2014)、そしてサンティアゴ・カラトラバ (1951〜) が設計したワールド・トレード・センター駅 (2016) などがあります。
　スペインで生まれたカラトラバはバレンシア工科大学で建築を学んで1974年に卒業し、チューリッヒのスイス連邦

工科大学(ETH)では土木工学を学んで1979年に卒業しました。彼のチューリッヒ時代の仕事はバルセロナのバック・デ・ロダ橋(1987)、セビリアのアラミージョ橋(1992)など、大胆で印象的な形状のアーチ橋を専らとしていました。その後チューリッヒのシュタデルホーフェン駅(1990)、リスボンのオリエンテ駅(1998)、ビルバオ空港(2000)などの交通施設もつくります。さらに続いてはミルウォーキー美術館新館(2001)、マルメ(スウェーデン)のターニング・トルソという超高層ビル(2004年)、リオデジャネイロの明日の博物館(2015)など、彫刻的でダイナミックな形態の建築を手がけています。このような作品の流れは、2004年にカラトラバが発表したニューヨーク市とニュージャージー州を結ぶ港湾公団ハドソン川横断鉄道(PATH)のための駅のデザインにつながるものです。

メモリアルプラザに隣接するこの建物は2001年9月11日に破壊された旧PATH駅(1966〜71)に替わるものです。地下鉄駅とニュージャージーへと向かうPATHの駅を結ぶ地下道は存続したため、修復、改修されました。『オキュラス』と名付けられた中央の楕円形のアトリウムは地下の大理石張りの床から160フィート(48m)、外部の地面からは96フィート(29m)の高さで、長径は約400フィート(122m)です。このガラス張りの鉄骨アーチはカラトラバによれば子どもが解き放った鳥、平和の鳩を表現したものです。「私たちはこの場所をつくるのは超高層ビルではなく、駅である、という感覚を与えたいのです」と述べているように、彼は再生した街区の意味を定義するようなこの構築物をフリーダム・タワーにも匹敵するものとしようと考えました。365,000平方フィート($33,909m^2$)の2階層のショッピングモールに取り囲まれたこの開放的で魅力的な空間は、特別なイベントにも使用できる、副収入を生み出すスペースとしても考えられています。批評家たちはこの構造体を恐竜の骨格になぞらえつつ、当初の想定の2倍の40億ドルにもなったプロジェクトの工事費を少しでも回収し、また原始の骨の白さを維持するために、港湾公団にはこのような副収入が必要だったのだと論じました。

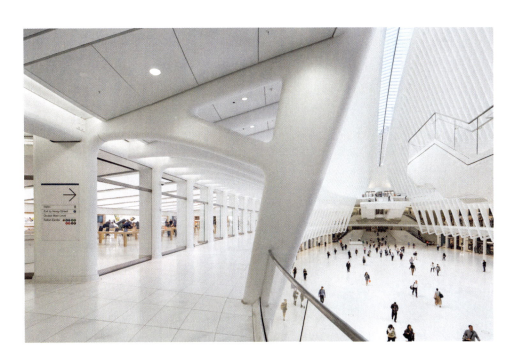

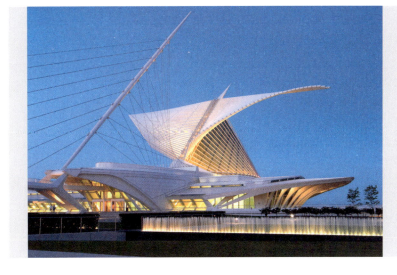

上左
カラトラバはこのアトリウムを「オキュラス」と呼んでいる。この空間は交通ランドマークとして最大級の規模となる巨大交通ハブに対応するとともに、ショッピングモールでもある。

上右
抽象化された鳥の羽のようにも見える白く塗られた構造体は、特徴的な外観とドラマチックな内部空間を生み出している。

自然からのインスピレーション
カラトラバの建築作品や彫刻はいずれも自然界の形態を基盤としている。彼はこの場所にふさわしい平和の象徴である鳩を放つ子どものスケッチを描き、鉄道ターミナルのインスピレーションの源と、飛び立とうとする鳥を想起させる形態の提案を説明した。自然界の構造体の動きへの関心はミルウォーキー美術館のパビリオン(左)にも見ることができる。ここでは鳥の羽もしくは帆船のような姿の鉄骨群が太陽の動きに合わせて動き、動く彫刻となると同時に日除けルーバーとしても機能している。彼は今回のターミナルでも同様の可動機構を考えていたが予算上の理由で見送られた。

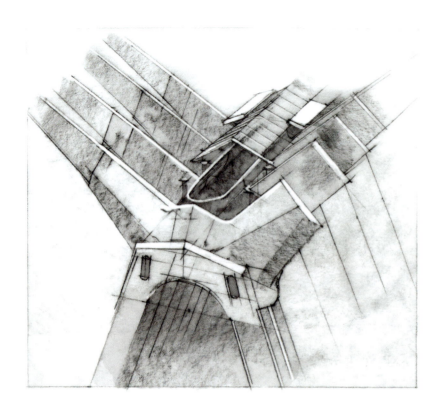

▲ **構造詳細**
肋骨のような骨組みはリスボンのオリエンテ駅、ベルギーのリエージュにあるTGV駅であるギユマン駅(2009)、イタリアのレッジョ・エミーリアAV駅(2013)などの多くのカラトラバの作品と同様に白く塗られた鋼材である。白塗装の鋼材は彼の専売特許というわけではないが、橋梁デザイナーであった初期の作品からカラトラバの代名詞ともなっている。

▶ **乗換駅**
この精緻に組み上げられた構築物の第一の目的はこの地における地上交通と地下交通の大乗換駅となることである。特に重要な交通は図にも描かれているニュージャージー郊外とつながるPATH鉄道。次に重要なものは地下通路からつながっているニューヨーク市内の地下鉄である。

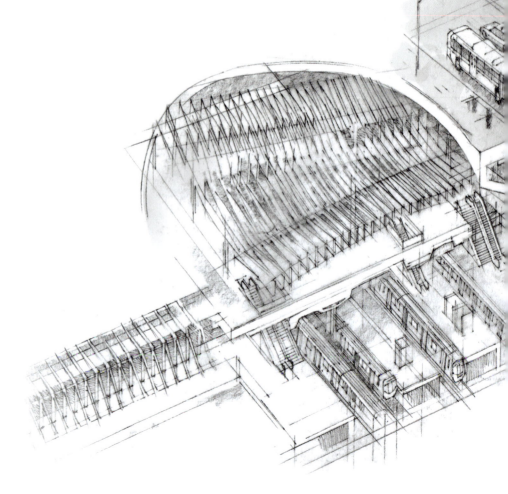

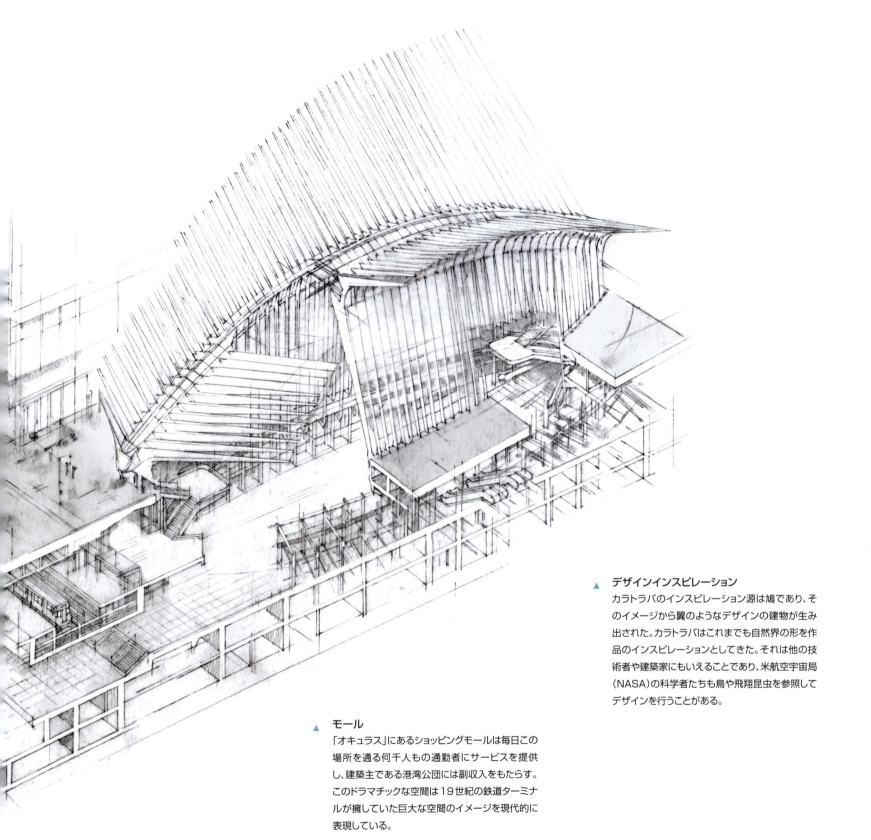

▲ デザインインスピレーション
カラトラバのインスピレーション源は鳩であり、そのイメージから翼のようなデザインの建物が生み出された。カラトラバはこれまでも自然界の形を作品のインスピレーションとしてきた。それは他の技術者や建築家にもいえることであり、米航空宇宙局（NASA）の科学者たちも鳥や飛翔昆虫を参照してデザインを行うことがある。

▲ モール
「オキュラス」にあるショッピングモールは毎日この場所を通る何千人もの通勤者にサービスを提供し、建築主である港湾公団には副収入をもたらす。このドラマチックな空間は19世紀の鉄道ターミナルが擁していた巨大な空間のイメージを現代的に表現している。

▼ 断面図
カラトラバの図面に基づいて描かれたこのスケッチは鳥のイメージの次の段階の計画、すなわち「オキュラス」アトリウムの中と周囲の動線を示している。また主フロアからの高さが160フィート（48m）というアトリウムの大きさもよくわかる。

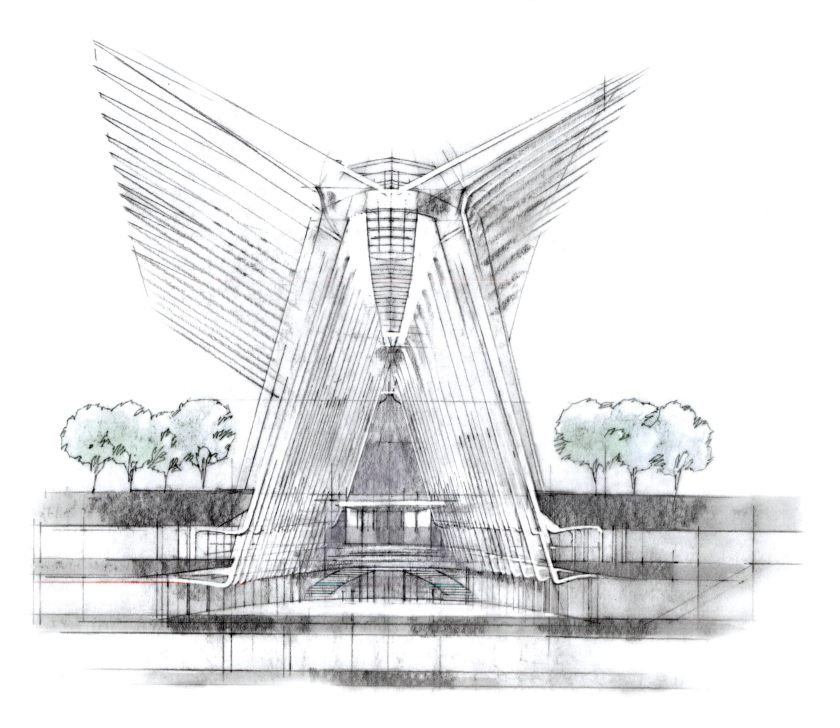

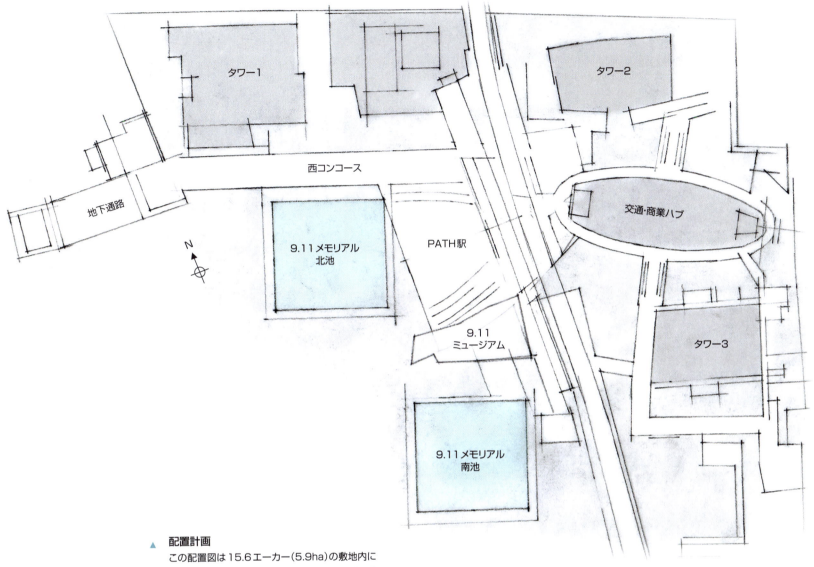

▲ 配置計画
この配置図は15.6エーカー(5.9ha)の敷地内に建設または計画されている他の建物、および鉄道駅につながる地下通路、そして「オキュラス」（ここでは「交通・商業ハブ」と表記）の位置関係を示している。9.11メモリアルである南北の池は破壊された旧ワールド・トレード・センターのツインタワーの位置を明示している。

モニュメント
Monuments

　モニュメントというと、人はたいてい重要な出来事か人物に捧げられた記念建造物や彫刻を思い浮かべるでしょう。たしかにこの言葉はラテン語のmonumentumに由来し、過去の大きな達成や人物を人々に記憶させることを目的とした事物を意味します。現在ではそれに加えて時代や文化を強く象徴するような建物もそのように呼ばれることがあるため、それらのことは歴史モニュメントと呼び分けたりします。

　このような重要建築物の多くを保存しようとする動きは、ヨーロッパでは19世紀から20世紀初めにかけて始まりました。フランスでは1789年のフランス革命の後、1840年には歴史的記念物監察庁が設立され、現在のフランス歴史的記念物の指定制度につながっています。イギリスでは1882年に古代記念物保護法が施行され、1894年にナショナル・トラスト（歴史的建造物保護団体）、1908年には歴史的建造物に関する王立委員会が設立され、これが2011年から始まったナショナル・ヘリテッジの指定へと継承されています。ドイツの保護制度は1902年にヘッセン州、1908年にザクセン州で施行された記念物保護法から始まったものです。これらのような動きは最終的に、1931年に歴史記念建造物の再生を目的としてアテネで開催された第1回歴史記念建造物関係建築家技術者国際会議で決議されたアテネ憲章へと結実しました。

　アメリカ合衆国では1850年のニューヨーク州ニューバーグにあるジョージ・ワシントンの司令部の保存、1858年のマウント・バーノンにあるワシントンの家の保存といった運動が、アメリカ歴史的建造物調査機関のような州や国家の取り組みへと継承しました。この機関は1933年の大恐慌時に、議会図書館に収蔵されている実測図、写真、記録文書などを作成していた建築家、研究者、作家たちの雇用先として設立されたものです。1949年にはアメリカ合衆国ナショナル・トラストが設立され、この動きに加わりました。そして特に1950年代と1960年代、第2次世界大戦後の建築ブームが世界中の歴史的建造物の存在を脅かした時期を中心に、20世紀には多くの機関、組織、公共団体が国際的な保存活動を展開するようになりました。アメリカ合衆国内では1966年に国家歴史保全法が制定されています。

　ほとんどの国や都市では重要建造物を法律で保護することが一般的です。1945年に設立されたユネスコ（国際連合教育科学文化機関）は1972年以来、国際連合とともに世界遺産リストを作成し続けています。ユネスコは存続が危ぶまれる場所や建造物を監視するとともに、その保全のために必要な資金や無償の協力を国連加盟国から集めています。この文化的または自然的に重要な遺産のリストにはすでに世界中の1,000以上の場所が登録されています。本書に掲載された50の建物のうち24の建物は世界遺産に登録されているか、コルドバ、イスタンブール、京都、ローマなど地域全体が世界遺産に登録されている場所に建っているものです。その他に掲載されている古い建築の多くもその国や地域の文化財リストに登録されています。この章だけでも、アインシュタイン塔（1919〜21）を除くすべての建物はユネスコ世界遺産に登録されています。特徴的な地域施設であるアインシュタイン塔はここで取り上げられた他の建物と比べて極めて小さなものですが、そのデザインはモニュメントと呼ぶに値するものです。

　しかしそれぞれ建てられた目的の異なるこれらの建物がモニュメント

アンコール・ワット（86頁参照）

としてこの章に集められたのはなぜでしょうか。パルテノン神殿（紀元前447頃～432）、アンコール・ワット（1113頃～50）、タージ・マハル（1632～48）などは宗教・信仰のためにつくられたものであり、宗教の章にあるべきかもしれません。パルテノン神殿とアンコール・ワットはその地の都市開発にとって不可欠な要素でもあったので、公共の章に入れることもできるでしょう。大規模な複合施設であるヴェルサイユ宮殿（1624～1770）、それとは対照的に控えめなトーマス・ジェファーソン（1743～1826）の邸宅であるモンティチェロ（1796～1809）は生活の章に入っていても不思議ではありません。小さなアインシュタイン塔は天体物理学の研究所の中心にある施設なので、芸術と教育の章でもよいでしょう。これらの建物がこの章に入れられ、他の建物がその用途によって他章に振り分けられているのは作為的な分類のように思われるかもしれません。たしかにローマのコロッセウム（16頁参照）、ニューヨークのクライスラー・ビル（38頁参照）、シドニーのオペラ・ハウス（1957～73、150頁参照）など世界的に「モニュメント」として認識されている有名建築が他章にあることにも違和感を覚えるでしょう。そういったこともあって、この章は他章と比べて最短です。結局ここにある6つの建物の共通点は、それが想起させる人物や歴史的出来事も含めて、多くの人々がその文化的背景に関係なく瞬間的にモニュメントであると認識できるものであるということです。

　たとえばアンコール・ワットの寺院、タージ・マハルの墓廟と庭園、ヴェルサイユ宮殿とその庭園などは、時の王がその巨大な石造建築の印象によって自らの偉大さを周囲の人々に誇示し、後世に名を残すことを目的としてあえて大仰につくったモニュメントです。またそれだけではなく、これらはわかりやすいイメージも発信しています。アンコール・ワットの場合はジャングルにあるエキゾチックな王国、タージ・マハルでは配偶者への永遠の愛、そしてヴェルサイユ宮殿ではフランス革命と民主主義以前の豪華な文化と宮廷内の陰謀といったイメージです。パルテノン神殿とそれが建つアクロポリスの丘は、古代ギリシアを源流として現在にいたる西洋民主主義の象徴です。アメリカ合衆国初期の大統領の邸宅であるモンティチェロは、洗練されたイギリス系アメリカ人の農場経営者の古典的なものに対する好みと、イギリスが伝統的に輩出する才あるアマチュアによる創造的なひねりとを併せもっています。そして建築的にも歴史的にも重要なアインシュタイン塔もお忘れなく。そのダイナミックに湾曲した形態は1920年代から1930年代の戦間期における表現主義建築運動の先駆けともいえるものです。またその名前は同時代の最も重要な科学者の1人である物理学者アルバート・アインシュタインに由来します。ユネスコの世界遺産リストにはポツダムとベルリンの宮殿群と公園群が登録されています。そこに含まれるのは1730年から1916年まで、主としてプロイセン王国時代に建てられた500もの建物です。ポツダム＝バーベルスベルク近郊のライプニッツ天体物理学研究所内に1900年代初期から建っているこの小さな天文台と関連施設もいつかその建物リストに追加されることでしょう。いずれにしてもこの章の各建物は、人類にとって最も重要な人物や歴史的出来事のいくつかを想起させるモニュメント、記念碑としての価値をもつものです。

ヴェルサイユ宮殿（96頁参照）

モニュメント

パルテノン神殿

所在地────アテネ（ギリシア）
設計者────イクティノス、カリクラテス、フェイディアス
建築様式────ドリス式ギリシア古典様式（イオニア式のディテールを含む）
建設年────紀元前447頃〜432年

　1801年から1805年にかけて、当時アテネを支配していたオスマン帝国の許可を受けてパルテノン神殿の彫刻の多くを持ち帰った第7代エルギン伯爵トーマス・ブルースは、それが2世紀以上も後にギリシアとイギリスが互いに正当な所有権を主張し合う争いの火種となるとは思っていなかったことでしょう。1816年にエルギン伯が売却して以来ロンドンの大英博物館に収蔵されているこれらの彫刻は『エルギン・マーブル』と呼ばれており、当初持ち帰られた彫刻のうちここに現存しているものは約半数となってしまいました。持ち去られずに現地に残った彫刻は現在、パルテノン神殿のそばのアクロポリス博物館に保管されています。

　これらの主要な彫刻が論争を巻き起こしてはいますが、アテネのアクロポリスの丘の頂上にあるパルテノン神殿（紀元前447頃〜432）が、その周囲にあるエレクテイオン（紀元前421〜405）、プロピュライア（紀元前437）、アテナ・ニケ神殿（紀元前420頃）とともに世界で最も重要な建築作品のひとつであることに議論の余地はないでしょう。破壊されたアテナ・パルテノスの巨大な彫像を含む、内部に設置されていた彫刻は彫刻家フェイディアスの作品です。建物を手がけたのは建築家イクティノスとカリクラテス、そしてローマ時代のウィトルウィウスの書物によれば、そこにカルピオンも加わります。アテナ像は内部の水盤池のほとりに設置され、黄金と象牙色という多色彩であったといわれています。神殿の外周の列柱上部にあるフリーズ（帯状装飾）内のメトープ（フリーズの区切られた小壁部）に設置された彫刻はさまざまな神話の戦いを主題としたもので、それらも同じく彩色されていたようです。西側のペディメント（屋根下の三角形部分）の彫刻ではポセイドンとアテナが

都市の守護者の立場を争う姿が表現されていました。東側ペディメントにはアテナの誕生を表現した彫刻がありました。その内側、セラ（神殿胞室部）を取り囲む壁のフリーズ部分にはパンアテナイア祭の儀式行列が浮彫りされていました。

パルテノン神殿はライムストーンの基礎の上に大理石でつくられています。全体の平面形は228×101フィート（69.5×30.9m）。セラは大きい空間であるナオス（参拝のための本殿）と小さめの空間であるオピストドモス（宝物庫を含む後室）に分かれ、その平面形は約98×63フィート（29.8×19.2m）、高さは45フィート（13.7m）です。神殿の外周はシンプルなドリス式の柱に囲まれていて、短辺方向のファサードには8本、長手方向には17本の柱が並んでいました。ナオス内部の柱は屋根を支えるとともにアテナ像の置かれる内陣を形成していました。ナオスの背後にある宝物庫の小空間には4本のイオニア式の柱がありました。

それ以前にあった2つの小さなアテナ神殿のそばに建てられたこの建物は、紀元前5世紀のペリクレス政権下のアテナイ（アテネの古名）のギリシアにおける都市国家としての影響力とその海軍戦力の大きさを伝えています。ペリクレスは優れたリーダーシップでアテナイに繁栄をもたらした将軍・政治家です。神殿の建設費は469タラントであり、これは3段オールの人力軍艦であるトリレームをおおむね400隻建造できる費用に相当しました。このような建設事業の背景として、当時のアテナイは200隻ほどの大型軍船からなる艦隊を備えており、年間の総収益は1,000タラント、国庫には6,000タラントもの備蓄がありました。

海抜490フィート（150m）のアクロポリスに位置していたにもかかわらず、アテナイとその城塞はパルテノン神殿が建てられる以前、以降とも度重なる侵攻を受けました。後にこの地を支配したマケドニア王国（ヘレニズム文化）とローマ帝国によって、侵略地の古い神殿を修復してその近くに彼らの文化の神殿を建てるということも何度も行われています。キリスト教を国教とした東ローマ帝国時代には皇帝テオドシウス2世が435年にすべての異教の寺院を閉鎖すると宣告し、パルテノン神殿も6世紀には聖母マリアに捧げられた聖堂とされました。巨大なアテナ像はその後にコンスタンティノープル（現イスタンブール）に移動され、十字軍の時代である1204年に破壊されたといわれています。1456年のトルコ軍によるアテネの包囲戦と1458年の都市の降伏以降、パルテノン神殿とアテネはギリシアが独立国となる1832年までオスマン帝国の一部となりました。この時代、パルテノン神殿は要塞として使用され、その後はモスクとして使用され、1687年にはヴェネチアの侵攻によって大きな被害を受けました。

ギリシア政府は1975年からアクロポリスの建物と関連する構造物を修復しており、2009年には近くに延べ床面積226,000平方フィート（20,996m²）の古代博物館であるアクロポリス博物館がつくられました。

右
この再現図は神殿の多色彩のディテールと、破壊された女神アテナ・パルテノスの巨大な彫像を描いたもの。

右上
パルテノン神殿の前には崩壊した大理石の柱が置かれている。使用された大理石はアテネ中心部から北東10マイル（16km）の位置にある採石場から運ばれた。

ナッシュビルのパルテノン神殿
アクロポリスの神殿のコピーは世界中にある。1897年のテネシー州制100周年記念万国博覧会の際には、ナッシュビルにパルテノン神殿の復元建築が建設された。「南部のアテネ」というナッシュビルのキャッチフレーズに呼応したものであり、内部にはアメリカ合衆国の彫刻家アラン・レクワイアによるアテナ・パルテノス像の復元（1990）がある。

1　ペディメントの彫刻

ペディメントのティンパヌム（装飾三角壁）にあった彫刻のうち現存するものの大部分は大英博物館にあり、その所有権が議論されている。残りのものはアクロポリス博物館と、認定を受けたヨーロッパの研究機関にある。それらは1687年のアクロポリスへのヴェネチア軍の砲撃によって破壊された。この再現図は東側のファサードとペディメントを描いている。ペディメントにはアテナの誕生の物語が表現されており、彼女に捧げられた神殿への入口を明示している。ペディメントの3頂点の上には花やヤシの葉形のアクロテリオンと呼ばれる頂部装飾彫刻があった。

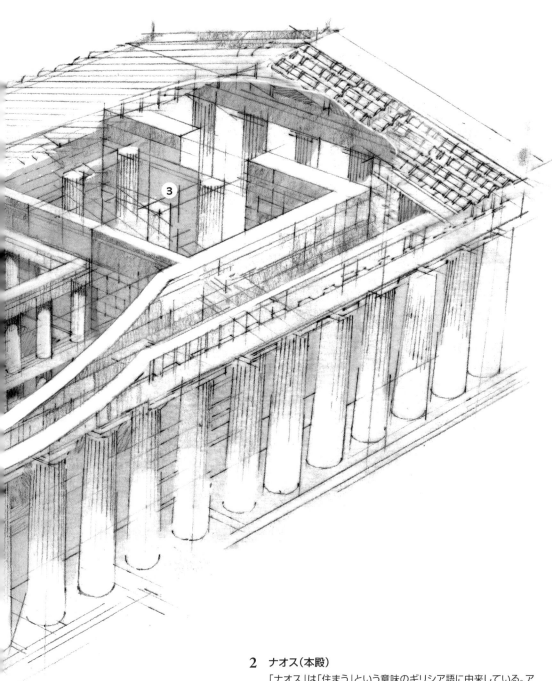

3　オピストドモス

オピストドモスは「後室」を意味する。パルテノン神殿の場合は神殿西側の宝物庫と、その宝物庫の入口前室のような小空間で構成されている。オピストドモスは神殿東側でナオス前の列柱のある入口空間であるプロナオス（前室）と対をなす。宝物庫部分には4本のイオニア式柱が立てられており、その巻物のような形の柱頭は、建物全体に立つ飾り気のないドリス式柱の柱頭に比べて手の込んだ仕上げであった。

2　ナオス（本殿）

「ナオス」は「住まう」という意味のギリシア語に由来している。アテナ崇拝のための大きなセラであるナオスでは、西端にアテナ像が置かれ、その前には小さな水盤池があったと考えられている。部屋の内側にもう1列並べられたドリス式の柱は空間をより大きく見せていた。ナオスは神への奉納を行う空間であった。類似した形式の中央礼拝空間は後のローマ時代の神殿にも見られ、そこでは内部に神官や神殿の護衛官のための専用室も設けられている。

▼ 平面図・長手断面図
この平面図と断面図は左が東、右が西の向きとなっている。左側には参拝の場であるナオスがあり、右側が宝物殿。アテナ・パルテノス像の位置も再現されて描かれている。パルテノン神殿とその彫刻はすべて、アテネの北東約10マイル（16km）に位置するペンテリコス山から切り出されたペンテリコス大理石でつくられている。断面図ではフェイディアスによる巨大な彫刻は台座の上に載せられており、台座を合わせた高さは約40フィート（12m）となっている。

▶ 屋根葺き
パルテノン神殿の屋根の構造にはシダー（ヒマラヤスギ）材が用いられており、そこに焼き物ではなくペンテリコス大理石のタイルを葺いていた。多くのギリシア時代の神殿と同様に、屋根の四隅には雨水を排出するためのライオンの頭部の形をした吐水口があった。ギリシア建築におけるこれらの空想的なライオンの頭が、中世建築におけるガーゴイル（怪物の頭部形吐水口）の起源であると考えられる。

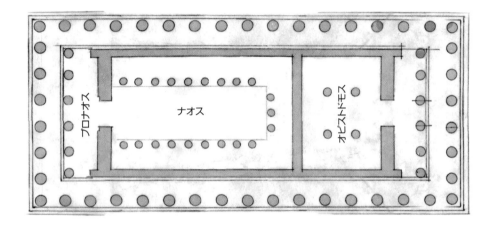

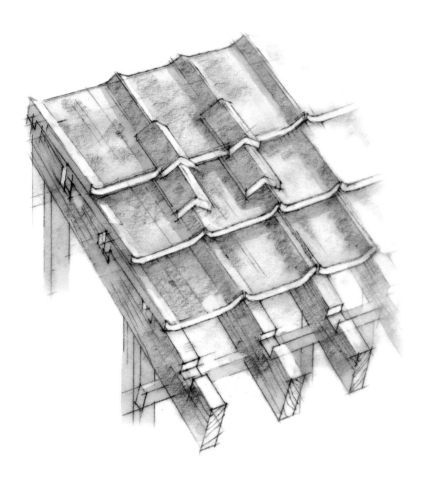

▼ 柱

パルテノン神殿の柱のほとんどはドリス式柱であり、オピストドモスの宝物庫のイオニア式柱は例外である。ギリシア建築の神殿ではこの2種類に加えて精緻な装飾のコリント式柱も用いられていた。このギリシア柱の3つのオーダー（構成様式）のバリエーションは後世の多くの古典主義建築で用いられた（298頁用語解説参照）。これらの古典様式は垂直の柱材が水平の梁材を支えるという「柱梁」構造システムの部分を担う。神殿の外周にある大きなドリス式柱は中央部がふくらんだ曲線の輪郭をもつエンタシスという形状が特徴である。パルテノン神殿では角の柱は他の柱よりも直径がわずかに大きくなっており、各面の列柱を縁取る効果を生んでいる。各柱は直径6フィート（1.9m）、高さ34フィート（10.4m）以上の大きさである。

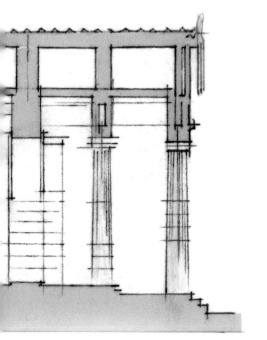

パルテノン神殿

アンコール・ワット

所在地―――シェムリアップ（カンボジア）
設計者―――不明
建築様式――クメール王朝ヒンズー教様式
建設年―――1113頃〜50年

　建てられた12世紀前半当時、アンコール・ワットは世界最大の宗教建築でした。建築面積は401.8エーカー（162.6ha）、中央の塔は外部の地面から699フィート（213m）の高さにもなりました。これは高さ455フィート（138.7m）のギザの大ピラミッド（紀元前2580頃〜2560）を超えるものです。また現在のカンボジアに位置する都市アンコールの当時の総人口は70万人から100万人であり、これは中世の西ヨーロッパの各首都はもちろん、ローマなどの古代都市にも匹敵しました。

　今日、パリの中心部にあってアクセスが容易なノートルダム大聖堂（1163〜1345）を訪れる人は年間1,300万人を超えますが、それよりもずっと辺鄙な場所にあるアンコール・ワットにも年間約200万人が集まります。このような統計は、昔も今も学者や世間一般の認める世界の建築的驚異はピラミッドや宮殿、大聖堂だけにとどまるものではないことを示しています。

　寺院を中心とした大複合建築であるアンコール・ワットは、その在位時がクメール王朝の最盛期とされるスーリヤヴァルマン2世によって1113年から1150年頃に王朝の首都に建設されました。ヒンズー教の神ヴィシュヌに捧げられたこの巨大な寺院は、通常東の方角を向くように建てるところを日の沈む西向きとしている点などから、国家の寺院であると同時に王の墓廟でもあったと考えられています。そのデザインは宇宙を表現したものであり、5つの塔はインド神話における世界の中心であるメール山を表しています。塔は蓮の花の蕾の形をしていて、考古学者は屋根が金箔貼り、外壁と内壁が白塗りであったと推測しています。主な構造体は砂岩の石積みと基礎や外壁に用いられたラテライト（紅土）レンガです。北東に約25マイル（40km）離れた場所で切り出された砂岩ブロックは約500万〜1,000万個使用されています。ブロックは随所であたかも木製の高級家具のように蟻継ぎやほぞ継ぎで接合されました。幾重にも取り囲む外周壁の中の回廊の大部分には繊細なレリーフ彫刻が設置されています。一番外側の壁と2番目の壁の間には水が張られ、メール山の周囲の海が表現されていたのでないかと考える研究者もいます。建物の外側にある長さ3.1マイル（5km）、幅656フィート（200m）の堀は、雨期の水面上昇を調整して、寺院が浸水することを防ぎました。

　クメール王朝の内部闘争、自然災害、疫病、仏教への改宗などの要因が重なって、1431年にアンコール・ワットは放棄され、その後このクメールの旧首都をとりまく多くの寺院も放置されました。自然の植物がゆっくりと寺院の遺跡を包

み込みましたが、16世紀から20世紀初頭にかけて、宣教師、探検家、旅行者、そして考古学者といったヨーロッパからの来訪者たちがこの巨大で驚異的な建築を再発見していきます。1907年から1970年まで、この建築の補強と初期の修復はフランス極東学院（École française d'Extrême-Orient）によって行われました。カンボジアの内戦（1967〜75）で部分的な被害を受けた後も多国の協力体制によって修復作業は続けられ、今日、アンコール・ワットは世界の建築的驚異のひとつとして知られています。

下左
このアンコール・ワットの航空写真は、前面の広場、雨期の雨水を流し込むための堀といった寺院を取り囲む敷地の様子を示している。

下右
アンコールのタプローム寺院はクメール王ジャヤーヴァルマン7世によって建設が始められ、12世紀後半から13世紀初頭にかけてバイヨン様式でつくられた。

スーリヤヴァルマン2世
スーリヤヴァルマン2世はアンコール・ワットのレリーフ彫刻に描かれた最初のクメール王となった。彼は戦勝によってクメール王朝を拡大し、その領土は965,255平方マイル（250万km²）を超えた。そこには現代のカンボジア、タイ、ラオス、ミャンマー、ベトナム、さらにはインドの一部も含まれている。またその地域の宗教を仏教からシヴァ神とヴィシュヌ神を崇拝するヒンズー信仰へと変えた。巨大なアンコール・ワットは彼の生前死後ともその権力の中心たる象徴であった。

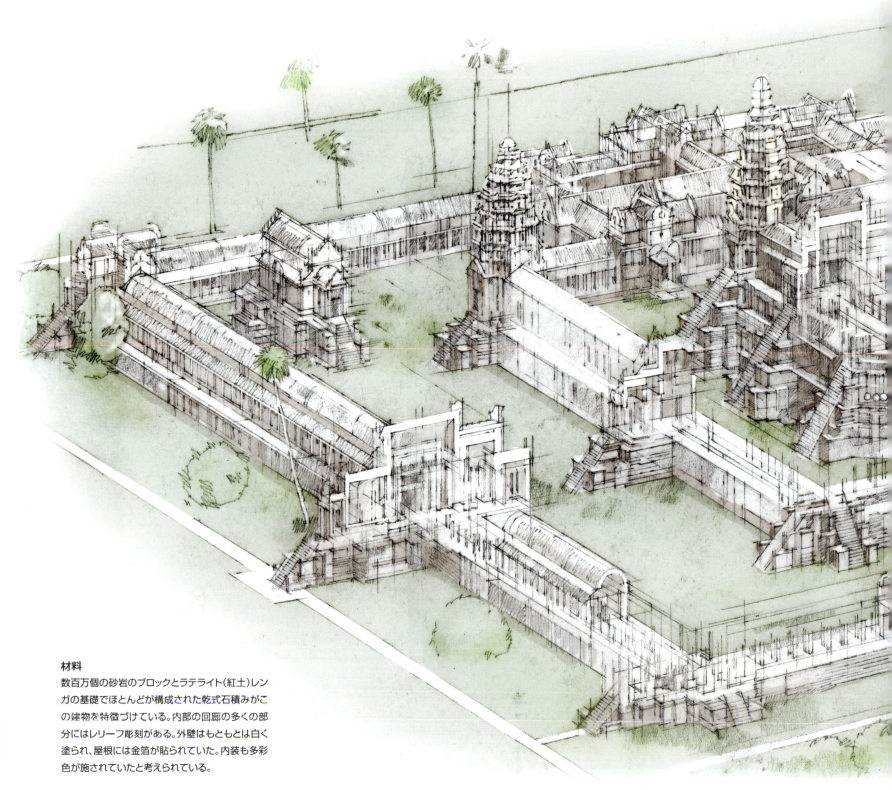

材料

数百万個の砂岩のブロックとラテライト（紅土）レンガの基礎でほとんどが構成された乾式石積みがこの建物を特徴づけている。内部の回廊の多くの部分にはレリーフ彫刻がある。外壁はもともとは白く塗られ、屋根には金箔が貼られていた。内装も多彩色が施されていたと考えられている。

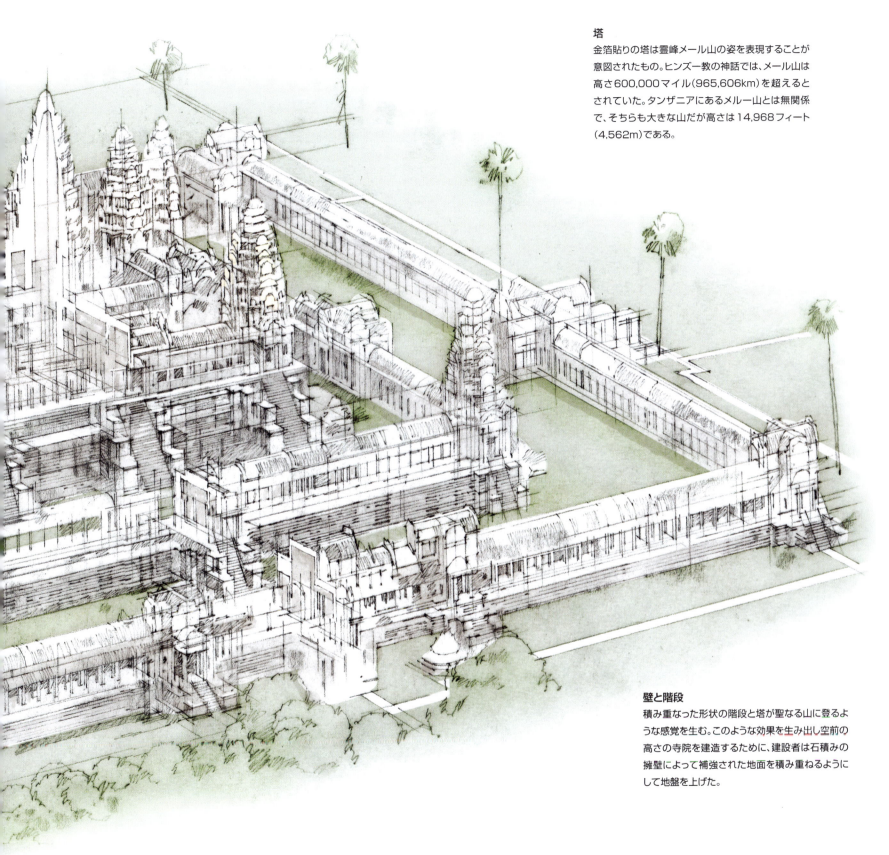

塔
金箔貼りの塔は霊峰メール山の姿を表現することが意図されたもの。ヒンズー教の神話では、メール山は高さ600,000マイル（965,606km）を超えるとされていた。タンザニアにあるメルー山とは無関係で、そちらも大きな山だが高さは14,968フィート（4,562m）である。

壁と階段
積み重なった形状の階段と塔が聖なる山に登るような感覚を生む。このような効果を生み出し空前の高さの寺院を建造するために、建設者は石積みの擁壁によって補強された地面を積み重ねるようにして地盤を上げた。

アンコール・ワット

89

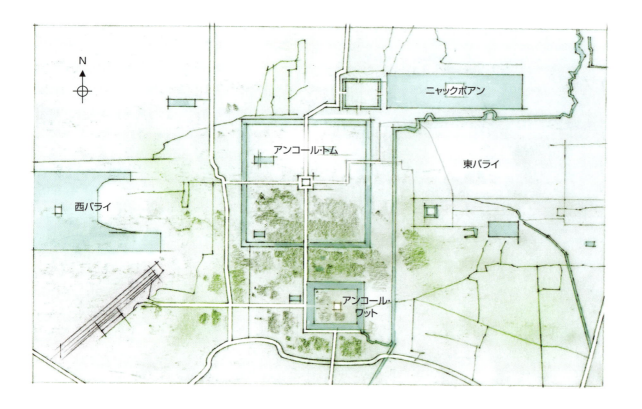

▲ 配置図

この配置図はアンコール・トムを中心に描かれている。アンコール・トムはスーリヤヴァルマン2世の後継者の1人であるジャヤーヴァルマン7世の治世の1181年から1218年にかけてクメール王朝の首都であった都市。ジャヤーヴァルマン7世は国教として仏教を復活させた。この都市はスーリヤヴァルマン2世時代をはじめとした以前のクメール王朝の首都と重なり合うようにつくられた。アンコールを中心としたこれらの都市は1431年に放棄されるまで続いた。バライと記されている場所はクメール王によってつくられた大きな貯水池であり、氾濫水位を調整するためのものであったと考えられている。西バライはまだ残っているが東バライは農地となっている。これらは390平方マイル（1,010km²）を超えて広がり、アンコールのインフラの一部を形成していた。

▶ 国家寺院と墓廟

この建物は国家の寺院であるだけでなく、スーリヤヴァルマン2世の墓廟でもあったと考えられている。中央塔の中の竪穴の底部にある礼拝堂のような場所にあった宝物はかなり以前に略奪されてしまったが、考古学調査により黄金やクリスタルがあった痕跡が確認されている。同様に中央塔の頂部にあったヴィシュヌ神の彫像も破壊されて存在しない。最近では寺院全体と中央塔から数百点の絵画などが発見された。

▼ 塔
メール山の5つの峰を表現する象徴的な蓮の花の形をした塔の高さによって、アンコール・ワットは世界最大の宗教的建造物のひとつとなっている。中央塔の高さは213フィート(65m)だが、寺院自体が壇状に造成された地盤の上に建てられているため、周囲の地面から見ると699フィート(213m)の高さとなる。

アンコール・ワット

タージ・マハル

所在地────アグラ（インド）
設計者────ウスタード・アフマド・ラホーリー、ウスタード・イサー・シラジ、他
建築様式────インド・ムガール様式
建設年────1632～48年

　タージ・マハルというと、多くの人はウェールズ公妃ダイアナがその前のベンチに座っている1992年の写真、あるいはその息子であるケンブリッジ公ウィリアム王子が妻であるケンブリッジ公爵夫人キャサリンとともに同じベンチに座っている2016年の写真を思い浮かべるでしょう。エがその王妃のために建てたと伝える物語から、この建物はロマンスと結びつけられることが多いようです。17世紀のムガール帝国の皇帝シャー・ジャハーンは、出産時に亡くなった愛妃ムムターズ・マハルのために宮殿のような大きさの総大理石の墓廟（1632～48）をつくりました。皇帝はムガールの芸術と建築の黄金時代をインドにもたらしたと考えられており、タージ・マハルはその典型といえます。その精華は大墓廟の建物だけにとどまりません。精巧な門、小さな霊廟、庭園、モスクなどが大墓廟を中心に壁に囲まれた42エーカー（17ha）を超える複合施設を形成しています。建築史家はこの複合施設が機能単位ごとに設計されるモジュール方式でつくられたと考えています。この敷地はアグラの都市城壁に沿って流れるヤムナー川に面しており、タージ・マハルの大墓廟は門、壁、モスクの赤い砂岩とは対照的に、レンガ造りの構造体に白い大理石を被覆してつくられています。ムガールの詩人たちはこの壮大な白い建物をしばしば雲に例えています。

　小さな霊廟は皇帝の他の妻たちのためだけでなくムムターズのお気に入りの召使のためにも建てられました。4つの部分に分割された庭園はペルシャ文化における「楽園」を模したもので、生命を意味する果樹、死を意味する糸杉が植えられていました。タージ・マハル内の霊廟はドーム屋根がかけられた多層の空間となっていて、皇帝と皇妃の彫刻的な墓石が置かれた聖堂の下の最下層に彼らの墓所があります。建物の外装、そして内部の主な仕上げ面は、多

くのイスラム建築の典型的な特徴である抽象図形と文字装飾の象嵌によって高度に装飾されています。タージ・マハルにはフィニアル（頂部装飾）も含めて144フィート（44m）の高さの巨大なドームが載せられていて、現在では青銅ですが、もともとは黄金で仕上げられていました。フィニアルはムガール帝の紋章であるタムガの形をしています。シャー・ジャハーン帝はこの建物群を建築家のチームに設計させたため、全体のデザインをしたといえる特定の建築家はいません。しかし一部の説によればウスタード・アフマド・ラホーリー（1580～1649）、ウスタード・イサー・シラジが主要建築家であり、加えてミール・アブドゥル・カリムやマクラマート・カーンなどが2万人におよぶ工匠たちを監督したとされています。総建設費は3,200万ルピーと推定されており、これは現代の8億2,700万ドルに相当します。

シャー・ジャハーン帝はその息子によって退位させられ、死後は愛妃の傍らに葬られました。帝国が侵略を受けた18世紀には墓廟も略奪に晒され、19世紀のイギリス東インド会社の支配時代には修復・修繕も実施されましたが、19世紀から20世紀にかけてさらに建物は劣化しました。近年の問題としては、大気汚染による大理石の変色の増加、地下水位の低下による地盤沈下のおそれなどがあります。建物はユネスコの世界遺産に登録されており、インド政府も歴史的かつ観光的に重要なものと認識しています。毎年タージ・マハルを訪れる約80万人の観光客はもちろん、さらに数百万人の人がお土産物やテーマパーク、姿を模したカジノの建物などどこかでこの建物の姿を見ています。その人々にとって、この遠い過去から続くエキゾチックな建築モニュメントの価値は、もはや文化として一般化したものなのです。

上左
タージ・マハルの内外装に見られる文字装飾と抽象的な花の模様。

上右
ドームの下、皇帝と皇妃の彫刻的な墓石を取り囲む精巧な多角形のアーチ壁。両者の実際の墓は下階の墓所にある。

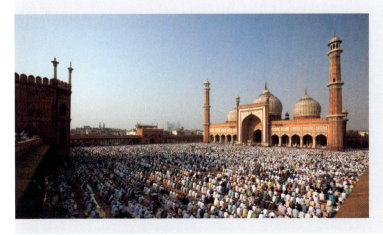

インド・イスラム教
インドにはヒンズー教、イスラム教、仏教、キリスト教などさまざまな信仰がある。海岸沿いのイスラム文化は、7世紀から8世紀にアラブとの貿易ルートであったことと、その後の特にパキスタンとアフガニスタンでの戦勝の時代を起源とする。しかし一般的にはイスラム勢力の黄金時代は、モンゴルの支配者ジンギス・カン、後継の征服者ティムールの時代を経て、その子孫であるバブールが皇帝としてムガール王朝を築いた16世紀に訪れたと考えられている。ムガール王朝は1526年からインドの大部分を支配し、その影響は18世紀まで続いた。

1　ドーム

タージ・マハルの2重ドームは、地上高さが213フィート(65m)に達する。この形式は14世紀と15世紀のティムール建築のドームを起源とする。最も初期のものはウズベキスタンのサマルカンドにあるティムールの墓廟、グーリ・アミール(1408)である。インドにおける最初の2重ドームはニューデリーのローディー・ガーデン内にあるシカンダル・ローディー廟(1518)に見られる。

2　ミナレット(尖塔)

1206年以降、イスラム建築様式がこの地域に入った。なかでも有名なのはデリーのクトゥブ建造物群(1192～1220以降)にある240フィート(73m)の高さのミナレット、クトゥブ・ミナールである。タージ・マハルの四隅にある4本の塔はイスラム建築において典型的な形式。ミナレットはムエジンと呼ばれる朗誦者が祈りの刻を呼びかけるための場所として機能する。最も初期の同様の塔としてはフスタート(後のカイロ旧市街)に建てられたモスク(658頃)の四隅にある階段塔がある。

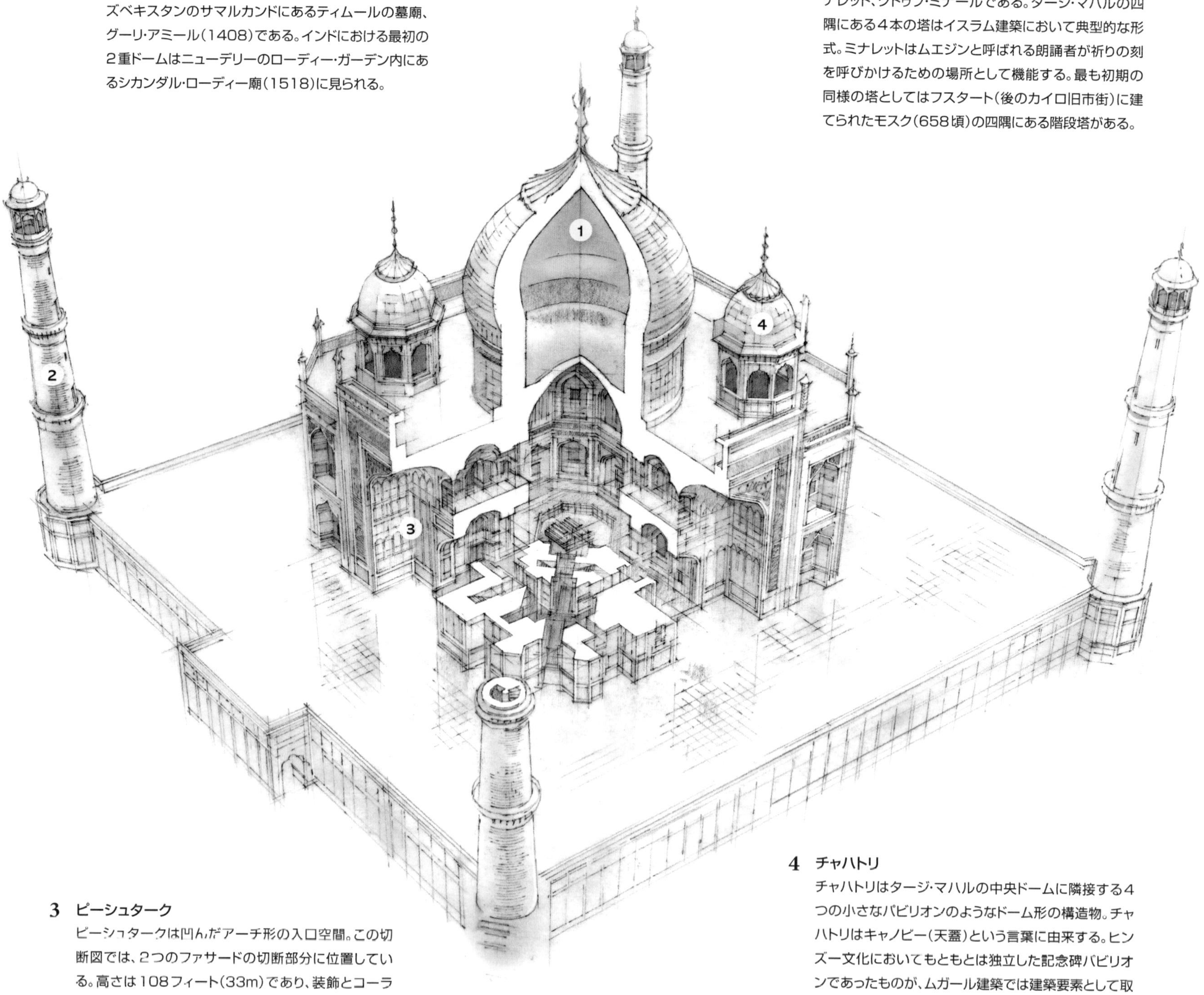

3　ピーシュターク

ピーシュタークは凹んだアーチ形の入口空間。この切断図では、2つのファサードの切断部分に位置している。高さは108フィート(33m)であり、装飾とコーランの刻文が施された壁面を提供している。主入口部には「静かに安らぐ魂よ、汝の主のみもとへ帰り行け、気に入り、気に入られて」という一節が書かれている。

4　チャハトリ

チャハトリはタージ・マハルの中央ドームに隣接する4つの小さなパビリオンのようなドーム形の構造物。チャハトリはキャノピー(天蓋)という言葉に由来する。ヒンズー文化においてもともとは独立した記念碑パビリオンであったものが、ムガール建築では建築要素として取り入れられた。

▼ 断面図
皇帝と皇妃のための墓石は主階の中央ホールの中にあるが、下階には内部の墓所があり、両者が埋葬されている。彼らは顔がメッカの方向に向くように埋葬されている。また図には巨大な2重ドームが示されている。下部にある屋内のドームは空間の高さを抑えて視覚的な歪みを防ぐとともに上部のドームを支える構造とされた。一方で上部のドームはより大きく際立った外観を生み出した。

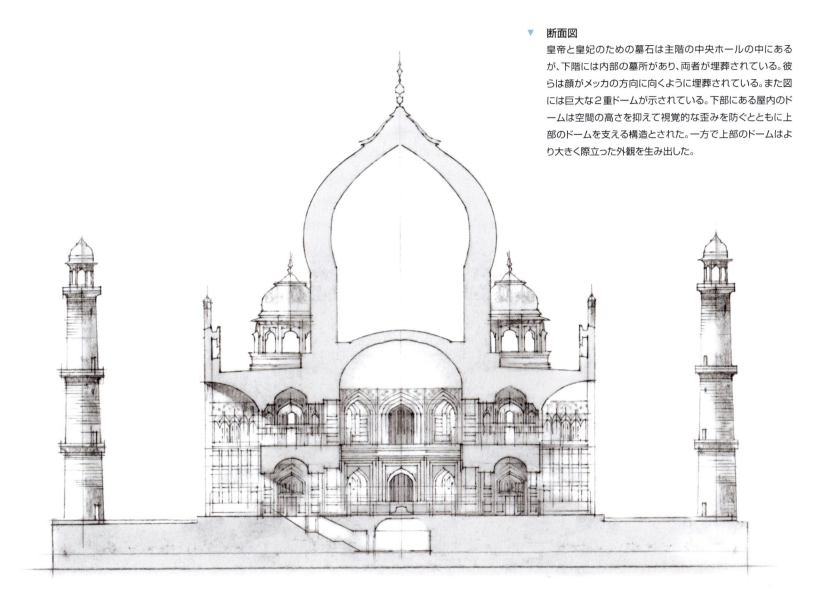

▶ 配置図
壁に囲まれた42エーカー（17ha）の敷地にはペルシャ文化の図像に基づいた庭園、追加のモスクと墓所、王家の墓廟を守る楼門がある。タージ・マハルとこの霊廟建築群は2万人以上の工匠によってつくられた。川向こうの壁に囲まれた庭園はマターブ・バーグ（インペリアル・ムーンライト・ガーデン）と呼ばれ、この地に11あるムガール庭園のうち最後につくられたものである。

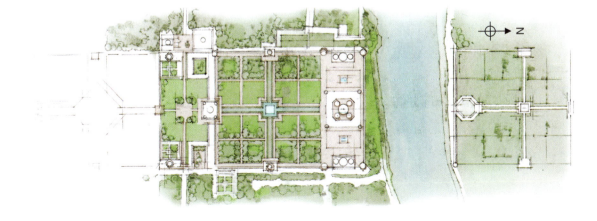

ヴェルサイユ宮殿

所在地────ヴェルサイユ（フランス）
設計者────ルイ・ル・ヴォー、ジュール・アルドゥアン・マンサール、その他
建築様式───フランス・バロック様式
建設年────1624～1770年

映画『マリー・アントワネット』(1938、2006)やテレビ番組『ヴェルサイユ：王の夢』(2008)、『ヴェルサイユ』(2015～)などを見れば、17世紀から18世紀にかけてのヴェルサイユ宮殿の贅沢さと退廃の雰囲気を感じることができます。約1,977エーカー(800ha)の敷地に展開されている、ほとんどが大理石でつくられた巨大な宮殿、庭園、そしてさまざまな付属建築群は、1789年の革命以前のフランスにおける絶対王権の栄光と豊かさを思い起こさせるものです。

現在のヴェルサイユはパリの南西にある通勤圏の郊外都市ですが、ルイ13世が1624年に狩猟用の別荘である邸宅を建てた17世紀初め頃のこの地は農村の森林地帯でした。彼の息子のルイ14世は1661年から1680年にかけてこの狩猟用別荘を宮殿へと拡張しました。建築家ルイ・ル・ヴォー(1612～70)が設計を開始し、その助手であったフランソワ・ドルベ(1634～97)が作業を引き継ぎました。画家シャルル・ルブランは精緻な内装の構想に取り組み、造園家のアンドレ・ル・ノートルは広大な庭園をつくり出しました。ヴェルサイユ宮殿の工事は、元の狩猟用別荘を中心にしてそれを中庭を囲むU字形の平面形に拡張し、王室の居住スペースをつくるというものでした。北側のウイングには王の居室、南側ウイングには王妃の居室があり、それぞれ7部屋が連続していました。建物が完成するとルイ14世は1682年に王宮をパリからヴェルサイユに移し、その後も拡張計画を進めます。1699年から1710年にかけて建設された次の建物はジュール・アルドゥアン・マンサール(1646～1708)によって設計された王室礼拝堂でした。建築家マンサールは宮殿の南北のウイングを増築するとともに、中央

のテラス部分に239フィート(73m)の長さの、鏡の間とも呼ばれる回廊をはめ込みました。彼はまた王の公妾であるモンテスパン侯爵夫人フランソワーズ・アテナイス・ド・ロシュシュアールのために宮殿敷地内に大トリアノン宮殿(1688)を設計しました。

1715年のルイ14世の死後、王位は少年王ルイ15世に継承され、続いて王宮はパリに戻されました。ルイ15世は1722年にヴェルサイユ宮殿に戻ってそれまでの計画を完成させるとともに、新しいプロジェクトを開始しました。上階では王室の居住スペースの改修を続け、同じウイングにある王室礼拝堂と対峙するような王室オペラ座(1770)も完成させます。このオペラ座は建築家アンジュ・ジャック・ガブリエル(1698〜1782)の設計によるもので、彼は宮殿敷地内に王の公妾であるポンパドゥール侯爵夫人ジャンヌ・アントワネット・ポワソンのための小トリアノン宮殿(1762〜68)も設計しています。

次の王であるルイ16世は宮殿内装の改修とともに庭園の植栽の更新やデザイン変更にも熱心で、造園家で画家のユベール・ロベールにそのデザインを担当させました。また小トリアノン周囲の庭園も担当していたリシャール・ミーク(1728〜94)の設計により、王妃マリー・アントワネットのための居宅も建てられました。フランス革命の後ヴェルサイユ宮殿の建物はさまざまな用途で使われましたが、1837年に博物館となってからはさまざまな国家行事などに使用されています。現在では毎年750万人がこの宮殿を見学に訪れます。

上左
ヴェルサイユ宮殿の王室礼拝堂の大きさと壮麗な装飾は、ルイ9世が建設を命じた有名なゴシック建築であるパリのサント・シャペル(1248)にも匹敵する。

上右
王室建築家のアンジュ・ジャック・ガブリエルは小トリアノン宮殿を、18世紀ヨーロッパに広がっていたギリシア・ローマを参照する新古典主義を体現する建築として設計した。

鏡の間
宮殿の2階には庭園が見渡せる鏡の間がある。長さ239フィート(73m)の部屋に357枚の鏡が張られている。その豪華な天井装飾の中には、シャルル・ルブランが1680年頃に描いたルイ14世の生涯における功績や戦勝を主題とした天井画が含まれる。壁面の柱形の柱頭は新フランス式とも呼ばれたコンポジット式(コリント式とイオニア式の混合様式)の変形。室内装飾にはフランスのシンボルである雄鶏、フルール・ド・リス(アヤメ形紋章)、ルイ14世のシンボルであるロイヤル・サンなどのモチーフが見られ、これらはすべてルブランのデザインによる。

鳥瞰図

この印象的な図は約2,000エーカー(809ha)に及ぶ宮殿敷地全体を示している。比較として、アメリカ合衆国議会議事堂(1792～1891、34頁参照)はランドスケープが整備された59エーカー(24ha)たらずの敷地に建っており、カリフォルニア州にあるディズニーランドの最初の敷地も85エーカー(34.4ha)しかない。右下に描かれている宮殿の建物は建築面積712,182平方フィート(67,000m²)であり、世界最大の宮殿のひとつとなる。

1　グラン・カナル(大運河)

敷地内には11の噴水やグラン・カナル(大運河)など多くの水景がある。この運河の主水路は宮殿の軸線に沿って東西方向に約1マイル(1.6km)もの長さとなっている。水路の幅は200フィート(61m)以上で、北のトリアノンの敷地へとつながる直交する水路もある。ルイ14世は在任中、この運河でゴンドラ乗りを楽しんだ。今日、訪問者は東端の池に停泊している小さなボートを漕いで過去の王の特権を追体験することができる。

2　ラトナ噴水

ル・ノートルによってつくられた宮殿西側の庭園の中心にはラトナ噴水がある。噴水には太陽王と呼ばれたルイ14世の紋章にもされた太陽神アポロの物語を伝える彫刻がある。これを含む庭園全体の彫刻の設置は1667年からガスパール&バルタザール・マルシー兄弟によって始められた。カメやトカゲなどの動物像も、初期には蛙の噴水と呼ばれていたこの噴水の特徴となっている。しかしこれをアポロの幼少時代の神話彫刻とすることが決まり、アポロとダイアナの母であり、彼女を侮辱した人々をカエルに変えて罰したラトナの彫像が1668年に設置された。ジュール・アルドゥアン・マンサールと彫刻家クロード・ベルタンによってその構成はさらに手を加えられた。

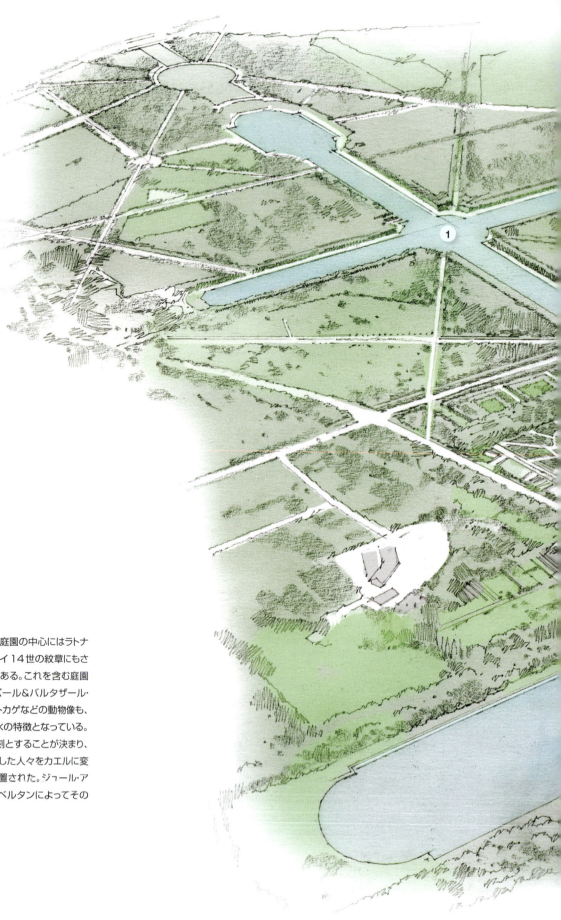

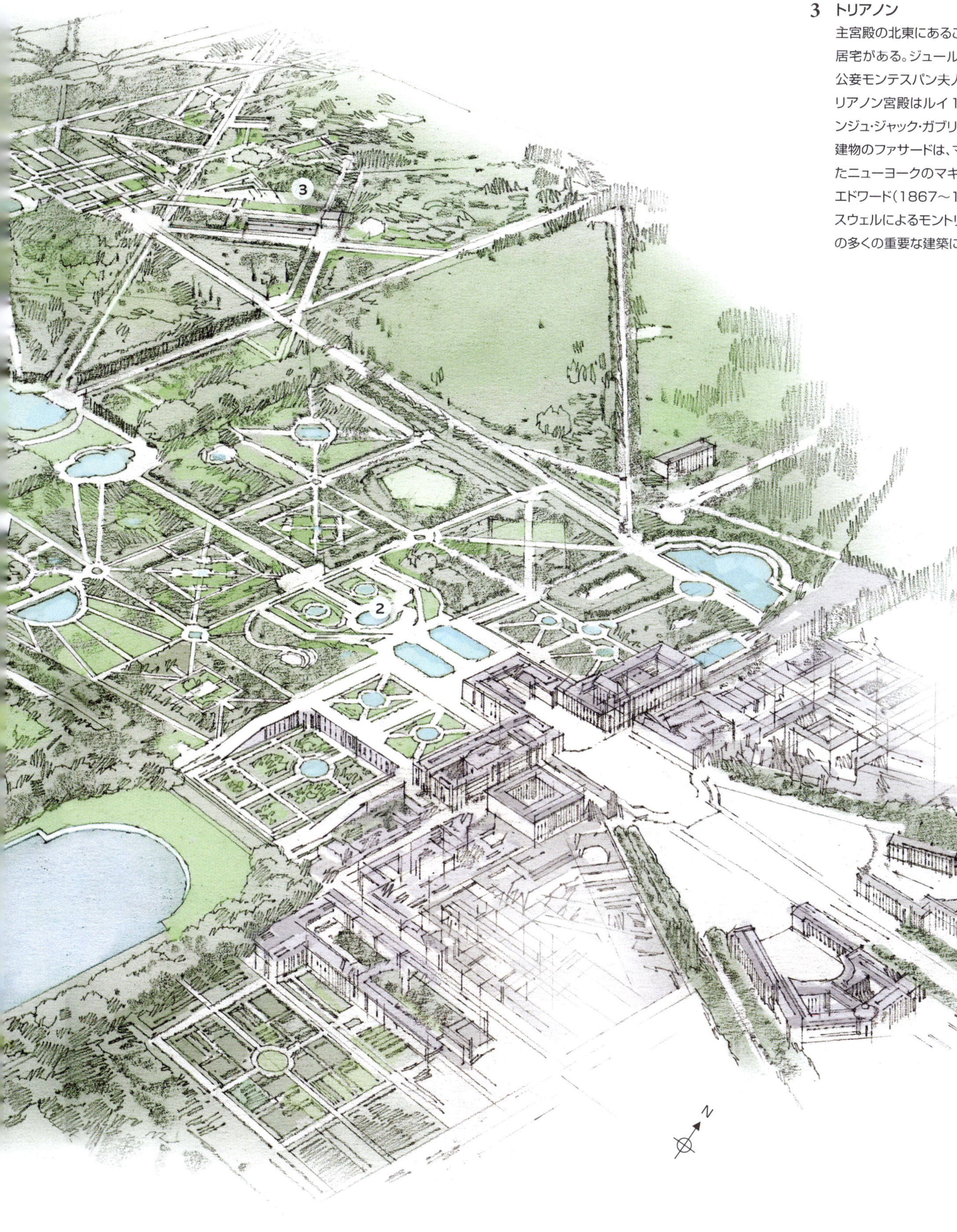

3 トリアノン

主宮殿の北東にあるこれらの敷地には、王の公妾たちの宮殿風の居宅がある。ジュール・アルドゥアン・マンサールは、ルイ14世の公妾モンテスパン夫人のために大トリアノン宮殿をつくった。小トリアノン宮殿はルイ15世の公妾ポンパドゥール夫人のためにアンジュ・ジャック・ガブリエルが設計した。後者のパビリオンのような建物のファサードは、マーシャル・アンド・フォックス事務所の設計したニューヨークのマキシーヌ・エリオット劇場（1908、現存せず）、エドワード（1867〜1923）&ウィリアム（1874〜1952）・マクスウェルによるモントリオール美術館（1912）など、20世紀初頭の多くの重要な建築に影響を与えた。

ヴェルサイユ宮殿

平面図

宮殿の中核部分の平面図。上部に鏡の間（A）、中心部に大理石の中庭（B）がある。そのすぐ下の王の中庭（C）は、建物の壁面が後退することによって幅が広くなっている。中庭の右側の北ウイングに王の居住スペース（D）、左側の南ウイングに王妃の居住スペース（E）があった。北ウイングが曲がった先には王室礼拝堂（1710、F）、そのさらに先には王室オペラ座（1720、G）がある。

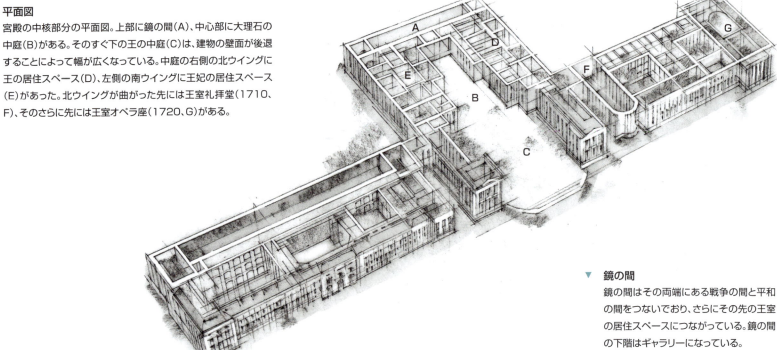

鏡の間

鏡の間はその両端にある戦争の間と平和の間をつないでおり、さらにその先の王室の居住スペースにつながっている。鏡の間の下階はギャラリーになっている。

▲ 王室の居住スペース
王の居住スペースは大理石の中庭の北側に面した2階にあり、その周囲には国事関係者の部屋もあった。1701年以降、王の居住スペースには食堂や警護の間、議員の間、その他のさまざまな部屋やその前室、そして中庭もあった。同等の広さの王妃の居住スペースは大理石の中庭を挟んだ向かい側にあり、鏡の間を通って行くことができた。

▲ マンサード屋根
宮殿の東側にある大理石の中庭（模様張りの大理石の床仕上げからそう呼ばれる）に面したファサードの構成図。中庭に接するこの部分には豪華に装飾されたマンサード屋根が載せられている。この屋根形式の名称は、考案したバロックの建築家フランソワ・マンサール（1598〜1666）にちなんでつけられた。彼は妻側もギャンブレル（腰折れ屋根）形状としたこの屋根を設計に多用し、付加的な屋根裏空間を生み出した。鏡の間を設計し宮殿を増築改修したジュール・アルドゥアン・マンサールはフランソワの大甥にあたる。

モンティチェロ

所在地——バージニア州シャーロッツビル(アメリカ合衆国)
設計者——トーマス・ジェファーソン
建築様式——新古典主義様式
建設年——1796～1809年

　トーマス・ジェファーソン(1743～1826)の家は、歴代アメリカ合衆国大統領の私邸の中で最もよく知られているものです。バージニア州生まれのジェファーソンはウィリアム・アンド・メアリー大学で教育を受けました。彼は1776年のアメリカ独立宣言の起草者であり、1785年から1789年に駐フランス公使、1790年から1793年に初代の国務長官を務めた後、1797年に副大統領となり、1801年には新国家の第3代大統領に選ばれました。アメリカの歴史における彼の最大の貢献はおそらく、1803年にルイジアナをフランスから購入して領土を拡大したことでしょう。1500万ドルと引き換えに南西に827,987平方マイル(2,144,480km²)もの領土を獲得したのです。この買収はその後の太平洋やメキシコ湾にいたる領土拡大へとつながる「マニフェスト・デスティニー(明白なる使命)」という国家信条の基盤となりました。1809年に大統領として2期目を終えてモンティチェロへと移るとき、彼は自身のことを「鎖から解き放たれた囚人」と表現しています。

　1768年、ジェファーソンは自身が所有する地元の商人と奴隷労働者によってつくられた5000エーカー(2,023ha)の大農場の中に、地元のレンガ、木材、石を使って夢に描いた家を建て始めました。現在見られる母家は1796年から1809年にかけて建設されたもので、10,660平方フィート(990m²)を超える床面積に33の部屋がある建物です。建物の奥行きは110フィート、幅は88フィート(33.5×26.8m)、ドームのオクルス(丸天窓)を頂部とする高さは約45フィート(13.7m)となっています。デザインはジェファーソンの駐フランス公使としての経験から影響を受けています。彼はそこで当時の最新のフランス建築だけでなく、ニームにあるメゾン・カレ(紀元2～7)をはじめとしたローマ時代の遺構に接しました。彼がフランスの建築家シャルル・ルイ・クレリ

ソ（1721〜1820）とともに設計したリッチモンドにあるバージニア州議会議事堂（1788）はメゾン・カレをモデルとしたものです。ジェファーソンの建築にはイタリアの建築家アンドレア・パッラーディオ（1508〜80、188頁参照）のデザインも反映されています。バージニア大学内にあるロトンダ（1822〜26）のデザインは、パッラーディオが著した『パンテオン』に触発されたものです。モンティチェロの設計に際して、ジェファーソンは英語に翻訳された『パッラーディオの建築』（1721）を参考にしました。『ジェファーソンの手帳』（1767〜1826）にはパッラーディオの著書、およびパッラーディオの影響を受けたイギリス人建築家ジェームス・ギブスの著書『建築』（1728）への参照が記されています。ジェファーソンの図面にもモンティチェロをパッラーディオ様式の郊外住宅としようという努力が表れています。実際、この建物はウィリアム・ケント（1685頃〜1748）によって設計された同様の様式のチジック・ハウス（1729）とよく比較されます。ジェファーソンは現在のモンティチェロ墓地の一角に埋葬されました。

建築以外にもジェファーソンはさまざまな発明をしています。彼は回転イス、秘密の暗号文をやりとりするための暗号盤、賞を受賞した耕運機、および球形日時計などの発明者としても知られていました。モンティチェロにも自身の寝室クローゼット用の回転式洋服掛け、ワインセラーから食堂にワインを運ぶための滑車式の昇降機、キッチンから簡単に皿を移動できる棚付きの回転ドア、片方を開くともう一方も自動的に開く居間の引き分け扉、執務室の回転式本棚など、実用的な発明がいろいろ組み込まれています。建物は1923年から公開されています。

上 両側が開いているアルコーブにあるベッドは、ジェファーソンの寝室と執務室の両方に面している。ヒンジ式の2枚扉スクリーンを閉じると2つの部屋は切り離される。

右 2重に窓がある構成によって食堂の室温を安定させているが、これはパッラーディオの影響を受けたもの。この食堂のものも含めモンティチェロ全体では13カ所に天窓がある。

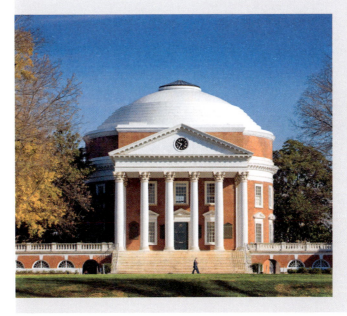

バージニア大学

ジェファーソンの他の建築作品としてはリッチモンドにあるバージニア州議会議事堂、シャーロッツビルのバージニア大学がある。後者はモンティチェロの北西約5マイル（8km）に位置する。バージニア大学の図書館であるパッラーディオ様式建築のロトンダは、直径、高さとも77フィート（23.5m）の大きさの建物であり、柱廊でつながるU字形の校舎の中心に配置されている。ジェファーソンはウィリアム・ソーントンやベンジャミン・ヘンリー・ラトローブといったアメリカ合衆国議会議事堂（1792〜1891、34頁参照）の設計者たちの助言を受けつつ、1817年にこの建物を設計した。

▶ ドーム
ドーム屋根は特に西側または庭側から見たときの建物の特徴となっている。ドームの周囲に並ぶオクルス（丸窓）はポルティコ（列柱）上部の部屋に通気をもたらし、建物全体の空気を吸引して換気している。庭側のポルティコが影を落とす下部の部屋はジェファーソンの居間であった。上部のドーム形の部屋はあまり使われなかった。この部屋は建設当時と同じく黄色と白の壁、緑色に塗装された床に復元されている。

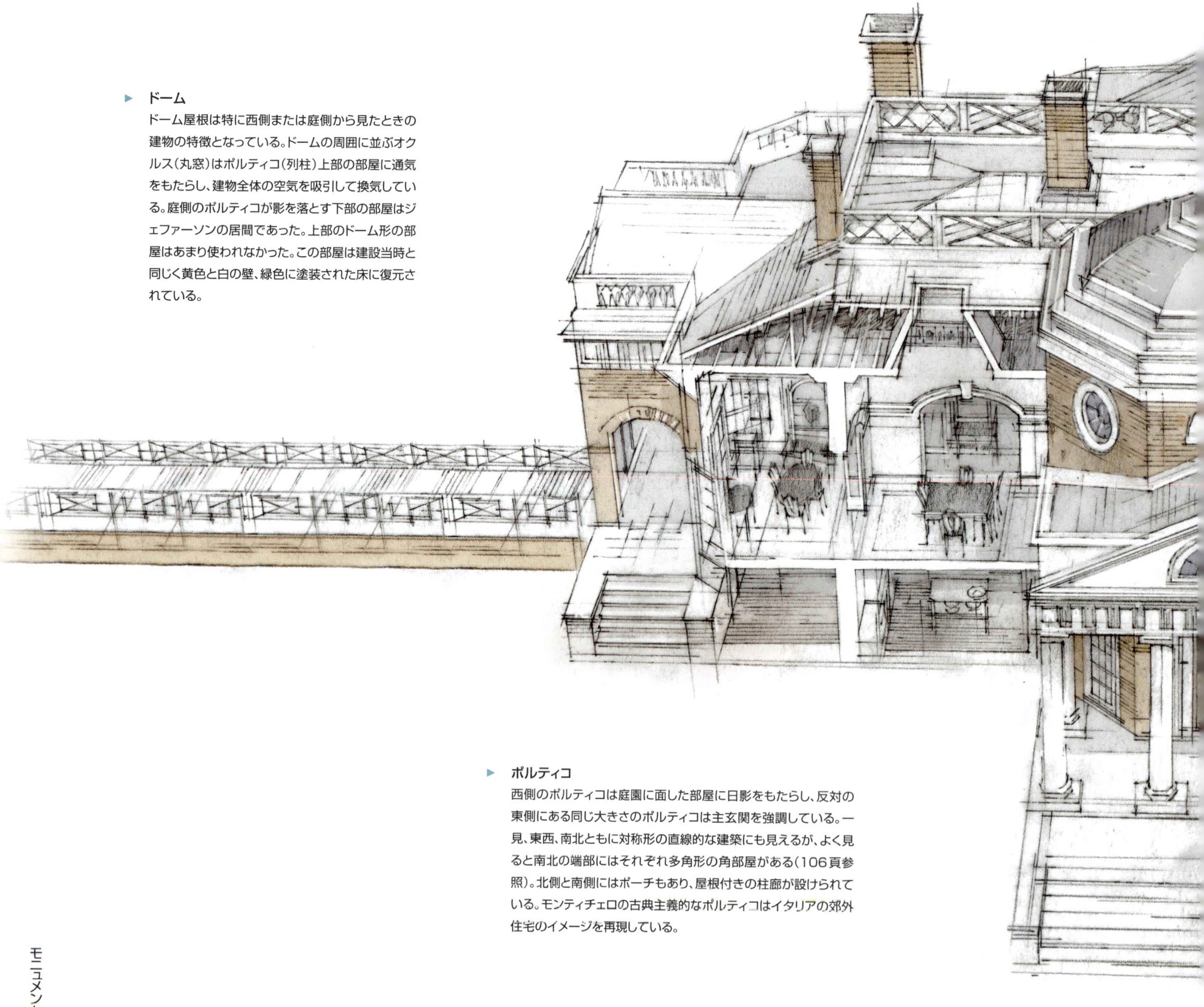

▶ ポルティコ
西側のポルティコは庭園に面した部屋に日影をもたらし、反対の東側にある同じ大きさのポルティコは主玄関を強調している。一見、東西、南北ともに対称形の直線的な建築にも見えるが、よく見ると南北の端部にはそれぞれ多角形の角部屋がある（106頁参照）。北側と南側にはポーチもあり、屋根付きの柱廊が設けられている。モンティチェロの古典主義的なポルティコはイタリアの郊外住宅のイメージを再現している。

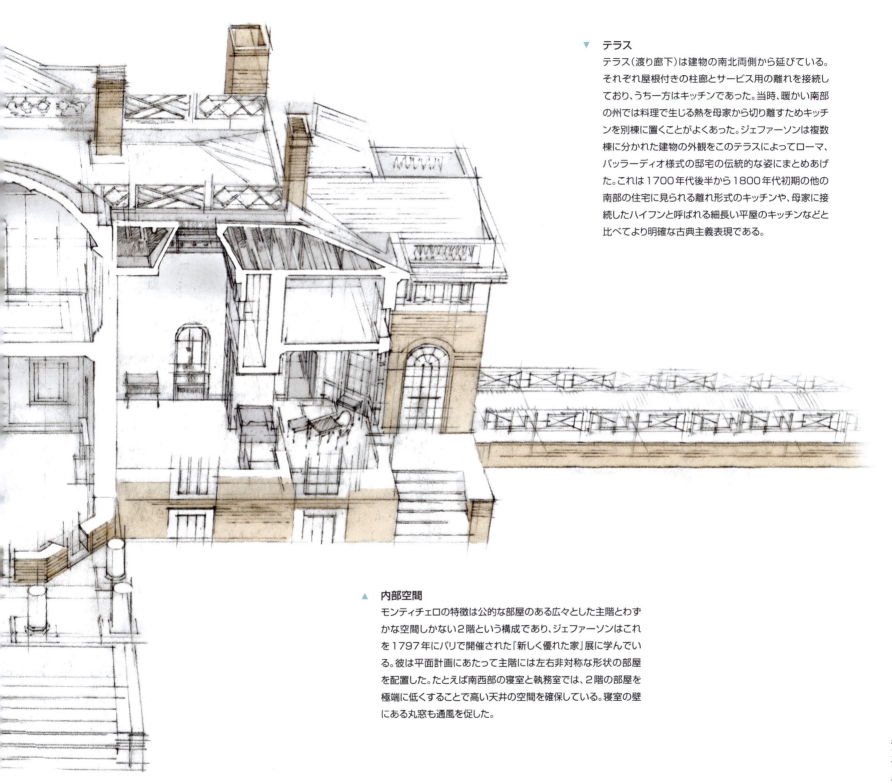

▼ テラス

テラス（渡り廊下）は建物の南北両側から延びている。それぞれ屋根付きの柱廊とサービス用の離れを接続しており、うち一方はキッチンであった。当時、暖かい南部の州では料理で生じる熱を母家から切り離すためキッチンを別棟に置くことがよくあった。ジェファーソンは複数棟に分かれた建物の外観をこのテラスによってローマ、パッラーディオ様式の邸宅の伝統的な姿にまとめあげた。これは1700年代後半から1800年代初期の他の南部の住宅に見られる離れ形式のキッチンや、母家に接続したハイフンと呼ばれる細長い平屋のキッチンなどと比べてより明確な古典主義表現である。

▲ 内部空間

モンティチェロの特徴は公的な部屋のある広々とした主階とわずかな空間しかない2階という構成であり、ジェファーソンはこれを1797年にパリで開催された『新しく優れた家』展に学んでいる。彼は平面計画にあたって主階には左右非対称な形状の部屋を配置した。たとえば南西部の寝室と執務室では、2階の部屋を極端に低くすることで高い天井の空間を確保している。寝室の壁にある丸窓も通風を促した。

▼ 平面図
この平面図には一般的な客室も示されている。たとえば北の八角の間は非公式ではあるが、この家をよく訪れていた第4代大統領ジェームズ・マディソンとその妻ドリーの専用室であった。ジェファーソンのライブラリーに隣接する南の正方形の間は、彼の娘マルタ・ランドルフが子どもを教育するための家族の居間として使用されていた。

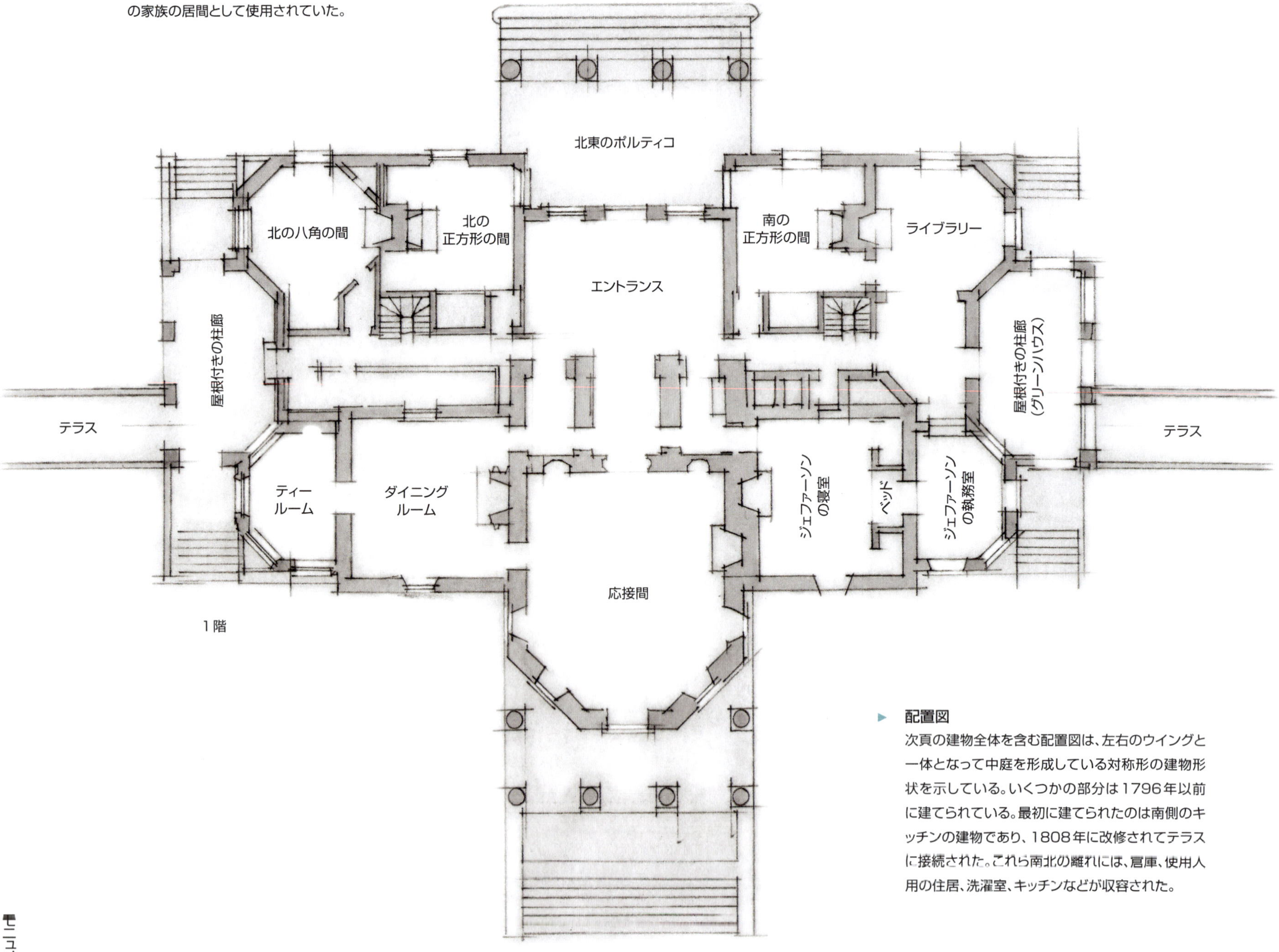

北東のポルティコ

北の八角の間　北の正方形の間　南の正方形の間　ライブラリー

エントランス

屋根付きの柱廊　屋根付きの柱廊（グリーンハウス）

テラス　テラス

ティールーム　ダイニングルーム　ジェファーソンの寝室　ベッド　ジェファーソンの執務室

応接間

1階

▶ 配置図
次頁の建物全体を含む配置図は、左右のウイングと一体となって中庭を形成している対称形の建物形状を示している。いくつかの部分は1796年以前に建てられている。最初に建てられたのは南側のキッチンの建物であり、1808年に改修されてテラスに接続された。これら南北の離れには、倉庫、使用人用の住居、洗濯室、キッチンなどが収容された。

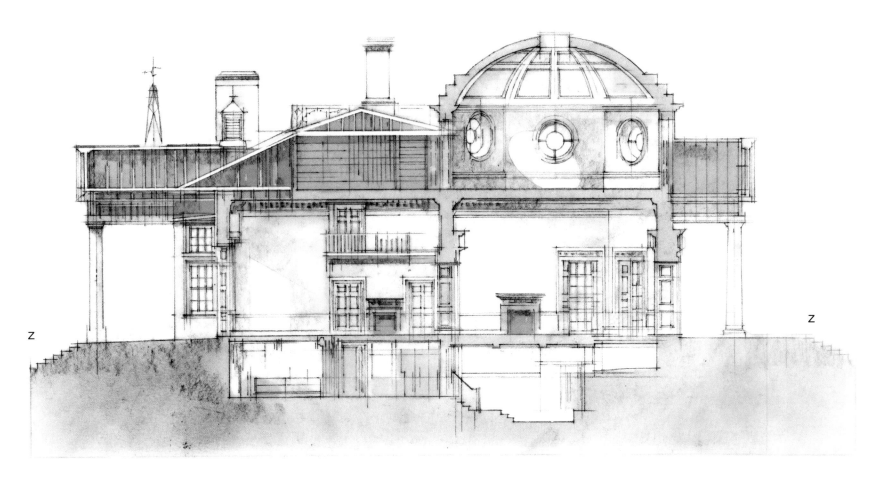

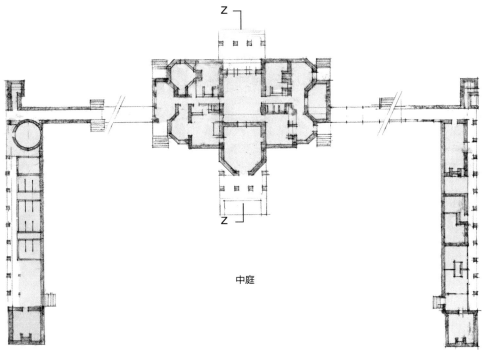

中庭

▲ **全体断面図**
この断面図（左の配置図にZで切断位置を表示）は主玄関から庭までの空間をわかりやすく表現している。八角形の部屋を覆うドームは周囲と頂部にある大きなオクルスから採光している。その下には広い居間がある。地下室にはワインとビールのセラーがあり、上階の食堂へそれらを運ぶために壁の両側に昇降機があった。ビールとりんご酒はジェファーソンの妻マーサの指揮によりここでつくられていた。1782年のマーサの死後、1812年戦争（米英戦争）時にアメリカで座礁したイギリス軍の船長ジョセフ・ミラーが1813年にここに招かれ、醸造技術を指導した。

アインシュタイン塔

所在地────バーベルスベルク(ドイツ)
設計者────エーリヒ・メンデルゾーン
建築様式───表現主義様式
建設年────1919〜21年

　物理学者アルバート・アインシュタインによって導き出された相対性理論、$E=mc^2$ がこの建物とどう関係しているのでしょうか。よくいわれる説明は、この建物がその理論を建築表現によって具現化しようとしたものである、というものです。方程式は質量とエネルギーが等価であり相互に変換できるということを表しています。そしてこの建物も、ひとつの構造体の中で質量とエネルギーを視覚的にダイナミックに共存させることを意図しています。塔の建築主である天文学者のエルヴィン・フィンレイソン・フロイントリヒはアインシュタインの研究員でもあり、天文学実験を通してこの理論をテストした人物でした。しかし物語はもう少し複雑で、塔の建築家であるエーリヒ・メンデルゾーン(1887〜1953)の初期のイメージに遡ります。

　メンデルゾーンは戦間期のドイツにおける最も有名な建築家の1人でした。東プロイセンに生まれ、ミュンヘン工科大学では建築家テオドール・フィッシャー(1862〜1938)に師事して1912年に卒業。第1次世界大戦(1914〜18)での兵役の後、彼の建築家としてのキャリアはアインシュタイン塔のドラマチックなデザイン、さらに注目を浴びたモッセハウスの改修(1923)で始まりました。その後の10年間には、百貨店を中心に多くが曲線を用いたダイナミックで表現主義的なデザインのさまざまな建物を設計しています。主なものとしてはニュルンベルク、シュトゥットガルト、ケムニッツのショッケン百貨店(1926、1928、1930)が挙げられますが、いずれも後に他の用途に転用されました。

　著名なユダヤ人建築家であったメンデルゾーンは、1933年にナチスの国家社会主義の台頭から逃れるためにイギリスへと移住しました。そこではロシア出身の建築家セルゲイ・チャマイエフとともにイースト・サセックスのベクスヒルオンシーに設計したデ・ラ・ワー・パビリオンや、いくつかの住宅作品をつくっています。またパレスチナ(現イスラエル)でもさまざまなプロジェクトに携わっていました。1941年にはアメリカ合衆国に移住し、第2次世界大戦(1939〜45)中には合衆国軍とスタンダード・オイル社の近代建築のアドバイザーのひとりとして、ユタ州のダグウェイ実験場のドイツ村(焼夷弾や爆弾攻撃の実験を行うための伝統的なドイツの建物を模した街区)をつくりました。戦後はユダヤ系

の建築主のために多くの建物を設計しました。晩年の作品にはオハイオ州クリーブランド・ハイツのパーク・シナゴーグ、サンフランシスコのマイモニデス病院 (いずれも1950) などがあります。

ポツダム近郊のバーベルスベルクにあるアインシュタイン塔 (Einsteinturm, 1921) は、1917年から1918年の第1次世界大戦中にメンデルゾーンが描いたスケッチ、1919年以降に描いた追加のスケッチ、続いて制作した石膏模型などをもとにまとめあげられた建築です。塔はわずか6階建て、高さ65.6フィート (20m) の小さなものです。地下には地上よりも大きな平面形の空間があり、研究室と分光写真機室があります。東端の湾曲した部分にある作業・宿泊室にはメンデルゾーンが設計した家具が置かれていますが、それ以外の地上部分のほとんどは回り階段で上る天体観測ドームの下にヘリオスタット (太陽光追尾装置) を備えた塔です。

メンデルゾーンはフィンレイソン・フロイントリヒと彼の妻ルイーズ・マースを通して出会いました。彼女とその夫の天体物理学者はチェロ奏者でした。フィンレイソン・フロイントリヒは1910年にベルリン天文台に雇用され、1913年にはバーベルスベルク近郊の新しい施設に転勤しています。第1次世界大戦中にロシアで拘留された後にベルリンに戻ってアインシュタイン研究所で働くようになり、1920年から1924年にかけてポツダムの天文台における天体観測を担当しました。彼らの友情とメンデルゾーンのダイナミックなデザインによって、アインシュタインの相対性理論の建築形態への変換は理にかなったものとなっています。完成直後、メンデルゾーンはこの建物を「有機的」と表現し、アインシュタインの発想につながったものであると説明しました。彼はこの太陽天文台をその彫塑的な形態ゆえにコンクリートでつくりたいと考えていましたが、結局はそうではなくレンガ造にコンクリートを混ぜた漆喰を塗って造形を行うことになり、それゆえに1927年以降継続的な維持管理が必要となってしまいました。塔は1999年に修繕され、ライプニッツ天体物理学研究所に属する太陽観測所として使われています。

上
1920年代の作業室。メンデルゾーンはオフィスの家具や備品もデザインした。曲がった形の窓が建物の丸い壁面に沿ってつくられた流線形のくぼみの中にはめ込まれている。

左
1921年、アインシュタイン塔に立つアルバート・アインシュタイン。

メンデルゾーンと第1次世界大戦

若きメンデルゾーンは第1次世界大戦中に従軍しながらも、新世紀のダイナミズムを反映した新しい建築を夢見ていた。彼の描くスケッチは未来を夢想させる心理的な救いでもあった。戦争の後、彼はそのスケッチの展示を行い、『建築家の作品 (Das Gesamtschaffen des Architekten)』(1930) といった本にそれらを掲載した。彼の戦時中の建築的夢想は戦後に実現していく。メンデルゾーンの表現主義的なデザインは近代建築の潮流を体現し、アントニオ・サンテリア (1888〜1916) によるイタリア未来派などの当時の他の理論運動にも通じている。

◀ 観測ドーム
塔はこのドームのために存在する。ドームの中の望遠鏡はシーロスタットと呼ばれる。これは回転する鏡で天空の同じ点からの光を反射し続ける方式のヘリオスタット（太陽光追尾装置）であり、天体の移動経路を追尾し記録することができる。反射した光は地下のシャフトを通って光の周波数を写真的に記録する分光器に送られる。

▶ 塔
この塔は曲線形状に成形された階段だけでなく、頂部のシーロスタットを支えるための木と鉄骨による構造体も内蔵している。シーロスタットは分光器のある地下の部屋へと観測光を導く。当初この部屋は熱による観測誤差を防ぐためトーフォレウム（泥炭またはすさ入泥炭からつくられたボード）で断熱されていた。

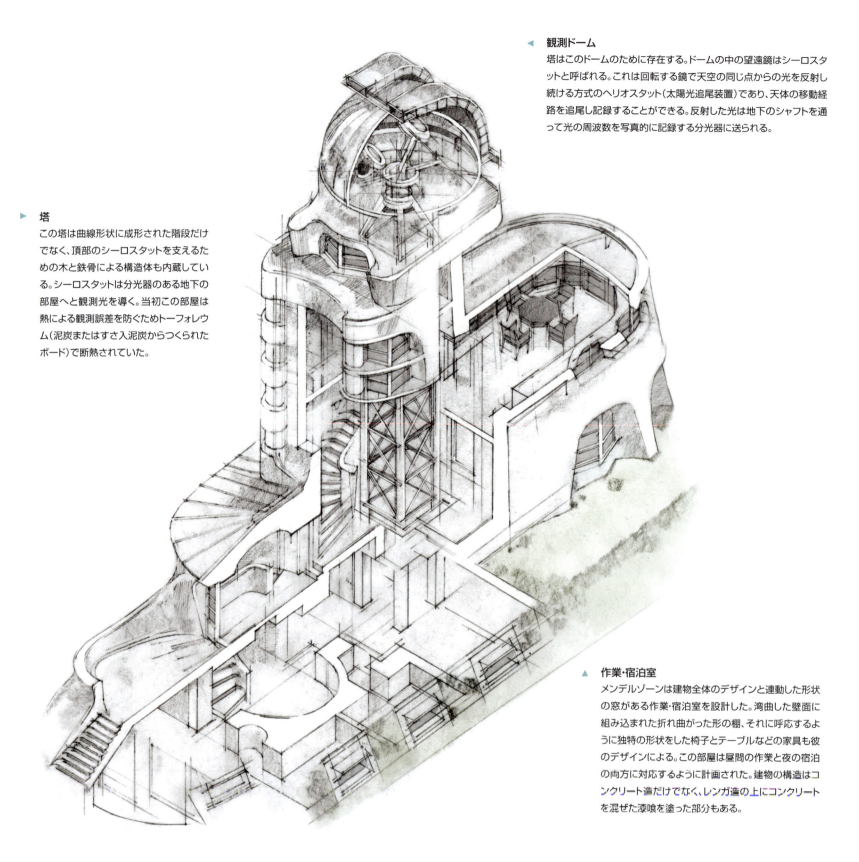

▲ 作業・宿泊室
メンデルゾーンは建物全体のデザインと連動した形状の窓がある作業・宿泊室を設計した。湾曲した壁面に組み込まれた折れ曲がった形の棚、それに呼応するように独特の形状をした椅子とテーブルなどの家具も彼のデザインによる。この部屋は昼間の作業と夜の宿泊の両方に対応するように計画された。建物の構造はコンクリート造だけでなく、レンガ造の上にコンクリートを混ぜた漆喰を塗った部分もある。

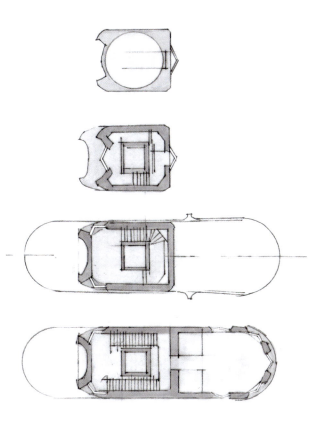

▲ 配置図
アルバート・アインシュタイン・サイエンス・パークの配置図。楕円形の塔はテレグラーフェンベルクの丘（A）に建つ。丘には1870年代から天文台があった。特徴的なトリプルドーム形のミケルソンハウス（ポツダム天体物理天文台。1879、C）、大きなドームの大型屈折天体望遠鏡（1899、B）が近くにある。後者は同種の天体望遠鏡で世界最大のもののひとつ。配置図に示されているその他の建物は気象、極地、海洋研究に特化した研究施設群。

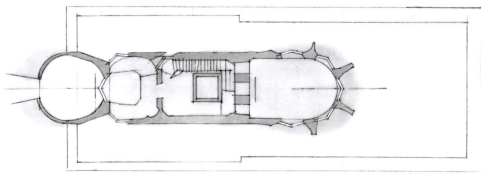
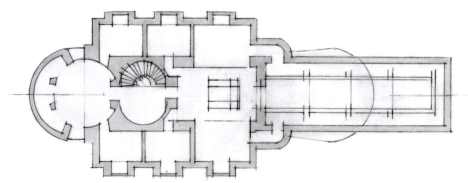

◀ 平面図
建物の地下から頂上のドームまでの、変化に富んだ平面図。実際に見える小さな建物に対して必要な研究室は地下にあるため、施設としての大きさはわかりにくい。

芸術と教育
Arts and Education

　芸術と教育というテーマは広い分野の建築を対象とします。美術学校や美術館はもちろん、舞台芸術のための建築も含まれます。実際、図書館、大学、学校、専門学校といった公共や民間の教育施設を含めたあらゆる集客施設はこの分野に含まれる可能性があります。人は実に永遠の学生であり、世界には常に学ぶべき新しいものがあるのです。

　公共文教施設と民間文教施設はどちらも古代から存在していました。現代における文教関係の建築種別のいくつかは長い歴史を経てきたものです。たとえばエピダウロス劇場（紀元前4世紀）のようなギリシアの野外劇場、あるいは中世ヨーロッパの大学、特にイギリスのケンブリッジ大学におけるキングズ・カレッジ・チャペル（1446〜1515）やセント・ジョンズ・カレッジのファースト・コート（1511〜20）などの後期ゴシック建築が思い浮かぶ人もいるでしょう。最初の博物館（ミュージアムの語源はギリシア語で学術・芸術の女神ミューズから派生し学堂を意味したムセイオン）は、プラトンの博物館と図書館まで遡ります。当初それらは珍しい事物の保管庫でした。現存する最古の博物館建築はオックスフォード大学のアシュモレアン博物館（1683）であると思われます。その後18世紀、特に19世紀には多くの公立の博物館がつくられました。

　今日の博物館は、娯楽だけでなく教育を提供する施設として、重要な影響力をもっています。1946年に設立された国際博物館会議（ICOM）をはじめとして、さまざまな国および地域に博物館協会が存在します。ICOMは世界中にある2万館以上の博物館を代表する団体です。さらに博物館には大きな経済効果もあります。アメリカ博物館同盟（AAM）の集計によれば、アメリカ合衆国内の博物館は40万人以上を雇用し、直接的な経済効果は年間210億ドルに上るとされています。この金額には文化目的の観光による収入は含まれていません。同じくイギリス博物館協会は、イギリス経済の1,000分の1は博物館と美術館分野に直接関連しており、そのうち博物館は38,000人以上を雇用し、その経済効果は年間26億4000万ポンドと推計しています。この章の12の建物のうち2つは美術学校、2つは舞台芸術施設ですが、残り8つは博物館・美術館です。

　ルイス・カーン（1901〜74）によって設計されたテキサス州フォートワースのキンベル美術館（1966〜72、146頁参照）のような、著名な建築家によって設計された博物館・美術館の例も近年よく見られます。しかしそのような建築が注目されるようになったのは20世紀後半から21世紀初頭にかけてのことです。いわゆるスター建築家が設計することによって、それらは文化的かつ非宗教的な大聖堂となっています。このことは特に美術館において顕著であり、それは主に国際的なメディアの関心と2つの建物の人気が中心となって起こった現象です。ひとつはポンピドー・センター（1971〜77、156頁参照）、もうひとつはグッゲンハイム美術館ビルバオ（1991〜97、168頁参照）です。それらに続くように、世界中で美術館がつくられました。デイヴィッド・チッパーフィールド（1953〜）によるベルリンにあるベルリン新博物館（2009）とムゼウムスインゼル（2016）、レンゾ・ピアノ（1937〜）によるシカゴ美術館新館（2009）とキンベル美術館の拡張（2013）、フォスター事務所によるボストン美術館（2010）、坂茂（1957〜）によるアスペン美術館（2014）、ディラー・スコフィディオ＋レンフロによるロサンゼルスのザ・ブロード（2015）などが著名建築家の手による主要な例として挙げられます。

　美術館以外に、歴史博物館や科学センターなども独特のデザインを生み出す著名建築家を使って施設を更新しはじめ、20世紀終盤にはビルバオ現象と同様にメディアの注目を集めて一般に知られるようになってきました。主要な例としてはアドリアン・ファンシルベール（1932〜）によるパリのシテ科学産業博物館（1986）、フォスター事務所によるイギリスのケンブリッジシャー州にあるダックスフォード帝国戦争博物館のアメリカ航空博物館（1998）、磯崎新（1931〜）によるアメリカ合衆国オハイオ州コロンバスのオハイオ21世紀科学工業センター（1999）、ダニエル・リベスキンド（1946〜）によるベルリンのユダヤ博物館（2001）などが挙げられます。また独自の先鋭的なデザインの歴史博物館として、デイビット・アジャイ（1966〜）によるワシントンD.C.の国立アフリカ系アメリカ人歴史文化博物館（2016、174頁参照）も登場しました。

国立アフリカ系アメリカ人歴史文化博物館（174頁）

芸術と教育

バウハウス（126頁参照）

　これらの大規模な施設に加えて、近年は小規模な建物を保存した博物館も存在感を示しており、これらには1940年に設立された州および地方アメリカ歴史協会などいろいろな団体が関与しています。これらの小さな建物には築何百年も経つものもあり、定期的な保守と修繕を自己資金でまかなうことが最も困難な施設です。生活の章（206頁参照）に掲載されているような1930年代から1940年代にかけての際立ったデザインの住宅か、バージニア州のモンティチェロ（1796〜1809、102頁参照）のようにその居住者が有名人だった住宅以外は、最善を尽くしても難しいことでしょう。住宅建築を良好な状態に保つ苦労と、毎年何千人もの見学者が訪れることによってその仕事が煩雑になることを想像してみてください。大規模な施設と同様に、これらの小博物館も収益や寄付によって必要な収入を得るため、独創的な空間レンタル、特別イベント、ツアーなどの方策を講じ続けています。このような例としてはロンドンにある建築家の住居であった建物のサー・ジョン・ソーン美術館（1792〜1824、116頁参照）、ルートヴィヒ・ミース・ファン・デル・ローエ（1886〜1969）によるバルセロナ・パビリオン（1929、130頁参照）の2つをこの章で取り上げます。

　類似した事例としては、イギリスのグラスゴー美術学校（1897〜1909、122頁参照）、ドイツのデッサウにあるバウハウス（1925〜26、126頁参照）といった、学校として建てられた歴史的建造物もあります。どちらも時代を反映した機能主義的な建築で、教室やスタジオを備えています。それらのような歴史的な学校には歴史的な住宅と同様に熱心な見学客も訪れますが、建築の劣化に最も影響を及ぼしているのは学生たちです。もちろん授業料の一部はその修繕に充てられますが、少なくともグラスゴーでは寄付や卒業生による基金もそこに加わっています。またどちらもその保存に関しては興味深い物語があります。グラスゴー美術学校は2014年の火災を生き残り、バウハウスは第2次世界大戦（1939〜45）時の爆撃による被害の後に修復されました。

　最後に、ベルリン・フィルハーモニー（1956〜63、140頁参照）とシドニー・オペラ・ハウス（1957〜73、150頁参照）という2つの舞台芸術施設を取り上げます。どちらも戦後のダイナミックな表現主義的空間を特徴としており、大きな美術館・博物館と同じくらいファンが多い建物です。美術と対をなす存在として、それらは国家や地域の経済や文化環境に大きく貢献しています。そしてそれらの舞台芸術施設はその際立った建築造形によって、おそらく戦後の多くの美術館以上に国家の象徴ともいえる存在となっています。

芸術と教育

サー・ジョン・ソーン美術館

所在地─────ロンドン（イギリス）
設計者─────ジョン・ソーン
建築様式────新古典主義様式
建設年─────1792〜1824年

　ニコラス・ホークスムア（1661頃〜1736）、ジョン・ソーン（1753〜1837）、エドウィン・ラッチェンス（1869〜1944）、クインラン・テリー（1937〜）といったイギリスの建築家たちは独自の特殊なイメージやプロポーション感覚を古典的な建築言語に取り込んでおり、変わり者で異端的な人物といわれることもあります。ソーンの場合はそれに加えて、歴史的に前例のないめずらしい建築コレクションを自身の住居に設置するという奇癖がありました。この住居は最初の建築博物館であるともいわれています。

　ソーンは建築施工者の家の出身で、1771年から1778年までロンドンの王立アカデミーで学びました。1778年には最初の著書『建築におけるデザイン』を著して、1778年から1780年まで海外へ研修旅行する奨学金を得ています。それによってフランスやイタリアでヴェルサイユ宮殿（1624〜1770、96頁参照）やコロッセウム（72頃〜80、16頁参照）といった偉大な建築を見た後、オーストリア、ベルギー、ドイツ、スイスを巡りました。

　帰国後すぐにはなかなか建築を実現することができませんでしたが、1780年代後半には住宅設計の依頼を受けるようになり、1788年にはイングランド銀行の建築家に就任しました。1827年まで続いた銀行関係の設計で彼の最も有名な作品群がつくられましたが、それらは1920年代に解体されています。そして主には銀行の仕事に従事しつつも、ダリッジ・ピクチャー・ギャラリー（1817）や新裁判所（1825、現存せず）などの重要な作品も手がけ、1791年の王室建築物の現場監督への就任など社会的な地位も確立しました。現存している作品としては、彼の家でもあったロンドンのイーリング地区にあるピッツハンガー・マナー（1800〜10）、ベッドフォードシャー州のモガーハンガー・ハウスの改装（1790〜1812）、ロンドンのベスナルグリーン聖ヨハネ聖堂（1826〜28）などがあります。

　イングランド銀行の建築家への就任後、ソーンは1792年にロンドンのホルボーンにあるリンカーンズ・イン・フィールズNo.12に最初の家を買いました。1806年に王立アカデ

ミーの教授となった後、1807年には隣接するリンカーンズ・イン・フィールズNo.13の建物も購入し、両者をデザイン実験として改装しました。1824年にはさらにNo.13と背面で接続している賃貸不動産のNo.14の建物を取得し、絵画ギャラリーに改装しました。現在、これらの建物全体はソーンがファサードを白いノーフォーク・レンガで改装したNo.13に接続され、ジョン・ソーン美術館の一部となっています。彼はこれらの連結した空間を自邸、設計事務所、そして彼の膨大な図面、建築模型、古代の建物の断片などのコレクションを展示する教育施設としました。多くの歴史家は彼の奇癖を示すものとしてこの乱雑な空間構成と展示物の山に注目してきましたが、彼の革新的な改修は絵画展示室内の可動式パネル、暖房と配管システムにまで及んでいます。その配管は浴室、キッチン、トイレに十分に給水できるポンプを備えていました。

1833年、ソーンは自身の死後もそのままこの家とコレクションを保存し、教育とインスピレーションのために公開し続けるという個別法律を制定させました。現在も4万5千点の展示物と3万点の図面が収蔵され、毎年10万人以上の見学者が訪れています。上階にある改修されたプライベート寝室も見学できます。これはソーンが妻の死後に彼女の寝室を模型展示室に改修し、浴槽を個人的なコレクションの倉庫とした部屋です。この改修は、建築教育施設をつくるための彼のアプローチを誰もが追体験できるようにするという、ソーンの風変わりな創作を締めくくるものでした。

右
絵画展示室は最も独創的なスペースのひとつであり、1824年、ソーンが隣の建物を購入したときには大部分が馬小屋だった場所を改修してつくられた。ここでは絵画が収納棚の扉のようなパネルに展示されている。これは収蔵と展示スペースを最大化する仕掛けであり、可動式のスチールラックを備えた美術館の絵画収蔵室とよく似ている。

右下
ドームで覆われた石棺展示室には、ソーンが1811年に購入したバチカン美術館にあるベルヴェデーレのアポロン像の複製石膏像をはじめとした古い建築装飾が展示されている。ソーンは生涯を通して執拗に収集し、展示を再構成した。

建築博物館
国際建築博物館連盟(icam)は1979年に設立され、そのような機関が数多く参加する国際会議を開催している。この分野の博物館は、ソーンのような19世紀の建築家のコレクションや、ヨーロッパの彫刻や建築装飾の複製石膏像の芸術的・教育的展示を起源とする。このような複製石膏像はほとんど残っていないが、ヴィクトリア&アルバート博物館の複製展示室(左)で見られるものもある。この複製のコレクションは北ヨーロッパとスペインの彫刻と、イタリアのモニュメントの2つに分けて展示されている。

サー・ジョン・ソーン美術館

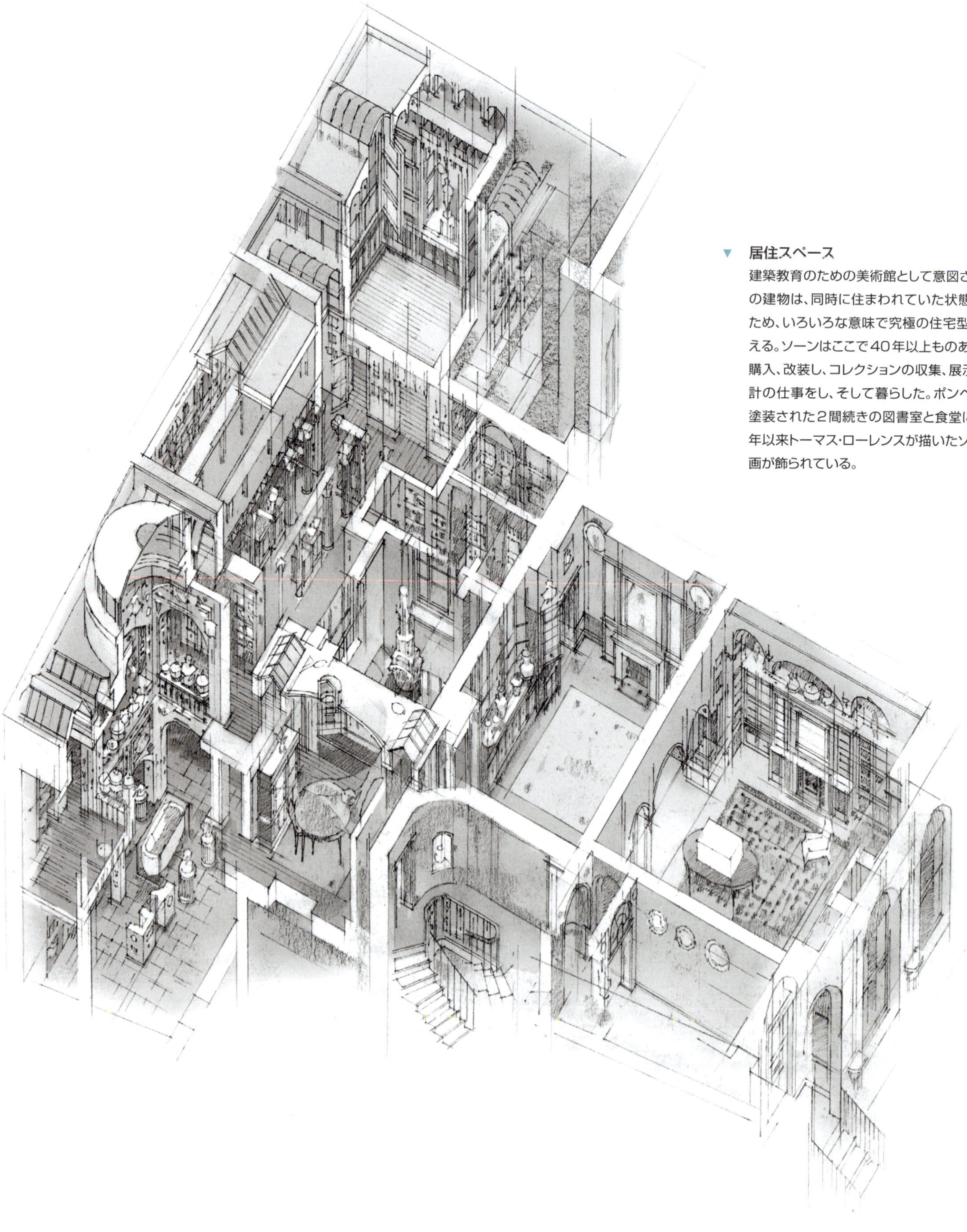

▼ **居住スペース**
建築教育のための美術館として意図されていたこの建物は、同時に住まわれていた状態でもあったため、いろいろな意味で究極の住宅型美術館といえる。ソーンはここで40年以上ものあいだ建物を購入、改装し、コレクションの収集、展示を行い、設計の仕事をし、そして暮らした。ポンペイ・レッドに塗装された2間続きの図書室と食堂には、1829年以来トーマス・ローレンスが描いたソーンの肖像画が飾られている。

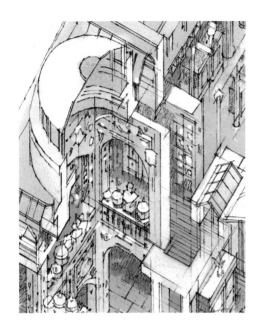

展示室

展示スペースとしてより人目を引く部屋は建物の背後側の南北軸上に並んで配置されている。上から見た前頁の図では、左下のドームが架かった吹抜けの石棺展示室から、天窓のあるいくつかの空間を介して、右上の絵画展示室へとつながっている。リンカーンズ・イン・フィールズの緑の広場に面した東南東側にある居住スペースに比べて、これらはより美術館然としたスペースとなっている。

朝食室

リンカーンズ・イン・フィールズNo.13の建物の中心に位置するゾーンの朝食室は、No.12にある大朝食室とは区別されている。両方とも他の居間や食堂などと同じく1階にある。この朝食室は、ランタン形の天窓の下に軽く浮いているテントのような黄色のドームがあることでもよく知られている。このドームはイングランド銀行における同様式の部屋の原型となった。

▶ **平面図**
濃淡をつけたこの平面図は、ソーンが生涯で購入したリンカーンズ・イン・フィールズNo.12、13、14の3つの建物と、主階の部屋の室配置を示している。図面はメインエントランスのある南立面側が下になる向きで描かれている。

室名

- A　エントランスホール
- B　図書室
- C　食堂
- D　石棺展示室（地下）
- E　朝食室
- F　前室
- G　新展示室
- H　新絵画展示室
- I　中央ドーム
- J　列柱廊
- K　衣装室
- L　小書斎
- M　モンクス・パーラー展示室
- N　飾部屋
- O　絵画展示室
- P　地下への階段
- Q　大朝食室

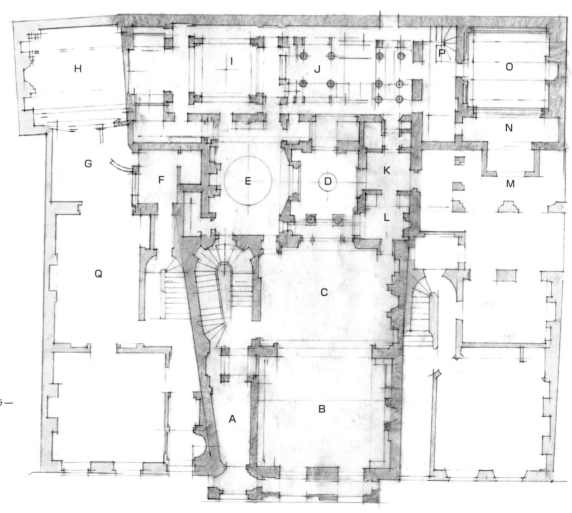

サー・ジョン・ソーン美術館

断面図

この断面図はソーンの時代によく描かれたような図法を踏襲している。一見すると過剰に装飾された部屋の連続にしか見えない空間を視覚的に秩序立てて見せる図となっており、ここでは美術館の主要な展示室の一部が示されている。

1　石棺展示室

ドームの下の空間には古代の建築物の断片がぎっしり展示されている。中心は紀元前1279年頃に没したエジプトのファラオ、セティ1世のアラバスターの石棺。ソーンはこれを1824年に取得した。彼はこの吹抜け空間全体に配置された彫刻の破片と、そこからつながっているカタコンベと呼ばれた部屋の古代遺物の展示を再構成し続けた。

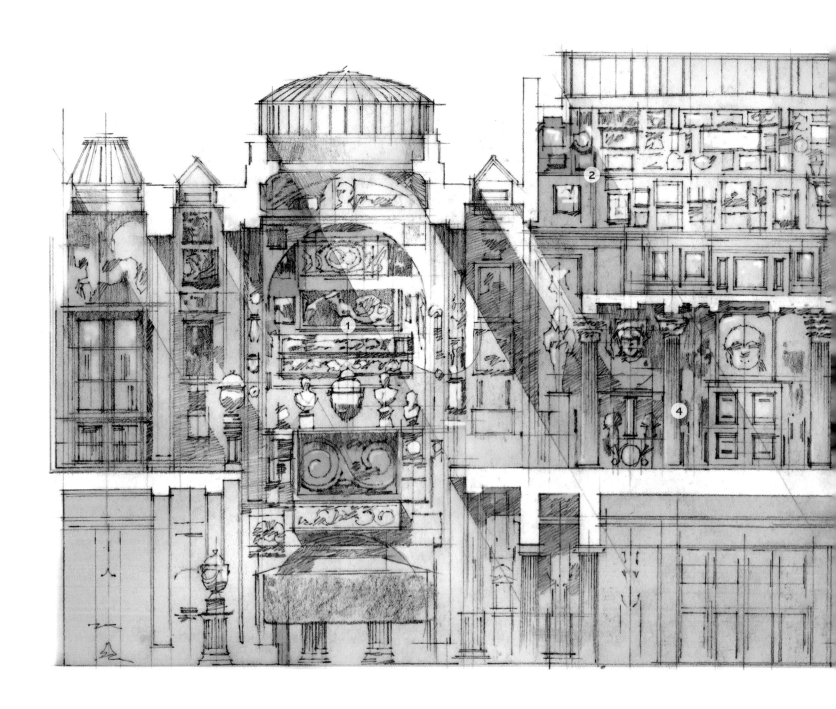

2 製図室
列柱廊ギャラリーの上に位置する天窓のある複数階の製図室は、ソーンの作業スペースであり、彼の設計事務所のスタッフも使用したエリア。図の最上階を見ると、ドームや絵画展示室のものも含め多くの天窓があることがわかる。

3 絵画展示室
1824年、リンカーンズ・イン・フィールズNo.14の馬小屋を改装してつくられ、その後No.13まで拡張された絵画展示室には、ウィリアム・ホガースによる8枚の連作油彩画『放蕩一代記』(1732～33)などが収められている。これをはじめとする収蔵絵画は、重なり合うドア状の壁がある組み込みのキャビネットに展示されている。これによって普通の平面壁よりも効率よく整理・展示することができる。

4 列柱廊
列柱廊ギャラリーにはコリント式の柱頭装飾をもつ8本の柱がある。このホールは1階で絵画展示室とドームのある石棺展示室をつないでいる。隣接する階段から下階のカタコンベとモンクス・パーラー展示室、上階の製図室へと行くことができる。

サー・ジョン・ソーン美術館

グラスゴー美術学校

所在地────グラスゴー(イギリス)
設計者────チャールズ・レニー・マッキントッシュ
建築様式───スコットランド初期モダニズム、アール・ヌーヴォー様式
建設年────1897〜1909年

チャールズ・レニー・マッキントッシュ(1868〜1928)の建築作品はグラスゴーという都市と密接に結びついており、それはルイス・H・サリヴァン(1856〜1924)とシカゴとの関係、オットー・ワグナー(1841〜1918)とウィーンとの関係にも匹敵します。そしてグラスゴーを訪れる建築好きは誰しも、グラスゴー美術学校(1897〜1909)を見学コースに入れるでしょう。この産業都市で生まれ育ったマッキントッシュは、当時は職業訓練学校のような教育機関であったアラン・グレン学校で学びました。彼は1889年からハニーマン&ケッピー設計事務所に勤め、1904年にはパートナーに昇格しました。また1890年に旅行奨学金も獲得しています。事務所が解散した1913年以降も個人で設計は続けましたが、それよりも絵画に傾倒していきました。

マッキントッシュは、地域の装飾技法と日本的な洗練されたシンプルさを備えた、ほとんど工業的といえるほど単純化された近代的な組積造建築の創造を目指しました。その日本的な感性は19世紀末以降の「ジャポニズム」の普及で一般に知られていたものです。ハニーマン&ケッピー設計事務所時代につくられた彼の最も有名な作品群は大小幅広く、グラスゴーのウィロー・ティールームズ(1903)、ヘレンズバラにあるスコットランドの城館風住宅であるヒル・ハウス(1902〜04)、商業建築としてはグラスゴーのデイリー・レコード・ビル(1904)などが挙げられます。またフランク・ロイド・ライト(1867〜1959)を含む同時代の多くの建築家た

ちと同様に、マッキントッシュも建築と同じくらい家具や調度品のデザインでも有名でした。グラスゴーのアーガイル・ストリート・ティールーム(1898)の昼食ルーム用にデザインされ、ウィロー・ティールームズで使用された有機的な形のアーガイル・チェア(1897)、ヒル・ハウス用の直線的なラダーバック・チェア(1902)は今日でも製造されています。彼と彼の妻であるマーガレット・マクドナルド、彼女の妹フランシス、そしてハニーマン&ケッピー設計事務所の同僚でフランシスの夫でもあるハーバート・マックニー(1868〜1955)は、グラスゴー、ロンドン、ウィーンの各地で絵画展を開き、ザ・フォーとして知られるようになりましたが、彼らは1888年から1895年の間にグラスゴー美術学校のアートクラスで出会った仲間です。そしてマッキントッシュは1896年にこの学校の新校舎の設計コンペで優勝しました。

選定されたマッキントッシュのデザインは校長であった画家のフランシス・ヘンリー・ニューベリーによって支持されましたが、理事会は明確に「平凡な建物」を望んでいました。マッキントッシュはそのような要求に応え、内外装において選択的に限定された部分のみに装飾を施しました。その装飾はスコットランドの地域性と日本の感性とを組み合わせたものでした。そしてグラスゴーの南に位置するギフノックから採取された粗肌の砂岩でつくられた5階建ての建物が、2期にわたる工事で建設されました。1期目の1897年から1899年では東側のウイングと中央の空間がつくられ、2期目の1907年から1909年で西側のウイングと図書室が完成しました。業務記録に記された建設費は47,416ポンドです。完成した建物は長さ245フィート(74.7m)、奥行き93フィート(28.3m)、最高高さ80フィート(24.4m)です。

レンフルー通りに面した主ファサードには教室やスタジオに採光する大きな窓があります。2層構成の図書室における塗装されたオーク材を全面に使用したインテリアは、最も議論され、多くの図面が描かれた空間のひとつでした。

2014年にはスティーヴン・ホール(1947〜)によって設計された床面積121,094平方フィート(11,250m^2)のガラス張りの新校舎が歴史ある旧校舎の真向いに建てられ、学校が拡張されました。下の写真に示す2014年5月23日の大火災で建物のかなりの部分が損傷し、図書室も破壊されましたが、2016年末には3,500万ポンドを投入する修復工事が始まっています。再建されるグラスゴー・キャンパスは、本館の4ブロック先にある旧ストウ大学を改装したキャンパスから遠くはシンガポールのデザインキャンパスまで世界的に広がるこの学校のネットワークの本部となる予定です。

上左
印象的な2層構成の図書室にはマッキントッシュによる特徴的な家具が置かれ、この建物のデザインの中心となる空間であった。オリジナルの内装は2014年の火災で破壊された。

上右
スティーヴン・ホールによって設計されたセオナ・リード棟(2014)は切望されていたキャンパスの拡張であり、レンフルー通りを挟んでランドマークであるマッキントッシュ棟の真向かいに位置している。全学生数は1,900人で、シンガポールにも職業訓練学校としてのキャンパスがある。

2014年の大火災
この有名な学校で2014年に起こった火災の原因は、地下階でのプロジェクターの爆発ともいわれた。火は急速に建物全体に燃え広がり、屋根を突き破った。幸いにも死亡者はいなかったが、図書室を含む建物の一部は完全に破壊された。この建物の修復工事の完了とともに、セオナ・リード棟を含めたキャンパス拡張計画が完成することになる。

▼ 断面図

この断面図は1909年に建設の最終段階として完成した、西ウイングの増築部分（右側）を示している。地下には講堂、その上の主階には建築スタジオ、2階には図書室があった。釘で接合された木造トラス構法の屋根はスコットランドの城館建築を起源とする。スタジオにはアーティストの作業場として最適な北向きの大きな窓がある。

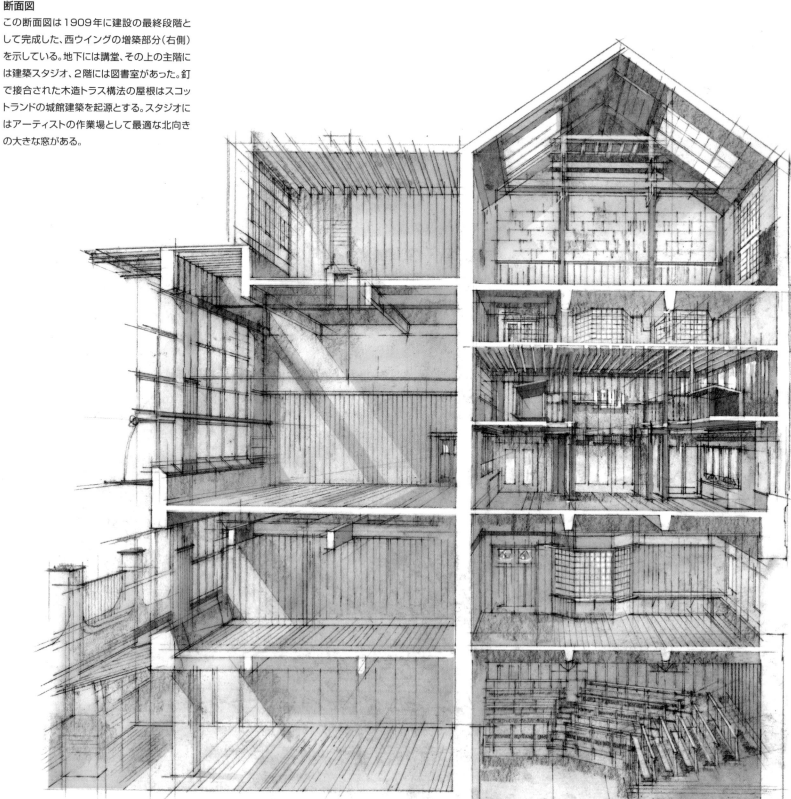

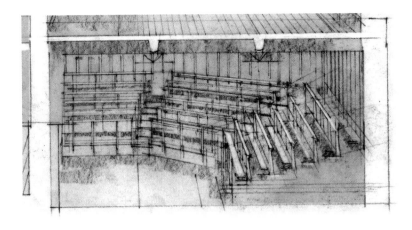

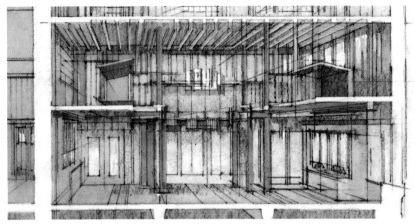

講堂
建物の南西角部にある、講演会場となることもある地下講堂は、公開講座も行えるように独立した地下用入口からアクセスできるようになっている。講堂は窓がなくパネル仕上げとなっており、プレゼンテーション中に展示物を置けるように大きくつくられた湾曲した講義台を中心に、階段状の聴講席が放射形に配置されている。すぐ近くのセオナ・リード棟にも講堂がつくられ、収容力が補強された。倉庫、機械室、配管スペースなどがあるさらに下の地下階は本図では省略している。

図書室
印象的な2層構成の図書室の上には、大きな天窓があるスタジオスペースもあった。図書室は2014年の火災で完全に破壊されたが、構造躯体はほとんどそのまま残されていたため、焼け残ったものと新しい交換部品を用いて修復工事が行われた。木目を際立たせるために薄く塗装されたユリノキ材もこの工事用に輸入された。もともとの材料は1世紀以上の時を経てかなり暗く変色していたため、新しい材料の色調は以前より相当明るくなっている。

▶ **鉄のディテール**
重い石造のファサードはかなり工業的な外観をつくっているが、大きな天窓と窓がそこにアクセントを与えている。石彫による装飾はメインエントランス部のみに限定されるが、大きなスタジオの窓の前にはアール・ヌーヴォー様式の曲線的な鉄細工が設置され、窓の中で工業製品ではなく芸術の創造が行われていることを暗示している。

バウハウス

所在地────デッサウ(ドイツ)
設計者────ヴァルター・グロピウス
建築様式───機能主義モダニズム、ヨーロッパ・モダニズム様式
建設年────1925〜26年

モダニズムを象徴する重要な建築であるデッサウのバウハウス校舎(1925〜26)は、その創建50周年を記念してドイツ民主共和国(東ドイツ)政府によって修復されました。修復工事自体もさることながら、西側から来た見学者たちはその建物がソビエト軍宿舎の敷地の中央にあるという事実にさらに驚かされたことでしょう。このような敷地環境は1989年のベルリンの壁の崩壊、東西ドイツの統一、そして兵士たちのロシアへの帰還によって変わりました。配線配管の修繕と設備機器の復元を総合的に行った1996年から2006年までのさらなる修復工事は、バウハウス・デッサウ財団が主導しました。

バウハウス校舎を設計した建築家はヴァルター・グロピウス(1883〜1969)です。建築家の家庭に生まれた彼はミュンヘンとベルリンで学び、1907年からペーター・ベーレンス(1888〜1940)の設計事務所に勤めた後、1910年にアドルフ・マイヤー(1881〜1929)とともに自らの設計事務所を設立しました。彼らがつくったニーダーザクセン州アールフェルトのファグス工場(1910)は、ヨーロッパの機能主義モダニズムの初期の例として歴史に刻まれています。グロピウスは第1次世界大戦(1914〜18)において叙勲した後、1919年にワイマールの工芸学校に校長として招かれ、同校を統合してバウハウス校を設立しました。そして1924年にワイマール当局が財政的な理由でワイマール校を閉鎖すると、彼は学校をデッサウに移すことに尽力しました。

ユンカース航空会社の本拠地でもあるデッサウは、この学校で生み出されるデザイン製品の量産に対応できる大きな産業基盤をもっていました。グロピウスは1925年から1926年にかけてそこにミニマルなデザインの新校舎をつく

りました。同時期には、バウハウスの教師のための親方の家（1925）、安価な集合住宅であるテルテン集合団地（1926～28）、デッサウ公共職業安定所（1929）なども手がけています。

　バウハウスの建築面積は約250,600平方フィート（23,282m²）です。グロピウスはこの校舎を3つの機能に対応した3つの主ウイング構成として設計しました。実習室ウイングはロフト風の実習室と工房のあるガラス張りの3階建てです。あとは3階建ての職業訓練学校のウイング、そして5階建てで、各250平方フィート（23m²）未満のバルコニー付き居室が28室ある学生・教員用のスタジオ（宿舎）ウイングとなっています。管理事務室のある2階建てのブリッジが職業訓練学校と実習室ウイングを結び、実習室とスタジオウイングの間には講堂と学生食堂のある小さな中央棟があります。校舎の内装壁は、ウォールペインティング教室の教授であるヒンネルク・シェパーによって明るくカラフルなものとされており、平板的な構造要素を視覚的に強調しています。グロピウスは1928年にハンネス・マイヤー（1889～1954）を後任として校長職から退きますが、マイヤーはその共産主義的思想のためにわずか1年で解任されてしまいました。そして1930年から1932年の間、ルートヴィヒ・ミース・ファン・デル・ローエ（1886～1969）がバウハウス最後の校長を務めることとなります。市の行政におけるナチスの台頭によりミースは学校をベルリンに移転させましたが、ナチスによる国家掌握が目前に迫る1年後には閉校を決断しました。グロピウスは1934年にイングランド、1937年にはアメリカ合衆国マサチューセッツ州に移り、ハーバード大学大学院デザイン学部の学部長を務めました。ミースは1938年にドイツを発ってシカゴに移り、後にイリノイ工科大学となるアーマー大学で建築学科の主任教授となりました。マイヤーはナチス政権の誕生前にドイツを発ち、1930年にソビエト連邦、1936年に母国であるスイス、1939年にメキシコ・シティーに移り、1949年にはスイスに戻りました。このような歴代校長の移動と同様に多くのバウハウスの教師たちが当時のヨーロッパから逃れ、アメリカ合衆国、イギリス、オーストラリアなどに移住しました。ナチスの第3帝国下では、バウハウスの校舎は女子のための学校、行政オフィス、ユンカース航空会社の施設などに使われました。1945年3月7日、爆撃により実習室ウイングが損傷を受けましたが、戦後に補強が施され、1975～76年に修復されています。

上左　主階にある講堂、上階の各室へとアクセスする幅の広い両側折り返しの中央階段は、機能的でありつつも、視覚的にドラマチックでゆったりとしたアプローチ空間を形成している。この階段はオスカー・シュレンマーによる絵画『バウハウスの階段』（1932）に、階段を上る学生の姿とともに描かれた。

上右　講堂は中央階段やエントランスホールからは離れている。床に取り付ける折畳み椅子の列ユニットは、キャンバス布地が張られたスチールパイプ製。もともとはキャンバス布地ではなく小金属板をつないだ素材が張られていた。グロピウスはバウハウスがドイツ産業界のデザイン・シンクタンクとなることを目指していた。

デッサウとモダニズム
モダニズム運動との関係ではバウハウス校舎が有名だが、デッサウにはそれ以外にも戦間期におけるモダニズム建築がある。グロピウスによるデッサウ公共職業安定所（左）、カール・フィーガー（1893～1960）によるエルベ川を見下ろすレストランのコルンハウス（1930）、グロピウス&マイヤーによるデッサウ・テルテン集合団地、そしてテルテン集合団地内にあるグロピウスによる消費者組合ビル（1928）などである。バウハウス校舎とその他のモダニズム建築群によって、デッサウはユネスコの世界遺産に登録されている。

1　スタジオバルコニー

スタジオ(宿舎)ウイングは、250平方フィート($23m^2$)の小さな居室空間から突き出した広々としたバルコニーを特徴とする。廊下を介して共同シャワーとトイレがある。現在ではこの小さな居室を宿泊利用することができる。

2　実習室

巨大な鉄筋コンクリート造の実習室ウイングには、工場のようなロフト風の空間がある。グロピウスはこの実習室をデザイン・シンクタンクのモデルと考えた。バウハウスがドイツ産業のデザインの中心になるというグロピウスの夢はごく一部しか実現しなかった。

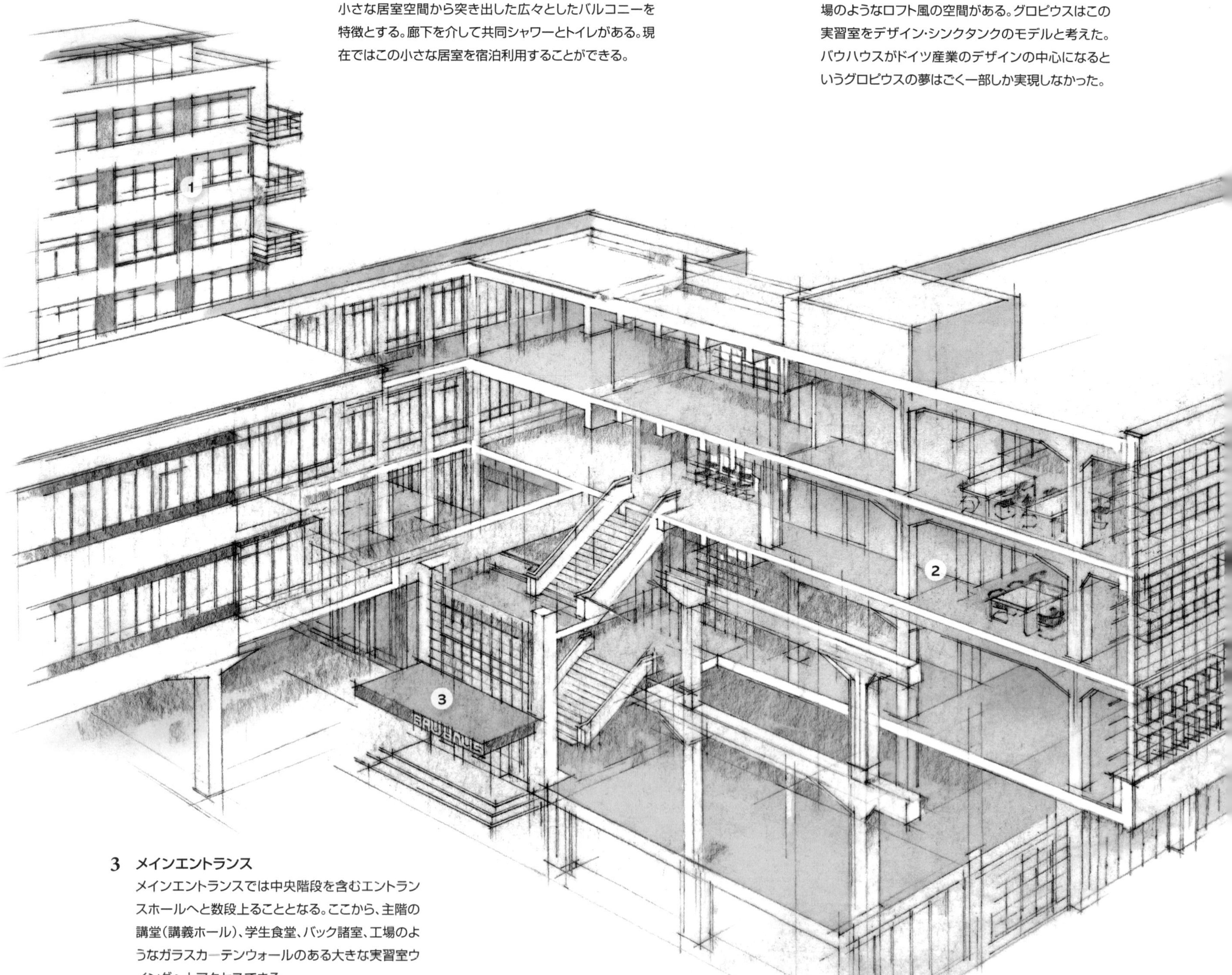

3　メインエントランス

メインエントランスでは中央階段を含むエントランスホールへと数段上ることとなる。ここから、主階の講堂(講義ホール)、学生食堂、バック諸室、工場のようなガラスカーテンウォールのある大きな実習室ウイングへとアクセスできる。

▶ 窓のディテール
実習室ウイングの工場風カーテンウォールには、チェーンと滑車で回転開閉するシステムの鋼製ガラス窓がある。このシステムは一連の窓を同じ角度で開き、連続窓面が規律正しく見えるように考えられたもの。

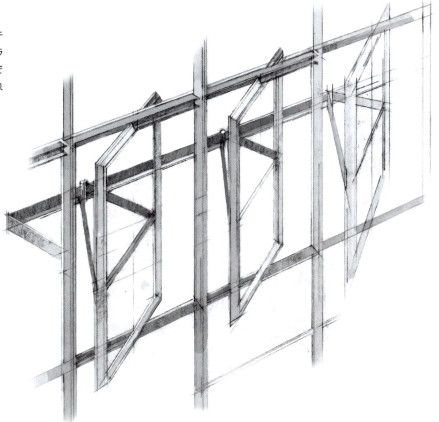

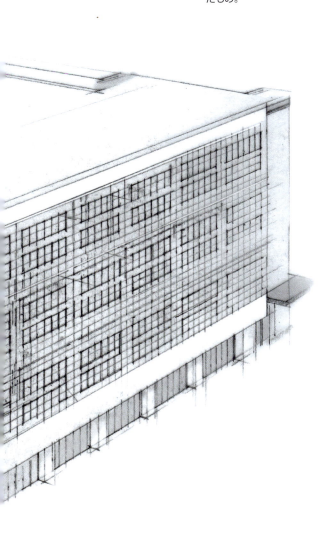

▶ 配置図
この配置図は学校施設の5つの部分を示している。左から、道路側にある職業訓練学校（A）、管理事務室ブリッジ（B）、メインエントランス（C）と学生・教員支援諸室、スタジオウイング（D）、実習室ウイング（E）。

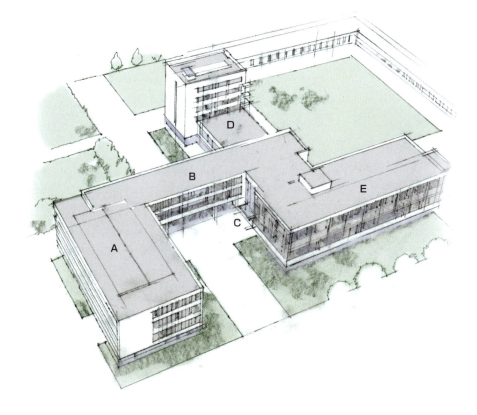

バルセロナ・パビリオン

所在地——バルセロナ（スペイン）
設計者——ルートヴィヒ・ミース・ファン・デル・ローエ、他者による復元
建築様式——ヨーロッパ・モダニズム様式、インターナショナル・スタイル
建設年——1929年。1986年復元

「話していないで建てろ（Build, don't talk）」、「より少ないことはより豊かなこと（less is more）」、「神はディテールに宿る（God is in the details）」といったルートヴィヒ・ミース・ファン・デル・ローエ（1886～1969）に関連づけられた言葉は、建築の有名な格言となっています。ミースはシカゴのレイク・ショア・ドライブ・アパートメント（1951）、ニューヨークのシーグラム・ビル（1958）などの有名建築だけでなく、1938年のドイツからアメリカへの移住後に行ったアーマー大学からイリノイ工科大学への大学再編でも知られる、時代を代表する建築家の1人です。1929年にバルセロナ万国博覧会のドイツ・パビリオンを設計した頃には、すでにドイツで最も先進的な建築家の1人となっていました。彼のパビリオンは、第1次世界大戦（1914～18）の恐怖の記憶と結びついたドイツ帝国の古典主義のイメージを国家的に払拭しようとしたワイマール共和国時代（1919～33）のモダニズム文化を明確に表現するものでした。ドイツの政府関係者がスペイン国王アルフォンソ13世を迎えるためのレセプションホールであるこの建物の設計とともに、ミースはスチールと革張りでつくられたモダニズム様式の王座であるバルセロナ・チェアもデザインしています。

この建物はトラバーチン石の基壇の上に建っており、オランダのデ・スティル（196頁参照）など他のモダニズム建築様式に見られるような自由に配置された板状の壁と2つの人工池で構成されています。ただこの建物固有の特徴として、その変化に富んだ壁は大理石でつくられています。また鏡面の鋼板で覆われたシンプルな形状の8本の柱が屋

根を壁の上に浮かせています。この力強くも静謐な建物は、美しいディテールとプロポーションを備えた空間を生み出すミースの優れた才能を示しています。

　仮設パビリオンとして会期後の1930年に解体される予定であったため、ミースはここを実験的な空間としてつくりました。その開放的な印象は彼が同時代につくっていたクレーフェルトのランゲ邸・エステルス邸（1928〜30）、ベルリンのレムケ邸（1933）といった大きな窓ガラスを特徴とした漆喰やレンガ造りの家のやや閉じた印象とは対照的です。バルセロナ・パビリオンの直後に建てられたブルノのトゥーゲントハット邸（1930）でも、庭園側は全面開閉できる床から天井までのガラスを使った開放的なものとなっているものの、道路側のファサードは閉鎖的です。ミースが1937年にナチス・ドイツから逃れてアメリカ合衆国に移住した後、彼の建築は大きな窓ガラスを用いたより開放的なものとなったといわれています。どちらもイリノイ州にある、プレイノのファーンズワース邸（1951）、現在ではエルムハースト美術館の一部となっているマコーミック邸（1952）などがそのことを示しています。バルセロナ・パビリオンをはじめとして、ガラスの摩天楼計画（1922）、しばしばスケール表示のように人物像彫刻が描かれている1930年代の多くの中庭型住宅の計画案などは、ミースがいうところの「ほとんど何もないもの（almost nothing）」へと向かう試行の断片です。

　バルセロナ・パビリオンの再建を働きかけたのはミースの、そして20世紀建築の原点としてこの建物を評価する人々でした。1986年の再建運動を率いたのはバルセロナ市、そしてニューヨーク近代美術館でミース・アーカイブの仕事をしているクリスチアン・チリッチ（1941〜）などの建築家たち、ミースの孫であるシカゴの建築家ダーク・ロハン（1938〜）でした。パビリオンは一般に公開され、ミース・ファン・デル・ローエ財団によって管理されています。

ルートヴィヒ・ミース・ファン・デル・ローエ
ミースは石工としての訓練を受けており、そこからディテールへの執心が生まれたが、同時に優れたプロポーション感覚ももっていた。ペーター・ベーレンスとブルーノ・パウル（1874〜1968）の事務所に勤めた後、独立した当初は伝統的な住宅を設計していたが、第1次世界大戦後にはより開放的な平面計画のモダニズム建築をつくりはじめ、主に個人住宅の設計で有名になっていった。アメリカ合衆国への移住は大学におけるポストと知名度、そしてより大きな建築の仕事を彼にもたらした。

上　パビリオンの北側の人工池にはゲオルグ・コルベの彫刻『朝（Der Morgen）』（1925）のブロンズ複製が設置されている。彫刻のオリジナルはベルリン、フリーデナウ地区のセシリエン庭園に対となる作品『夕（Der Abend）』（1925）とともに置かれている。

中　広いトラバーチン石の広場には大きな人工池があり、建物の反対側には『朝』の彫刻が置かれている小さな人工池がある。これらの水面は建物のガラス面に映って動きを与えたり、逆に建物を映したりする。ミースはその後の設計でもこの手法をよく用いた。

バルセロナ・チェア
このパビリオンの最もよく知られた成果はおそらく、バルセロナ・チェアとして知られるゆったりとした大きさのスチールと革張りの椅子だろう。この椅子は万国博覧会のオープニング時にスペイン国王アルフォンソ13世の王座として用意されたように、式典におけるVIPのための座としてデザインされた。この図はまたローマ産のトラバーチン石、アフリカ産のオニキス石、ギリシア産とアルプス産の大理石など、この建物の印象を高めるために使用された素材の多彩さも示している。

自立壁
さまざまな素材による自立壁を非対称的に配置するようなデザインは1920年代のモダニズム建築の典型的な手法である。ミース建築におけるシンプルな自立壁はフランク・ロイド・ライトの初期の作品の影響を受けたものとも考えられる。E・ヴァスムート社によるライトのドローイング集および平面図と写真を掲載した書籍の出版に伴って、1910年にベルリンでライト展が開催されていた。

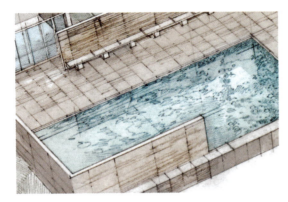

水のデザイン
グリッドで割り付けられたトラバーチン石の基壇に人工池と自立壁が配置されている。人工池およびこの池と同等の広さの屋外スペース、そして様式的な彫刻は、1930年代に設計されつつも世界恐慌のために実現しなかった数多くの中庭型住宅の計画にも見ることができる。当時ミースの収入は建築設計料よりも家具デザインのパテント料のほうが多かった。

浮き屋根
大きな屋根は壁の上部に浮かんでいるように見える。この質量を消し去ったような表現は鏡面ステンレス製の非常に細い十字形断面の柱によって生み出されている。ニューヨークのクライスラー・ビル（1929〜30、38頁参照）で使用されたドイツ製ステンレス鋼など、1920年代のドイツは金属素材開発の先進国であった。

バルセロナ・パビリオン

ソロモン・R・グッゲンハイム美術館

所在地────ニューヨーク州ニューヨーク(アメリカ合衆国)
設計者────フランク・ロイド・ライト
建築様式───有機的モダニズム様式
建設年────1956〜59年

　ニューヨークのソロモン・R・グッゲンハイム美術館は国際的に展開するグッゲンハイムの名を冠した現代美術館の本部ともいえる建物です。同美術館はドイツのベルリン、スペインのビルバオ(168頁参照)、アラブ首長国連邦のアブダビ、イタリアのヴェネチアにもあり、また2017年に資金負担の問題で市が計画中止としたヘルシンキの新館計画もありました。アートコレクターでもあった鉱山経営者のソロモン・R・グッゲンハイムは現代美術を力強く支える財団と美術館をつくろうと考え、このような美術館運営の成功へと到りました。財団の設立は1937年であり、その2年後にはマンハッタンのミッドタウン東54番街24に自動車ショールームの小さな店舗を改装した抽象絵画の美術館をオープンします。そして重要な美術コレクションを数多く擁するようになったグッゲンハイムと彼のアドバイザーであったヒラ・フォン・リーベイは1943年、より大きく永続的な美術館の設計をフランク・ロイド・ライト(1867〜1959)に依頼しました。1949年にグッゲンハイムが死亡する前後の度重なる再設計と現場での変更の後、ライトの構想は1959年にマンハッタンのアッパー・イースト・サイド5番街、セントラル・パークの向かいに実現します。それは周辺の建物と関連付けつつも前衛的なライトのデザインに対するさまざまな市民団体の反対を乗り越えてのことでした。

ライトのらせん形のコンクリートはメリーランド州シュガーローフ・マウンテンに計画され実現しなかったゴードン・ストロング・プラネタリウム案（1924）で生まれ、またサンフランシスコのメイデンレーン140の店舗改装におけるらせん形スロープ（1948）で先行して実現していたモチーフです。当初石造りとすることを望んでいたグッゲンハイムは予算上の理由からコンクリートを選択しましたが、結果としてその彫塑性と創造的な「イマジネーション」の表現を賞賛しました。ライトは壁、床、天井が一体となった流れるような空間がアーティストや美術館ファンにダイナミックな鑑賞体験を与えることを意図していました。彼が目指した切れ目のないひとつながりの空間は多くの反対を受けましたが、その理由はギャラリー空間に影ができてしまうこと、美術ギャラリーとして一般的である白く抽象的で長方形の箱とかけ離れていたことでした。

床面積約8万平方フィート（4,732m²）のライトによるグッゲンハイム美術館は1956年に着工し、その3年後にオープンしました。印象的なアトリウムは大規模な彫刻の一時展示や特別なイベントなどに使われてきましたが、象徴的ならせん形スペースは絵画の展示のみに限定されています。ライトはこのアトリウムにアート設置のじゃまになってしまいそうな水盤を計画したりもしていましたが、その下階には劇場、書店、カフェなど実用的な要素を収容しました。彼はまたオフィスやギャラリーの拡張のために隣接した10階建ての建物も計画していました。それは1991〜92年、グワスミー・シーゲル事務所の設計による51,000平方フィート（4,738m²）のギャラリー、15,000平方フィート（1,393m²）のオフィスを収容する建物の増築を含む改修という形で実現しています。2008年にはWASAスタジオとその他の専門家たちによりアトリウムと天窓が修復されました。またアンドレ・キコスキー（1967〜）の設計によるライト・レストラン（2009）、カフェ3（2007）の改装も行われました。これらの改修と拡張は年間100万人以上の来館者に対応するものであり、グッゲンハイムはニューヨークで4番目に来館者の多い美術館となっています。

上左
アトリウムを囲むスロープのらせん曲線と多角形の天窓が美術館のエントランスホールを特徴づけている。この空間は大規模な一時展示にも対応する。

上右
美味しい食事は現代の美術館に必須の機能であり、その上質な食体験にふさわしい空間がつくられる傾向がある。レストラン・店舗デザイナーのアンドレ・キコスキーはグッゲンハイムに2つの飲食スペースをつくった。ライト・レストランは2010年にジェームズ・ビアード財団による優れたレストランデザイン賞を受賞した。

メイデンレーン140、サンフランシスコ
ライトはグッゲンハイム美術館に先行して円形または半円形の建物をいくつか設計している。そのほとんどは第2次世界大戦後のライトのミッドセンチュリー・モダン時代におけるものであり、20世紀初頭、プレーリー様式時代の直線的なデザインとは大きく異なっている。現存する最も明確な先例はサンフランシスコのメイデンレーン140にあるモリス商会のギフトショップの1948年の改装である。屋根の大きな天窓から差し込む日光はドーム形のついた白いアクリル製の円盤によって拡散され、内部を照らしている（左）。この空間は21世紀初頭に復元された。

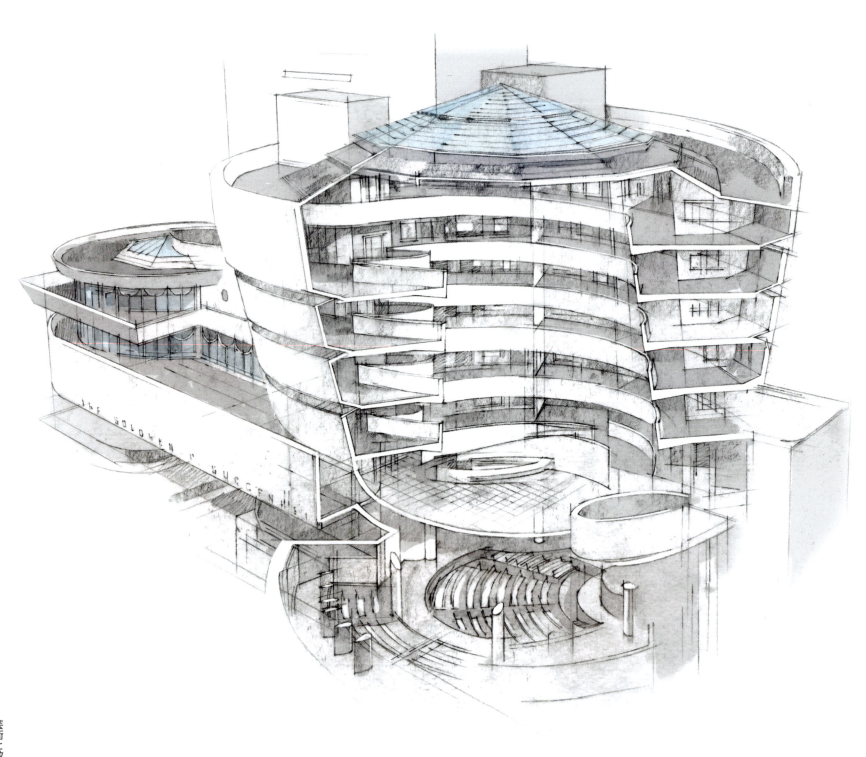

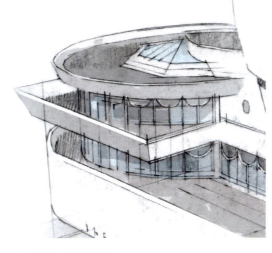

ミュージアム内の飲食店
テラスの上にある2層のロトンダ（円形ホール）には、軒下テラスもある40人を収容可能な850平方フィート（78.7m²）のスナックバーであるカフェ3が入っている。建物の反対側にあり、58席と大テーブルを収める1,600平方フィート（148.6m²）のライト・レストランと同じアンドレ・キコスキーが改装設計を行った。

ロトンダ
エントランスホールから上に吹き抜けたロナルド・O・ペレルマン・ロトンダは、半世紀ほど前によくあったドームのあるボザール様式の美術館に見られるような、92フィート（28m）の高さの壮大な空間である。ライトはここに建物内の自然として水盤を設けようと考えていたが、美術館の空間としては現実的ではなかった。

コア
あらゆる多層構成の建物と同じようにこのコンクリート製のコアにはエレベーターなどの動線やトイレが収められており、ここから主建物の各階に移動することができる。ライトは当初、アトリウムの天窓と呼応するようなガラス張りのドームをコア頂部に載せることを想定していた。

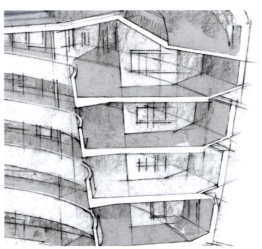

同心円のギャラリー
らせん形のスロープがあるアトリウムはこの美術館を象徴する空間である。アーティストや学芸員はアート作品に集中できないと主張しかねず、また曲面の壁は大きな四角い絵画の展示を困難にしているが、来館者にはダイナミックな体験を提供している。

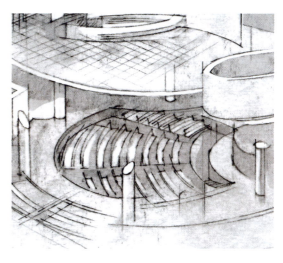

劇場
ピーター・B・ルイス劇場はライトによってデザインされた290席のホール。同心円に並んだ傾斜座席は観客に最適な視線ラインを提供することを意図したものである。その半円形の平面形状は上階のアトリウム空間を意識させる。

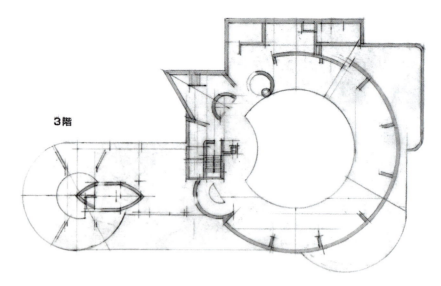

▶ 平面図
ライトの設計したオリジナル部分にある3つの主階と地下階の延べ床面積は8万平方フィート(7,432m²)になる。ほとんどの部分は1992年と2008年から2009年の2回にわたって大規模に改装された。

3階

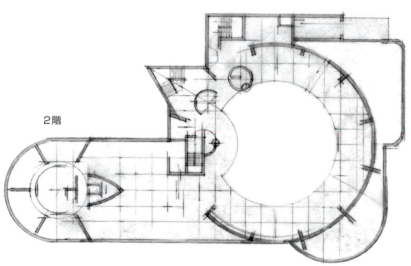

2階

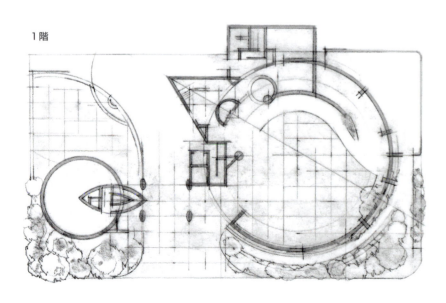

1階

▶ 美術館オフィスタワー
美術館に隣接する8階建てのタワーはグワスミー・シーゲル事務所(現グワスミー・シーゲル・カウフマン事務所)が設計した。この建物は新しいオフィス、拡張されたギャラリー、バック諸室を収容する。建物はライムストーンの外装で覆われているが、元の建物との接続部分は鉄とガラスで仕上げられている。

▼ 傾いた曲面のギャラリー
グワスミー・シーゲルによる拡張と改修によりオフィスやバック諸室は新しいタワーに移され、元の建物内の空間はギャラリーとして解放された。この断面図からは同心円の曲面壁によるギャラリーの特殊性がうかがえる。当初、アーティストたちは湾曲したデザインが作品の鑑賞と設置を妨げていると主張した。

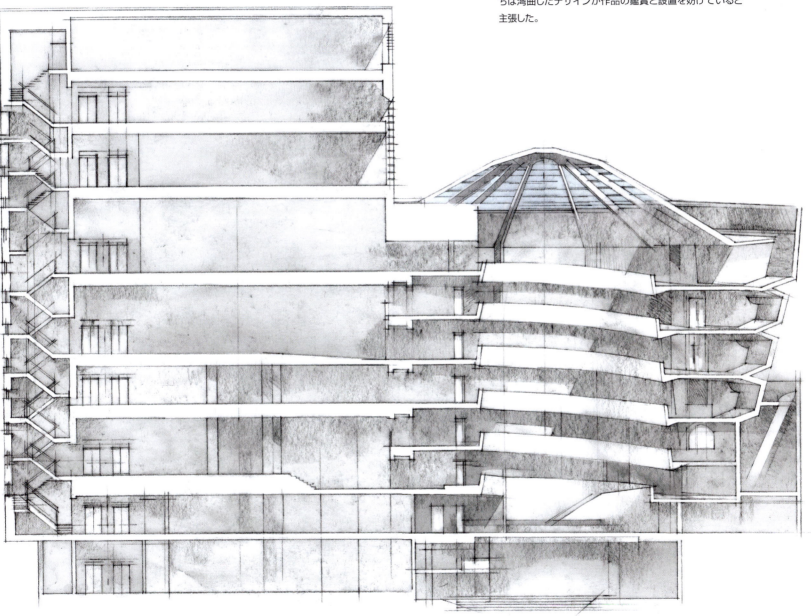

ソロモン・R・グッゲンハイム美術館

ベルリン・フィルハーモニー

所在地──ベルリン(ドイツ)
設計者──ハンス・シャロウン
建築様式──**表現主義的モダニズム様式**
建設年──1956～63年

1961年に東ドイツによって建てられた悪名高きベルリンの壁から程近い場所で1963年10月15日に公式にオープンしたベルリン・フィルハーモニーは、西ベルリンにおける近代ドイツの自由の発信地として象徴的な存在となりました。オープニングコンサートでルートヴィヒ・ヴァン・ベートーヴェンの交響曲第9番(1824)を演じたオーケストラ指揮者ヘルベルト・フォン・カラヤンはこのコンサートホールの斬新なデザインに積極的に協力しており、1960年9月19日の起工式では礎石を据えています。建物の設計を担当したのはドイツでも表現主義的な傾向の強い建築家であるハンス・シャロウン(1893～1972)でした。

建築家シャロウンと指揮者フォン・カラヤンはともに第2次世界大戦(1939～45)の恐怖を体験してきた人物ですが、2人の経歴はそれぞれ別の意味で議論の的となりました。オーストリアの指揮者であったカラヤンはナチスの党員であり、戦時中には広告塔となるスターでした。しかし1955年から1989年に死去するまでベルリン・フィルハーモニー交響楽団の指揮者を務めて国際的に知られるようになったため、彼とナチスとの関係性はあまり語られなくなりました。ブレーメン生まれのシャロウンは1912年から1914年まで現在のベルリン工科大学の前身となる大学で建築を学んだ後、第1次世界大戦(1914～18)で従軍しました。戦後はドイツの前衛建築家の1人として芸術家グループのブリュッケ(橋)、前衛建築家グループのデル・リンク(輪)やグラセルネ・ケッテ(ガラスの鎖)などと活動しています。彼は1930年代初めのベルリンの住宅地区におけるダイナミックな曲線を用いた集合住宅、大胆に有機的な流線を表現したレーバウのシュミンケ邸などでよく知られています。

左
小さめの室内楽ホールでもオーケストラと指揮者は中央に置かれ、ステージから観客、観客から演奏者がよく見えるように計画されている。

クルトゥルフォルム、ベルリン
クルトゥルフォルム(文化フォーラム)は西ベルリンにおける戦後の近代化の象徴とするべく、悪名高きベルリンの壁のそばに計画された芸術地区。冷戦時代にここに建てられた主要な建物としては、シャロウンによる大規模なベルリン・フィルハーモニー(右上)とベルリン州立図書館(左下)、ミースによるベルリン国立美術館新ギャラリー、マイケル・ウィルフォード(1938～)とジェームズ・スターリング(1926～92)によるベルリン科学センター(WZB、1988)などが挙げられる。

第3帝国時代、シャロウンは少数の個人住宅の設計と爆撃により損傷を受けた建物の再建支援のみを行っていました。戦後はベルリンの母校で教鞭をとりつつ、シュトゥットガルトのロミオとジュリエット高層集合住宅（1959）、ブラジリアのドイツ大使館（1969）、また彼の死後に完成することになるヴォルフスブルクの劇場（1965〜73）とベルリン州立図書館（1967〜78）などの大きな建築を手がけます。しかしなんといっても彼の戦後の最高傑作はベルリン・フィルハーモニーおよび隣接する室内楽ホール（1987）です。この建築は構想したシャロウンの死後、事務所のパートナーであったエドガー・ヴィズニーヴスキ（1930〜）の工事監理によって完成しました。

コンクリートと鉄でできたこのコンサートホールは1956年の設計コンペによって選ばれた案であり、後に建つミース・ファン・デル・ローエ（1886〜1969）によるベルリン国立美術館新ギャラリー（1968）とともに1959年から1964年にかけて構想されたクルトゥルフォルム芸術地区の中心施設に位置付けられていました。建物の表面を覆う金色の陽極酸化アルミニウム板はその後1978年から1981年にかけて設置されたものであり、屋根の上に置かれたハンス・ウールマンによる不死鳥のような彫刻とともに戦争による破壊からの西ベルリンの復興を記念しています。角度のついた面による建築形態は20世紀初頭の表現主義デザインにおけるスタットクローネ（都市の冠）の概念にも通じるものです。エントランスロビーの床は自然石とアーティストのエリッヒ・F・ロイターがデザインしたモザイクが組み合わされた仕上げになっています。しかし最も衝撃的な空間は建物中央に位置する、オーケストラの周りを2,250席が取り囲む形式のコンサートホールです。演奏者の上の屋根までは72フィート（22m）の高さがあり、有名な音響学者のロタール・クレマーが3つの凸面で構成されたテントのような天井によって音響効果を設計しました。同様の客席形式である室内楽ホールは1,136席を収容しています。

映画監督のヴィム・ヴェンダースは映画『もしも建築が話せたら』（2014）についての『インデペンデント』紙のインタビューで次のように語っています。「もしフォン・カラヤンがいなかったらこの建物は生まれなかったでしょう。オーケストラ（そして指揮者まで！）をホールの中心に置くというコンセプトは革命的でした……彼はシャロウンのイメージを理解し、またそこで自分がどれだけ注目の中心に立つことになるのかを理解していたのだと思います」。

ベルリン・フィルハーモニー

▼ **エントランスホールと階段**
吹抜けのエントランスホールに入った観客はまず斜めに配置された階段と踊場を登り、傾いた支柱や円柱形の主柱の間を抜けてコンサートホールの指定された席に到達する。ロビーには、自然石の床にはめこまれたヨハン・セバスチャン・バッハの音楽から想を得たロイターによるカラフルなモザイク、2階にあるアレクサンダー・カマロによる大きなステンドグラス窓、ギュンター・シマンクによる多面体の照明器具など、独自の特徴が散りばめられている。ロビーのギフト・ブックショップはカハルフェルト設計事務所によって2002年につくられた。

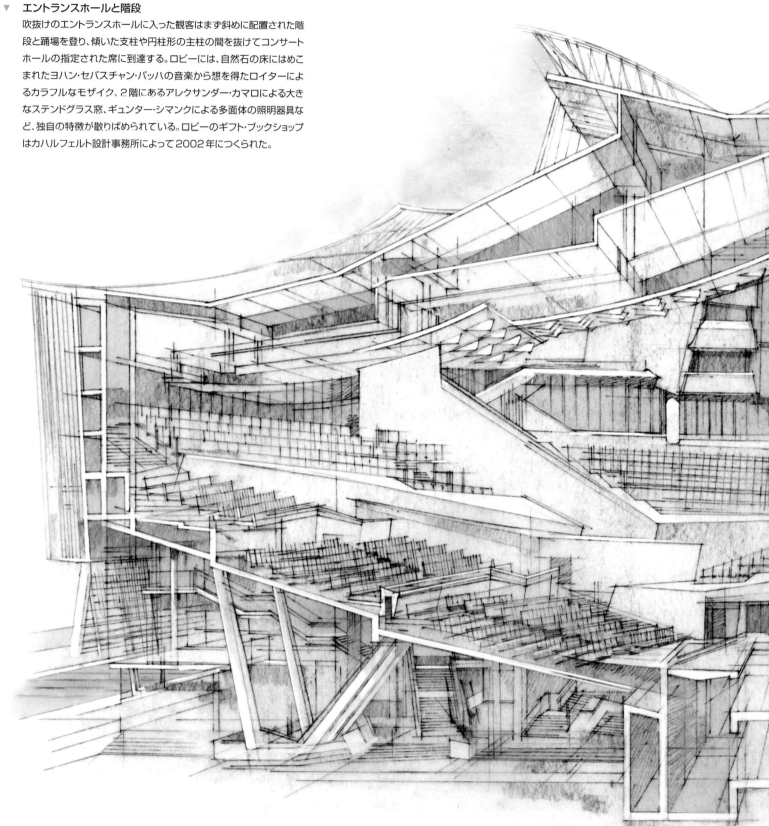

▼ 大ホール
シャロウンは音響技術者ロタール・クレマーとともにグローサー・ザール（大ホール）におけるイロコ（カンバラ）材で仕上げた多角形の内壁と2,400席以上のテラス観客席のデザインを調整した。観客席は谷を囲むぶどう畑にも似ているといわれた。この民主主義的な客席配置はデンバー、ライプチヒ、シドニー（150頁参照）などのコンサートホールに影響を与えたと考えられる。

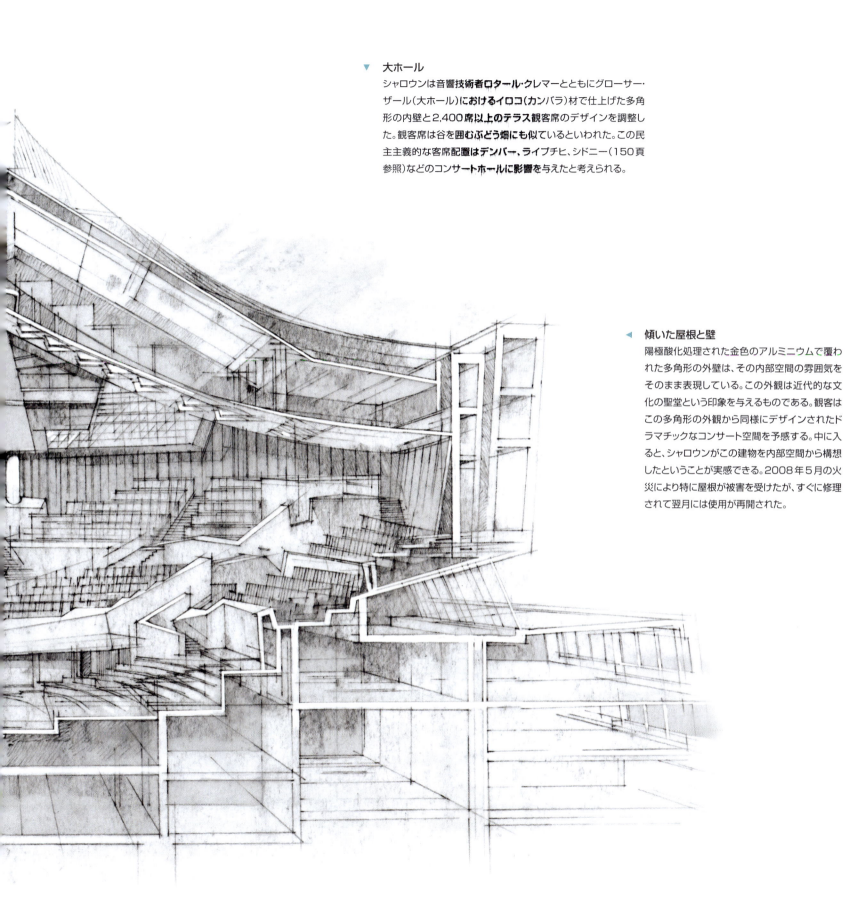

◀ 傾いた屋根と壁
陽極酸化処理された金色のアルミニウムで覆われた多角形の外壁は、その内部空間の雰囲気をそのまま表現している。この外観は近代的な文化の聖堂という印象を与えるものである。観客はこの多角形の外観から同様にデザインされたドラマチックなコンサート空間を予感する。中に入ると、シャロウンがこの建物を内部空間から構想したということが実感できる。2008年5月の火災により特に屋根が被害を受けたが、すぐに修理されて翌月には使用が再開された。

▼ **平面図**
このエントランス階とコンサートホール階を半分ずつ描いた平面図は、内部空間と外観が呼応する多角形の平面計画を示している。現在ではベルリン・フィルハーモニーと後にできた室内楽ホールをつなぐ通路がある。どちらのホールも伝統的なコンサートホールとは異なり、ホールの中央に置かれた演奏者の周囲を観客が取り囲むという民主主義的なイメージの空間となっている。

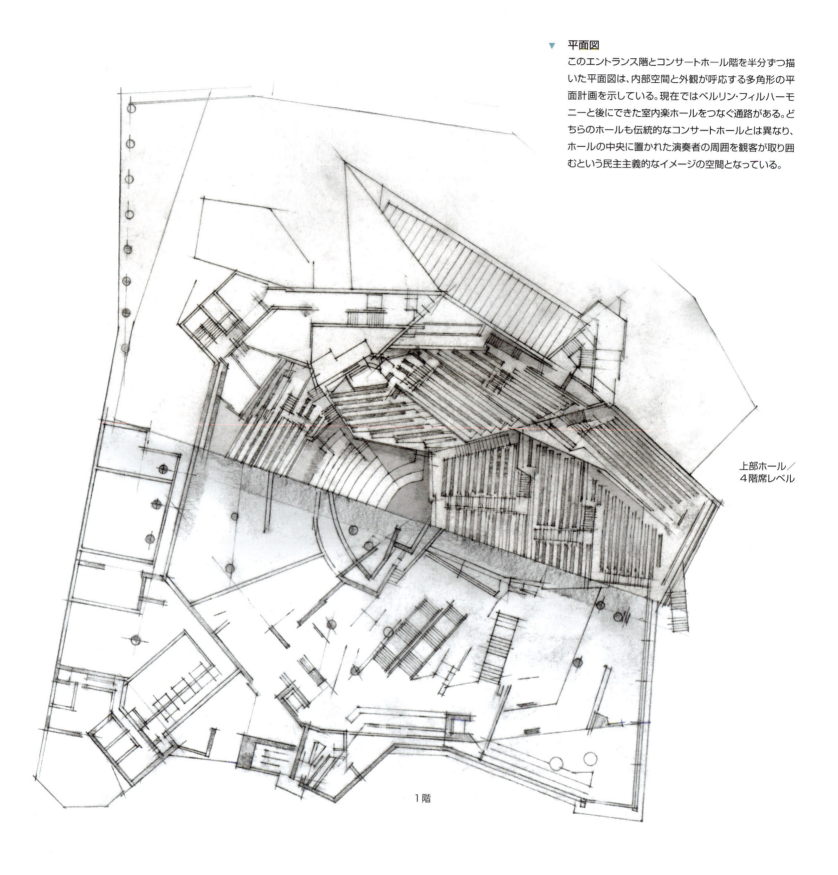

上部ホール／
4階席レベル

1階

建物

A　ベルリン・フィルハーモニー
B　室内楽ホール
C　ベルリン国立美術館新ギャラリー
D　ベルリン州立図書館
E　ベルリン工芸美術館 (Kunstgewerbemuseum)
F　聖マタイ教会 (St. Matthäus-Kirche)
G　ベルリン芸術図書館 (Kunstbibliothek)
H　文化フォーラム (Kulturforum)
I　ベルリン州立音楽学研究所 (Staatliches Institut für Musikforschung)
　　ベルリン楽器博物館 (Musikinstrumenten-Museum)
J　ティーアガルテン公園
K　イベロアメリカセンター図書館
L　カジノ (Spielbank) 舞台芸術劇場

▼　配置図

クルトゥルフォルムの配置図。シャロウンの設計によるベルリン・フィルハーモニーが右、そこから左に後にできた室内楽ホール、ベルリン州立図書館。後者の上方にミースによるベルリン国立美術館新ギャラリーがある。ほとんどが1960年代に建てられたこれらの建物は冷戦時の西ドイツ文化の殿堂であった。当時フィルハーモニーのすぐ右側は2重につくられたベルリンの壁による無人地帯であった。東ベルリンと西ベルリンの間の歴史的分断の痕跡は1990年の都市の再統一により今日ではほとんど残っていない。この敷地のすぐ東に位置し、壁に分断されていたポツダム広場と交差点は統一後まもなく再開発された。

ベルリン・フィルハーモニー

キンベル美術館

所在地──テキサス州フォートワース（アメリカ合衆国）
設計者──ルイス・カーン
建築様式──有機的モダニズム様式
建設年──1966〜72年

　ルイス・カーン（1901〜74）は自然光を巧みに採り入れた建築空間デザインで知られています。そしてその自然光へのこだわりが評価され、多くの重要な美術館を設計しました。エストニアに生まれたカーンは1924年にペンシルベニア大学を卒業し、1920年代後半にはポール・フィリップ・クレ（1876〜1945）などの保守的な近代建築家のもとで働き、1930年代の大恐慌時代から1940年代の戦時中にかけてはジョージ・ハウ（1886〜1955）、オスカー・ストノロフ（1905〜70）といったモダニズム建築家たちと仕事をしました。彼が本領を発揮するのは1950年代後半であり、ニューヨーク州ロチェスターのファースト・ユニタリアン教会（1959〜69）、カリフォルニア州ラ・ホーヤのソーク研究所（1959〜65）などこの時代以降の建物が最も有名です。どちらもシンプルで整理された石造のような形態であり、その空間にはドラマチックに自然光が導入されています。

　テキサス州フォートワースにあるキンベル美術館（1966〜72）はカーンが設計した最初の美術館です。裕福な実業家ケイ・キンベルとアートコレクターの妻ヴェルマは美術館の設立を目的としたキンベル美術財団に財産を遺しました。最初の美術館長として財団に雇われた元ロサンゼルス郡立美術館長のリチャード・ファーゴ・ブラウンは、この美術館をその所有する絵画・彫刻のコレクションと同じくらい有名にしようと考えました。そして新しい美術館を建てるためフォートワースの文化地区にある9.5エーカー（3.8ha）の敷地が選ばれましたが、近くにはヘルベルト・バイヤー（1900〜85）が設計したフォート・ワース・コミュニティ・アーツ・センター（1954）、フィリップ・ジョンソン（1906〜2005）が設計したエイモン・カーター美術館（1961）などがあり、キンベルもまたそれらの有名建築家に匹敵する大物建築家を雇う必要がありました。そしてマルセル・ブロイヤ（1902〜81）、

ルートヴィヒ・ミース・ファン・デル・ローエ（1886〜1969）といった建築家との数回の面談の後、カーンが選ばれたのです。これはソーク研究所や当時設計を始めていたダッカのバングラデシュ国会議事堂（1962〜82、54頁参照）などの主要作品が評価されてのことと考えられます。ブラウンは新しい美術館に自然光を採り入れることを考えており、それも彼がカーンに引きつけられた理由でしょう。

カーンと構造エンジニアのオーギュスト・コマンダント（1906〜92）は美しいディテールを備えた上品な鉄筋コンクリートの建物をつくりました。建物は薄いシェル構造の円筒形ヴォールト屋根の載った長さ100フィート（30.4m）、幅と高さが20フィート（6m）のチューブが16本並んだ形態となっています。2階にあるアーチ形のギャラリーにスリット状の天窓から入る自然光は、穴開きアルミニウム板でできた反射スクリーンによって拡散されます。筒状の空間の終端の壁にはトラバーチン石が張られ、ヴォールト屋根の外側面には鉛板が葺かれています。また時折現れる中庭がこのアーチ形ギャラリー空間の単調さを緩和します。ランドスケープアーキテクトのハリエット・パティソンによる景観計画に呼応して、壁のないアーチ屋根のポーチもつくられました。ギャラリーの下の階にはメインエントランス、オフィス、作業室があります。

現在キンベル美術館のカーン棟には常設コレクションから350点が展示されています。カーン棟のメインエントランスの西側には新館（2007〜13）がつくられました。レンゾ・ピアノ（1937〜）によって設計された延べ床面積85,000平方フィート（7,897m²）の新館は美術館の特別イベント、大規模な講演プログラム、企画展示などに使用されるスペースと地下駐車場を収容しています。

上
写真の上半分に見える円筒形ヴォールト屋根の建物がカーンによるオリジナルの美術館。右下がレンゾ・ピアノによる新館。かつてカーンの事務所に勤めたこともあるピアノは新館を抑制されたモダニズム建築として設計した。彼はカーンの名建築に敬意を表した視覚的対話を意図し、その幅300フィート（91m）のファサードはカーン棟と対称形で呼応するものとなっている。

カーンによる美術館
キンベル美術館の設計を受託したことによって、カーンはその他の美術館の依頼も受けるようになった。なかでも有名なものはイエール大学アートギャラリー（1953）とイエール大学英国美術研究センター（1974）だろう。後者の内装（左）における格子状の構造体は外観にも表現されている。またギャラリーは自然光の入る中庭のように計画されている。この美術館は2008年から2013年にかけて全面的に修繕された。外装には光沢のない鋼板とガラス、内装にはトラバーチン石、オーク材、布地などが用いられている。

▼ 講堂
カーンが設計したオリジナルの講堂の座席数は200席以下だが、レンゾ・ピアノの設計による新館の299席の講堂によって補完されている。傾斜のある客席のため講堂は2階から1階まで下っている。

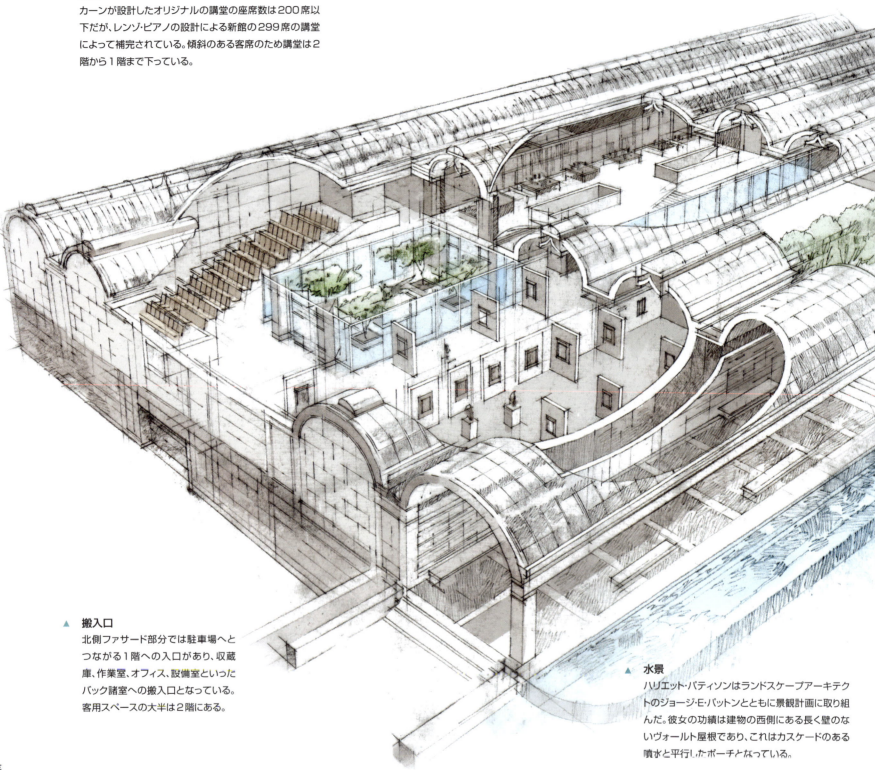

▲ 搬入口
北側ファサード部分では駐車場へとつながる1階への入口があり、収蔵庫、作業室、オフィス、設備室といったバック諸室への搬入口となっている。客用スペースの大半は2階にある。

▲ 水景
ハリエット・パティソンはランドスケープアーキテクトのジョージ・E・パットンとともに景観計画に取り組んだ。彼女の功績は建物の西側にある長く壁のないヴォールト屋根であり、これはカスケードのある噴水と平行したポーチとなっている。

展示壁
内装は、美しいディテールをもったコンクリートの固定展示壁と可動の間仕切り壁を特徴とする。コンクリートとトラバーチン石、ディテール用のオーク材が内装全体に用いられており、これらはカーンが設計した後の美術館でも用いられた。

中庭
コンクリートのヴォールト屋根はガラスに囲まれた中庭によって寸断される。これは長いチューブ状の空間の中に自然光のオアシスをもたらしている。中庭はカーンによるその後の美術館でも用いられるが、特にイェール大学英国美術研究センターのものは印象的である。キンベルでは彫刻の展示スペースとして使われたりもしている。

▶ **円筒形ヴォールト**
ここには長さ100フィート、高さ20フィート、幅20フィート（30.4×6×6m）の平行に配置された16本の円筒形ヴォールト屋根がある。屋根仕上げには鉛が葺かれており、展示室に外光を導入するためのガラス屋根のスリットが頂部に設けられている。その自然光を壁に沿って広げるために、カーンはアルミニウム製の拡散板を内部に設置した。

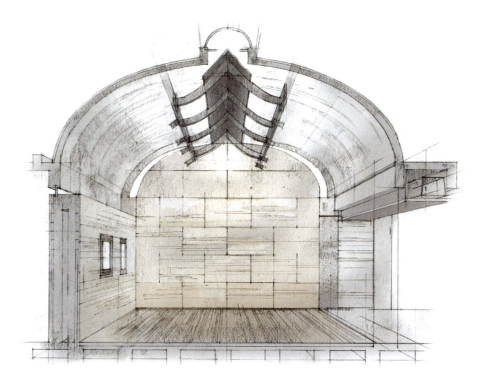

シドニー・オペラ・ハウス

所在地────シドニー（オーストラリア）
設計者────ヨーン・ウッツォン、ピーター・ホール
建築様式───有機的モダニズム様式
建設年────1957〜73年

多くの建物の建設において議論は起こるものですが、政府予算、元をたどれば納税者が支払うことになる公共建築の場合は特に論争が起きやすいようです。デンマークの建築家ヨーン・ウッツォン（1918〜2008）によるシドニー・オペラ・ハウス（1973）もその例です。彼は1957年の設計コンペでこの設計を獲得し、1959年にはオーストラリアに移住して仕事を始めました。同心の楕円形シェルを用いたそのデザインはコンペ審査員に高く評価されましたが、これはより現実的な球形シェルの組み合わせに置き換えられて施工されました。この構成はオレンジの皮を剥いた形にも例えられ、すべて半径約247フィート（75.2m）の球面に統一されています。シェルは100万個を超える白とクリーム色のタイルを張られたプレキャストコンクリート板を22階建てのビルに匹敵する高さまで組み上げてつくられており、ウッツォンと協働した構造技術者のオーヴ・アラップ事務所がそれを実現しました。最終的な建物の建築面積は4.4エーカー（1.8ha）を占め、基壇部分の外装はピンク色の花崗岩張り、内装はホワイトバーチの合板とされています。内部には7つの舞台芸術スペースがあり、最大のものは2,679席のコンサートホール、小さいものには398席の演劇ホールなどがあります。これらで行われる演目に訪れる観客は年間120万人以上にのぼります。

建物の工事段階ではその構造、スケジュール、屋根のデザイン、内装材の合板への変更、そして工事費その他の経費の大幅な増大などについてウッツォンと政府関係者が対立し、その結果1966年にウッツォンは設計業務を辞任することになります。その後ウッツォンから設計を引き継いだオーストラリアの建築家ピーター・ホール（1931〜95）が、ガラスカーテンウォールおよびコンサート、オペラの2つの専用ホールをはじめとした内装を設計変更しつつ完成させました。1963年の当初予算は700万豪ドルでしたが、1973年の完成までにかかった総工事費は1億200万豪ドルになりました。

1973年10月20日の柿落としにウッツォンは出席しませんでしたが、運営するシドニー・オペラ・ハウスはウッツォンの離脱から30年後、増築や改装に関するガイドラインを作成するために彼に連絡をとりました。そうして最初にできたものが娯楽やイベントのための多目的スペースであるウッツォン・ルーム（2004）です。建物全体の中で実際にすべてウッツォンがデザインした内部空間はここのみです。2006年には身体障害者のアクセスをより容易にしたり、劇場ロビーからの港の眺望を生み出したりする改装も行われました。ウッツォンはこの改装に従事していた2003年に権威あるプリツカー建築賞を受賞しました。そしてシドニーにおける名建築に貢献した建築家として公式に認められたのは、彼の死のわずか数年前のことでした。オペラハウスのガイドラインを作成している当時、ウッツォンはこのように話しています。「私の仕事は、この敷地内の全体的なビジョン、そして敷地、建築形態、内装に関するディテール設計の原則を明示することです。私はシドニー・オペラ・ハウスを楽器のようなものだと思っています。あらゆる上質な楽器と同じように、最高レベルで演奏し続けていくためには時々少しばかりのメンテナンスと繊細な調律が必要なのです」。

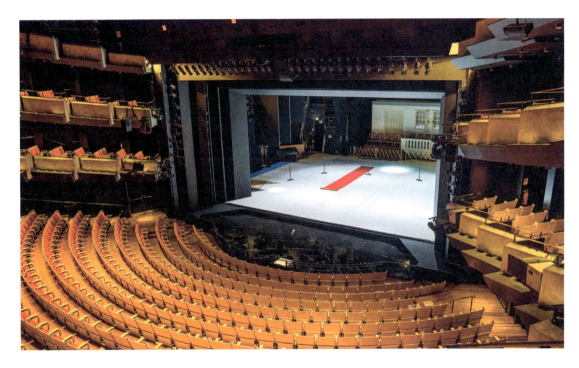

上左
1500席を超えるプロセニアム型の劇場であるジョーン・サザーランド劇場はこの建物内で2番目の大きさのホール。オーケストラピットには70人の演奏者を収容できる。

上右
ウッツォンの離脱後、ピーター・ホールは内装の大部分を設計した。弓形に張り出したテラスからは港の素晴らしい景色を眺めることができる。

ウッツォンの建築

実現プロセスの困難さえなければヨーン・ウッツォンはシドニー・オペラ・ハウスで国際的なスターダムに躍り出ていたと思われる。しかし彼の設計によるデンマークのコペンハーゲンにあるバウスベア教会（1976）やクウェート国民会議場（1985）などの他の幅広い作品はそこまで有名にはならなかった。なかでもあまり知られていない名品としてはイギリスのハートフォードシャー州ハーペンデンにあるアーム・ハウス（1962、右）がある。ウッツォンはシドニー・オペラ・ハウスを設計していたオーヴ・アラップ事務所の所長となったデーン・ポフ・アームのためにこの家を設計した。

シドニー・オペラ・ハウス

コンクリートシェル
設計コンペの審査員はウッツォンの大きなアーチを描く放物線もしくは楕円形のコンクリートシェルのデザインを評価した。このデザインはその後オレンジの皮を剥いたような現在の形に変更された。せり出した屋根はシドニーの崖や港のヨットを想起させる。最大のシェルは22階建てのビルくらいの高さに達する。ここに示されている詳細はジョーン・サザーランド劇場の入る小さいほうの建物の屋根である。

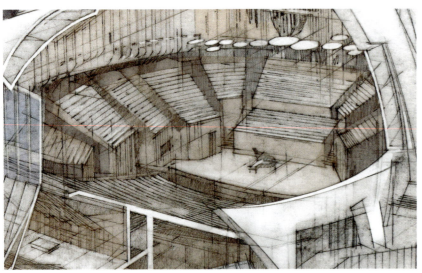

メインコンサートホール
メインコンサートホールは2,000人を超える観客を収容できる。ステージを中心に段状になったホールは、同様のデザインであるベルリン・フィルハーモニー（1956〜63、140頁参照）の影響を受けたものといわれている。シドニー交響楽団とオーストラリア室内管弦楽団の本拠地ともなっている。内装はオーストラリア産のバーチ材。メインホールの下にはリハーサルルームと544席の演劇劇場がある。

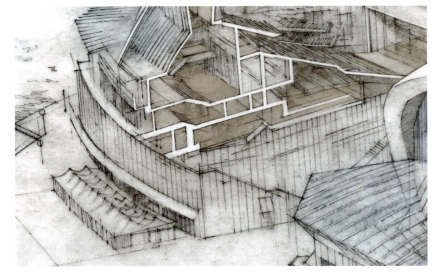

弓形の基壇
管理事務所を収容する本館のガラス張りの基壇部分。壮大な港の景色を眺めることができる。ジョーン・サザーランド劇場の入る隣の建物でも同様の景観を楽しめ、そちらにはギャラリー・レストランがある。この2つのガラス張りの構造が基壇の最上部に載っている。この基壇部分は量塊的な表現のコンクリート躯体であり、その基礎は700本の鋼管コンクリート杭で支持されている。

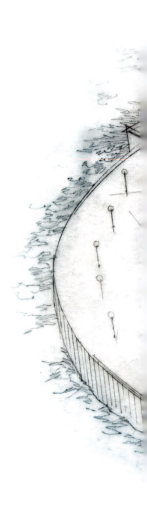

シドニー・オペラ・ハウス

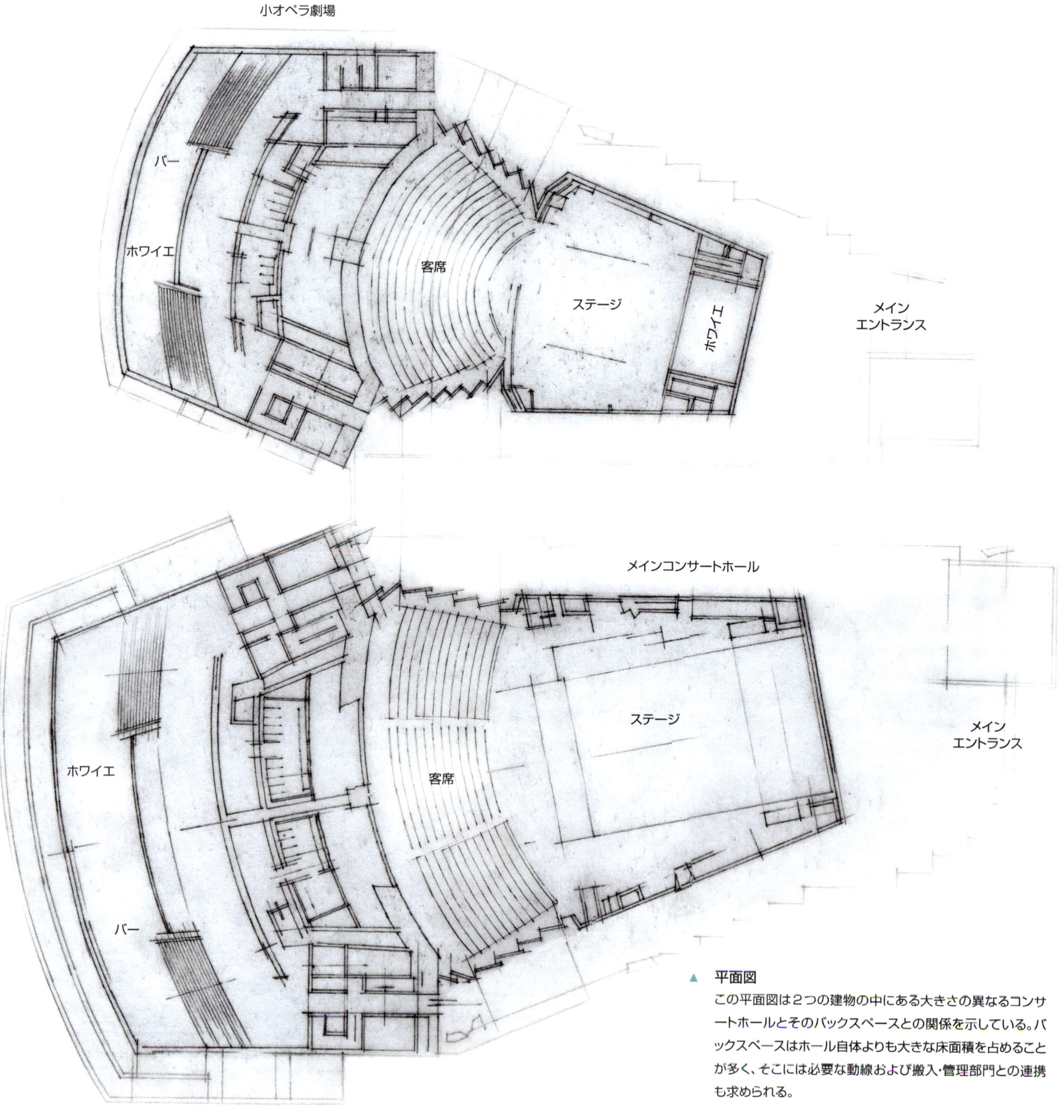

小オペラ劇場

バー

ホワイエ

客席

ステージ

ホワイエ

メインエントランス

メインコンサートホール

ステージ

ホワイエ

客席

バー

メインエントランス

▲ 平面図
この平面図は2つの建物の中にある大きさの異なるコンサートホールとそのバックスペースとの関係を示している。バックスペースはホール自体よりも大きな床面積を占めることが多く、そこには必要な動線および搬入・管理部門との連携も求められる。

芸術と教育

▼ **タイル張り屋根の構造**
屋根構造は2,194のプレキャストコンクリートパネルを最大高さ213フィート(65m)の受け材に設置することでつくられている。屋根面には100万枚以上のクリーム色の連結式セラミックタイルが張られている。スウェーデンで生産されたこのタイルは1辺約4.7インチ(120mm)の正方形。ウッツォンは、この屋根は「1年を通じて毎日、夜明けから夕暮れまでのあらゆる空の光をとらえて反射する」と語った。また建築家のルイス・カーンはこういっている。「太陽はこの建物に反射されるまで、自分の光がいかに美しいか気付かなかっただろう」。

ポンピドー・センター

所在地───パリ（フランス）
設計者───レンゾ・ピアノ、リチャード・ロジャース
建築様式──ハイテック様式
建設年───1971〜77年

1977年に開館したとき、ポンピドー・センターはパリだけでなく世界のアート界と建築界に大きな衝撃を与えました。レンゾ・ピアノ（1937〜）、ジャンフランコ・フランキーニ（1938〜2009）、リチャード・ロジャース（1933〜）によって1971年に始められた画期的なデザインは、ピアノとロジャースの本格的なキャリアの出発点ともなりました。この短期間での都市再活性化の成功は、クロード・ヴァスコニ（1940〜2009）とジャン・ヴィエルヴァル（1924〜96）によるすぐ近くのレ・アール市場と駅のリノベーションおよびフォーラム・デ・アール・ショッピングセンター（1986）も触発するものでした。さらにこの地域にとどまらず、この成功は1982年に始まるフランス大統領フランソワ・ミッテランによるグラン・プロジェ（都市再生大計画）も予感させるものとなりました。グラン・プロジェは8つのランドマークとなる現代建築を有名建築家がつくるというもので、1980年代、90年代にパリの街を大きく変貌させました（157頁参照）。そしてパリという枠組みも超えて、ポンピドー・センターは1970年代、80年代のハイテック建築様式、および同時代の美術館、文化施設のデザインに大きな影響を与えました。

ポンピドー・センターの創設は1960年代後半、アンドレ・マルロー文化大臣、シャルル・ド・ゴール大統領などが設計者や市の職員と協力して、都市中心部から移転することになっていた歴史あるレ・アール食品市場の近くに文化センター、公共図書館、アート施設をつくることを検討しはじめた時点に遡ります。そして国際設計コンペの結果この特色あるハイテックデザインが選ばれました。その建物の外面に露出した設備配管は、緑が給排水配管、青が暖房換気空

調設備（HVAC）、黄色が電気配線、赤が防災設備というようにカラーコードで明示されています。設備のほとんどは屋上と東面に配置されており、これらを外部に追い出したことによって内部に開放的な展示空間が生み出されています。広場に面した入口のある西側ファサードでは来館者用のエントランス・エスカレーターがファサードを斜めに昇り、広場から建築を見る人々と来館者の両方にダイナミックな建築体験を与えています。主に鉄骨とガラス、そしてコンクリートの床でできた7階建ての建物の広場からの高さは149フィート（45.5m）、平面形は幅約545フィート（166m）、奥行き197フィート（60m）の長方形です。1977年1月31日の公式開館、2月2日の一般公開に際して、館にはその施工中である1969年から1974年の間フランス大統領であったジョルジュ・ポンピドーの名が冠されました。

開館後に世界的な名声と知名度を得たこの美術館が最初期に開催した大きな国際展覧会は、1900年代から1930年代までのパリの芸術と建築を同時期のベルリン、モスクワ、ニューヨークなどと比較しながら紹介するものでした。これをはじめとした展示が目を見張るような来館者数を積み上げ、その後の20年間で延べ1億5000万人以上がポンピドー・センターを訪れることとなりました。このように激しく使用された結果大規模な修繕と改修が必要となり、それは1997年から1999年にかけて行われました。そして再開館した2000年には1日平均16,000人以上が訪れ、以降は毎年350万人以上が来館し続けています。最初に建設された際の工事費は9億3,300万フラン、2000年の改修工事費は5億7,600万フランでした。ポンピドー・センターが収容する国立近代美術館はその後パリ以外にフランスのメス、スペインのマラガに分館をつくっています。

上左
来館者は広場側の外壁にあるエスカレーターでメインエントランスまで昇る。その過程ではダイナミックな眺望を楽しむことができる。

上右
大部分の構造体、動線、設備要素を外周部に配置することによって、内部に大きな展示空間を確保している。ただしこの展示室は均質空間とはされていない。

グラン・プロジェ

ポンピドー・センターの成功の後、ミッテラン大統領は1989年にフランス革命200年を記念したグラン・プロジェを策定し、それに従い主として著名建築家の設計による大規模な文化施設群がパリにつくられた。ガエ・アウレンティ（1927〜2012）が旧オルセー駅を用途変更・改修したオルセー美術館（1986）、I・M・ペイ（1917〜）によるグラン・ルーヴル（1984〜89、162頁参照）、ヨハン・オットー・フォン・スプレッケルセン（1929〜87）とポール・アンドリュー（1938〜）によるデファンス地区のグラン・ダルシュ（1989）などである。ジャン・ヌーヴェル（1945〜）によるアラブ世界研究所（1987、左）はその初期プロジェクトのひとつである。その鉄とガラスでできたファサードには写真機のような機構のブリーズ・ソレイユが設置され、日射を制御している。

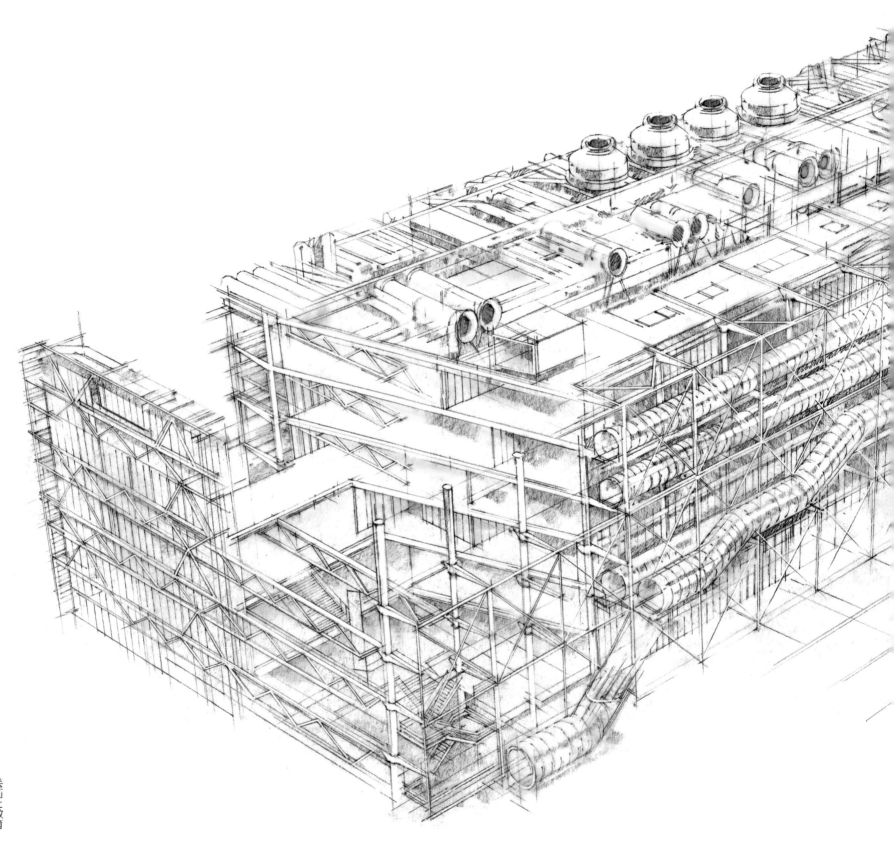

露出された要素
構造体および設備システムが露出しているこの建物は、ハイテック建築の傑作とされている。特にロジャースはロンドンのロイズ・ビル(1986)でもハイテック様式を鮮烈にアピールした。そこでは設備タワー、洗面所モジュール、外部エレベーターなどが露出して表現されている。ポンピドー・センターの外観は同年代の世界中の建築に影響を与えた。このような表現の系譜はイギリスにおけるブルータリズム、日本におけるメタボリズム(224頁参照)、イギリスの前衛建築グループであるアーキグラムの理論的作品といった1950年代から60年代の表現運動に見出すことができる。

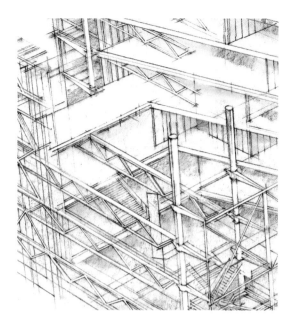

設備システム
設備システムが建物の外側に配置されることによって、内部には大きなロフト空間が生み出されている。屋根の上からルナール通りに面した東側のファサードに沿って下っている設備配管は、内部に露出するものも含めてカラーコードで明示されている。緑が給排水配管、青が空調設備、黄色が電気配線、赤が昇降システムと火災報知などの防災設備となる。これらの設備のほとんどが道路側に置かれることによって、広場に面した西側ファサードでは彫塑的でダイナミックなエスカレーターが際立っている。

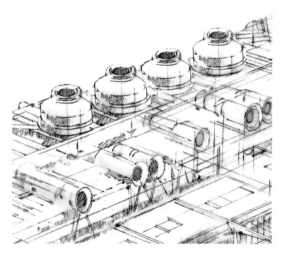

エスカレーターによる建築体験
ガラス張りのエスカレーターから、来館者は建物西側の都市景観をいろいろな角度で見ることができる。このエスカレーターのチューブは広場から建物を斜めに150フィート(45m)上昇していく。この来館者の搬送システムと館の設備は1日8,000人が来館することを前提に計画されていたが、建物と展示が有名になるにつれてその5倍の人数を受け入れることとなった。

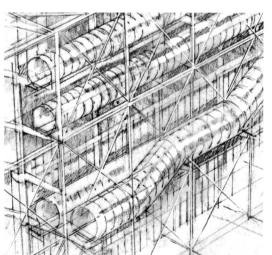

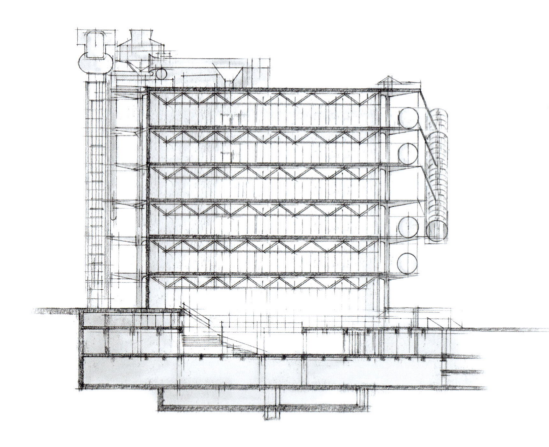

◀ **断面図**
北側から見た断面図は、設備や動線が左のルナール通り側と右の広場側に配置されることで各階に大きな内部空間がもたらされていることを示している。この建物はまさにアートのための機械であり、建築を住むための機械であると主張したル・コルビュジエなど1920年代の近代建築家たちの精神を受け継いでいる。

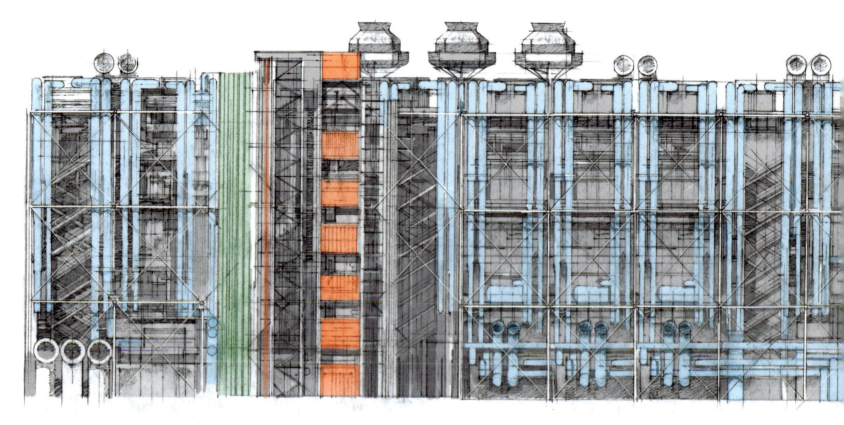

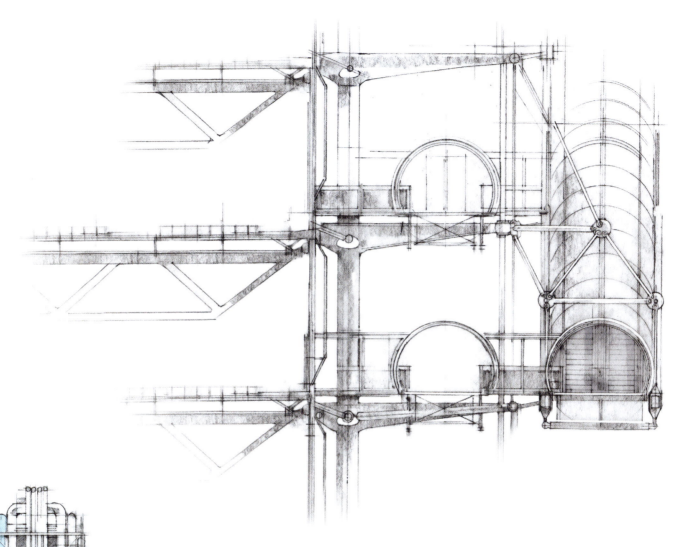

▲ ゲルバレット梁
ゲルバレット梁(片持連続梁)は特に建物のエントランス動線ゾーンで、梁が柱と交わる部分に設置されている。この図のゲルバレット梁はガラス張りカーテンウォールのすぐ外側の外部構造を担っている。この梁は外部にある階段状のエスカレーターチューブを支持するとともに、内部のトラス梁にも接続している。

◀ 道路側の立面図
ルナール通り沿いの東側ファサードには設備配管によるカラフルなパターンが表現されている。それはすぐ背後にある鉄骨でできた建物の肥大化した設備を反映している。設備を明確に外側に配置することによって、内部には広い展示スペースが生み出された。

ポンピドー・センター

グラン・ルーヴル

所在地────パリ(フランス)
設計者────I・M・ペイ

建築様式────後期モダニズム様式
建設年────1984〜89年

　イオ・ミン・ペイ(1917〜)は印象的な美術館設計で評価を受けており、それらは彼の設計による他の建物と同様に幾何学的なデザインを特徴としています。例としてはニューヨーク州シラキュースにあるエヴァソン美術館(1968)、ニューヨーク州イサカのコーネル大学にあるハーバード・J・ジョンソン美術館(1973)、ワシントンD.C.にあるナショナル・ギャラリー東館(1978)などが挙げられます。ナショナル・ギャラリー東館では台形の敷地にフィットするように2つの三角形が並べられて独特のアトリウムが生み出されています。この建築はペイ事務所をアメリカ合衆国における美術館デザインの先導的な地位に押し上げ、ルーヴル美術館の仕事を受ける以前の1983年にプリツカー建築賞を受賞したペイはすでに有名建築家として認められていました。

　中国生まれのペイは1940年にマサチューセッツ工科大学を卒業し、1946年にハーバード大学大学院デザイン科のヴァルター・グロピウスのもとで建築学修士号を取得しました。いくつかの勤務先を経た後、ニューヨークの有力な不動産開発事業者であるウィリアム・ゼッケンドルフのもとで働き、1955年にはヘンリー・N・コブ(1926〜)、イーソン・H・レオナルド(1920〜2003)とともに自身の事務所を設立し、1990年に代表を退くまでそこで働きました。事務所ではボストンのジョン・F・ケネディ大統領図書館(1979)、中国銀行香港支店ビル(1989)、シンガポールのザ・ゲートウェイ超高層ツインタワー(1990)など世界的に有名な建物を手がけました。退職後も日本の信楽にあるMIHOミュージアム(1997)、ルクセンブルクのジャン大公近代美術館(2006)などを設計しています。

　強度のある幾何学的な形態と美しいディテールをもった美術館設計で高名な彼がグラン・ルーヴル計画に選任されたのは当然ともいえるでしょう。このプロジェクトはパリのポンピドー・センター(1971〜77, 156頁参照)の成功を受けてフランス大統領フランソワ・ミッテランが実施した1980年代のグラン・プロジェ(都市再生大計画)のひとつで

した。グラン・プロジェは1989年にフランス革命200年を記念して策定されたパリを中心に大規模な文化施設を整備する計画であり、ベルナール・チュミ(1944〜)によるラ・ヴィレット公園(1987)、ポール・シュメトフ(1928〜)によるフランス経済財務省(1928)、カルロス・オットー(1946〜)によるバスティーユのオペラ座(1989)、ドミニク・ペロー(1953〜)によるフランス国立図書館(1996)などがそこに含まれます。そのうちいくつかは設計コンペによって案が選ばれ、他は建築家が指名されました。そしてミッテラン大統領は1984年にルーヴル計画の設計者としてペイを指名したのです。

ペイはルーヴル美術館を悩ませていた、中庭であるナポレオン広場を取り囲む複数の建物をつなぐ動線の問題を解決します。その解決策こそ、美術館への来館者に合理的なアクセスを提供する、ルーヴル・ブランドにふさわしい素晴らしい建築的シンボルでした。つくられた空間のほとんどは地下階に収められていますが、最大の特徴となっているのは広場に突き出したステンレス鋼とガラスのピラミッドです。来場者はこのメインエントランスから地下に下り、周囲の建物につながる交差軸の地下通路へと導かれます。この導入部分にはミュージアムショップなどの来館者サービスもあり、また元の中世の城の基礎部分を垣間見ることもできます。評論家たちはこの新しいエントランスが周囲の古典主義的な中庭にそぐわず、ピラミッドの形状は死を想起させ、また666枚というガラスパネルは悪魔をイメージさせる数だと批判しました(実際には675枚の菱形ガラスと118枚の三角形ガラスが使われています)。

このような批判にもかかわらず、グラン・ルーヴルは開館直後に400万人の来館が想定されるほどの大成功を収めました。そしてその想定はその後年間700万人から930万人へと修正されることになりました。2017年、グラン・ルーヴルは「フランスを象徴する最も有名なアイコンのひとつであるエッフェル塔」に匹敵する建築としてアメリカ建築家協会による25年賞を受賞しています。

上左
ペイが改装したリシュリュー・ウイングにはガラス屋根の中庭であるクール・マルリがある。ここに展示されている彫刻は1789年のフランス革命の後、主にパリの西にあるルイ14世のマルリー城からパリに運ばれたものである。

上右
ルーヴルは1190年のフィリップ2世によるパリに防壁をつくる計画でできた城塞を起源とする。ペイの改装に伴い城と堀の遺構が再び一般公開された。

ナショナル・ギャラリー、ワシントンD.C.
ワシントンD.C.にあるナショナル・ギャラリー東館(左)はペイ初期の美術館の傑作。そこでは三角形の建物に挟まれて斜めに貫通するアトリウムがつくられている。ジョン・ラッセル・ポープ(1874〜1937)の設計によって1941年につくられた新古典主義様式の本館とは地下通路によって接続されている。ペイの新館には近代美術コレクション展示室、企画展示室、オフィス、研究施設などが収容されており、ミュージアムショップやカフェなどの来館者施設は地下通路部分に組み込まれている。館は3年間にわたる改装と彫刻庭園の工事を経て2016年に再オープンした。

1　クール・カレ

クール・カレは16世紀から17世紀にかけてつくられた中庭で、元の城から増築された宮殿に囲まれている。建物はフランソワ1世国王時代の1546年につくられたもので、ピエール・レスコ(1515〜78)の設計による。中庭周囲の整備は次世紀以降も続き、特にルイ14世時代、ヴェルサイユ宮殿(1624〜1770、96頁参照)を設計していた建築家たちによって主要な部分が完成した。右側にはマンサード屋根のパヴィヨン・ド・ロルロージュ(大時計のパビリオン)、ジャック・ルメルシエ(1585頃〜1654)による中庭への入口塔であるパヴィヨン・シュリーがある。

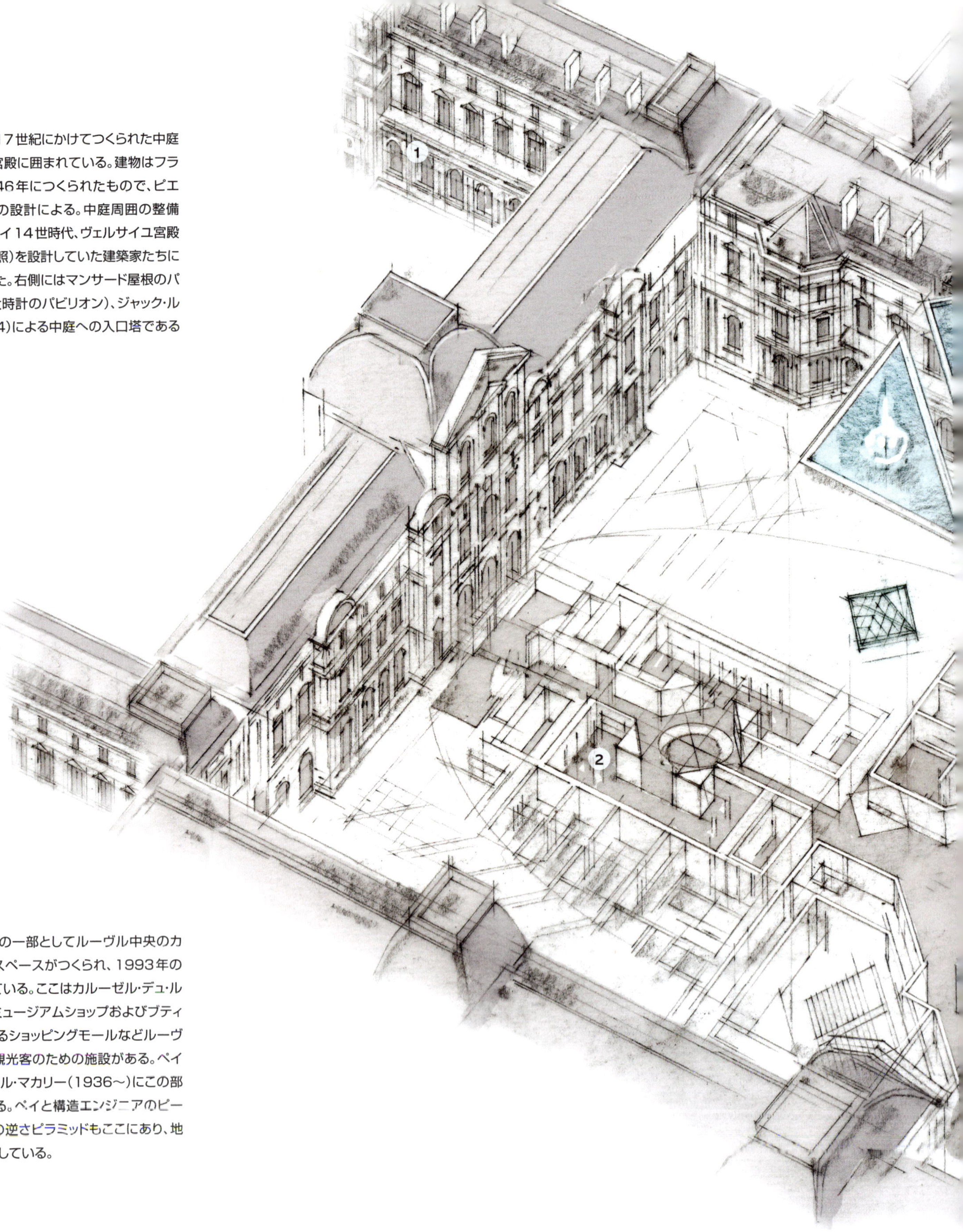

2　地下店舗

ペイの新しいエントランスの一部としてルーヴル中央のカルーゼル大広場の地下にスペースがつくられ、1993年の完成以降も手が加えられている。ここはカルーゼル・デュ・ルーヴルと呼ばれ、駐車場、ミュージアムショップおよびブティック、店舗、レストランのあるショッピングモールなどルーヴルへの来館者および一般観光客のための施設がある。ペイは設計協力者であるミシェル・マカリー(1936〜)にこの部分の実施設計を任せている。ペイと構造エンジニアのピーター・ライスによるガラスの逆さピラミッドもここにあり、地下レベルに自然光をもたらしている。

芸術と教育

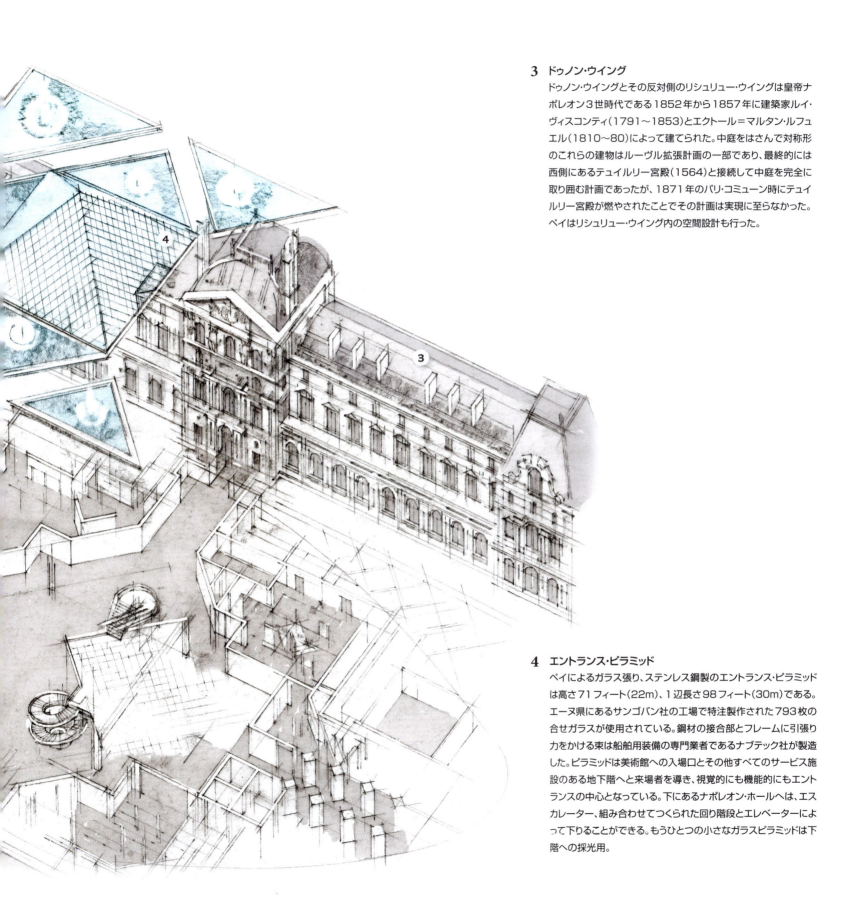

3　ドゥノン・ウイング

ドゥノン・ウイングとその反対側のリシュリュー・ウイングは皇帝ナポレオン3世時代である1852年から1857年に建築家ルイ・ヴィスコンティ(1791〜1853)とエクトール＝マルタン・ルフュエル(1810〜80)によって建てられた。中庭をはさんで対称形のこれらの建物はルーヴル拡張計画の一部であり、最終的には西側にあるテュイルリー宮殿(1564)と接続して中庭を完全に取り囲む計画であったが、1871年のパリ・コミューン時にテュイルリー宮殿が燃やされたことでその計画は実現に至らなかった。ペイはリシュリュー・ウイング内の空間設計も行った。

4　エントランス・ピラミッド

ペイによるガラス張り、ステンレス鋼製のエントランス・ピラミッドは高さ71フィート(22m)、1辺長さ98フィート(30m)である。エーヌ県にあるサンゴバン社の工場で特注製作された793枚の合せガラスが使用されている。鋼材の接合部とフレームに引張り力をかける束は船舶用装備の専門業者であるナブテック社が製造した。ピラミッドは美術館への入場口とその他すべてのサービス施設のある地下階へと来場者を導き、視覚的にも機能的にもエントランスの中心となっている。下にあるナポレオン・ホールへは、エスカレーター、組み合わせてつくられた回り階段とエレベーターによって下りることができる。もうひとつの小さなガラスピラミッドは下階への採光用。

▶ **平面図**
この平面図は東の中庭であるクール・カレを右側とし、現在のルーヴルのU字形の平面形を示している。今回の工事では多くの中世の遺物や元の建物基礎が発掘され、その多くは内部に展示されている。

場所名

A　リシュリュー・ウイング
B　カルーゼル凱旋門
C　ドゥノン・ウイング
D　ナポレオン広場
E　クール・カレ

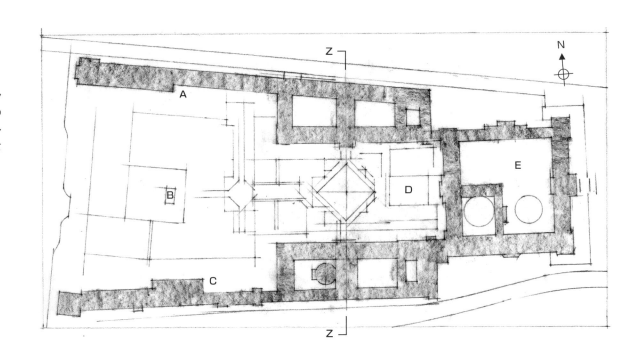

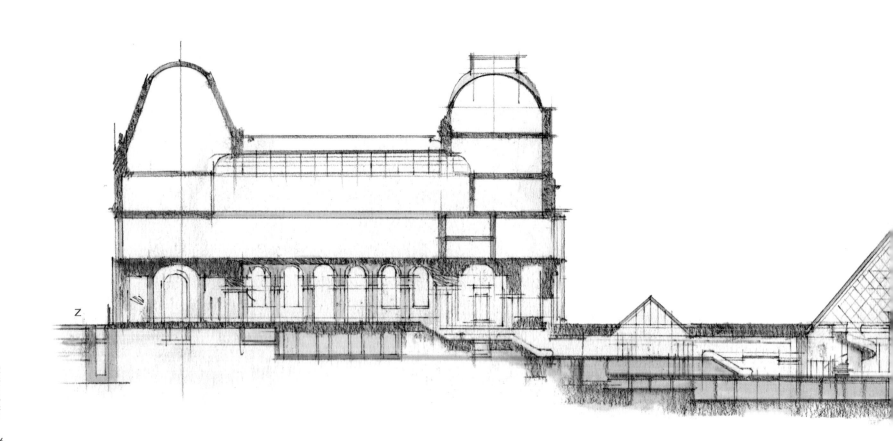

▶ **階段のディテール**
下階のナポレオン・ホールにつながる回り階段の中心部分には円筒形の油圧式エレベーターがある。昇降機構は床下に収められているため、エレベーターは段差なく下階の床レベルに着床する。階段は頂部に金属製の手すりのついたガラス腰壁によってシンプルにデザインされている。

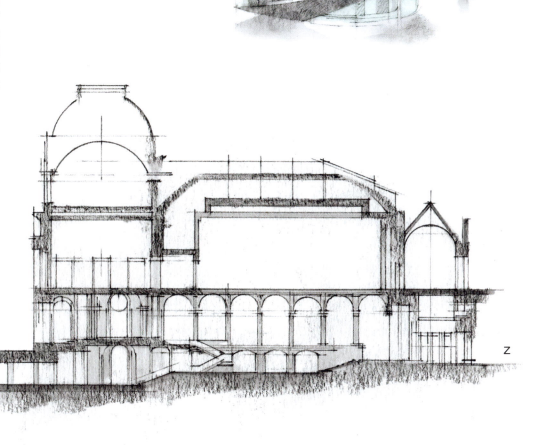

▼ **断面図**
この断面図はペイによるエントランス・ピラミッドと地下空間を西向きに見たものであり、右側がリシュリュー・ウイング、左側がドゥノン・ウイングとなる（切断位置は左上図にZで記載）。ペイは1984年にグラン・ルーヴル計画を委託されてからその業務を完了するまでに15年間以上を要した。彼の設計範囲は22エーカー（9ha）を超え、増築、改装した延べ床面積は667,362平方フィート（62,000m²）にのぼる。

グッゲンハイム美術館ビルバオ

所在地────ビルバオ(スペイン)
設計者────フランク・ゲーリー
建築様式───デコンストラクション様式
建設年────1991〜97年

　この建物が非常に特別なものとなったことを認識したグッゲンハイム財団は、グッゲンハイム美術館ビルバオの建築形態イメージの商業的使用を制限するために商標登録を行いました。これは観光客が建物を撮影できないことを意味するものではなく、土産品の製造や販売において無断でその姿が使用されるのを防ぐことを目的としています。この独特の有機的形態をつくり出した建築家はフランク・ゲーリー(1929〜)です。

　ゲーリーはカナダ生まれですが、1947年以来カリフォルニアに住んでいます。彼は1960年代後半にデザインした段ボール家具および1978年のサンタ・モニカの自邸によって建築とデザインの世界で注目を集めました。金網フェンスや波板鋼板など一般的な建材を用いた傾いた壁面で構成された自邸は、デコンストラクション建築の初期の例とされています。それは最終的にはロサンゼルスのカリフォルニア航空宇宙博物館(1984)のような傾いた面のデザインによる大規模建築の試みへと結びついていきました。そしてコンピュータ支援設計プログラム(CAD)の使用、特にダッソー・システムズ社の航空工学用ソフトウェアCATIAに彼が手を加えた拡張版の使用(1977)はその後の彼のキャリアに重要な意味をもつことになります。このソフトウェアを自身の夢を実体化するツールとして用いることによって、ゲーリーはプラハにダンシング・ハウス・ビル(1996)をつくり出しました。その視覚的に歪んだ塔はニューヨークのエイト・スプルース・ストリート(2011)というダイナミックな超高層ビルに結びついていくものであり、彼の施設建築の特徴ともなっています。このようなデザイン手法はシアトルのエクスペリエンス・ミュージック・プロジェクト(2000)、ロサンゼルスのウォルト・ディズニー・コンサートホール(2003)などで展開されていきます。グッゲンハイム美術館ビルバオはこの手法を用いて設計された最初の大きな美術館であり、一連の施設デザイン展開における重要な事例です。

　1991年のこの計画の開始に際してバスク州政府はグッゲンハイム財団の共同事業者となり、1億ドルの建設資金および運営資金や作品購入費を提供しました。そしてグッゲンハイム財団の委託を受けたゲーリーはチタン、鋼鉄、ガ

ラス、ライムストーンでできたダイナミックな形状の建物をつくり出しました。その平面計画は19の展示スペースに囲まれた有機的な形状のアトリウムを特徴とし、そのうちの10室は従来型の長方形の展示室とされています。延べ床面積は258,334平方フィート（24,000m²）で、そのうち展示スペースは半分以下です。残りの部分は管理事務室、およびレストラン、図書室、ミュージアムショップなどの来館者用諸室などです。外装材はこれらの内部機能と関連付けられており、展示スペース部分はチタン外装、その他の共用部分は石張りとなっています。ロシアから調達されたチタン材はここにおける最も特徴的な外装材といえるでしょう。その材厚は0.01インチ（0.38mm）しかないため、構造鉄骨に取り付けられた鋼製下地材と防水シートの上に容易に設置できました。また当初設計で見込んでいたステンレス製パネルより安価でした。

1997年にオープンした美術館は世界中のメディアで大きく取り上げられました。さらにバスク州政府によるこのスペインの工業都市を生まれ変わらせる施策も後押しをしました。そのプロジェクトによって1995年から2012年までに建てられた建物の設計者にはサンティアゴ・カラトラバ（1951～）、フォスター事務所、磯崎新（1931～）、アルヴァロ・シザ（1933～）などが挙げられます。グッゲンハイム美術館ビルバオはこの一連のプロジェクトの強力な先駆けでした。美術館はオープン1年目にビルバオ市に1億6000万ドルの経済効果をもたらしたと概算されています。最初の3年間で400万人の来館者が訪れ、その観光による税収は初期建設費を超えています。このいわゆるビルバオ効果は、世界中の美術館がこの劇的な成功を模倣しようと著名建築家に建物を依頼するという21世紀最初期の流行を生み出したといえるでしょう。

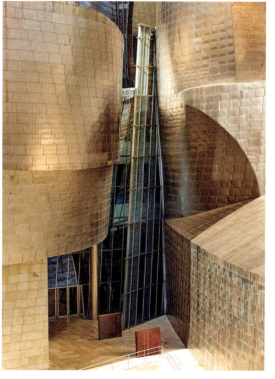

上左
美術館のフィッシュ・ギャラリーに恒久設置されている彫刻家リチャード・セラの彫刻『蛇』（1994～97）は3枚の巨大な熱間圧延鋼板でできている。

上右
グッゲンハイム美術館の内外装は魅力的な曲線や大胆な傾きに満ちており、それらの形態自体が芸術作品となっている。

フランク・ゲーリー
ゲーリーは1954年に南カリフォルニア大学の建築学科を卒業し、その後ハーバード大学大学院デザイン学部に学んだ。1970年代、サンタ・モニカの自邸における一般的な建材の風変わりな使用など、彼の初期の作品は住宅と家具に特化されていた。1980年代、90年代にはより大きな仕事を得るようになったが、20世紀終盤と21世紀初頭には航空工学用コンピュータソフトウェアの拡張によって劇的に冒険的なデザインへと飛躍した。

チタン外装

グッゲンハイムの外装に用いられた33,000枚のチタン板はステンレス鋼板よりも手頃な価格であった。紙のように薄いチタン板は外観の形態に馴染みやすく、また建物に光を反射する質感を与えている。チタン板はその後、ポール・アンドリューによる北京の中国国家大劇院(2007)、黒川紀章(1934～2007)による大分銀行ドーム(2010)など世界中の建物で用いられている。

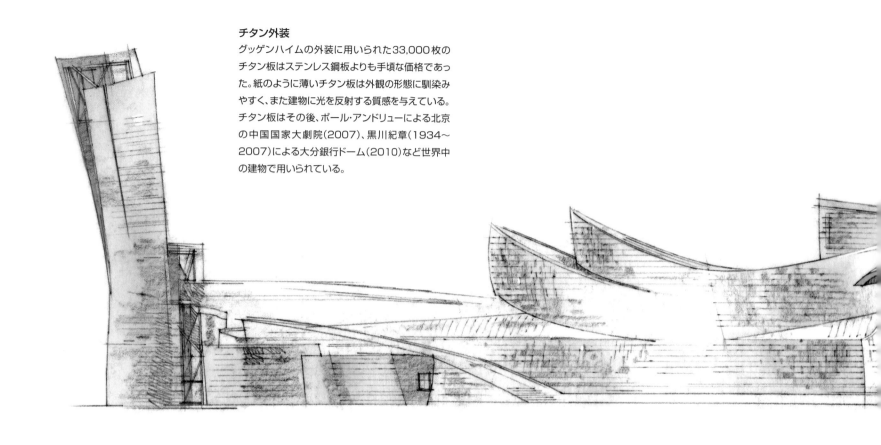

CATIAが生成する形態

外観形態、内部空間における複雑に絡み合う曲線と傾きを設計するために、ゲーリーは航空工学用コンピュータソフトウェアのCATIAの拡張版を使用した。この建築設計の試みから、2002年にはゲーリー・テクノロジーズ社が創設され、ロサンゼルスを本社として世界中に拠点を構えている。同社は建築家とそのクライアントにさまざまなコンピュータモデリングと情報サービスを提供している。

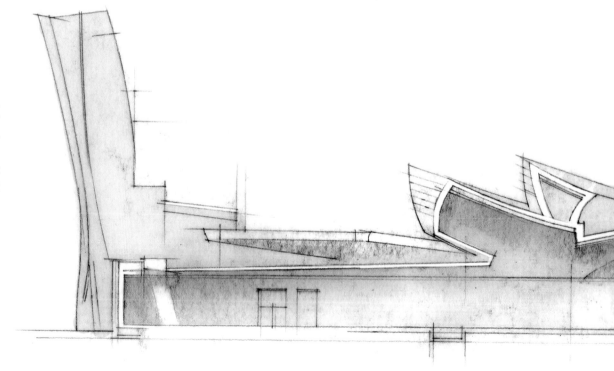

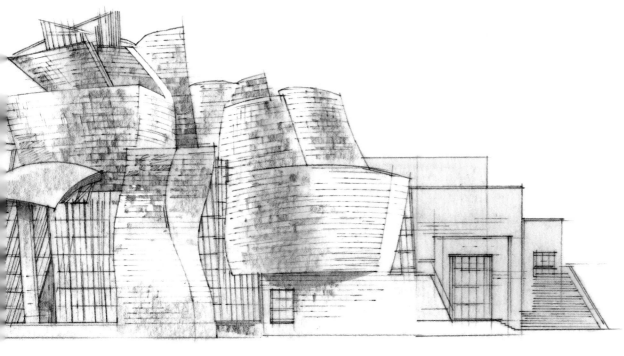

長方形の空間

波打つような外観は内部空間の多くの部分にも波及している。中央に形成されたアトリウムも含め、それらの多くはアート展示のための空間となっている。四角い外観の部分は同様に四角い内部空間となっており、その多くは事務室と来館者用諸室となっている。この部分はチタンではなくライムストーンで覆われている。この立面図（上）と断面図（下）は川に面した北側から建物を見たもの。

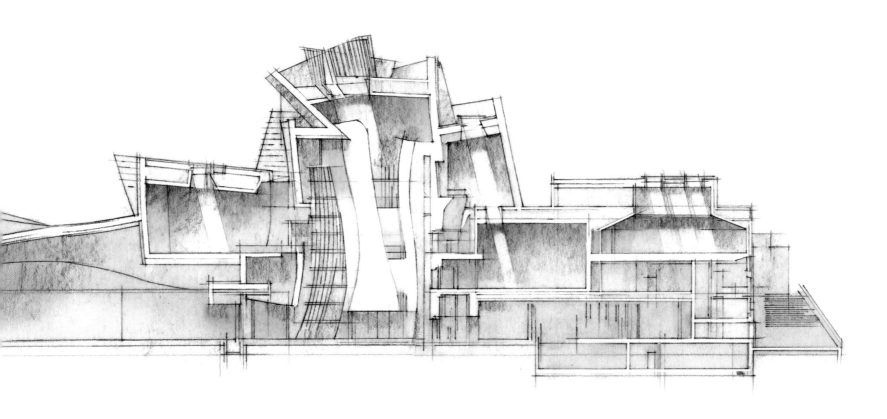

グッゲンハイム美術館ビルバオ

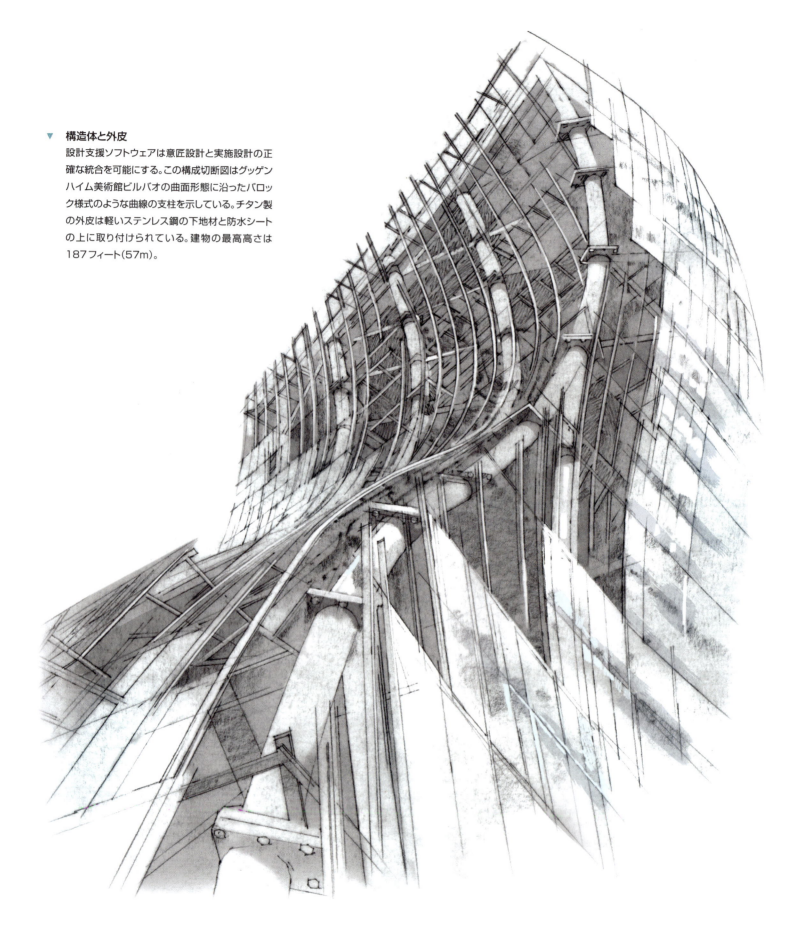

▼ **構造体と外皮**
設計支援ソフトウェアは意匠設計と実施設計の正確な統合を可能にする。この構成切断図はグッゲンハイム美術館ビルバオの曲面形態に沿ったバロック様式のような曲線の支柱を示している。チタン製の外皮は軽いステンレス鋼の下地材と防水シートの上に取り付けられている。建物の最高高さは187フィート（57m）。

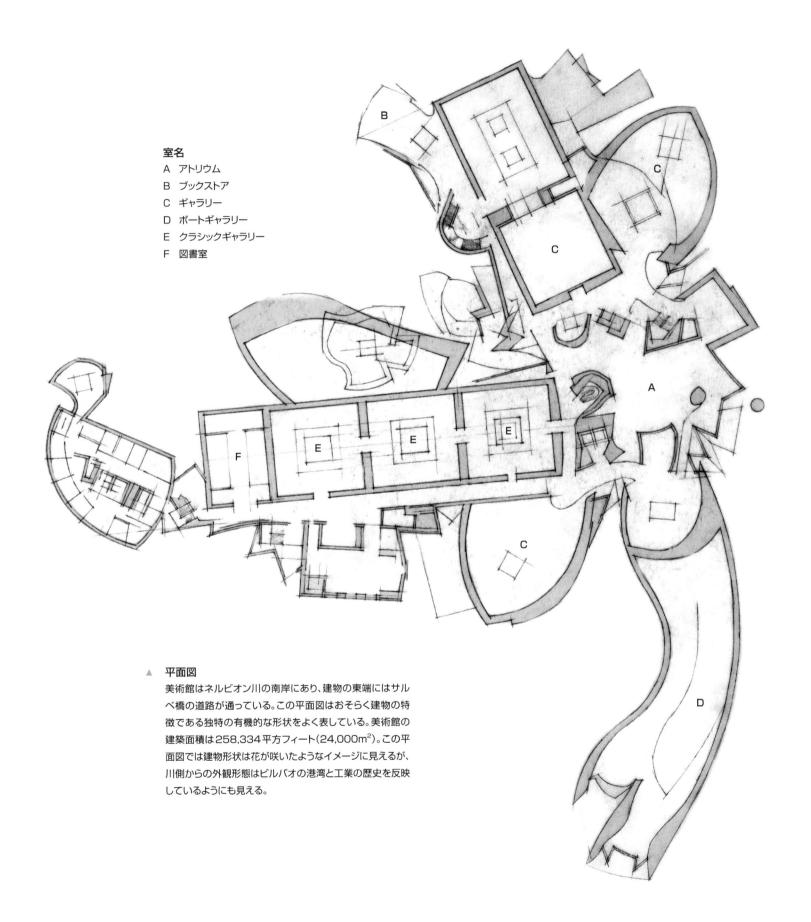

室名
- A アトリウム
- B ブックストア
- C ギャラリー
- D ボートギャラリー
- E クラシックギャラリー
- F 図書室

▲ 平面図
美術館はネルビオン川の南岸にあり、建物の東端にはサルベ橋の道路が通っている。この平面図はおそらく建物の特徴である独特の有機的な形状をよく表している。美術館の建築面積は258,334平方フィート(24,000m²)。この平面図では建物形状は花が咲いたようなイメージに見えるが、川側からの外観形態はビルバオの港湾と工業の歴史を反映しているようにも見える。

グッゲンハイム美術館ビルバオ

国立アフリカ系アメリカ人歴史文化博物館

所在地―――ワシントンD.C.(アメリカ合衆国)
設計者―――デイビット・アジャイ
建築様式――現代建築
建設年―――2009～16年

　ワシントンD.C.のナショナル・モールは、アメリカ合衆国議会議事堂(1792～1891、34頁参照)の大階段とワシントン記念塔(1885)の間の東西軸を結ぶ1.2マイル(1.9km)の美しい芝生公園です。その歴史は、1791年のピエール・シャルル・ランファン(1754～1825)による首都計画の一部として構想された長さ1マイル(1.6km)の美しい「大通り」にまで遡ります。その計画は実際には実現されず、その後最終的に1901年から1902年のマクミラン計画へと引き継がれました。マクミラン計画では主要なモニュメント2つを結びつける軸に沿って文教施設群を配置した300フィート(91m)の幅の緑の景観が想定され、それが今日見られる姿となっています。

　中心軸の北側と南側にはスミソニアン協会の主要施設とその他の国立美術館などが14棟並んでおり、スキッドモア・オーウィングズ・アンド・メリル(SOM)事務所のゴードン・バンシャフト(1909～90)によるハーシュホーン博物館と彫刻の庭(1974)、I・M・ペイ(1917～)によるナショナル・ギャラリー東館(1978年)、ペイ事務所のジェイムズ・インゴ・フリード(1930～2005)によるアメリカ合衆国ホロコースト記念博物館(1993)、ダグラス・カーディナル(1934～)による国立アメリカ・インディアン博物館(2004)などその多くは著名建築家によって設計されています。国立アフリカ系アメリカ人歴史文化博物館(NMAAHC)は2003年に立法化され2016年に開館しました。設計はデイビット・アジャイ(1966～)、フリーロン・グループ社、デイビス・ブロディ・ボンド社、スミス・グループJJR社によるものです。

　アジャイは2009年に実施された国際設計コンペでこの博物館の設計者に選ばれました。ガーナの外交官の息子としてタンザニアで生まれた彼はロンドンで教育を受け、1993年にロイヤル・カレッジ・オブ・アートの修士課程を修了しました。その後ニューヨークとロンドンを拠点として、ロンドンのアイデア・ストア・ホワイトチャペル(2005)、オスロのノーベル平和センター(2005)、デンバー現代美術館

（2007）、モスクワ経営管理大学院Skolkovo（2009）、ベイルートのアイシティ・ファンデーション芸術・ショッピング複合施設（2015）など世界中に作品をつくっています。

NMAAHCにはヨルバ族の木製彫像から発想された3層ファサードがあります。3段の光冠は3,600枚のブロンズ色のアルミパネルでできており、これは19世紀に奴隷であったアフリカ人がニューオーリンズでつくっていた鉄細工の装飾品をイメージしたものです。建設工事は2012年にワシントン記念塔に隣接した5エーカー（2ha）の敷地で始まりました。ランドスケープ設計はグスタフソン・ガスリー・ニコル社が担当しました。博物館の延べ床面積は420,000平方フィート（39,019m²）。ラルフ・アッペルバウム事務所が設計した展示も含めて、建設には5億4000万ドルの費用がかかりました。主な展示物としては、修復された1800年代の奴隷小屋、1920年代のアパルトヘイト（人種隔離政策）時代の鉄道車両、1973年頃からチャック・ベリーが乗っていた車であるキャデラック・コンバーチブルなどがあります。建物は地上5階建てで、最上階にはスタッフ事務室があり、その下の2層、および地下のコンコースに展示室と展示物があります。劇場や教育施設は来館者用施設とともにエントランス階と2階にあります。また省エネルギー設備として、太陽光発電パネルを用いた温水生成設備があります。

NMAAHCには2016年9月24日の公式オープン直後の週末に30,000人以上の来館者が訪れ、最初の5カ月間で100万人以上になりました。多くの建築メディアが賞賛するこの博物館は、ナショナル・モールに並ぶ重要な施設群における意義深い要素となっています。

上左
独特の逆ピラミッド形の外観をもつ博物館の外観は、光冠を戴いた姿を特徴とするヨルバ族の伝統的な木製彫像から発想されたもの。

上右
鋼製の階段がメインロビー階と地下のコンコースを結ぶ。そこで来館者は瞑想ホールの静かな空間を体験し、350席のオプラ・ウィンフリー劇場で公演を鑑賞することができる。

ナショナル・モール、ワシントンD.C.
ナショナル・モールにはジェームズ・レンウィックJr.（1818〜95）が設計したロマネスク・リバイバル様式のスミソニアン協会本部（1855）が建っている。「キャッスル」と名づけられたこの博物館はモールにある14棟の大きな博物館群の最初のものであり、最新のものがアフリカ系アメリカ人歴史文化博物館となる。多くは政府が出資する施設となっているが、追加的な支援のために設立された官民共同出資の基金もある。ここにある施設群と各地にある分館を合わせ、スミソニアン関連施設には毎年3000万人以上の来館者が訪れている。

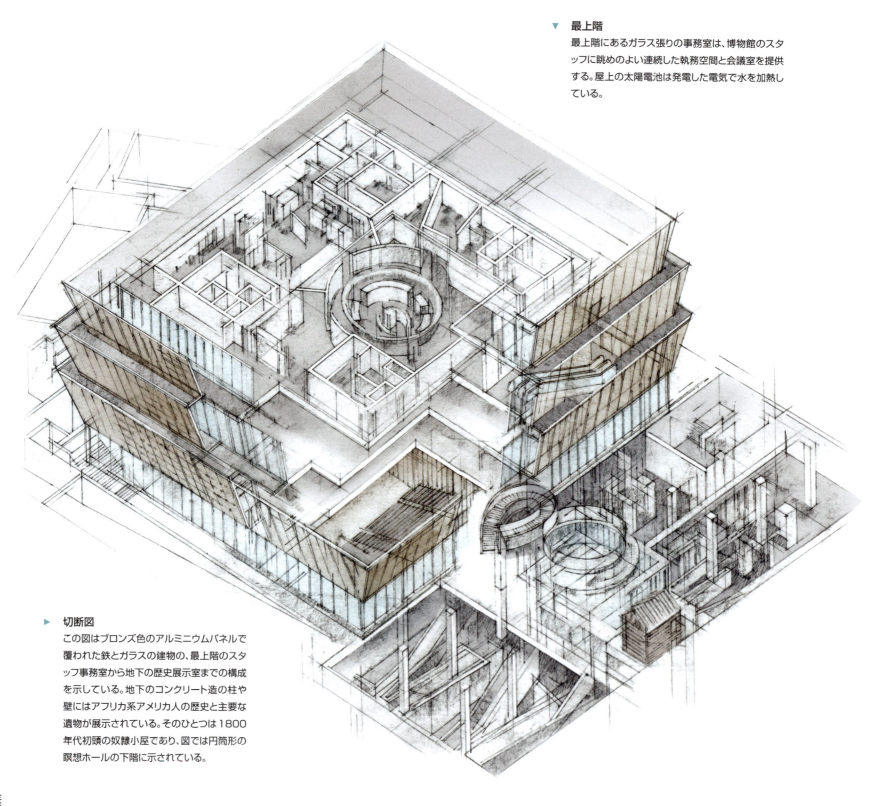

▼ 最上階
最上階にあるガラス張りの事務室は、博物館のスタッフに眺めのよい連続した執務空間と会議室を提供する。屋上の太陽電池は発電した電気で水を加熱している。

▶ 切断図
この図はブロンズ色のアルミニウムパネルで覆われた鉄とガラスの建物の、最上階のスタッフ事務室から地下の歴史展示室までの構成を示している。地下のコンクリート造の柱や壁にはアフリカ系アメリカ人の歴史と主要な遺物が展示されている。そのひとつは1800年代初頭の奴隷小屋であり、図では円筒形の瞑想ホールの下階に示されている。

スクリーンファサード
レースのように透けた金色のスクリーンファサードが背後にあるガラスの箱形の建物に特徴を与えている。すぐ内側にあるエスカレーターに乗ると、この格子細工を通して外の景色を眺めることができる。夜にはこの光冠が光り輝き、モールの文化的な誘導灯となっている。

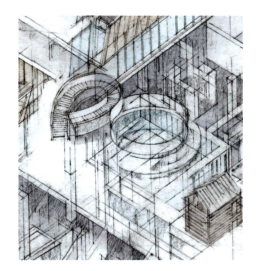

コンコース
曲線形の階段から地下のコンコースやオプラ・ウィンフリー劇場などにアクセスできる。劇場内の壁パネルはファサードスクリーンのパネルと同じ模様とされている。瞑想ホールには照明された四角い落水式噴水を取り囲むように座席が配置されている。背後の壁にはマーティン・ルーサー・キングJr.の次の言葉が刻印されている。「私たちは……努力し戦い続ける。正義が水のようにこぼれ落ち、公正さが強い流れになるまで」。

▶ **ファサードのディテール**
このディテールは3,600枚のブロンズ色の鋳造アルミニウムパネルの一部を示している。このパネルは日射抑制スクリーンとして機能し、内部の鉄とガラスのカーテンウォールからの眺めに特徴を与えている。この模様は南部、特にニューオーリンズの奴隷職人によってつくられた鉄細工のイメージを想起させることを意図したもの。ファサードの素材は日射による大きな熱取得を抑制しつつ、熱を蓄積しにくいものという条件で選定された。

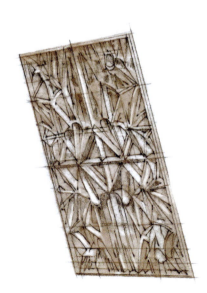

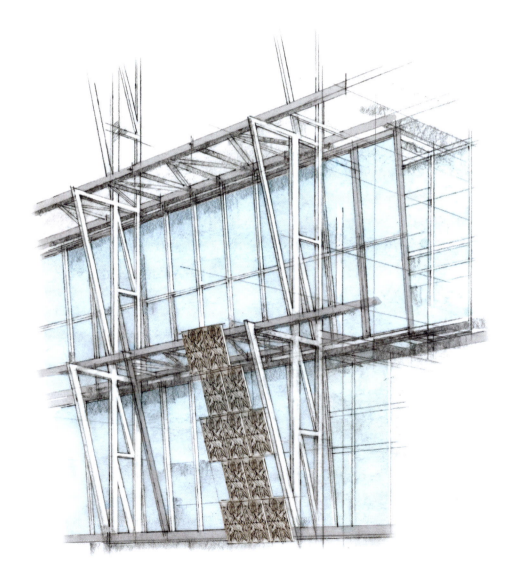

国立アフリカ系アメリカ人歴史文化博物館

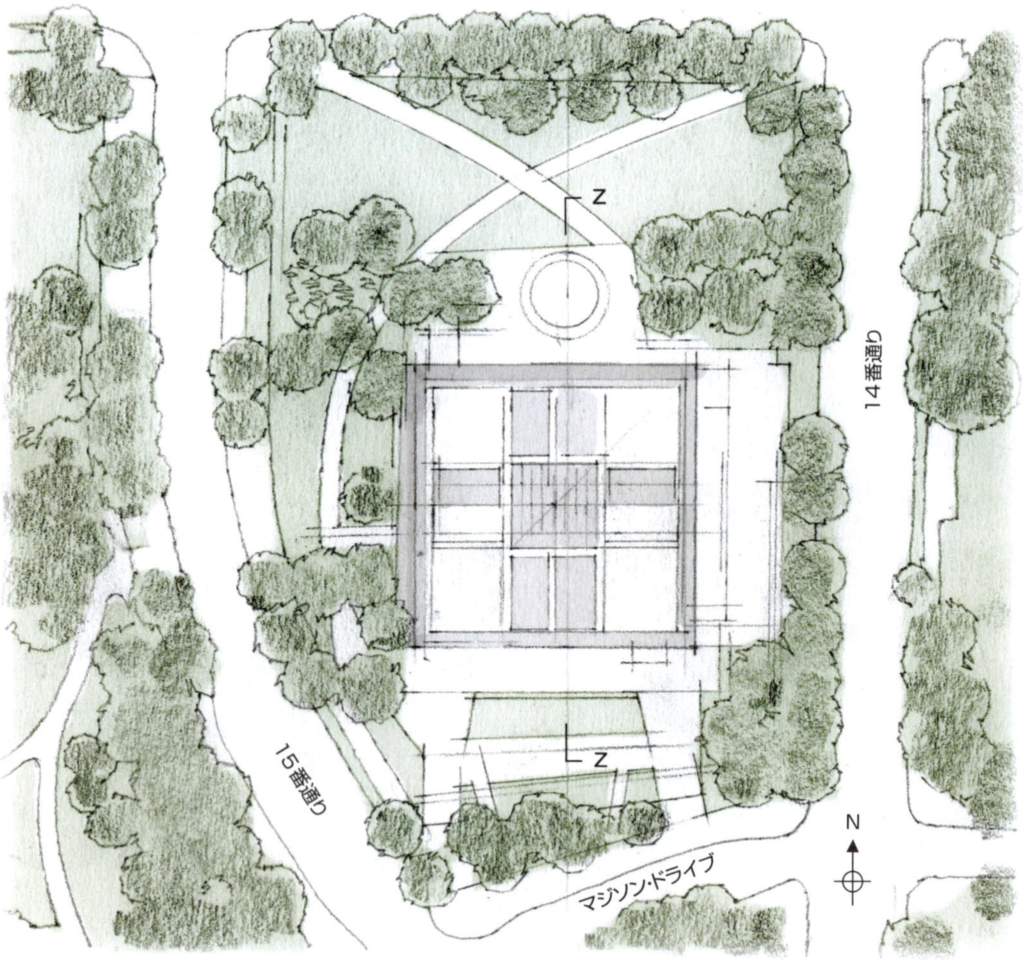

◀ **ランドスケープ**
420,000平方フィート（39,019m²）の博物館が建つ5エーカー（2ha）の敷地のランドスケープ設計はグスタフソン・ガスリー・ニコル社が行った。敷地にはアメリカ南部に自生するオーク、マグノリア、ブナといった樹が、曲線形のアプローチから離れた位置に重なるように植えられている。南のエントランス部にある人工池は静謐な景観に貢献している。

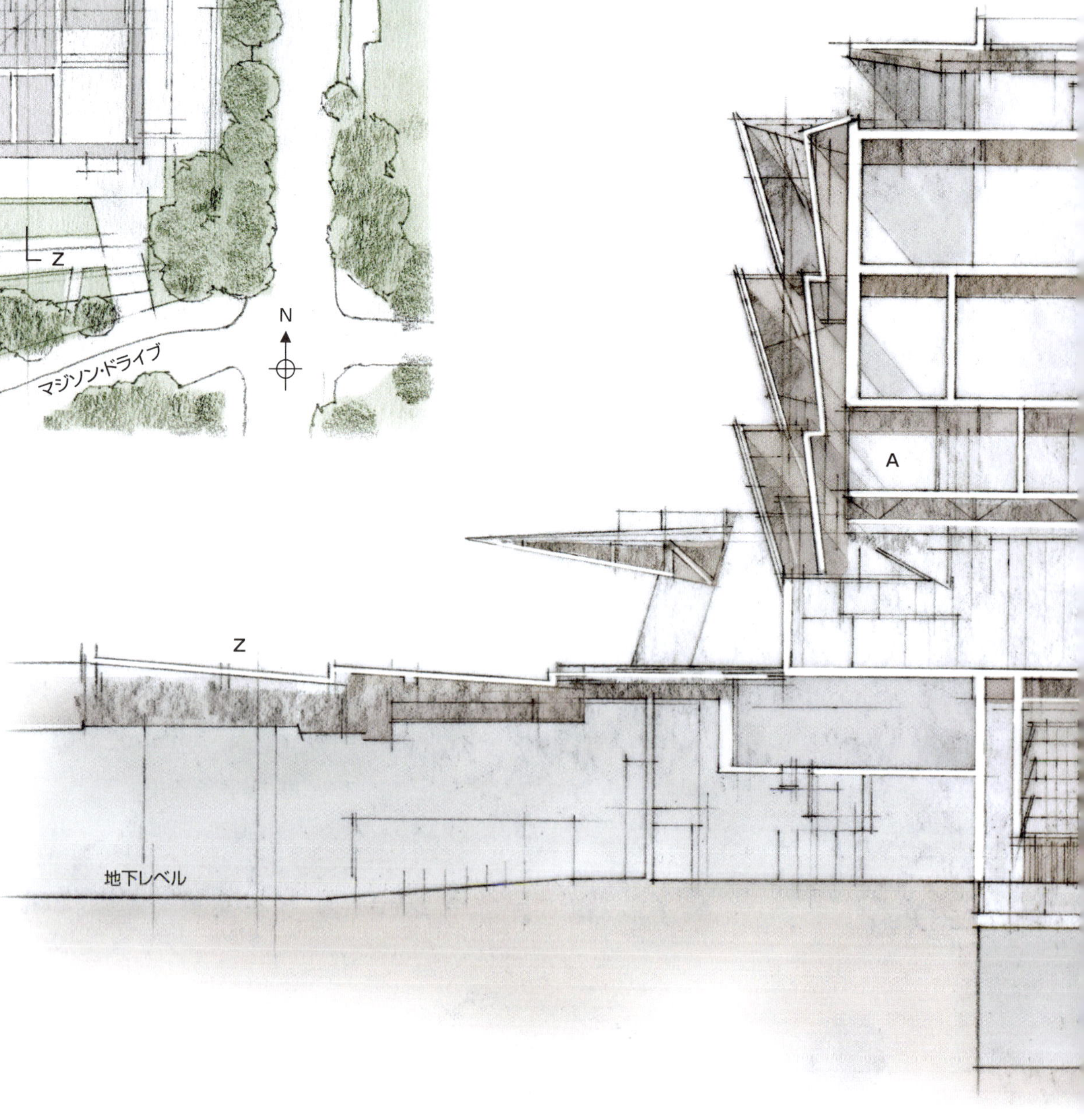

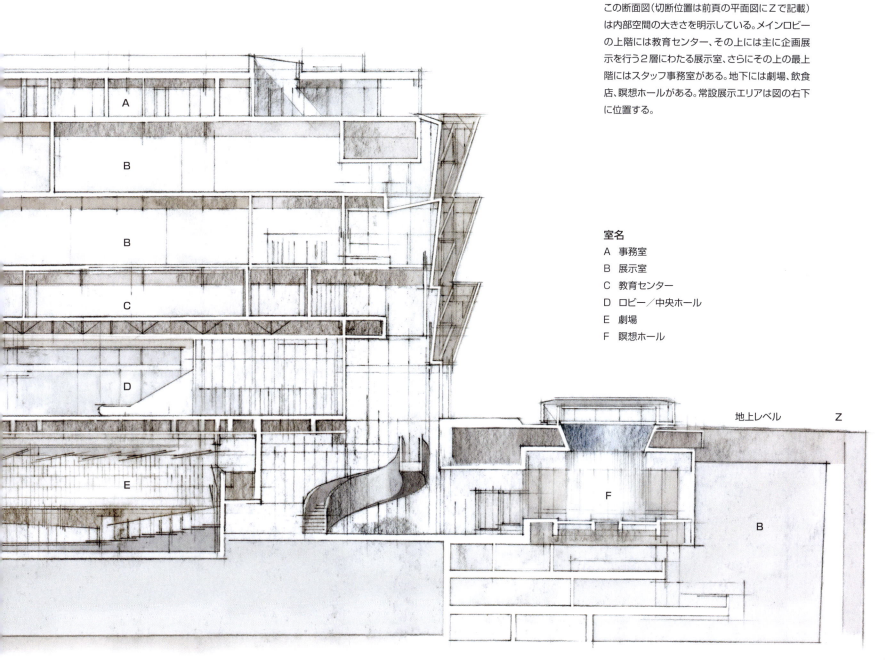

▼ 断面図

この断面図（切断位置は前頁の平面図にZで記載）は内部空間の大きさを明示している。メインロビーの上階には教育センター、その上には主に企画展示を行う2層にわたる展示室、さらにその上の最上階にはスタッフ事務室がある。地下には劇場、飲食店、瞑想ホールがある。常設展示エリアは図の右下に位置する。

室名

A　事務室
B　展示室
C　教育センター
D　ロビー／中央ホール
E　劇場
F　瞑想ホール

国立アフリカ系アメリカ人歴史文化博物館

生活
Living

「生活を楽しめ！」「上流の生活をしろ」「良い生活は最高の復讐」。こういった言葉を住宅や家庭を含めたライフスタイルにあてはめるとき、そこには豪華さや贅沢さといったイメージが含まれています。この章におけるいくつかの住宅は敷地、空間、眺望などの観点でこれらの言葉を実践するものであり、それは住宅という言葉が日常的に意味する「シェルター」というイメージにとどまらないものです。しかしその対極をいく事例も取り上げており、それは家のない人の収容施設と施療院、あるいは効率的に構成されローコストで建てられた小さな近代集合住居です。後者は今日のワンルームマンションやいわゆる極小住宅と比較すべきものでしょう。

この章で取り上げる11の事例のうちの8つは私有の1戸建て住宅です。イタリアのヴィチェンツァにある隠居住宅であるヴィラ・ラ・ロトンダ（1566～1606、188頁参照）、フィンランドのノルマルクにある夏季別荘であるマイレア邸（1939、210頁参照）など、これらの戸建て住宅は建てられた時代の創造的なデザイン力を表しています。アンドレア・パッラーディオがヴィラ・ラ・ロトンダでみせたローマ古典様式へのこだわり、ブリュッセルのタッセル邸（1893～94、192頁参照）における強烈で執拗なまでに絡み合うアール・ヌーヴォー様式の装飾、そして1920年代から1940年代までのモダニズム様式の名建築のそれぞれの場所におけるオープンスペースの変容などです。モダニズム建築の事例として取り上げるのはオランダのユトレヒトにあるシュレーダー邸（1924、196頁参照）、およびメキシコのルイス・バラガン邸（1948、214頁参照）、ロサンゼルス郊外にあるチャールズ＆レイ・イームズ夫妻のイームズ邸（1949～50、220頁参照）といった建築家やデザイナーの自邸です。モダニズム運動は社会を再構築し、特に安価な材料と工事費という観点で望ましい普遍的なデザイン的解決策を提供することを目的とした社会的デザインムーブメントでした。

これらのような解決策は、とりわけ2つの世界大戦（1914～18、1939～45）の戦後期における復興集合住宅を建設する状況に適合したものでした。1920年代と1940年代中頃には戦後住宅をつくるための設計コンペが数多く行われ、そこではモダニズム様式がより伝統的な住宅デザインと融合しながら普及していきました。例としては、『シカゴ・トリビューン』紙がスポンサーとなった住宅デザインコンペ（1927）、シカゴランド賞住宅コンペ（1945）、シュトゥットガルトで開催された有名なヴァイセンホーフ・ジードルング（1927）をはじめとしたヨーロッパにおけるさまざまな住宅展覧会、ロサンゼルスのケース・スタディ・ハウス（1945以降）などが挙げられます。本章ではそれらの中からシュレーダー邸とイームズ邸という2つの革新的でありながらローコストのモダニズム住宅を

イームズ邸（220頁参照）

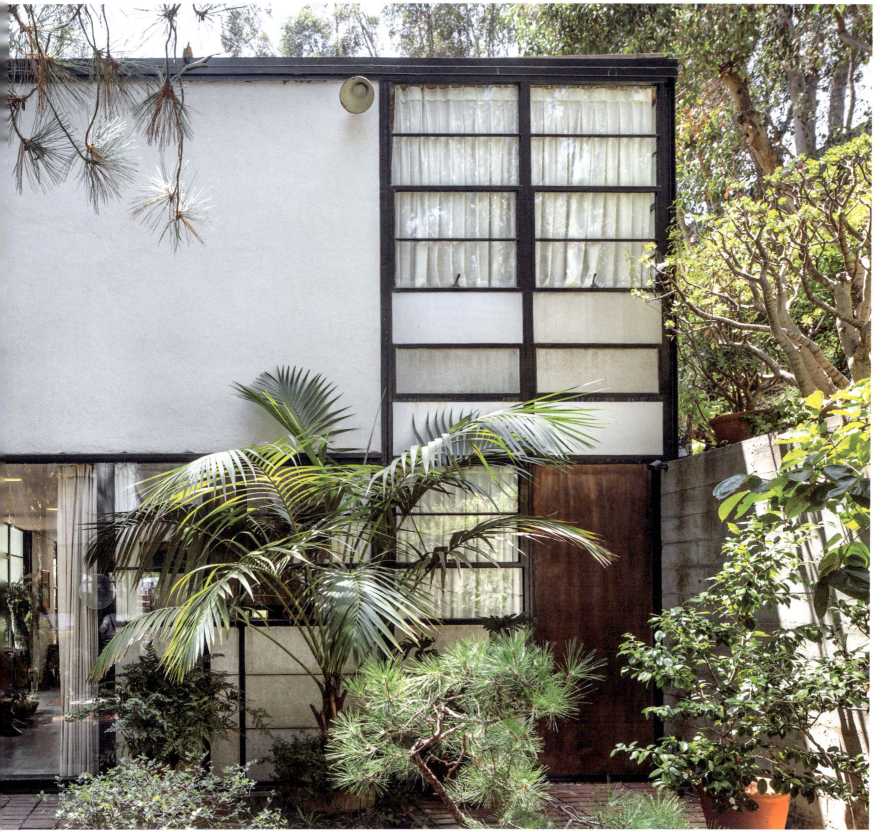

取り上げています。またここで取り上げているモダニズムの戸建て住宅のうち、アルヴァー・アールト（1898〜1976）によるマイレア邸とフランク・ロイド・ライトによる落水荘（1936〜39、206頁参照）の視覚的な類似は、アールトに対するライト作品の影響、緑に囲まれた周辺環境に呼応した建物を設計した2人の建築家の強い関係性をはっきりと示すものでしょう。

　ここまでの建物はすべて基本的には1戸建ての住宅ですが、本章では異なった時代、異なった経済階層のための3つの集合居住空間の事例も挙げています。フランスのボーヌにあるボーヌの施療院（1443〜52、184頁参照）は基本的には診療所と救貧院の複合施設で、壁際にベッド、中央部に大食堂のような共用の大テーブルが置かれた主広間がありました。黒川紀章（1934〜2007）の設計による日本の東京にある中銀カプセルタワー（1971〜72、224頁参照）は、工業技術を駆使して必要な要素を完備する居住ユニットをつくり、プレファブの高層集合住宅をローコストで実現するという創造的なデザインです。そしてMADアーキテクツの設計によるカナダのトロント近郊ミシサガ市にあるアブソリュート・タワーズ（2007〜12、230頁参照）は、まったく対極的な個人向けのハイエンド集合住宅です。全住戸が眺めのよいバルコニーを備えたその住宅はまさにリッチな夢物語でしょう。このように本章では戸建て住宅や集合住宅の幅広い事例を紹介していますが、いくつか紹介しきれなかった集合住宅もあります。ブルーノ・タウト（1880〜1938）とマルティン・ヴァグナー（1885〜1957）によるベルリンのブリッツにある有名な馬蹄形のブリッツ集合住宅（1925〜33）、さらに昔の作品でいずれもモスクワにある、モイセイ・ギンズブルグ（1892〜1946）によるナルコムフィン官舎（1928〜30）、イワン・ニコラエフ（1901〜79）による繊維研究所の学生宿舎（1930）などです。

　いずれにせよ本章では、それぞれの住宅を建て、住むために何が必要であったかを示しています。しかし他の章にもそれを物語る住宅は取り上げられています。公共の章にはヴェネチアの総督の住居であるドゥカーレ宮殿（1340〜1614、28頁参照）、はじめはオーナーであるウォルター・P・クライスラーの豪華な住居も入っていた商業ビルであるクライスラー・ビル（1929〜30、38頁参照）があります。モニュメントの章には王室の贅をつくした生活様式と居住の例であるヴェルサイユ宮殿が挙げられています。また有名な大統領の家であるモンティチェロ（1796〜1809、102頁参照）のパッラーディオ様式は本章に挙げるヴィラ・ラ・ロトンダと併せ見るべきものです。芸術と教育の章にはロンドンにある個人的な趣味で飾り付けられたジョン・ソーン邸（1792〜1824、116頁参照）、学生のための小さなワンルーム集合住宅棟のあるドイツのデッサウにあるモダニズム建築のバウハウス（1925〜26、126頁参照）が挙げられています。当初は王宮であり城でもあったパリのルーヴル美術館（1793、1984〜89、162頁参照）は本章への掲載も検討されていました。最終の宗教の章にある建物はいわば「神の家」とも考えられるものです。信仰を受けとめるというその用途以外にも、それらはしばしば司祭、僧侶、司教、修道士、ムッラー、イマームといった聖職者たちの住居も収容していました。たとえば、京都の金閣寺（1397以降、1955再建、256頁参照）は住居の建築様式を使用してつくられており、僧侶の居住空間でもある寺院です。このようにシェルターまたは住居という人間のための原初的な建築の機能は、この本を通して、そして地域や時代も超えて見出すことができるのです。

ルイス・バラガン邸（214頁）

ボーヌの施療院

所在地――――ボーヌ(フランス)
設計者――――ジャック・ウィスクリ
建築様式―――後期ゴシック様式
建設年―――― 1443〜52年

　中世のホテル、ホスピス、ホスピタルといった名称の建物は、今日でいう民間非営利団体や教会が運営するホームレスシェルターに相当します。それらは基本的には貧しい人々のための宿泊所でしたが、同時に病院であり、精神的更生の場でもありました。現代建築ではシカゴにあるパシフィック・ガーデン・ミッション(2007)などが建築デザインに優れた類似の施設です。この大規模施設は有名な建築家であるスタンリー・タイガーマン(1930〜)によって設計されたもので、900人以上の男女の共同宿泊、600席の大食堂、作業室、診察室、野菜の栽培温室、礼拝堂を備えています。中世ヨーロッパにおけるボーヌの施療院(Hôtel-Dieu de Beaune, Hospices de Beaune)も同様の施設でした。

　ボーヌの施療院は1443年、フランスとイギリスの間の百年戦争(1337〜1453)による貧困に苦しむこの地域の人々を医療と精神的ケアによって支援するため、ニコラ・ロランと彼の3人目の妻であるギゴーヌ・ド・サランによって設立されました。ロランはフランス東部、フランドル、オランダ一帯を領土とするブルゴーニュ公国のフィリップ3世の宰相でした。ロラン自身はフランドル写実主義の画家ヤン・ファン・エイクによる北方ルネッサンス絵画『宰相ロランの聖母』(1435)の中で、聖母マリアと赤子のキリストに祈る姿が描かれていることでよく知られています。

　施療院の設計と施工はジャック・ウィスクリが請け負いました。建物は1452年に竣工し、1971年に博物館に用途変更されるまで病院を兼ねた救貧院として使われていました。中庭を囲む長方形平面の2階建ての建物であり、その東側には建物を特徴づけるゴシック様式のフィニアル(頂部装飾)を戴いた小さな入口門があります。内部には調理室、修道女のエリア、礼拝堂、薬局、宿泊所(病室)がありました。礼拝堂にはかつて北方ルネサンスの画家ロヒール・ファン・デル・ウェイデンによる大作の多翼祭壇画『最後の審判』

生活

（1445〜50頃）が設置されていました。『ボーヌの祭壇飾り』としても知られるこの絵は現在では博物館内の専用室に展示されています。

しかし建築的に最も重要な部屋は、木造の尖頭アーチ天井とカラフルな梁がある長さ164フィート、幅46フィート、高さ52フィート（50×14×16m）の貧しき者の広間（Grande Salle des Pôvres）です。長手方向の壁沿いにはベッドが並べられ、広間の中央部分には大食堂のような共用の食事用テーブルが置かれていました。各2人を収容したと考えられる天蓋つきベッドとそれに付随する家具が19世紀の第3四半期に再現されて、現在置かれています。内部の床タイルには「seule（ただひとつ）」という、ロランの妻への思いを示す言葉のある紋章が印されています。中庭からの外観を最も特徴づけるのは、ハーフ・ティンバー（木軸現し壁）の回廊の上に載るカラフルな瓦屋根です。このガラス施釉瓦は1900年代初頭に修復、交換されています。

博物館を運営する非営利団体は、所有するブドウ園で製造し、建物内のワインセラーに収蔵しているワインのオークションを毎年11月に開催しています。この会員制オークションは2005年からクリスティーズが取り仕切っています。

下左
貧しき者の広間には19世紀に再現された天蓋つきベッドが並べられている。各ベッドは2人もしくはそれ以上の人を収容したと考えられる。

下右
この南東からの航空写真を見ると、建設当時の模様葺き瓦屋根の壮観はおそらく今日の印象を上回るものであっただろうと想像される。

ボーヌの祭壇飾り

北方ルネサンスの画家ロヒール・ファン・デル・ウェイデンによる『ボーヌの祭壇飾り』は建物の屋根よりも強い迫力を放っている。この絵は元々貧しき者の広間の端に接続する礼拝堂に設置され、15枚の絵がポリプティック（キリスト教で祭壇背後にある複数のついたて状の装飾面）を形成していた。オーク材の板に油彩で描かれていたが、後に一部はキャンバスに移された。全体の大きさは87×215インチ（220×546cm）。画家の最高傑作といわれているこの絵は、隣接する広間の患者たちに救いとともに、この絵のもうひとつの題である『最後の審判』において創造主に対する前に正しき人生を生きよという警告も与えようと意図されていた。

▶ **南ウイング**

この短辺のウイングは、厳格なチャペルや東側の貧しき者の広間とは建築的に分かれており、聖アンヌの部屋と聖ユーグの部屋がある。聖アンヌの部屋は裕福な患者のために使われた。聖ユーグの部屋は元々17世紀中期にユーグ・ベトーがつくった診療所であった。これらの部屋は建物の南西角（構造的には西ウイング）にある、瀕死の病人用の終末病室であった聖ニコラの部屋につながっている。これらすべての部屋は角部にある階段や西ウイングからつながる回廊を介して各レベルで中庭と間接的につながっている。

▼ **礼拝堂**

ここに南端部が示されている礼拝堂は貧しき者の広間の、その多くが死に近づいているであろう人々に信仰を思い出させるためのものであった。有名な『ボーヌの祭壇飾り』（『最後の裁判』）はここにあったが、非常に傷んだ状態であったため建物の北端の聖ルイの部屋に移設された。

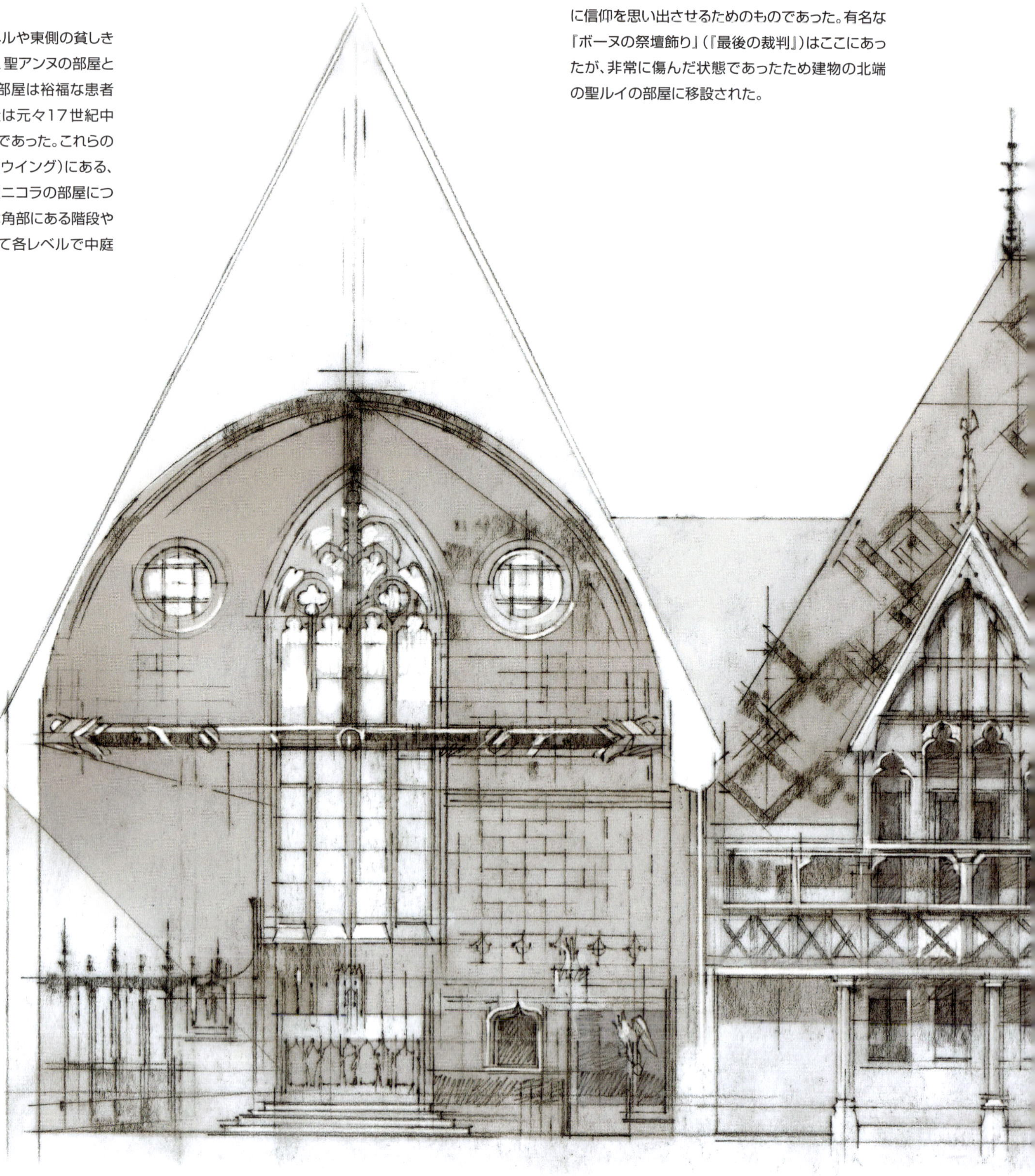

▼ 瓦葺きの屋根
南ウイングの屋根はハーフ・ティンバーの壁と色付き瓦葺きによる賑やかな姿を示している。これは中世末期の中部ヨーロッパの典型的なタイルパターンから影響を受けたと考えられている。中央にある石畳敷きの名誉の中庭にはゴシック様式の鉄細工で装飾された魅力的な噴水があり、模様葺き屋根、ハーフ・ティンバー壁、回廊によるファサードは、中庭の左側にある貧しき者の広間の地味な外観とは対照的なものとなっている。

▼ 西ウイング
図の右側にある西ウイングの南西の角には大きな聖ニコラの部屋がある。これは多くの患者の終末病室であった。1658年にこの施設を訪れた国王ルイ14世はこの部屋に多くの男女が詰め込まれているのを見て驚き、女性用の病室をつくって与えた。この病室は現在では施療院についての展示スペースとされている。

ボーヌの施療院

ヴィラ・アルメリコ・カプラ 「ヴィラ・ラ・ロトンダ」

所在地────ヴィチェンツァ（イタリア）
設計者────アンドレア・パッラーディオ、ヴィンチェンツォ・スカモッツィ、他
建築様式───ルネサンス・ローマン・リバイバル様式
建設年────1566〜1606年

ヴィラ・ラ・ロトンダとも呼ばれるヴィラ・アルメリコ・カプラは、教皇秘書であったパオロ・アルメリコが生地ヴィチェンツァに隠居するために依頼したヴィラ（郊外住宅）です。アルメリコはアンドレア・パッラーディオ（1508〜80）に、おそらく建築家にとっても最大規模となる郊外住宅の設計を依頼しました。1566年に始まった建設はパッラーディオとアルメリコの死後、パッラーディオから仕事を引き継いだヴィンチェンツォ・スカモッツィ（1548〜1616）によって完成することとなりました。スカモッツィと他の協力者たちは建物の次の所有者であるオドリコ＆マリア・カプラのもとで1606年に建物を完成させました。

ヴィラはパッラーディオの著書『建築四書』（I quattro libri dell'architettura、1570）に掲載されています。ローマの建築家、土木技術者であったヴィトルヴィウス（紀元前80頃〜15頃）が著した『建築について』（De Architectura、紀元前30〜15頃）の影響を受け、ローマ建築の信奉者であったパッラーディオは、これを含め多くの農村ヴィラを設計しました。ヴィチェンツァで石工としての訓練を受けて働いたパッラーディオのヴィラは、ローマ建築様式を単純化して参照した形態を特徴とします。アグリアーロにあるヴィラ・サラチェーノ（1540年代）、ポイアーナ・マッジョーレにあるヴィラ・ポイアーナ（1549）、ベルテジナにあるヴィラ・ガッツォッティ・グリマーニ（1550）、ヴァンシムグリオにあるヴィラ・チェリカティ（1550〜80）などのヴィラはすべてヴェネト州にあります。ラ・ロトンダはその建設主の「快楽のために」という言葉の下、付属建物とともにすでに農地として使われなく

なっていた土地に建てられました。敷地内にある回廊のついた素朴な付属建物群は、1591年から設計を引き継いだスカモッツィによって建てられたものです。

　ギリシア風の直交平面形をもつヴィラ・ラ・ロトンダは4つの同形の古典様式ファサードをもち、それぞれが6本のイオニア式柱によるポルティコ（列柱入口）で、頂部には神話の神々の彫像が飾られています。これらのファサードはローマの神殿を参照しつつも、そこではローマ時代の神聖な建築における精緻な様式が可能なかぎり単純化されています。パッラーディオによる多くのヴィラと同じようにこの建物もレンガと漆喰、そして石でつくられており、いくつかの床の部分はライムストーンや大理石の破片を漆喰で固めるというこの地域において一般的な手法でつくられています。中心部にはドームで覆われたロトンダ（円形ホール）があります。このドームはパッラーディオの設計ではより高いものでしたが、スカモッツィはそれを低めの外観に変更しました。ロトンダの四隅には18世紀に改修された階段室があり、3階とドームまで上ることができます。各階の床面積は1,445平方フィート（134m²）、延べ床面積は5,995平方フィート（557m²）となります。ピアノ・ノービレ（主階、2階）に配置されたメインルームやドームのロトンダには、おそらくそのほとんどがカプラ家によって発注されたと思われるフレスコ画が描かれています。また大理石の暖炉飾りや漆喰による装飾は全体的に施されています。1725年から1750年にかけて装飾の追加と軽微な改修が行われました。全体が対称形とされた平面図と外観はパッラーディオによるヴィラのなかでも独自性が高いものですが、彼の書に掲載されたメレド村のヴィラ・トリシーノにもヴィラ・ラ・ロトンダのデザインとの直接的な関係性を見ることができます。

　現在の所有者であるヴァルマラーナ家により1976年から修復プログラムが実施され、この世界的な建築モニュメントは博物館として公開されています。

上左
ヴィラ・ラ・ロトンダという建物名の由来となる中央ホール。周囲には大きなトロンプ・ルイユ（だまし絵）のフレスコ画が描かれている。

上右
中心となる正方形の建物の4面に、同形のローマ神殿のようなイオニア式柱のポルティコが付加されている。

パッラーディオ様式の影響
パッラーディオの影響は18世紀から19世紀建築において絶大であり、特にイギリスとアメリカ合衆国にはそれを示す事例が多い。ロンドンにあるチジック・ハウス（1727、左）はおそらくその最も有名なもののひとつであり、第3代バーリントン伯爵リチャード・ボイル（1694～1753）が何人かの有名建築家たちの協力を受けて設計したもの。中央のポルティコ、ドーム、セルリオ風窓などはすべて意識的にパッラーディオから引用している。

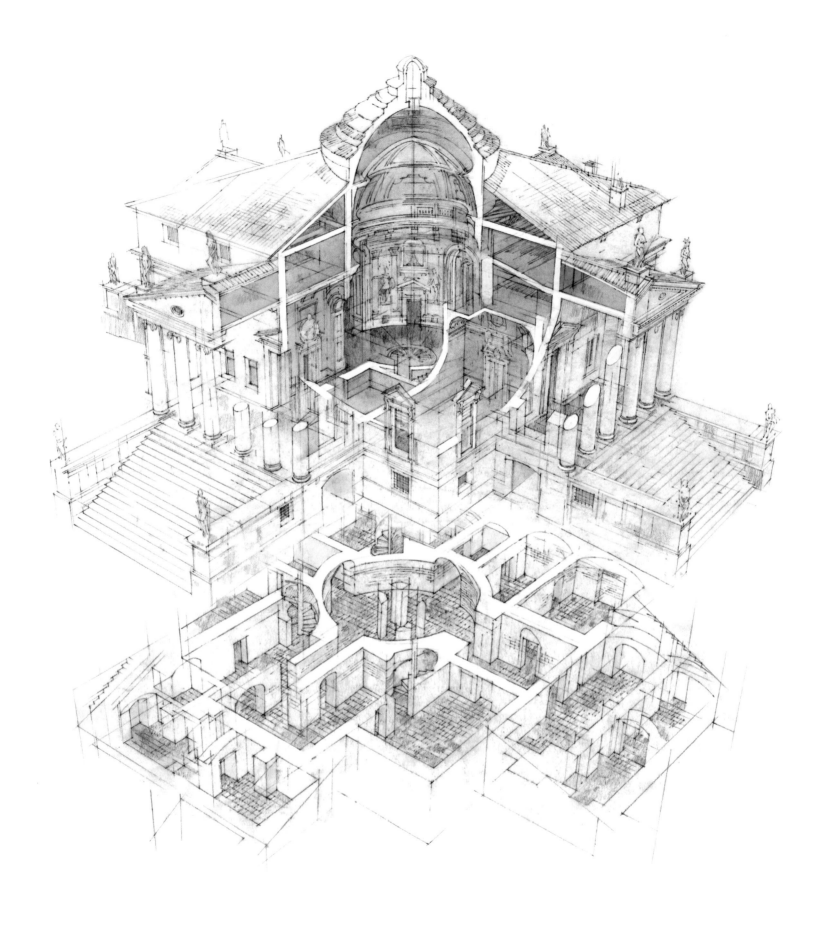

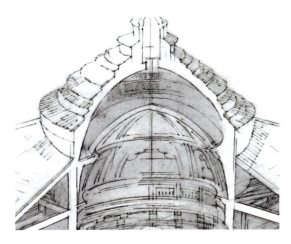

ドーム
パッラーディオはこのドームをランタン高窓の載った半球形のより高いものとして設計したが、スカモッツィはこれをローマのパンテオン神殿（126）を参照した低めの外観のドームに変更した。ヴィラ・ラ・ロトンダにおいてこのドームはキャロット（縁なし帽）と呼ばれている。同心円状に分割され階段状になっているドームには瓦が葺かれている。

ポルティコ
それぞれがイオニア式の列柱廊の様式でつくられた4つの対称形のポルティコは、中央の四角形の建物への入口であると同時に、その外観にローマ時代の公共建築のような威厳を与えている。各ペディメントの端部と頂部に載せられたローマの神々の像がこのイメージを強調している。

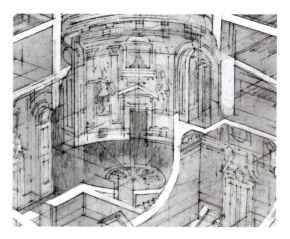

円筒形のホール
パッラーディオは、円形や正方形などの単純な幾何学形状が視覚に与える力を信じていた。建物の中央にある円筒形のホールはドームを支えるとともに、画家であり製図技師でもあったアレッサンドロ・マガンツァに円筒形とドーム形のフレスコ画の画面を提供した。

▶ 平面図
ヴィラ・ラ・ロトンダの平面図には円形と入れ子状の正方形、そして徹底して長方形に分割された部屋を明瞭に見ることができる。中央の円形ホールの角にある回り階段が各階を接続している。明瞭でシンプルな平面形状はパッラーディオ様式の特徴であり、この建物ではその論理的で秩序だった対称形が徹底されている。

◀ 下層階
1階は4つの大きな部屋がそれぞれ小さな部屋と隣接するという上階と同じ平面形とされつつ、天井は低くなっている。この階にはサービス諸室と召使い用の部屋、キッチンがあったが、現在では改装されている。この階の空間には直接的、間接的に外光が入る。建物はゆるやかな丘の上に建ち、この1階も周囲の土地より高い位置につくられている。

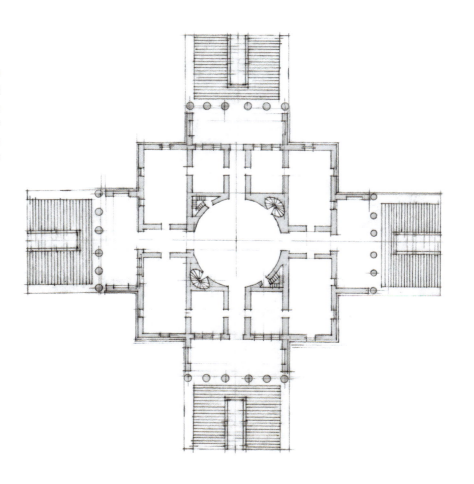

タッセル邸

所在地――ブリュッセル（ベルギー）
設計者――ヴィクトール・オルタ
建築様式――アール・ヌーヴォー様式
建設年――1893〜94年

　本書における建築様式の分類名称は同意味の異言語や派生用語を取りまとめて示しています。それは国や地域による呼び名の差異を取りまとめる際よく起こります。19世紀後半から20世紀初頭のアール・ヌーヴォー様式の場合もそうであり、イギリス、カナダ、アメリカ合衆国ではそう呼ばれつつ、ドイツではユーゲントシュティール、オーストリアではゼセッション（特にウィーン分離派）、イタリアではリバティ様式などと呼ばれました。アール・ヌーヴォー建築家はあまり多くはなく、欧米ではアメリカ合衆国のルイス・サリヴァン（1856〜1924）、フランスのエクトール・ギマール（1867〜1942）、オーストリアのヨゼフ・マリア・オルブリッヒ（1867〜1908）とオットー・ワーグナー（1841〜1918）、ドイツのペーター・ベーレンス（1868〜1940）、イタリアのジュゼッペ・ソマルーガ（1867〜1917）などが挙げられます。ベルギーではアンリ・ヴァン・デ・ヴェルデ（1863〜1957）とヴィクトール・オルタ（1861〜1947）がアール・ヌーヴォー建築家として知られています。

　オルタはゲントで生まれ、若き日には音楽と建築に興味を抱いていました。1873年から1877年までゲントで学んだ後、1878年から1880年にかけてパリで建築家ジュール・ドゥビュイッソンと仕事をし、1881年から1884年までブリュッセルで再び学んでいます。このパリにおける2年間はそれまで受けていた正規の設計教育よりも大きな影響を彼に与えました。彼は「街の通りを歩き、モニュメントや美術館を訪れ、私の芸術的な魂の窓は広がった」と語っています。1880年の父親の死を機にオルタはブリュッセルに留学し、そこで仕事をしましたが、1889年にはパリを訪れて万国博覧会と建設されたばかりのエッフェル塔を見ました。ブリュッセルでは1892年から1911年までブリュッセル自由大学で教鞭を執り、タッセル邸を含むアール・ヌーヴォーの傑

作を設計しています。タッセル邸の評価によってソルヴェー邸（1895〜1900）、ベルギー労働党のための人民の家（1899、現存せず）などの仕事も得ました。

オルタの大学の同僚であったエミール・タッセル教授とその母親のために設計されたタッセル邸で、オルタははじめて有機的で華やかな鉄製の階段を住宅に組み込みました。それはこの建物のデザインの焦点となっただけでなく、彼独自のアール・ヌーヴォー建築の特徴でありギマールをはじめとした他の建築家たちに影響を与えたと考えられる有機的な曲線、「生物のような鞭の一撃」の具現化でした。幅25.5フィート、奥行き95フィート（7.8×29m）の敷地に建てられたこの都市住宅はレンガの主構造にウーヴィル石、サヴォニエール石を用いてつくられており、鋼製の天窓による光井戸が階段と冬庭に外光をもたらしています。この冬庭の大空間はエントランス階で印象的な階段の反対側にあります。階段の装飾には彫刻家ゴドフロワ・デフリーゼによるペルセウス像、画家アンリ・バエスによるアラベスク壁画が含まれています。オルタは同時代の他の建築家たちと同様に、ドアハンドルからモザイク床、彫刻的な柱頭、ステンドグラス窓、凸曲面のファサードの鉄細工にいたるまで、どのような大きさの部位においても曲線形態を徹底しました。

地下にはボイラー室、パントリー、キッチン、ワインセラー、洗濯室などの機能的な部屋があり、地上は3階建ての上に屋根裏部屋もあります。1階にはエントランス、リビング、ダイニングルームがあります。凸曲面の窓の内側にある中2階の喫煙室はタッセルが旅行で撮った写真のスライドショーを行うホームシアターにもなりました。2階には寝室、書斎、オフィスがあります。この家は後にいろいろな用途で使われ、1976年にはオルタの元で学んだ建築家のジャン・デレイ（1908〜93）によって購入され、1982年から1985年にかけて完全に修復されました。デレイは1969年にブリュッセルでオルタの自邸兼スタジオ（1898〜1901）内に美術館を設立した中心人物の1人でもありました。今日、タッセル邸はプライベートツアーでのみ見学することができます。

上左
家のメインエントランスおよび玄関ホールの入口階段には精巧なモザイク床があり、階段室の床にある同様の模様へとつながっている。

上右
この家の視覚的な中心でもある洗練された有機的形態の階段は、上階では分岐することによって中央に階段がある階よりも多くの床面積を生み出している。

華麗なるアール・ヌーヴォー
ヨーロッパにおけるアール・ヌーヴォーの首都はブリュッセルとパリだろう。パリには細く洗練された有機的形態による非常に装飾的な建築が多く残る。パリのメトロ入口（1905頃）などのようなシンプルでありながら魅惑的なデザインはエクトール・ギマールによるもの。その後のさらに洗練されたデザインとしては、ジョルジュ・シュダンヌ（1861〜1940）とフェルディアン・シャニュ（1872〜1961）によるギャラリー・ラファイエット百貨店（1912、左）における、ショッピングのパンテオン神殿ともいうべきドームの架かった吹抜けホールがある。

▼ **断面図**
この断面図は右側が通りに面したファサード、左側が家の裏側となっている。地下階の通り側には石炭庫、奥にはキッチンや洗濯室などのサービス諸室がある。石炭庫の上、1階にある通りからのエントランスにはポーチと玄関ホールがあり、入口階段と主階段へと導いている。主な共用の部屋は1階の階段の左側部分に配置されている。寝室などのプライベートルームは主に上階の階段左側に配置されている。通り側には入口上の中2階に喫煙室があり、その上にオフィスと書斎がある。

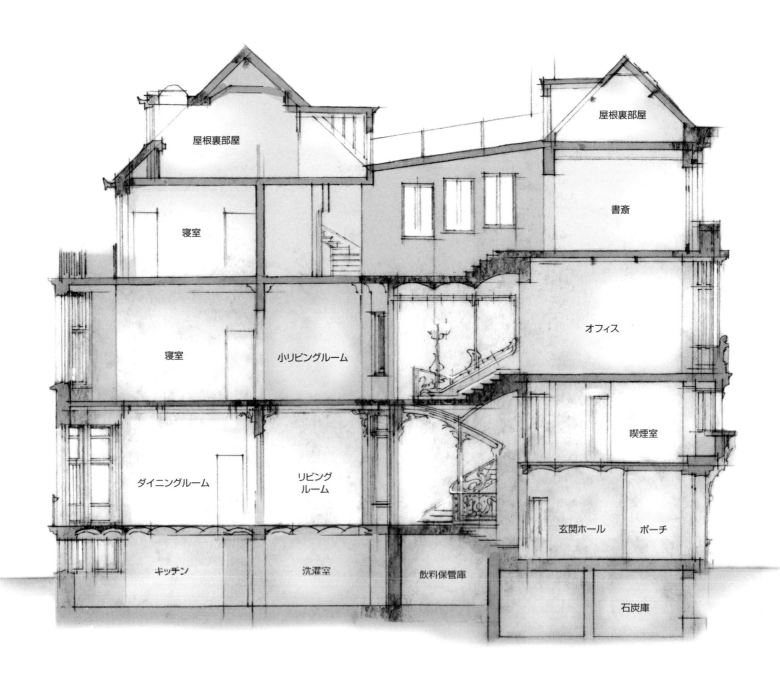

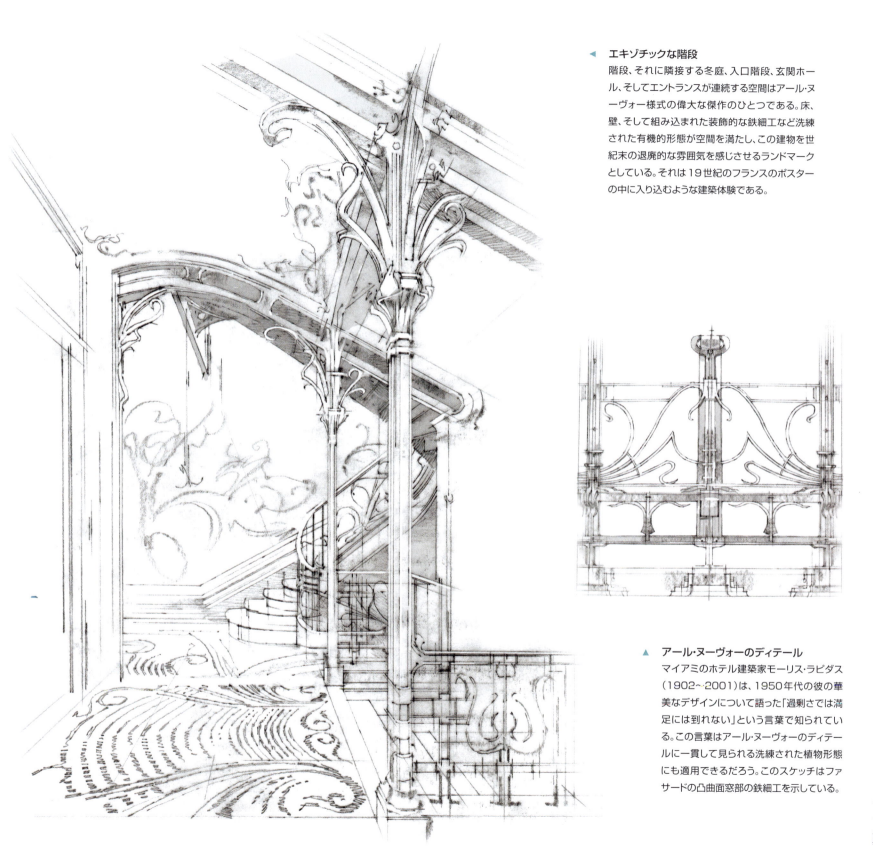

◀ エキゾチックな階段
階段、それに隣接する冬庭、入口階段、玄関ホール、そしてエントランスが連続する空間はアール・ヌーヴォー様式の偉大な傑作のひとつである。床、壁、そして組み込まれた装飾的な鉄細工など洗練された有機的形態が空間を満たし、この建物を世紀末の退廃的な雰囲気を感じさせるランドマークとしている。それは19世紀のフランスのポスターの中に入り込むような建築体験である。

▲ アール・ヌーヴォーのディテール
マイアミのホテル建築家モーリス・ラピダス（1902〜2001）は、1950年代の彼の華美なデザインについて語った「過剰さでは満足には到れない」という言葉で知られている。この言葉はアール・ヌーヴォーのディテールに一貫して見られる洗練された植物形態にも適用できるだろう。このスケッチはファサードの凸曲面窓部の鉄細工を示している。

タッセル邸

シュレーダー邸

所在地────ユトレヒト（オランダ）
設計者────ヘリット・リートフェルト
建築様式───デ・ステイル、モダニズム様式
建設年────1924年

　1924年にこの建築が建てられたとき、隣の伝統的なレンガ積み住宅の住人が何を考えたか想像してみてください。街区の端の小さな敷地に建てられたシュレーダー邸の設計と外観は革命的でした。この画期的なデザインは建築家ヘリット・リートフェルト（1888〜1964）によるものです。大工として修業を積み建築設計を独学で学んだリートフェルトは、1917年に家具と飾り棚の工場を設立しました。同年に彼が発表したレッド＆ブルー・チェアはこの時代の最も有名な家具製品であるといえるでしょう。彼はオランダの近代運動であるデ・ステイル（1917〜31）への参加により、ドイツのデッサウにあるバウハウス（1925〜26、126頁参照）の設計で有名なヴァルター・グロピウスなどのモダニズム建築家たちと交流をもつようになりました。ユトレヒトにある4戸建て集合住宅のエラスムスラーン（1931〜34）やヘールレンに戦後建てられたファン・スロベ邸（1961）などに見られるように、有名建築となったシュレーダー邸以降のリートフェルト自身の作品は、原色を用いるデ・ステイルではなく1920年代後半から30年代のよりモノトーンなモダニズムへと変化しました。一方で彼は大工や家具職人としてのルーツも保ち続け、ワウター・パープ・チェア（1928〜30）、ジグザグ・チェア（1932〜34）といったミニマルなモダニズム家具を生み出し続けました。

　夫を亡くしたばかりの名士トゥルース・シュレーダーのために設計されたシュレーダー邸（1924）はダイナミックな平面構成の立体的実験です。彼女は自分自身と3人の子供が「住んでいた」場所ではなくこれから「住む」場所を求め、それがこのような活力に満ちた小さな建物として結実しました。壁パネルのダイナミックな配置と原色は同様の内部をイメージさせるものであり、その多用途の内部空間は可動壁によって分割したり変化させたりできるようになっています。組み込まれた造作家具も置き家具と同様の色彩でできています。

　建物は主にレンガ造と木造で、基礎と2階のバルコニーは鉄筋コンクリート造、バルコニーの手すりは鋼材が溶接されたものとなっています。ほとんどの部屋の床仕上げはゴムシート張りとコルクフローリングです。リートフェルトはこの1,200平方フィート（111.5m²）の家を9,000ギルダーという驚くべき低工事費でつくりあげました。これは現在の約

65,000ユーロ（73,200米ドル）に相当します。建物が完成すると彼は1階に小さな設計事務所をつくり、そこで1925年から1933年まで仕事をしました。彼の妻が死亡した後にはそこでトゥルース・シュレーダーと同居し、生涯そこに暮らしました。1985年のトゥルースの死とともにこの家は財団に寄贈され、その財団を預かる地元の建築家ベルタス・ムルダー（1929～）が修復を行いました。

今日シュレーダー邸はユトレヒト中央美術館によって運営されています。このようにただ1人のオーナーによって住み続けられたことによって、この家は、幾何学と原色の調和を目指したデ・ステイルと呼ばれる1920年代オランダのモダニズム運動を象徴する遺産として後世に遺されました。それはリートフェルトと同時代のテオ・ファン・ドゥースブルフやピエト・モンドリアンによる直線で構成された抽象画にも匹敵する優れた芸術作品です。

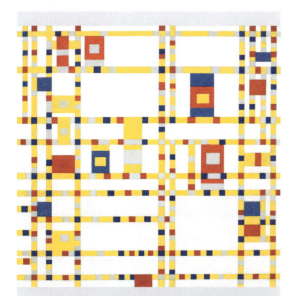

デ・ステイル

デ・ステイル運動のアーティストたちは主に幾何学的な形と力強い原色を用いた抽象作品で知られている。モンドリアンの第1次世界大戦（1914～18）後の作品はこの表現原理と最も強く結びついている。彼は1920年代から1930年代にかけて、色彩で強調されたグリッド状の構成を多数描いた。第2次世界大戦（1939～45）の最初の年に彼はヨーロッパを出てニューヨークに移っている。『ブロードウェイ・ブギウギ』（1942～43、上）はこの都市の建築やジャズのリズムに触発されて制作された。

上
建物はデ・ステイルの絵画の立体化というイメージを強くもち、今日でも住宅であると同時に彫刻作品のように見える。

左
着彩されたスライド壁は外部と同様に内部にもあり、組み込みの収納にとどまらず、家全体のフレキシブルで多用途に使える部屋を形成している。

▶ **直交直線による支配**
建築形態および色彩で表現された構造と壁パネルは、この家が長方形によって支配的に構成されていることを示している。この図で主階の多用途空間の角に描かれているリートフェルトのレッド&ブルー・チェア（1917）は、この長方形が支配的な空間を小規模に表現したものともいえる。その角の下にあるキッチン・ダイニング・エリアには組み込み造作家具もある。

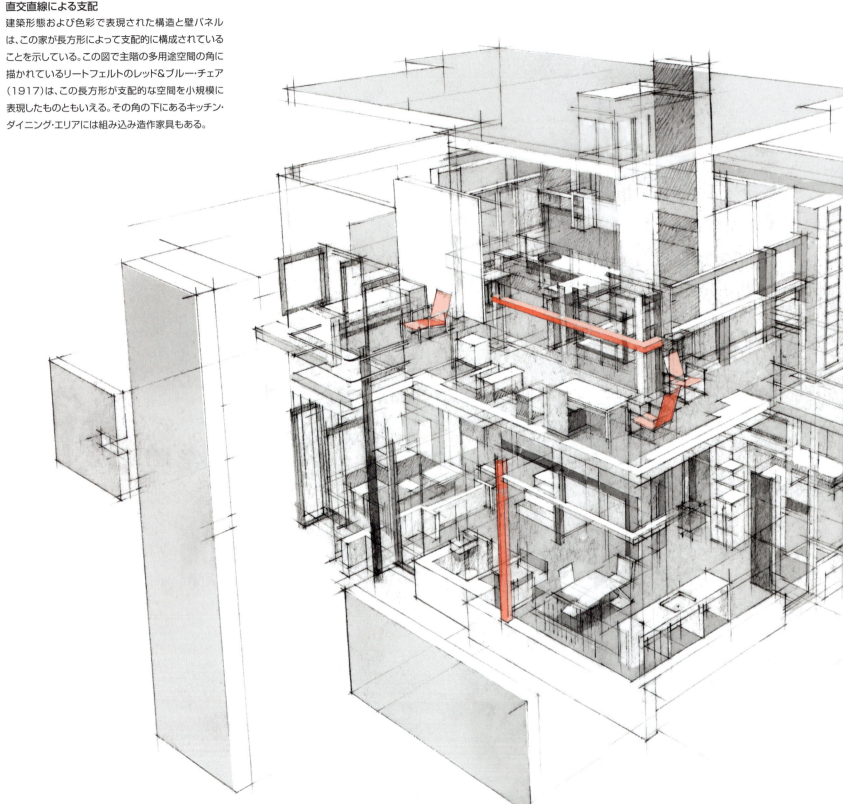

▶ **平面図**
移動可能な壁と多用途あるいはフレキシブルな空間が中央の階段の周りに配置されている。キッチン、ダイニング、リビングスペース、スタジオ、寝室は1階に置かれている。上階にはさらに大きな、分割することもできる多用途スペースがある。リートフェルトとシュレーダーが正式に同居する前にも、家が建ったすぐ後から彼は1階の奥にあるスタジオを仕事に使っていた。

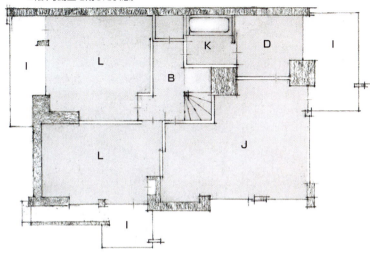

2階(可動壁を閉じた状態)

◀ **オープンスペース**
多くのモダニズム建築家たちと同じように、リートフェルトも外部と内部を視覚的につなげることを考えた。バルコニーは建物の壁パネルと同じようにデザインされており、窓は回転して開閉するだけでなく、時には建物の角を開放できるように設計されている。これはペンシルベニア州にあるフランク・ロイド・ライトの落水荘(1936〜39、206頁参照)と同様に、自然との直接的なつながりを示唆している。この発想は同時代の野外結核治療や一般的な健康概念の広がりを反映したものであったかもしれない。

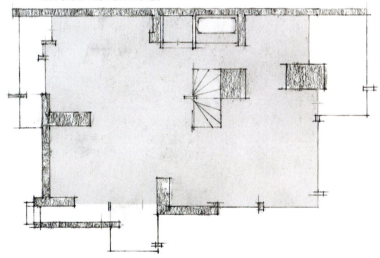

2階(可動壁を開け放した状態)

室名
A　エントランス
B　ホール
C　キッチン/ダイニング/リビング
D　就寝スペース
E　作業スペース
F　スタジオ
G　読書スペース
H　トイレ
I　バルコニー
J　リビング/ダイニング
K　浴室
L　作業/就寝スペース

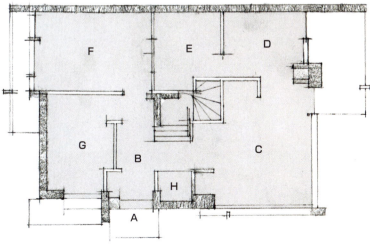

1階

シュレーダー邸

メゾン・ド・ヴェール（ガラスの家）

所在地────パリ（フランス）
設計者────ピエール・シャロー、ベルナルト・ベイフット
建築様式───ヨーロッパ・モダニズム様式
建設年────1928～32年

　パリにあるメゾン・ド・ヴェール（ガラスの家、1928～32）は2つの世界大戦の戦間期につくられた最も印象深く説得力のあるモダニズム住宅のひとつです。しかしル・コルビュジエ（1887～1965）、ルートヴィヒ・ミース・ファン・デル・ローエ（1886～1969）、ヴァルター・グロピウス（1883～1969）、フランク・ロイド・ライト（1867～1959）などの設計した住宅ほどには知られていないかもしれません。それはおそらく、主設計者であるピエール・シャロー（1883～1950）が建築よりもインテリアと家具のデザインを中心に活動していたためでしょう。一方で、彼がこの建物の共同設計者として雇ったベルナルト・ベイフット（1889～1979）は経験豊富な建築家でした。ベイフットはオランダの建築家ジャン・ダイカー（1890～1935）とともに設計したオランダのヒルフェルスムにあるグランド・ホテル・グアイランド（1936）で当時よく知られていました。そしてもうひとつの理由は、シャローが1939年にパリからニューヨークに移住し、自殺で世を去るまでついに戻らなかったことかもしれません。

　シャローは1900年から1908年までエコール・デ・ボザール（フランス国立高等美術学校）で学んだ後、1908年から1913年までパリにある英国家具メーカー、ウェアリング＆ギロー社に勤務しました。第1次世界大戦（1914～18）時の兵役の後、パリでインテリアと家具のデザインの仕事をはじめ、鉄とガラスの使用や、スライド式パネルを使った空間で知られるようになりました。当時の作品としては、デザインの世界に大きな影響を与えた1925年の『現代装飾美術・産業美術国際博覧会（Exposition internationale des arts décoratifs et industriels modernes）』に出品され表彰を受けたフランス大使館のオフィス用本棚などがあります。この知名度と実績を知った建築主のジャン・ダルザス医師とそ

の美術愛好家の妻アニーから、シャローは生涯で最も重要な作品となるメゾン・ド・ヴェールの設計依頼を受けることとなりました。

この鉄とガラスの名作建築はサン・ギョーム通りから少し入った前庭の奥に佇んでおり、3階建ての家の1階には医師のオフィスと診察室があります。個人住宅部分は客用スペースと医院の上に、2階分で収められています。ガラスブロックと機械式で回転開閉する窓は規則的に割り付けられた鋼製ファサードに動きを与えています。住人を退去させることができなかった最上階は既存のレンガ造建物のまま、その下層部分が全面改装されています。シャローはこの建物の鉄の機構やディテールを製作するため、鉄職人のルイ・ダルベールを雇いました。内部空間にはスライド式壁パネル、折り畳み式階段、キッチンとダイニング間の移動台車など、シャローらしい機械的な仕掛けが満ちています。

ダルザス医師はフランス共産党員であり、1930年代には吹抜けに大型の本棚を備えたこの家のライブラリー・リビングルームにパリ中から多くのアーティストや文化人が集っていました。そこには画家マックス・エルンストや俳優ルイ・ジューヴェなどの著名人も含まれていました。所有者が不在となったドイツによる占領時代を経た後、1944年のパリ解放により住人が戻って修理と復元が行われ、政治的、文化的な会合も再開されました。

2006年以降、メゾン・ド・ヴェールはアメリカ合衆国の銀行家でコレクターのロバート・ルービンが所有しており、彼は少しずつ建物を復元し、学生や研究者に公開しています。この家はモダニズムの傑作の中でもユニークなものであり、鉄やガラスで独自の作品を創出するリチャード・ロジャース（1933）やジャン・ヌーヴェル（1945）など数多くの建築家に影響を与えています。

上左
大きな本棚を備えた2層吹抜けのライブラリー・リビングルームは、アニー・ダルザスが主催するサロンのための理想的な空間であった。

上右
鉄とガラスの建物は夕刻には内部から光り、サン・ギョーム通りから少し入った前庭の奥でモダニズム建築の導き手の役割を果たしている。

シャローの家具
シャローは家具デザイナーとして修業を積んでおり、他の有名なモダニズムのデザイン家具がそうであるように、今日彼の作品は博物館の非常に価値ある収蔵品となっている。シャローの家具は2色に塗り分けられた部品とパネルを特徴とし、時として奇抜な幾何学形態を形成している。多くの彼の作品には黒く塗られた鉄だけでなく豊かな色調の木材も使用されている。彼による有名な入れ子形のテーブルなどでは光沢仕上げの木材による幾何学形態が生み出されている。メゾン・ド・ヴェールには鉄と木でできた組み込み造作のキャビネットや塗装された曲げ鋼材によるサイドチェアなど、今もシャローのデザインした家具が残されている（左）。

▼ **1階**

図の下部にあるファサードのはしごの間には、メインエントランスおよび医者のオフィスと待合室のある客用スペースへの入口がある。1階は基本的に医院となっており、建物の背後側に回りこんで診察室エリアがある。小さな黒い鋼製階段が医師のプライベートな書斎へとつながっている。待合室には鉄とガラスでできた扉がある。

室名

1階
- A エントランスロビー
- B 中央廊下
- C 庭側廊下
- D サービス用ロビー
- E 使用人入口
- F 受付
- G 待合室
- H 診察室
- I 検査室
- J 付添人室
- K 書斎への副階段
- L キッチンへの階段
- M サロンへの主階段

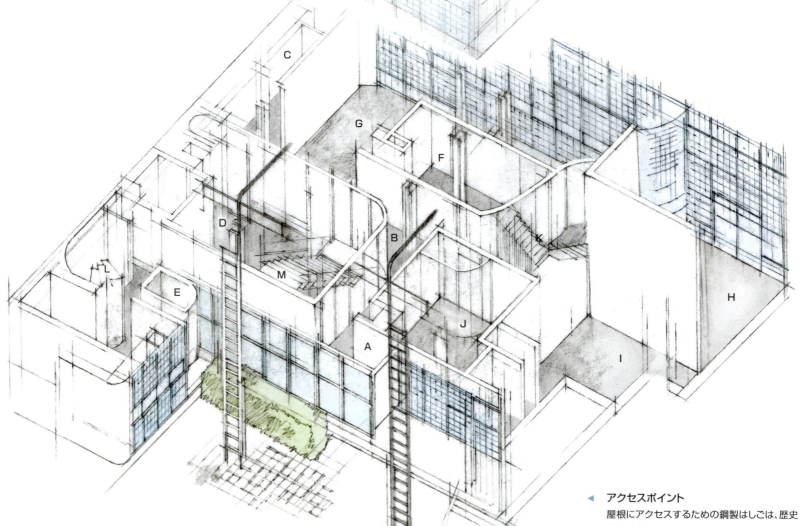

▲ **ガラスブロック**

テクスチャーを型付けされたガラスブロックが鋼の枠組みにはめ込まれており、同様にこの家を特徴づける機械開閉式の窓も奥側にはめ込まれている。それらは内部空間の工業製品的イメージを予感させている。

◀ **アクセスポイント**

屋根にアクセスするための鋼製はしごは、歴史的建造物の入口にある列柱や付柱のごとく主ファサードを印象づけている。その間を通り抜けることによって医院のロビーにも上階につながる主階段にもアクセスできる。前庭にはサン・ギョーム通りからの入口門がある。

▶ **個人住宅部分**

個人住宅部分には、ライブラリー・リビングルーム（サロン）および最上階のベッドルームと浴室がある。金属製の枠組みと木製パネルが一貫して使われている。浴室は組み込みのシャワースペース、壁面に張られた小さな正方形のタイル、ガラス張りのキャビネット、水栓設備のための円筒形の上付水槽などの特徴をもっている。

室名

上層階
- A サロン（ライブラリー）
- B ダイニング・エリア
- C 娯楽室
- D 書斎
- E ホワイエ上部吹抜け
- F 診察室上部吹抜け
- G キッチン
- H ダムウェイター（配膳昇降機）
- I 収納
- J 客用エレベーター
- K 書斎への副階段
- L キッチンへの階段
- M 主寝室
- N 寝室
- O 主浴室
- P シャワースペース
- Q トイレ
- R 客用浴室
- S 作業室
- T メイド用寝室

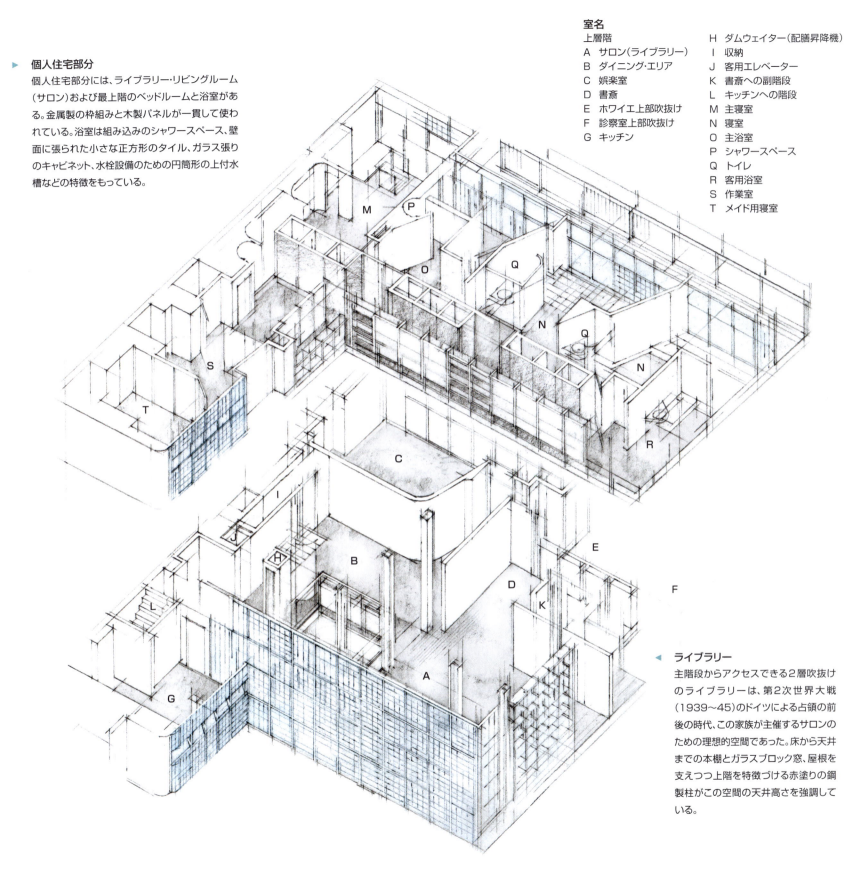

◀ **ライブラリー**

主階段からアクセスできる2層吹抜けのライブラリーは、第2次世界大戦（1939～45）のドイツによる占領の前後の時代、この家族が主催するサロンのための理想的空間であった。床から天井までの本棚とガラスブロック窓、屋根を支えつつ上階を特徴づける赤塗りの鋼製柱がこの空間の天井高さを強調している。

メゾン・ド・ヴェール（ガラスの家）

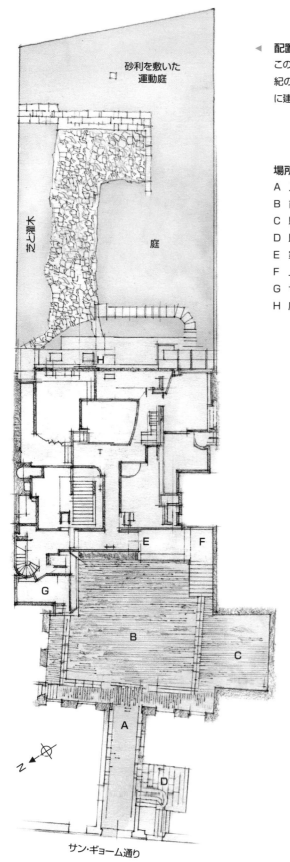

砂利を敷いた運動庭

芝と灌木

庭

サン・ギョーム通り

◀ **配置図**
この配置図は、このメゾン・ド・ヴェールが18世紀のパリの住宅に典型的な細長い形状の敷地に建つものであることを明示している。

場所名
- A 入口トンネル
- B 前庭
- C 駐車場（2台）
- D 既存の18世紀の建物
- E 家への入口
- F 上階住戸への入口
- G サービスウイング
- H 庭園へのアクセス

▲ **階段のディテール**
エレガントな主階段（202頁の図を参照）からアニー・ダルザスが寝室で使用した折り畳み式階段まで、この家にはさまざまな階段がある。このスケッチにある小さな鋼製階段は、医者が医院のオフィスからプライベートな書斎に上がるためのもの。

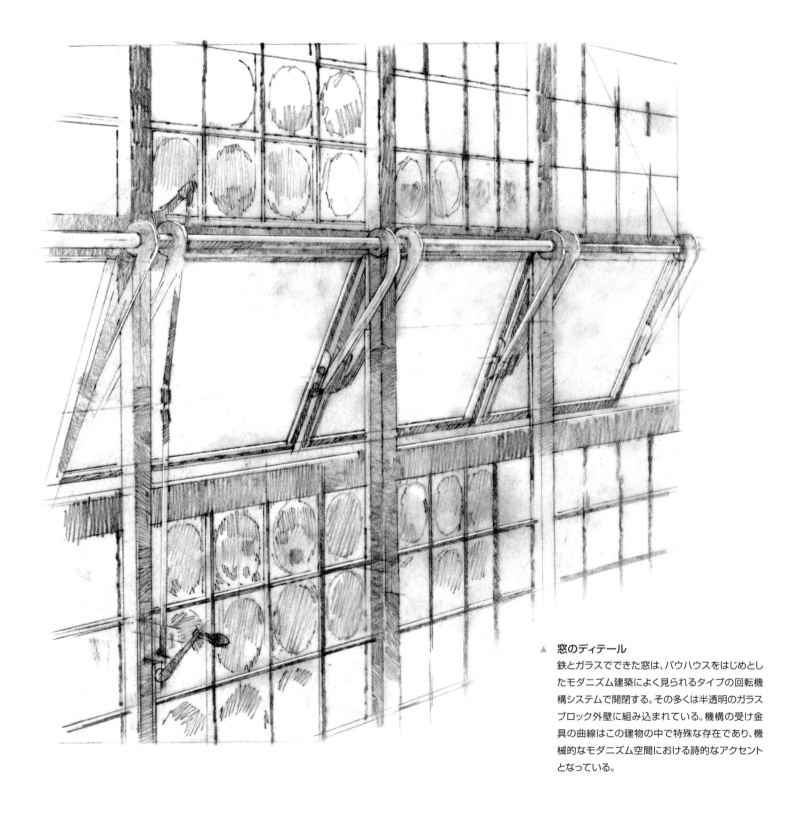

▲ 窓のディテール
鉄とガラスでできた窓は、バウハウスをはじめとしたモダニズム建築によく見られるタイプの回転機構システムで開閉する。その多くは半透明のガラスブロック外壁に組み込まれている。機構の受け金具の曲線はこの建物の中で特殊な存在であり、機械的なモダニズム空間における詩的なアクセントとなっている。

メゾン・ド・ヴェール（ガラスの家）

落水荘

所在地————ペンシルベニア州ミル・ラン(アメリカ合衆国)
設計者————フランク・ロイド・ライト
建築様式———モダニズム様式
建設年————1936～39年

　フランク・ロイド・ライト(1867～1959)はおそらくアメリカ合衆国で最も有名な建築家であり、落水荘はその最も有名な作品です。1936年から1939年にかけて建設されたこの家は、ライトがエドガー＆リリアン・カウフマン夫妻とその息子エドガー Jr.のために設計したものです。カウフマンはピッツバーグに住んでおり、ペンシルベニア州南西部のアレゲーニー山脈のミル・ランと呼ばれる地にあるこの家は彼らの別荘でした。

　建物はその下を滝が流れるというこの上なくドラマチックな場所に建っています。建築主は当初この滝を眺められるように滝の下に家を建てることを希望していました。しかしライトは滝の上を覆うように建物をせり出させるという建て方によって、居住者が常に水の存在を感じられるという提案をしました。その発想は住宅を自然と融合させるというものであり、そのため非常に大きな窓もつくられました。石の壁と窓開口の境目には金属製の窓枠がなく、壁の溝にガラスが直接はめ込まれています。

　この住宅のもうひとつのコンセプトは社交的に使用できるということであり、そのための空間として大きなリビングルームといくつかの片持ち式バルコニーがつくられています。ライトは訪問者を屋外の空間やリビングルームに誘導することを中心に考えたため、寝室を意図的に小さくしました。人々の目を周囲の風景へと向けるために天井高さは低く抑えられ、また内部に多くある薄暗い通路は訪問者の視界を「抑制」し、明るい部屋に入った瞬間にその意識を解放するための仕掛けです。

　多くのモダニズム建築家たちと同じように、ライトは外部の自然環境と建築空間を視覚的につなげることを考えていました。落水荘が喚起する大自然の中に建物が浮かぶような感覚は、主に石とコンクリートでできた建物としては驚くべき達成です。ライトのもうひとつの信念は家の中心には炉を置くべきであるというものであり、メインとなるリビングルームに大きな暖炉を設計しています。暖炉の前にある

いくつかの大きな岩は元々敷地にあったものを動かさずにそのまま見せているものです。彼はこの暖炉の火の上にかけるために球形でオレンジ色の特製のやかんまで設計しました。また無理なく宿泊室を増やしてこの建物の魅力を補完できるように、別棟のゲストハウスもつくりました。

実際の工事費は当初予算を5倍以上も上回る155,000ドルとなりましたが、今日に換算して約250万ドルという費用はこの規模の住宅としては安いともいえるでしょう。完成して間もなく落水荘は国際的に有名になり、1938年には『タイム』誌の表紙に登場し、それも人々の注目を集めました。

1991年にアメリカ建築家協会はこの建築を「アメリカ建築における最高の功績」に選定しました。

しかしいろいろな問題もありました。この建物は大いに野心に満ちた作品であり、野心は必ずしも成功するとは限らないのです。ライトは工事中に建築主と不和に陥っていますが、その主原因は建築主が技術者を雇って構造をより安全にするための設計変更をしたことでした。片持ち構造のバルコニーには問題があり、建物は当初から雨漏りしました。そしてその保守に要する費用と労力に疲れたカウフマンは1963年に落水荘を西ペンシルベニア州保存委員会に寄贈しました。委員会は1年後にこの建物を博物館として公開し、その後も継続的な修繕が行われてきましたが、その際の工学的分析によって建設中に追加された補強でもまだ不十分であったことがわかりました。補強工事は2002年に実施され、そこでは内外観に影響を与えずにコンクリートにポストテンション（後張力）が加えられています。そしてこれらの問題があったとしても、落水荘が大きな建築的達成であることに変わりはありません。

左
力強い片持ちの水平床板と深いバルコニーはあたかもこの深い軒下にまったく壁がないような印象を与え、視覚的に自然環境と内部空間を一体にしている。

下
ライトが設計した横長の帯形枠の窓面は、建築デザインの水平性を強調する。一部は開くようになっており、角部にマリオンや垂直の支柱がないことで視覚的に構造を意識させず、外部と内部を一体化する。

フランク・ロイド・ライト
ライトはシカゴにおける見習い仕事を通してほぼ独学で設計を学んだ。彼の建築へのアプローチはいくつかの創造的な段階を踏んでいる。1900年代初頭には、生地ウィスコンシン州の広漠とした丘の景色を思わせる開放的なプレーリー・ハウスを生み出した。1905年に初めて日本を訪れたことは彼のプレーリー（草原）様式に大きな影響を与えている。1920年代の第2段階では、アメリカ先住民族やマヤ文明を想起させるジグザグのアール・デコ風パターンのコンクリート表現を行った。1930年代の大恐慌時代と第2次世界大戦（1939〜45）のただなかの第3段階にはより有機的な形態、その後の第4段階にはさらに幾何学的な抽象形態へと至る。そのすべての段階の建物において、ライトの自然に対する愛情は一貫している。

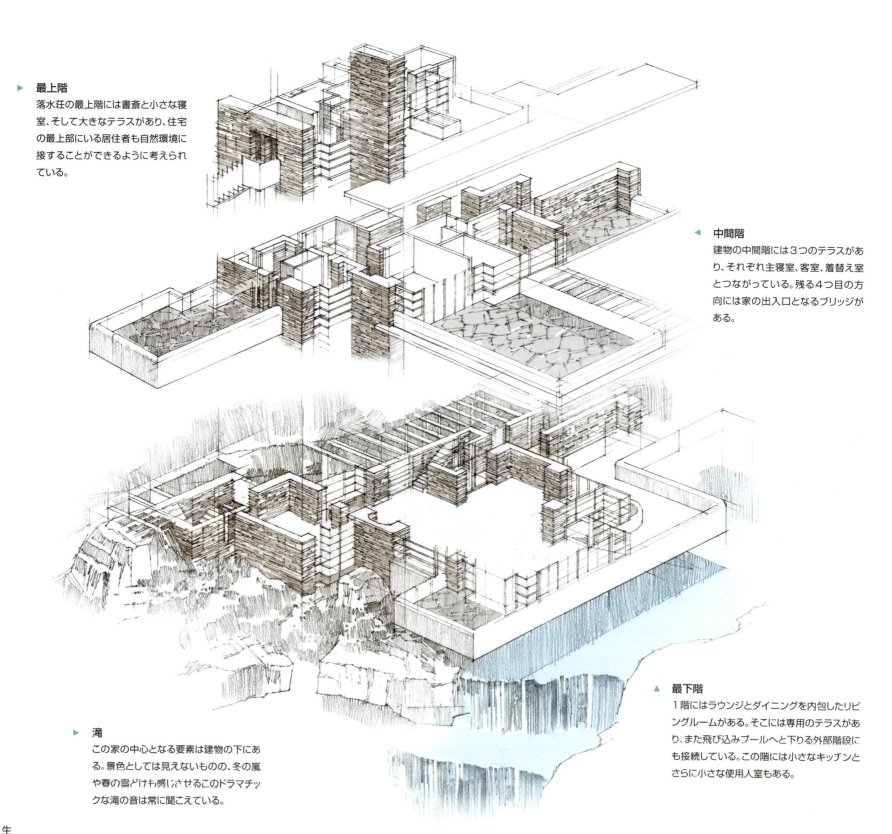

▶ **最上階**
落水荘の最上階には書斎と小さな寝室、そして大きなテラスがあり、住宅の最上部にいる居住者も自然環境に接することができるように考えられている。

◀ **中間階**
建物の中間階には3つのテラスがあり、それぞれ主寝室、客室、着替え室とつながっている。残る4つ目の方向には家の出入口となるブリッジがある。

▶ **滝**
この家の中心となる要素は建物の下にある。景色としては見えないものの、冬の嵐や春の雪どけも感じさせるこのドラマチックな滝の音は常に聞こえている。

▲ **最下階**
1階にはラウンジとダイニングを内包したリビングルームがある。そこには専用のテラスがあり、また飛び込みプールへと下りる外部階段にも接続している。この階には小さなキッチンとさらに小さな使用人室もある。

生活

▲ 配置図
この配置図では右側の主屋（A）と、その1年後につくられた左側のゲストハウス（B）、そして向こう岸から続く道がこの2つをつないでいるのがわかる。建物が岩場の風景に挿入されている地形は建物自体の計画と同じくらい興味深い。主屋の延べ床面積5,330平方フィート（495m²）のうち、2,885平方フィート（268m²）が内部空間。ゲストハウスの延べ床面積は1,700平方フィート（158m²）。

▼ 断面透視図
この断面透視図は地形と滝が建物とどのような位置関係にあるかを示している。周囲の風景が最も美しく見える向きに計画された建物から、雄大な外部空間を眺めることができる。これは野心的で、単純で、馬鹿げたデザインともいえる作品である。建物が自然と呼応し、その楽しみを増幅する快感を保存するために、この才気溢れつつも問題のある建築に対する欠陥の改修が続けられてきた。落水荘には1964年以来累計500万人以上、年間167,000人を超える見学者が訪れている。

マイレア邸

所在地────ノルマルク(フィンランド)
設計者────アルヴァー・アールト
建築様式───フィンランド・有機的モダニズム様式
建設年────1939年

多くの点で、アルヴァー・アールト(1898〜1976)はフィンランドのフランク・ロイド・ライトであるといえるでしょう。どちらもそのデザインに日本的な要素を組み込みました。またどちらもデザインを大きなスケールから小さなスケール、建物から家具までの総合的な経験として考えました。どちらも自然環境に有機的に呼応するデザインを生み出しました。そしてどちらも建築デザインへの優れた貢献を国際的に認められていました。

アールトによるマイレア邸(1939)とライトによる落水荘(1936〜39、206頁参照)は、それぞれのキャリアにおける作品としての重要性、自然材料や景観と結びついた有機的形態の使用という点で類似しています。アメリカ合衆国とフィンランドのモダニズムにおいてそれらがそれぞれの母国に及ぼした影響は絶大です。アールトは落水荘を賞賛しており、それはいくつかの点でマイレア邸の発想の起点にもなりました。

フィンランドに生まれたアールト(フーゴ・アルヴァー・ヘンリク・アールト)はフィンランドにおけるモダニズム建築で最もよく知られていますが、ユヴァスキュラの労働者会館(1925)のような初期作品では古典と近代建築の融合を目指していました。これはおそらくイタリアや特にスウェーデンへの旅行で見たもの、そしてグンナール・アスプルンド(1885-1940)の影響によるものでしょう。しかし自然素材や曲線的な形態を用いつつも、彼のデザインはその後次第にモダニズム表現に傾いていきます。パイミオのサナトリウム(1929〜33)、彼の最初の妻アイノ(1894〜1949)と一緒

にデザインしその名をつけた椅子、ヴィボルグ（当時はフィンランド領、現在はロシア領）にあるヴィープリの図書館（1927〜35）などがこの時代の主要作品です。1934年から1935年にかけて彼はヘルシンキに自邸（現在はアルヴァー・アールト博物館の一部）を建てました。その複合的モダニズム建築における石、木、内外でいろいろな積み方をしたレンガ、近代的な化粧漆喰壁などは、より大きくより多くの材料が混在するマイレア邸を予感させるものです。

マイレア邸は実業家ハッリ・グリクセンとその妻マイレの家でした。マイレは1935年に、家具やガラス製品のデザインをプロモートする家具会社であるアルテック社をアールト夫妻と共同設立しており、またその名を冠するこの別荘においてアールト夫妻の建築主でもありました。建物の敷地は、マイレの父親であるウォルター・アルストロームが最高経営責任者兼会長であり、夫であるハッリが社長を務めるアルストローム社の所有地であるノルマルクの森の中でした。アールト夫妻は1930年代後半にスニラにおける同社のいくつかのプロジェクトを依頼されていました。

夏季別荘であるマイレア邸は、湾曲した形態によって建物の硬質な印象を和らげ、木と石を広範囲に使用したアールトの人間的あるいは有機的モダニズムが凝縮された建物です。その平面計画はアールトがデザインした花瓶を拡大したような有機的な形のプールがある開放的な中庭を中心としています。計画は何度か設計変更と規模縮小が重ねられ、最終的には一部の部屋の位置が変更され、離れのアートギャラリーはプール脇のサウナに置き換えられました。現在この家と敷地はマイレア財団が管理しており、事前予約制のガイドツアーによって一般公開されています。

この有名な建築主の仕事に加えて、アールトはニューヨーク国際博覧会フィンランド館（1939〜40）、ボストンのマサチューセッツ工科大学のベイカー・ハウス学生寮（1941〜48）、戦後にはヘルシンキ工科大学（現アールト大学、1950以降）、ヘルシンキのアカデミア書店（1962〜69）とフィンランディア・ホール（1967〜71）などの重要な設計を行いました。1949年のアイノの死後、アールトは2番目の妻エリッサ（エリッサ・カイサ・マキニエミ、1922〜94）と再婚します。建築家であった彼女はアールトの死後、彼の多くのプロジェクトを完成させました。

上
リビングスペースは家のすべての共用機能を担うだけでなく、オーナーのアートコレクションも収容している。

エリッサ・アールト
建築家のエリッサ（エリッサ・カイサ・マキニエミ）は建築学校を卒業した後、1952年にアールトと結婚し、彼の2番目の妻となった。エリッサはアールト事務所の事務管理およびアールトの建物の設計や修繕に携わり、1976年にアールトが死去した後には、ドイツのエッセンにあるオペラハウス、デンマークのオールボー近代美術館、スイスのルツェルンの団地、イタリアのグリッツァーナにあるリオラ教区教会（1978、上）など、夫のプロジェクトのいくつかを完了させた。

◁ 窓
メインエントランスの上にある子ども用の寝室の窓は南に面するように角度がつけられている。

◁ ライブラリー
建物の南面には不規則な台形の平面形をした部屋があり、ここにはより大きなリビングルームと音楽演奏スペースを経由して入るようになっている。このハッリ・グリクセンのライブラリーは床から天井までの本棚と木製の天井でできている。

メインエントランス
控えめなメインエントランスには、アールトのデザインで多用される曲線が用いられている。このアールト風曲線はよく見かけるアールトの花瓶、この敷地にあるプール、1939年のニューヨーク国際博覧会フィンランド館などに見られる。このエントランスのもうひとつの特徴は、日本建築の造りにも似た、ポーチにおける線の細い木のディテールである。

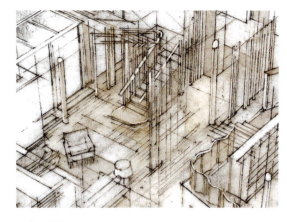

日本の影響
主階段の周囲に巡らされた細く不規則な木製縦格子は、明らかに日本建築における木や竹の構造を参照している。これによって主階段は1階のオープンプランにおける視覚的な焦点となり、共用スペースと上階の個室スペースを接続する。

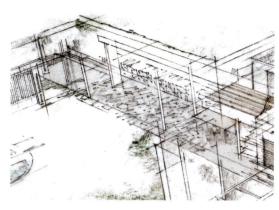

フィンランドの地域性
サウナとその横のテラスに架かる草屋根など、アールトは伝統的なフィンランド建築の要素を数多く組み込んでいる。オープンプランのデザインはフィンランドのトゥパ(tupa)を想起させる。トゥパは農家の大きなリビングルームであり、そこではさまざまな活動のエリアが棒によって示される。

▶ **平面図**
この平面図は2階の個室スペースを示している。図の右下にある曲線壁の部屋はマイレのスタジオ(A)であり、その階下のスペースとともに使われた。1階の南側にあるハッリのライブラリーとは明確に離されている。ハッリとマイレの主寝室(B)は隣接しており、大きなテラスにつながっている。L字形平面の短辺である西側には客室(C)があり、1階でプールの横にあるサウナ(D)も図示されている。アールトは「この建物では人工的で建築的なリズムを排除することを試みた」と語っている。

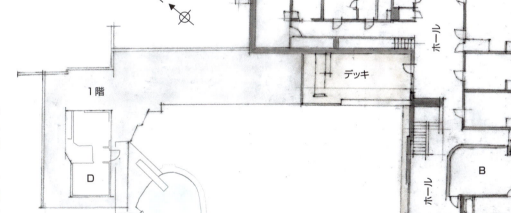

ルイス・バラガン邸

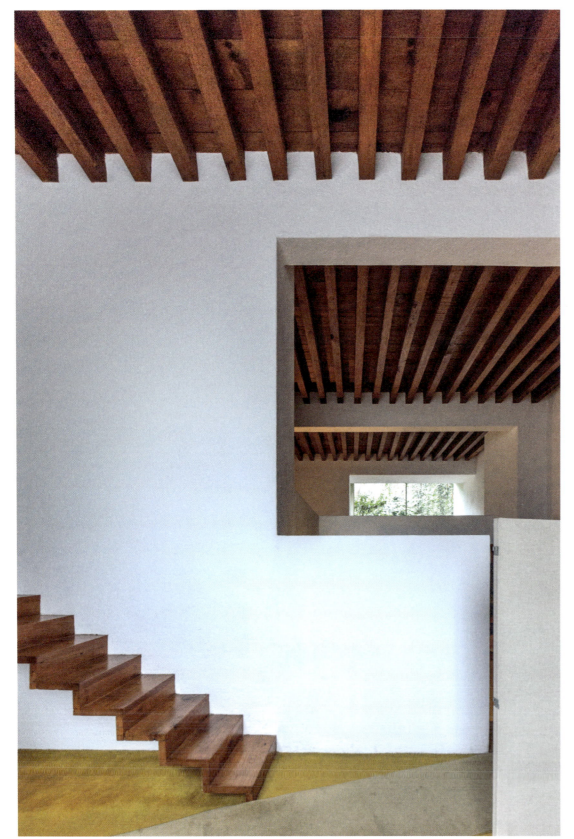

所在地────メキシコシティ(メキシコ)
設計者────ルイス・バラガン
建築様式───メキシコ・モダニズム様式
建設年────1948年

　リカルド・レゴレッタ(1931〜2011)はメキシコの偉大な現代建築家であり、色彩豊かでシンプルな壁面や幾何学形状を特徴とする彼の建築はメキシコ国内だけでなくカリフォルニアから韓国まで広く世界に建てられています。しかしこのような彼の国際的な地位も、力強い幾何学と強い色彩を備えた形態でメキシコのモダニズム建築を先導したルイス・バラガン(1902〜88)の存在がなければありえませんでした。

　バラガンはグアダラハラの自由工科大学で土木工学を学び、1923年に卒業しました。その後1920年代から30年代にかけてはスペイン、フランス、ニューヨークを旅しています。その旅で彼はル・コルビュジエ(1887〜1965)と出会い、また作家のフェルディナン・バックがデザインした庭園を訪れました。バラガンはフランスのマントンにあるコロンビエール・ヴィラ(1918〜27)など、バックの歴史的庭園における力強い色使い、そして彼の著書『魅力的な庭園(Jardins enchantés)』(1925)から影響を受けました。1927年から1936年にかけてバラガンはグアダラハラで建築設計の仕事をし、クリスト邸(1929)などの住宅をつくっています。クリスト邸の地中海風やメキシコ風というよりもアラビア風の形態をした荒いテクスチャーの壁のポーチ部分や内部には強い色彩を用いたディテールが施されており、そこにはバックの作品との類似が見られます。バラガンは1936年にメキシコシティに拠点を移し、よりル・コルビュジエの影響を感じさせるスタイルの作品へと移行します。さらにバラガンの母国の地域性への関心、シンプルな壁への愛着、そして強い色彩の形態が融合して、第2次世界大戦後のメキシコにおける彼の作風が形成されました。メキシコシティのタクバヤ地区に1948年に建てられた彼の家は、コルビュジエ風モダニズム様式と強い色彩の壁が組み合わされた最初の作品のひとつであり、それはまるでシュルレアリスムの画家ジョルジョ・デ・キリコの絵画の中の建築のような印象を与えるものでした。建築家ではなく技術者としての教育を受けたバラガンの作品づくりの感覚は、キリコの絵画がもつ現実から切り離されたようなイメージに通じると

左
この建物の外観では屋上庭園のみに大胆な色の壁が用いられている。この屋上庭園は1階の庭と同様に、都市における屋外の生活空間を提供する。

左下
通りに面した落ち着いたファサードには大きな窓があり、一見するとありふれたものに見えるこの建物の中に、何か特別な内部空間があることを教えている。

メキシコの色
メキシコのデザインは一般に非常にカラフルで装飾的なものと思われている。建築においても、バラガンの特徴である強い色彩の壁面はリカルド・レゴレッタの作品においてより強烈な表現となっている。レゴレッタは20世紀後半のメキシコで最も著名な建築家となった。その作品としてはメキシコシティのカミノ・レアル・ホテル(1968、下)、グアダラハラのIBM工場(1975)、ロサンゼルスのパーシング・スクエア(1994)、テキサス州のサン・アントニオ公共図書館(1995)などが挙げられる。

ろがあったのかもしれません。

　バラガンの住宅兼スタジオはメキシコシティ、ミゲル・イダルゴ地区のコロニア・アンプリアシオン・ダニエル・ガルサにあり、ファサードはフランシスコ・ラミレス将軍通り12番地と14番地に面しています。コンクリート躯体に漆喰塗りを施した建物と庭があり、合計面積は12,497平方フィート(1,161m²)です。北側の12番地にスタジオがあり、南側の14番地に住宅があります。1階から屋上庭園までの壁面のうちのいくつかに塗られた強い色彩が外光によって照らされ、鮮やかに際立ちます。屋上庭園部分には赤と紫の壁があり、床には赤茶色のタイルが張られています。通りに面したコンクリートのファサードはシンプルに仕上げられており、その中にある優美なプロポーションの空間とドラマチックに着彩された壁の存在を感じさせません。内部の床仕上げは、エントランスは溶岩石敷き、庭とつながったリビング、ダイニング、キッチンなどの居住スペースは堅木張りとされています。この住宅兼スタジオをメキシコシティにおける拠点としたバラガンは、メキシコシティのヒラルディ邸(1977)など、同様に強い色彩のシンプルな壁面を特徴とする住宅を次々と生み出しました。

　バラガンの死後、彼の住宅兼スタジオは1993年にハリスコ州とバラガン財団によって取得され、その1年後に博物館として、バラガンが所有した家具、資料、アートコレクションとともに公開されました。この建物は1995年に修復され、建築家や建築愛好家の巡礼地となっています。

ルイス・バラガン邸

▼ 壁

バラガンの硬くシンプルな壁面は、しばしばそれらの背後にある空間の複雑さと色彩を隠している。この図の左上隅には下階の車庫と上階の客室が示されている。それらの背後にはバラガンの寝室、娯楽室、着替え室へとつながる階段がある。その上の最上階は主に屋上庭園となっており、小さな使用人室と洗濯室がある。

車庫
前々頁の通りから撮られた写真にあるクリームがかった黄色の扉は、この図面の左下にも描かれている車庫の扉である。その上階には寝室がある。車庫の背後にはキッチンがあり、車庫から階段と扉を経て行くことができる。キッチンと隣接する朝食室およびダイニングルームは廊下を介してつながっている。車庫の扉は入庫用に4枚引戸になっており、その横にあるドアがこの個人住宅への入口となる。

部屋と階段
通りに面したファサードにある工場のように大きな窓の中にはライブラリーがある。通りと反対側の壁にある階段には腰壁や手すりがなく、踏面と蹴上げ面だけでできている。この階段は小さなメザニン（中2階）につながる。この階段と梁が見えている天井の木の質感は、黄色く塗られた床とは対照的である。ライブラリーの奥にはリビングルームがある。天井の梁や床板の方向は、庭を望む大きなガラス面に向かっている。

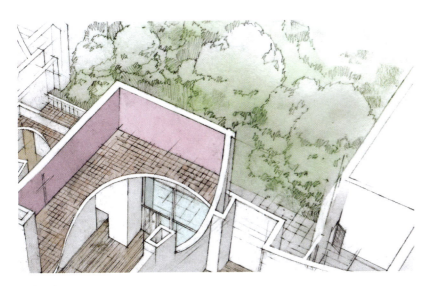

都市の庭
壁に囲まれた美しい庭園が、住宅とスタジオの建物と同じくらいの敷地面積を占めている。これは都市の中にある住宅としては贅沢な計画である。住宅の背後にあるタイル張りのテラスはオラの中庭と名付けられた小さな噴水のある中庭につながっている。オラとは素焼きの土鍋であり、その名の通りこの中庭には草の生い茂った壁の下に陶器の壺とアンフォラ（手付き壺）のような器が置かれている。

スタジオ
いくつかの窓に囲まれた通り側の扉はバラガンのスタジオへの入口である。入口の右側に秘書室、その次に彼自身の執務室、その上階にも小さなオフィスがある。玄関ホールの正面には小さな階段があり、そこからスタジオと、そのむこうの庭へと行くことができる。また左に曲がってリビングルームやライブラリーへと入ることもできる。この部分は建物外観の高さが低い。

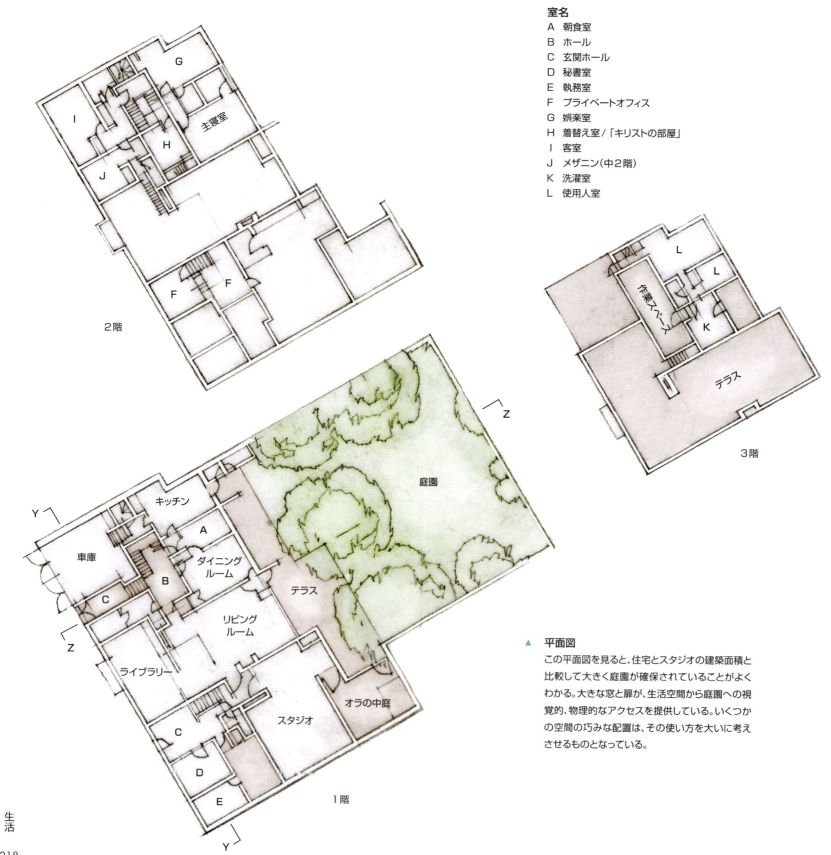

▲ 平面図

この平面図を見ると、住宅とスタジオの建築面積と比較して大きく庭園が確保されていることがよくわかる。大きな窓と扉が、生活空間から庭園への視覚的、物理的なアクセスを提供している。いくつかの空間の巧みな配置は、その使い方を大いに考えさせるものとなっている。

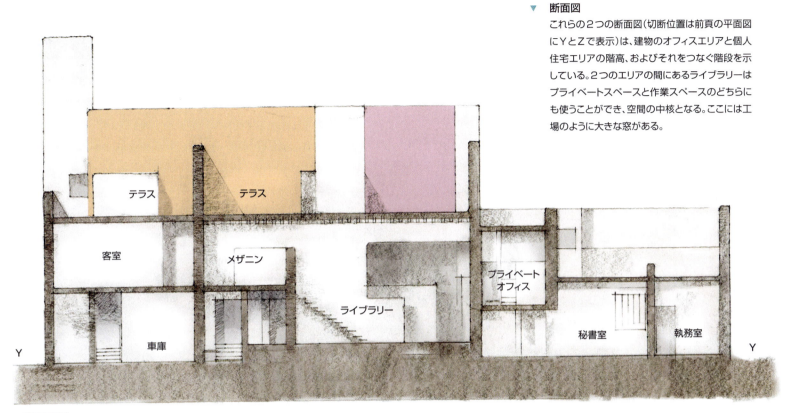

▼ 断面図
これらの2つの断面図（切断位置は前頁の平面図にYとZで表示）は、建物のオフィスエリアと個人住宅エリアの階高、およびそれをつなぐ階段を示している。2つのエリアの間にあるライブラリーはプライベートスペースと作業スペースのどちらにも使うことができ、空間の中核となる。ここには工場のように大きな窓がある。

断面図（Y）

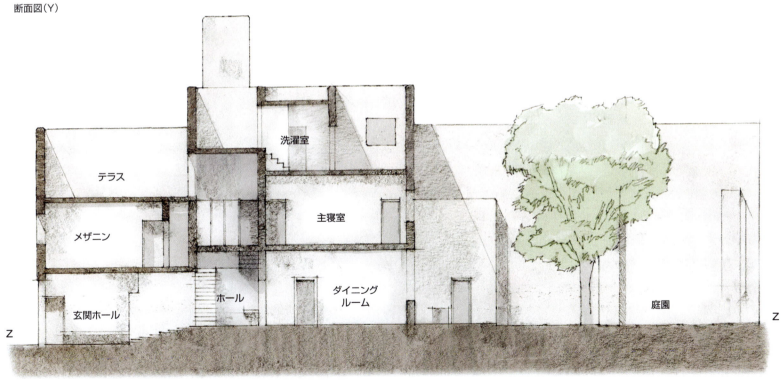

断面図（Z）

ルイス・バラガン邸

イームズ邸

所在地――カリフォルニア州パシフィック・パリセーズ(アメリカ合衆国)
設計者――チャールズ&レイ・イームズ
建築様式――インターナショナル様式、モダニズム様式
建設年――1949～50年

　チャールズ(1907～78)とレイ(1912～88)のイームズ夫妻によるチームは、20世紀後半のアメリカ合衆国のデザインに大きな貢献をしました。チャールズはセントルイスのワシントン大学で短期間学んだ後、1930年に設計活動を始めました。1938年、彼はクランブルック芸術アカデミーのエリエル・サーリネン(1873～1950)の元で学ぶために最初の妻であるキャサリンと娘とともにミシガンに移り、そこで後に建築・デザインで協働することになるエリエルの息子のエーロ、そして彼の2番目の妻となるレイと出会います。1941年にキャサリンと離婚した後、レイと結婚したチャールズは、故郷のカリフォルニアに移住しました。彼ら2人は最もよく知られている家具やインテリアデザインだけでなく、展示デザイン、グラフィックデザイン、教育映画などにも大きく貢献しています。

　彼らがハーマン・ミラー社のためにデザインした合板とレザーでできたイームズ・ラウンジ・チェア&オットマン(1956)、1950年代初期の成形ガラス繊維樹脂の椅子や規格寸法の組合せ収納家具などは古典的な家具製品となっています。またエーロ・サーリネンの要請によってバージニア州シャンティリーのダレス国際空港(1958～62、44頁参照)のために設計した空港用家具のタンデム・スリング・シーティング(1962)は世界中の公共空間で見られる製品です。彼らは展示デザインも行い、モスクワで開催されたアメリカ産業博覧会(1959)におけるマルチメディア展示『アメリカ合衆国の紹介』、ニューヨーク万国博覧会(1964～65)におけるIBMパビリオン、アメリカ建国200年を記念して行われた巡回展『フランクリンとジェファーソンの世界』(1975～76)などの展示によってアメリカのデザインを世界に発信しました。また教育、あるいはプロモーション映像も手がけ、新しいダレス国際空港の分棟型の施設計画を宣伝するために制作された『空港の拡張』(1958)、ブリュッセル万国博覧会でIBMのために制作した『インフォメーション・マシーン』(1958)、独自の実験映像である『パワーズ・オブ・テン』(1977)などで大きな成果をあげました。このように彼らのデザインへの多大な影響は明らかなのですが、建築作品もまた重要です。なかでも最も重要なものはおそらくモダニ

ズムの名建築のひとつに数えられる彼らの自邸、ケース・スタディ・ハウスでしょう。

ケース・スタディ・ハウスは『アーツ&アーキテクチュア』誌の発行人であったジョン・エンテンザ（1905〜84）の発案でした。そして戦後の世界のためのモデルとなる住宅を建てるという雑誌企画のために、ロサンゼルス郊外に5エーカー（2ha）の土地が購入されました。この企画は1945年から1966年にかけてクレイグ・エルウッド（1922〜92）、リチャード・ノイトラ（1892〜1970）、ラルフ・ラプソン（1914〜2008）、ラファエル・ソリアーノ（1904〜88）、そしてエーロ・サーリネンといった著名な建築家たちの設計によって実施されます。イームズの家はその最初の10棟のうちのひとつであり、1949年にパシフィック・パリセーズのシャトークア大通り203番地に建てられました。またその隣の205番地には1950年にイームズ夫妻とエーロ・サーリネンによってエンテンザ邸が建てられました。ケース・スタディ・ハウスNo.8であるイームズ邸は、オープンプラン型の平面計画、黒く塗られた鋼材、着彩された石膏ボード壁と半透明のパネルによるガラスの小屋のようなデザインといった特徴でよく知られています。彼らの設計意図は、芸術とデザイン分野の仕事をもち、1日を家で過ごす子どものいない夫婦のための住宅をつくることでした。さらにそれぞれ2階建ての大きな空間をもった仕事と居住のための2つの建物を、最小限の材料でつくることが追求されています。エンテンザはこの住宅を「確立された建築様式というよりも、ひとつのアイデアである」と説明しました。これはおそらくシンプルな材料を用いつつもダイナミックな姿を風景の中に生み出した建築を表現した言葉でしょう。チャールズとレイは彼らの残りの人生をこの家で過ごしました。2004年にチャールズの娘ルシアはこの家の管理とツアーによる一般公開のために非営利のイームズ財団を設立しました。

上

住宅の端にある2層吹抜けの大空間は、パシフィック・コースト・ハイウェイと海を見下ろすリビングルーム。室内のバルコニーの下にはソファの置かれた落ち着いた雰囲気のアルコーブがある。上階のバルコニー部分には寝室、浴室、クローゼットで区画された着替え室などのプライベートスペースがある。

チャールズ&レイ・イームズ

チャールズ&レイ・イームズは、まさに20世紀半ばのアメリカ合衆国デザイン界のリーダーであった。この1950年の写真で夫妻はカリフォルニア州パシフィック・パリセーズの自宅のリビングルームに座っている。彼らのデザインした家具は博物館の展示だけでなく、世界中の公共スペースや個人住宅に置かれている。最も有名なものとしては、シンプルな骨組みと曲げ成形されたバーチ合板によるプライウッド・チェア（1946）、規格寸法の鋼材と合板によるESUストレージ・ユニット書棚（1949）、成形ガラス繊維樹脂のシェル・チェア（1950）、曲げ合板とレザーでできたラウンジ・チェア&オットマン（1956）などが挙げられる。家具以外にも商業的、学術的な映画によって20世紀の国際映像史に足跡を残した。

▼ **構造**

シンプルな鉄骨の構造体は2日間かからずに組み上げられた。ポーチ付きの住宅部分は8つの構造ベイ（柱間空間）、仕事場のスタジオは5つのベイでできている。ベイの大きさは高さ20フィート、幅20フィート、奥行き7フィート4インチ（6×6×2.2m）。天井高さは17フィート（5.2m）。住宅棟でリビングルーム側の端部にある屋外のベイはポーチとなっている。リビングルームの奥にあるソファのあるアルコーブも描かれている。鉄とガラスでできたファサードには1、2階ともに回転開き窓がある。

▼ **上階**

回り階段で上がる2階には、2つの寝室、2つの浴室、クローゼットのある大きな着替え室といったプライベートスペースがある。全体の内装仕上げは合板で、住宅とスタジオの外壁には石膏ボード、合板、アスベスト、ガラス、「パイロン」という名称の半透明のガラス繊維パネルが混在している。寝室はスライドパネルによって下のリビングルームと区画できる。

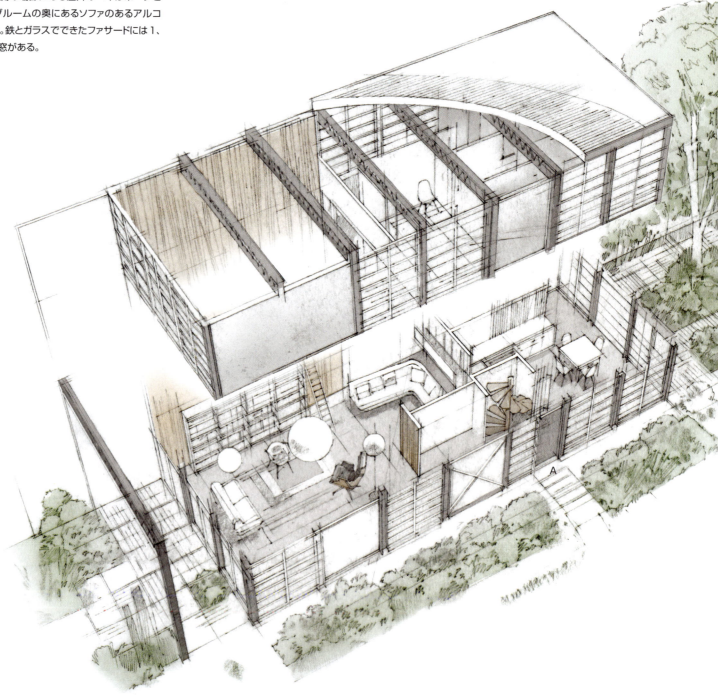

▶ スタジオ
仕事場となるスタジオ棟は中庭テラス側に入口がある30×20フィート（9.1×6m）の2階建ての建物。1階にはスタジオ、暗室（B）、キッチン、洗面所がある。吹抜けのスタジオにある直線階段によって水回り部分の上階にある倉庫に上がることができる。内部にはガラス繊維でつくられたスライド式のサンシェードがある。スタジオ棟の外部には作業スペースもある。

▼ 平面図
平面図は、1.4エーカー（0.5ha）の木が茂った敷地にあるこの住宅兼スタジオのシンプルな平面計画を示している。建物の延べ床面積は1,500平方フィート（139m²）。1、2階とも構造グリッドに沿った部屋配置となっており、住宅とスタジオは明確に分かれている。

◀ エントランス
メインエントランス（A）は、リビングルームとダイニングルームの間の鋼製の回り階段の正面にある。階段はコンクリート床板に固定用の円盤でボルト固定された直径3.5インチ（8.9cm）の鋼管を中心として、そこから合板製の踏面と一体となった受け鋼材が片持ちで跳ね出してつくられている。

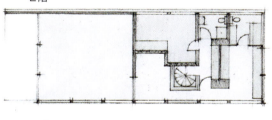

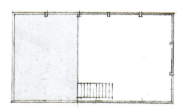
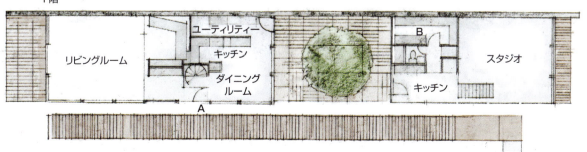

中銀カプセルタワー

所在地────東京(日本)
設計者────黒川紀章
建築様式──メタボリズム様式、モダニズム様式
建設年────1971〜72年

　黒川紀章(1934〜2007)は20世紀後半の日本で最も知的な建築家の1人でした。彼はそのキャリアにおいてさまざまな独自の設計理論を確立しました。そのなかで最もよく知られているのは東洋と西洋の思想を組み合わせた共生の思想です。そして『共生の思想』(1987)、『共生の思想──未来を生きぬくライフスタイル』(1991)など多くの著書でそれらの理論を表明しました。黒川はまた1960年にメタボリズム運動を創始した中心人物でした。メタボリズムは日本から発信された建築運動であり、工業化と大量生産によって置き換えや拡張が可能なシステムをもった都市を創造するという提案でした。

　黒川はその建築理論を具体的に表現した建物をアジア、アメリカ合衆国、ヨーロッパで次々と実現しました。特に美術館、博物館を多く設計しています。国立民族学博物館(1977)、埼玉県立近代美術館(1982)、広島市現代美術館(1988)、和歌山県近代美術館(1994)、アムステルダムのファン・ゴッホ美術館新館(1998)などが主要な事例です。また超高層ビル、スタジアム、空港などの複雑で巨大なプロジェクトも手がけており、大阪府庁舎・周辺整備基本計画(1989)、パリのデファンス地区にあるパシフィック・タワー(1992)、2002年のサッカー・ワールドカップのために建てられた大分銀行ドーム・スタジアム(2001)、クアラルンプール国際空港(1998)などが挙げられます。

　黒川のキャリアにおける国際的な成功には彼の建築家としてのバックグラウンドも影響しています。彼は戦間期の著名な日本人建築家である黒川巳喜の息子でした。京都大学

で建築を学び1957年に卒業した後、東京大学で戦後日本における重要なモダニズム建築家である丹下健三（1913～2005）の指導を受け、1959年に修士号を取得、1964年に博士課程単位取得退学、2002年にはマレーシア・プトラ大学から名誉博士号を授与されました。在学中の1962年から自身の設計活動を始めましたが、その2年前にはメタボリズム運動の共同設立者に名を連ねています。そこにおける黒川の最大の重要性は、その作品である中銀カプセルタワー（1971～72）がこの建築運動の数少ない遺産のひとつとして現存していることです。

この集合住宅タワーは1969年から1970年にかけて設計され、1971年1月から1972年3月までの約1年で建設されました。建物の2つのコアは耐候性鋼板と鉄筋コンクリートでできており、階段とエレベーターシャフトにはプレキャストコンクリートが用いられましたが、工期短縮のためそこにはあらかじめ構造鉄骨が固定されていました。140個のスプレー塗装された鋼製のプレファブ式カプセルは大丸装工部が製造しました。このカプセルは会社員の男性1人の居住を想定したもので、7フィート6インチ×12フィート6インチ×6フィート10インチ（2.3×3.8×2.1m）の大きさの中にキッチン、テレビ、テープデッキなどが装備された成型プラスチックの内装となっています。小さなユニットバスは列車や飛行機内の宿泊用個室にあるもののようなサイズです。各カプセルは下から上に積み上げる順序でクレーンによって吊り上げられ、鋼製ブラケットとボルトでコアに固定されました。窓は船のような丸窓となっています。各カプセルの製造コストは小型自動車と同じくらいでした。

黒川は同様のコンテナ式工法を10階建てのソニータワー大阪（1976、2006解体）で再度実践していますが、その30年という寿命はメタボリズム建築が標榜していたライフサイクルを想起させます。中銀カプセルタワーの寿命も25年と想定されていたため、その鋼製ブラケットやカプセルは交換期限を超過している状態です。黒川氏はカプセルを交換して構造も補強する計画を提案していましたが、2007年には80％の住民が建物の解体を承認しました。2010年には建物への給湯も停止されましたが、この国際的なランドマーク建築の運命はまだ決まっていません。また冒険好きの建築愛好家はAirbnb（エアビーアンドビー）でこのカプセルに宿泊できることもあるようです。

メタボリズムと日本万国博覧会70
日本万国博覧会70において黒川は3つのパビリオンを担当し、そのそれぞれでメタボリズムの理論を表現した。拡張可能な構築としてデザインされた5階建てのタカラ・ビューティリオンは6日間で建設された。未来の家を展示する空中テーマ館はテーマゾーンの大屋根から吊り下げられた。2階建ての東芝IHI館（上）は、拡張可能な四面体の鋼製フレームを組み上げた構造と、鉄骨から吊り下げられた500席のドーム劇場で構成されていた。残念ながらこれらは大阪郊外にある万博記念公園の中にもう残されてはいない。

左
すべてのカプセルには開閉可能な大きな目のような丸窓があり、建物の外観を特徴づけている。工場生産された住戸カプセルは日本における単身の「サラリーマン」（企業に雇用されたホワイトカラー）に適合するような装備をもつ自己完結型ユニットとしてつくられた。

▼ 断面図

これらの断面図は、建物のコアの周りにカプセルがどのように積み上げられているかを示している。生活スペースが組み込まれたカプセルはクレーンによって所定の位置に持ち上げられた。建物の一番高い部分は13階となり、高さ177フィート(54m)。その他の部分は多少低くなっている。2階建てのタイル張りのコンクリート基壇部には店舗が入っている。

▶ カプセル

140個のカプセルは鉄骨と鋼板製で、自動車のようにスプレー塗装されている。内装も含めた重量は各4トン。工場から現場に運ばれ、クレーンで所定の位置に持ち上げられた。鋼製の箱に開けられた丸窓が各カプセル内に外光をもたらしている。

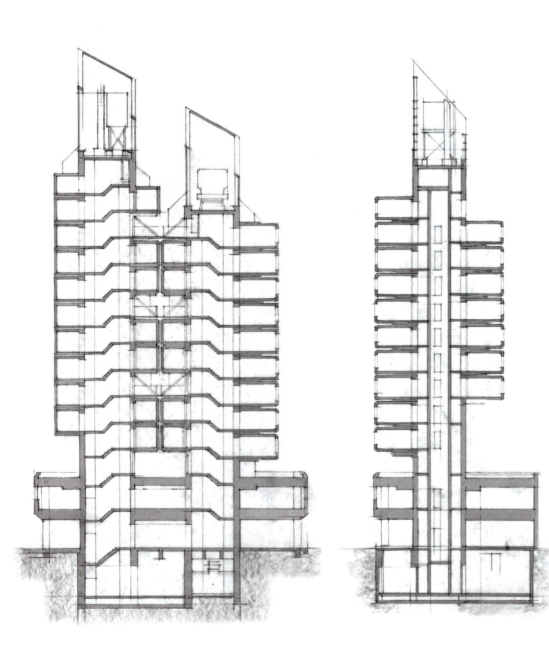

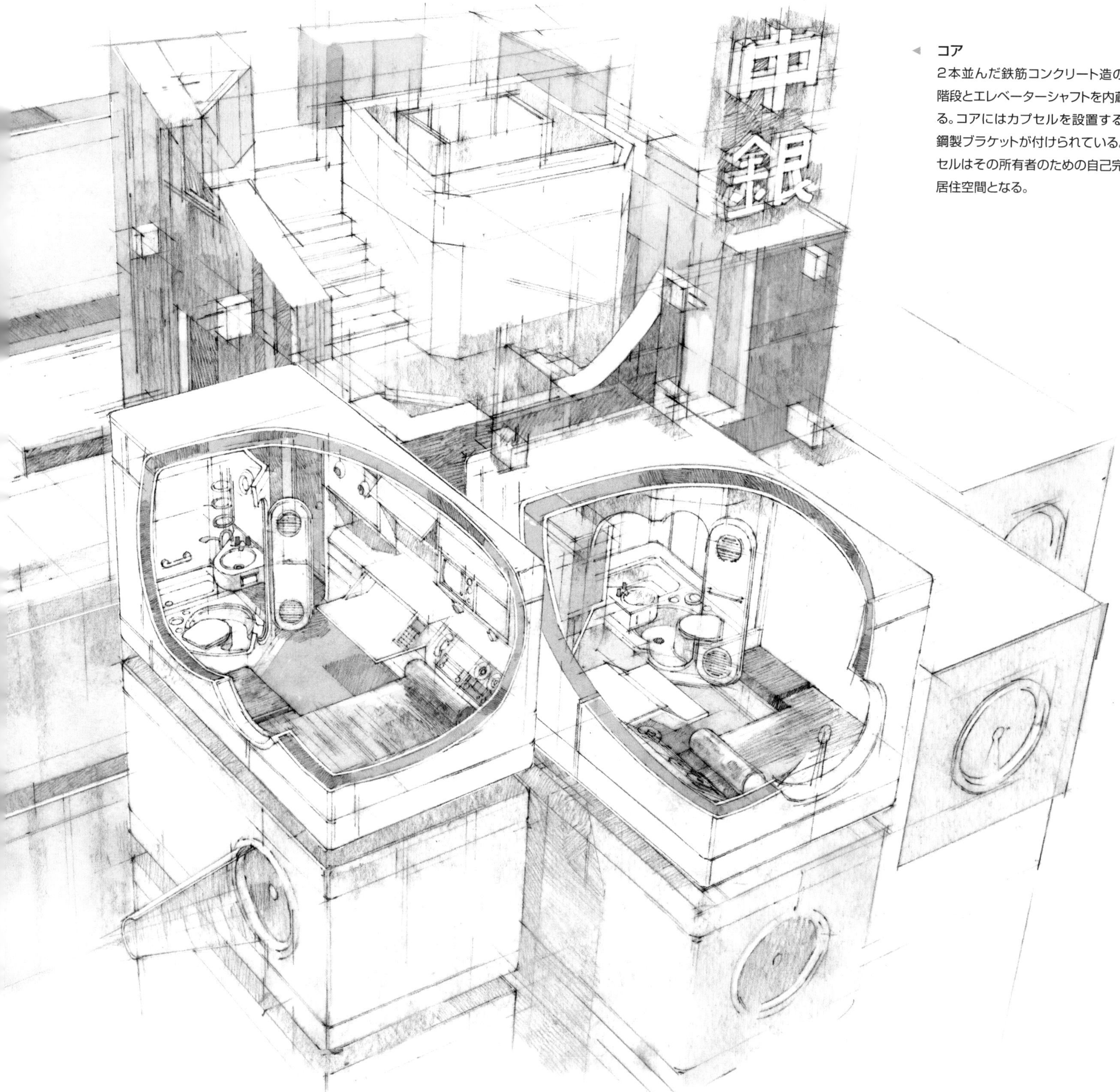

◀ コア
2本並んだ鉄筋コンクリート造のコアは階段とエレベーターシャフトを内蔵している。コアにはカプセルを設置するための鋼製ブラケットが付けられている。各カプセルはその所有者のための自己完結型の居住空間となる。

中銀カプセルタワー

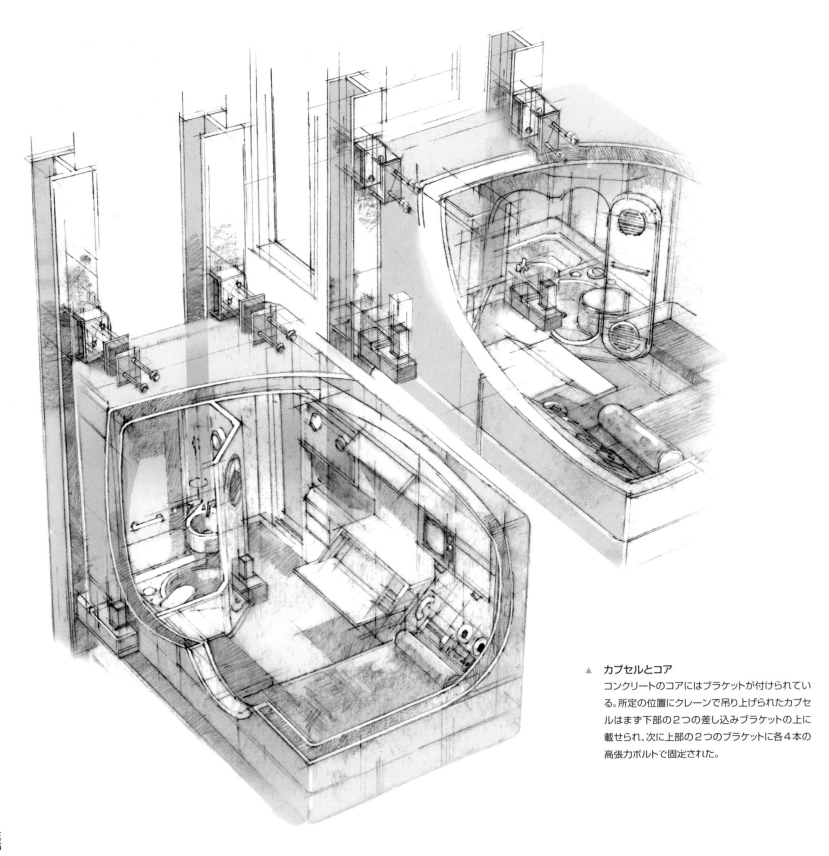

▲ カプセルとコア
コンクリートのコアにはブラケットが付けられている。所定の位置にクレーンで吊り上げられたカプセルはまず下部の2つの差し込みブラケットの上に載せられ、次に上部の2つのブラケットに各4本の高張力ボルトで固定された。

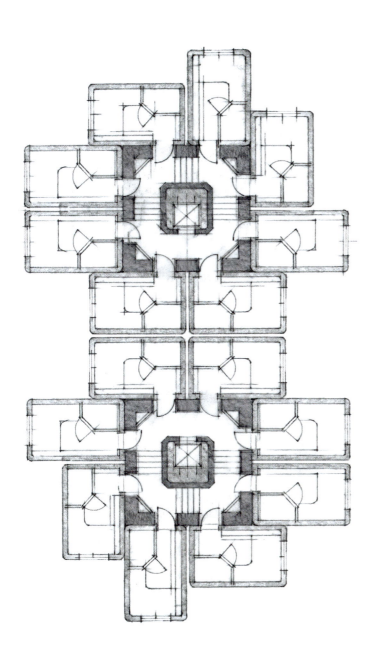

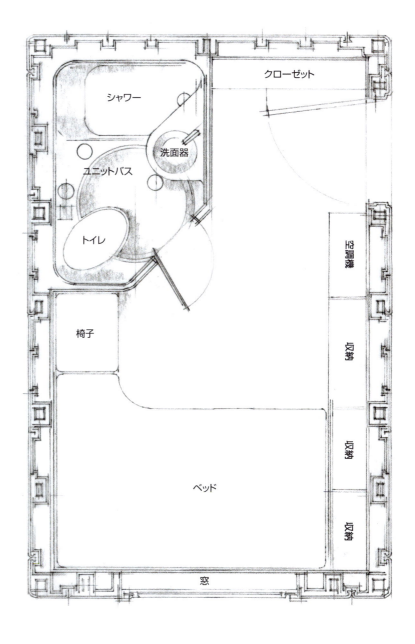

◀ **平面図**
建物の延べ総床面積は33,271平方フィート（3,091m²）。この基準階平面図は2つのコアに接続されたカプセルの配置を示している。各コアの中央にはエレベーターがあり、それを取り囲むように階段がある。階段とエレベーターは2階建ての基壇部分にあるロビーにつながっている。

▶ **カプセル平面図**
カプセルには冷蔵庫、コンロ、テレビ、テープデッキなど当時のあらゆる近代設備が装備されている。面積はわずか約108平方フィート（10m²）。組み込まれた机と効率的に設計されたユニットバスがある。ユニットバスの省スペース設計は飛行機や列車内のものを連想させる。

アブソリュート・タワーズ

所在地────トロント(カナダ)
設計者────MADアーキテクツ
建築様式──有機的現代建築
建設年────2007～12年

　中国における現代建築というと、すぐに上海の浦東地区のような急速につくられた超高層都市をイメージしがちです。そこにはアメリカ合衆国、カナダ、ヨーロッパの建築家が設計した建物が数多くあります。しかし近年では、中国の新進スター建築家のデザインがヨーロッパや北アメリカに輸出されるようになってきています。その建築家の名はマ・ヤンソン(1975～)です。

　ヤンソンは北京で生まれ、北京建築大学で教育を受け、イェール大学で建築修士号を取得しました。その後2004年に北京とロサンゼルスに拠点を置くMADアーキテクツを共同設立しました。ヤンソンと主共同者であるダン・チュンが率いる同社は80人以上の建築家を擁しています。MADアーキテクツという名称はマ(Ma)とダン(Dang)を合わせた略語と思われそうですが、マ・ヤンソンは「MA Designの略と説明はしていますが、私としては形容詞のMAD(無謀な、熱狂的な)という言葉が好きなのです。それは設計とその実現に立ち向かう建築家集団の姿勢そのもののように思います」と語っています。さらに「建築家は社会と文化の価値を表現化するだけでなく、最終的にはその価値を創造する者なのです」と表明しています。

　現代におけるほとんどの設計者がそうであるように、MADアーキテクツも、建物の形状を視覚化できるコンピュータプログラムを駆使してダイナミックな建築形態を数多く実現しています。国際的な評価を受けた近年の作品としては中国のハルビン・オペラ・ハウス(2015)があり、大手メディアのCNNはこれをシドニー・オペラ・ハウス(1957～73、150頁参照)にも匹敵するランドマーク性をもった現代建築として賞賛しています。ルーカス美術館(2016～17)の計画はまだ建設地が決まっていない段階から世界の報道機関の注目を浴びました。これら2つの建築に共通する、周辺環境に呼応するように流線を描く形態は、ザハ・ハディド(64頁参照)による同様のデザインとも比較できるでしょう。

　アブソリュート・タワーズにおいてMADアーキテクツはバーカ・アーキテクツや構造エンジニアのシグムンド・スーダック事務所と共同し、従来型の高層ビルが建ち並ぶ風景の中にあたかも回転しているかのような曲線をもったフン

生活

ドマークを計画しました。これは大胆な試みでした。当初、不動産専門家たちはこの5棟のタワーの開発において、急進的すぎる外観が住戸の購入者に敬遠されるのではないかと心配しました。しかし建設地であるミシサガ市長のヘーゼル・マキャリオンをはじめとして、この計画を支持した人々もいました。開発事業者であるファーンブルック・ホームズ社とシティズン開発グループにとってこの特殊な形態は建設コストを増額させるものでしたが、市場における新築マンション価格の高騰によって、このタワー内のどこに位置するかで住戸形状が変わるという独特の住戸構成の分譲販売が成功するという見通しが立ちました。そして販売は成功するどころか、2棟とも発表直後に完売してしまいました。

　この計画案は一般投票も行われた2006年から2007年の設計コンペによって選定され、2007年にツインタワーのタワーA、タワーBが続けて設計委託されました。タワーAは延べ床面積484,376平方フィート（45,000m²）、高さ589フィート（179.5m）、56階建て、428戸。タワーBは延べ床面積430,566平方フィート（40,000m²）、高さ259フィート（78.9m）、50階建て、433戸です。各階の平面形はほとんど同じ外形が回転しています。鉄とガラスでできたファサードには連続したバルコニーがあり、建物の「ねじれた」外皮を取り巻いています。地元住民はこの建物をマリリン・モンロー・タワーズと呼んでいます。多くの意味でこれらの高層ビルは、フランク・ゲーリーによるプラハのフレッド＆ジンジャー・ダンシング・ハウス（1996）、サンティアゴ・カラトラバによるスウェーデンのマルメにあるターニング・トルソ（2005）の頃から、コンピュータ支援設計（CAD）とエンジニアリングの統合がどれほど進歩したかを示しています。この途切れのない流線の美しさを評価した高層建築と都市居住に関する国際委員会は、アブソリュート・タワーズを2012年の最優秀新築高層ビル賞（南北アメリカ地域）に選定しました。

左
不動産業者は一般にバルコニーからの景色は素晴らしいセールスポイントとなると考える。アブソリュート・タワーズも例外ではなく、このバルコニーが計画発表後わずか数日での記録的な販売達成に貢献したと考えられる。

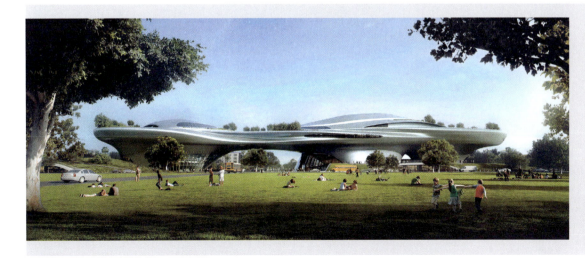

ルーカス美術館
MADアーキテクツは、人気のスター・ウォーズ・フランチャイズの制作者であるジョージ・ルーカスのロサンゼルスに建つルーカス・ナラティブ・アート美術館の設計者。巨大な民間資金によるアメリカの美術館の歴史は20世紀初頭の泥棒男爵時代に始まる。著名建築家によるものには、マイクロソフト社の共同設立者ポール・アレンが出資しフランク・ゲーリーが設計したシアトルのEMP（2000）、イーライ＆エディス・ブロードが出資しディラー・スコフィディオ＋レンフロが設計したザ・ブロード（2015）などがある。ルーカス美術館の立地にはシカゴやサンフランシスコなども検討されたが、施設規模やデザインが支持団体に反対されて落選した。

◀ **外装と内部空間の関係性**
この図はタワーAの「ねじれた」曲線の外装の形が、内部空間にも反映されている様子を示している。住戸ユニットは同じ階の中でも面積がまちまちで、階が変わるにしたがって少しずつ楕円形の輪郭の向きも変化していく。しかしエレベーターと避難階段室があるコアとその周りの廊下は直交直線による形状で固定された位置にある。そのため廊下から住戸の曲線的な空間に入ると驚きを覚えることになる。

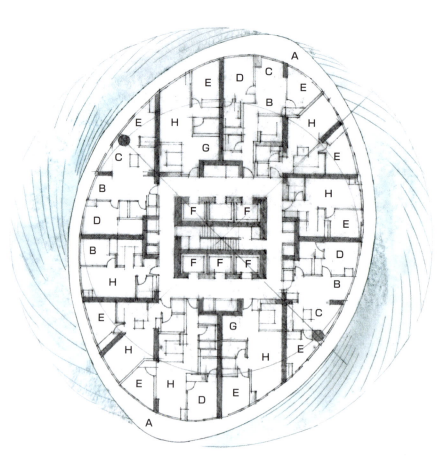

室名

A バルコニー	E 寝室
B リビング	F エレベーター
C ダイニング	G アルコーブ
D 主寝室	H リビング・ダイニング

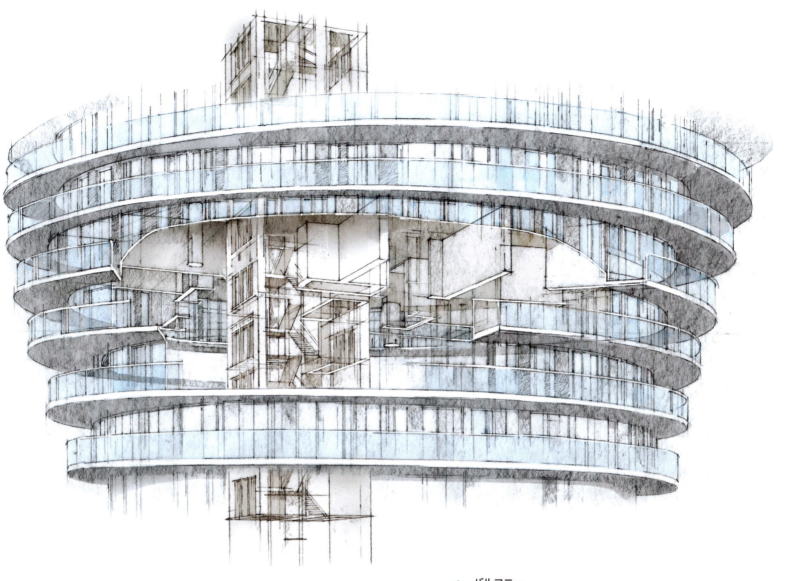

◀ **CADを使用した設計**
このような建物を実現するために設計用コンピュータプログラムは欠かせない。それは全体デザインの創造と構築を支援するだけでなく、建築、構造、機械設備のシステムを調整するためにも不可欠となる。特に垂直の設備配管やシャフトが上下階につながっていて、さらに3次元的な曲線形態のために各階の住戸プランが変化するような場合にはなおさらである。しかしそれでも、湾曲した部屋と少しずつ移動する平面計画においては家具の配置が変則的になることがある。

▲ **バルコニー**
各階の周囲をぐるりと縁どっているバルコニーは最大の商品価値を生む不動産業者の夢であり、わずか数日でこの相場より高価な住戸が完売した理由とも考えられる。またこのバルコニーは奥にあるガラスのカーテンウォール面に対してブリーズ・ソレイユとして機能し、夏季の空調費を低減する。各階の楕円形の輪郭は基本的に同形でありつつもさまざまな角度に回転していくため、各住戸面積は少しずつ異なっている。冬季の熱損失を低減するため、エンジニアは主構造部とバルコニーの床板との間に断熱材を挟む設計とした。

宗教
Worship

　生活の章と同様、宗教の章でも、はるか先史時代から今日に至るまでの人間の生活の一面に関わる建築が扱われます。現存するこの種の古い建築物でもっとも有名なものは、おそらくイギリス・イングランドのウィルトシャーにあるストーンヘンジ（紀元前3000～2000頃）でしょう。ストーンヘンジの機能は、現在知られている何らかの特定の神に結び付くものではありませんが、太陽の至点（冬至および夏至）と地上の自然の進行とに関連していて、実際的な用途というよりは何らかの精神的な役割を担うものと考えられています。

　そのほかの新石器時代の神殿としては、イギリス・スコットランドのオークニー諸島にあるネス・オブ・ブロッガー遺跡（紀元前3500頃）や、最近になってトルコのギョベクリ・テペで発掘された遺跡（紀元前10000頃）があります。エジプトの神殿については、特に中心的な神格であるアモン神を始めとするいくつかの特定の神格に捧げられた神殿が、この種の建築の最初のもののようです。具体的にはトトメス3世がアマダに建てたアマダ神殿（紀元前15世紀）、セティ1世がアビドスに建てた葬祭殿（紀元前1279以降）、そして旅行者で賑わうテーベのルクソール神殿（紀元前1400頃）などがあります。本書で取り上げる宗教建築物のうちでもっとも古いものは、モニュメントの章で扱われるパルテノン神殿（紀元前447頃～432、80頁参照）です。ギリシアはアクロポリスの丘に建つこの神殿は、最初アテナ神を祭るためのものでしたが、続く数世紀のうちにキリスト教の教会施設、次いでモスクとして使われることになりました。このように時間が経つうちに幾度か用途が変わる建物の実例が、本章にも2つほど登場します。まず、巨大なドームをもつイスタンブールのアヤソフィア（238頁参照）は、532年から562年にかけてキリスト教の聖堂として建てられ、1453年にモスクへと用途変更されました。それに対し、驚くべき連続アーチ空間をもつコルドバの聖マリア大聖堂（244頁参照）のほうは、785年にモスクとして誕生し、1523年に大聖堂へと転用、改築されました。この2つの事例では、単に文化が異なり、宗教の実践も異なるからというだけでは、壮観ともいうべき立派な建物をわざわざ取り壊す根拠にはならなかったわけです。

　西洋の宗教建築を考えるとき、真っ先に思い浮かぶのが大聖堂です。本章ではそうした事例を4つ取り上げます。まずはゴシック様式の古典というべきフランスのシャルトル大聖堂（1194～1260、250頁参照）、次におおむね初期ルネサンス様式を示すフィレンツェのサンタ・マリア・デル・フィオーレ大聖堂（1296～1461、260頁参照）、そして盛期ルネサンスおよびバロック様式の巨大な（厳密には大聖堂ではなく、バシリカ様式の聖堂と呼ぶべき）ローマのサン・ピエトロ大聖堂（1506～1626、270頁参照）、バロックおよび新古典両様式を併せもつロンドンのセント・ポール大聖堂（1675～1720、276頁参照）です。大聖堂以外にも、野性味溢れる表現主義的様式をもつバルセロナのサグラダ・ファミリア（1883着工、288頁参照）や、妥協のない後期ゴシック様式を示すポルトガルのバターリャ修道院（1386～1533、266頁参照）も取り上げます。これら多くの建物、ことにサン・ピエトロ大聖堂とセント・ポール大聖堂は、その巨大なドームのおかげで長きにわたり高さの記録を保持していました。ところが、その巨大なシルエットも、19世紀後半に出現してくるいくつかの世界最大級の建物のドローイングに重ねてみるとしばしば隠れて見えなくなってしまうようになります。

　本章で取り上げる以上8つの事例を含め、これまで例に挙げたすべての建物を見てゆくと、様式と形態がおおむね予想のできる、一定の類型というものがあることがわかります。結局、宗教建築というものはたいてい特定の文化なり儀礼に根ざすものなので、びっくりするほど突飛な建物というものはないのが普通です。デザイン的には保守的なタイプが一般的です。それは、パゴダ風の小さな木造建築である京都の金閣寺（1397以降、1955再建、256頁参照）にもいえることです。この仏教寺院は、火災で焼け落ちたため、再建しなければならなくなりました。注目すべきは、まずこれがフィレンツェのサンタ・マリア・デル・フィオーレ大聖堂と同じ時期の建物であること、そして再建されていることです。再建という事実から、キリスト教の聖堂やモスクといえども、それが世にある間は常に修理、修復、改修の対象であり続けるということを思い知らされます。たとえば、シャルトルの元々の中世時代の木骨造の屋根は失われて久しく、現在のものは産業革命以後につくられた銅板葺きの鉄骨造の屋根です。イスタンブールでは、地震のおかげで、アヤソフィア建立当初の

サン・ピエトロ大聖堂（270頁参照）

キリスト教の聖堂時代からその後のモスク時代の大半の歳月に至るまで、キリスト教の建築家もイスラム教の建築家も、建物のさまざまなドームに手を入れ補強に努めなくてよい日はありませんでした。こうした作業は、古い家を手に入れた人にとっては驚きでも何でもないはずです。歴史的な建物というものは、常にメンテナンスと修理を必要とするものです。そして、宗教建築の場合にはしばしば、修理、修復のためにも民家よりはるかにしっかりとした基準形式や仕様が必要となるのです。

　一般的には保守的なデザイン傾向が背景にあることを忘れてはいけませんが、それでも宗教建築にはその時々でデザイン面での前進が見られることも確かなことです。12世紀から13世紀にかけて新たに勃興したゴシック様式は、構造材をほっそりとさせることで内部のスペースに光を取り込むようにしました。それは、1世紀前の分厚く重い壁面をもつロマネスク様式からすれば、一大飛躍といってよいでしょう。同様に、モダニズムおよび現代建築様式の宗教建築も、それ以前の歴史的様式の建物とはずいぶんと対照的です。こうした様式の建物が最初に出現するのは、第1次世界大戦（1914〜18）と第2次世界大戦（1939〜45）の戦間期です。それはちょうど新たにワイマール共和政（1919〜33）という政治体制が発足した時代でもあります。このときドイツは帝政時代のさまざまな旧弊を捨て去り、第1次世界大戦後の新たな民主政の時代へと移行しようとしていたのでした。建築家のなかにも、そうしたモダンな教会建築を専門とする人が生まれていました。その中からごく一握りの名前のみを挙げると、ケルンのイマクラータ礼拝堂（1928、その後消失）およびケルン–リールの聖エンゲルベルト聖堂（1930）を手がけるドミニクス・ベーム（1880〜1955）、フランクフルト聖ボニファティウス聖堂（1926〜32）を手がけるマルティン・ウェーバー（1890〜1941）、ケルンのシュタール聖堂（1928年、その後消失）およびベルリンのグスタフ・アドルフ聖堂（1934、のちに1951再建）を手がけるオットー・バルトニング（1883〜1959）といった建築家がいます。同様に、第3帝国終焉後の戦後ドイツにも、エゴン・アイヤーマン（1904〜70）によるベルリンのカイザー・ウィルヘルム記念聖堂（1963）のような極めてモダンな聖堂があります。フランスも、オーギュスト（1874〜1954）とギュスターヴ（1876〜1952）のペレ兄弟によるル・ランシーのノートルダム聖堂（兄弟作、1923）やル・アーヴルのサン・ジョゼフ聖堂（オーギュスト作、1951〜57）などで、同様の経験を経ています。こうした背景が基礎となって、真に革命的な聖堂デザインが生まれることになります。それが、ル・コルビュジエによるロンシャンのノートルダム・デュ・オー礼拝堂（1950〜54、282頁参照）です。ほかの多くの教会建築家は、モダニズム様式の外観である単純化された壁面をつくり出しましたが、マッシヴな量感をもつこの建物は伝統的な教会の聖堂や鐘楼を彷彿とさせます。1920年代から30年代初頭にかけてフランスやドイツのモダニズム建築の先駆者たちは、戦後にこうした様式を開花させる環境をつくり出しました。彼ら自身はこれほど大胆ではなかったにせよ、こうした人々がいたおかげで、ル・コルビュジエ作品にあってさえ異色といえるこのモダニズムの傑作へと至る道筋が準備されたのです。今日では、キリスト教の聖堂、シナゴーグ、モスク、さらには仏教やバハーイー教の寺院にいたるまで、現代的デザインをもつ宗教建築はみな、60年以上も前につくられたロンシャンの礼拝堂におけるル・コルビュジエの大胆きわまりない主張の恩恵を被っているのです。

コルドバの聖マリア大聖堂（244頁参照）

アヤソフィア

所在地────イスタンブール(トルコ共和国)
設計者────トラレスのアンテミオス、ミレトスのイシドロスほか
建築様式───ビザンチンおよびイスラム様式
建設年────532～62年、1453年よりモスクに変更

1453年5月29日、ローマ帝国とそれに続くビザンチン帝国の歴史において転換点となる出来事が起こりました。その日、メフメト2世率いるオスマン帝国軍が、7週間以上もの攻囲戦に勝利しコンスタンティノープルに入城しました。偉大なる皇帝コンスタンティヌスの名にあやかる都市の名は、以後「イスラムの栄える場所」を意味するイスランボルとなり、1930年には正式に現在のイスタンブールとなります。

オスマン・トルコ軍による3日間の略奪の後、スルタンは略奪の停止を宣言し、市民は家に戻るよう命じました。キリスト教徒たちは、スルタンの定めたルールのもとでギリシア正教を信仰することが許されましたが、いくつかの主要な宗教施設はモスクに変更されました。アヤソフィア、すなわち聖なる叡智の教会は、そうした転用施設のひとつでした。1453年から1931年の間にミナレット(小塔)が追加され、東のアプス(後陣)はミフラーブ(メッカ方向を向いた礼拝用壁龕)に変更され、キリスト教の壁画は漆喰で隠され、周辺はスルタンたちの墓所にされました。皮肉にも、どっしりとした量感に富むキリスト教の聖堂はのちに複数の大きなモスクの基本プランとして使われました。

アヤソフィア以前のキリスト教の聖堂は、巨大な石造のドームを頂く建物で、この地に建つ2番目のキリスト教の聖堂です。415年建立のこの聖堂については考古学的な残骸こそあれ、それ以外に最初の2つの聖堂の遺構はまったく残っていません。3番目の、つまり現在のアヤソフィアは、長さ約269フィート(82m)、幅240フィート(73m)です。ドーム部分は、直径108フィート(33m)、高さ約180フィート(55m)です。建物の石材は、エジプト、シリア、ボスフォラス、テッサリアなど、帝国中のあらゆる地域から集められました。どっしりとした内部スペースは、1万人もの信者を収容することが可能です。532年、皇帝ユスティニアヌス1世は、幾何学者であるトラレスのアンテミオスと物理学者であるミレトスのイシドロスを起用し、大聖堂の建設に当たらせました。ユスティニアヌス1世とコンスタンティノープル総司教メナスは、537年12月27日に献堂式を行いました。

内部の壮麗なモザイク画を含む全体が完成するのは、のちのユスティニアヌス2世時代のことです。そして557年と

558年の地震で、大ドームが崩落し、建物の構造部分にも被害が及びました。そこで、ミレトスのイシドロスの甥の小イシドロスが560年頃にドームを再建し、ドームの支持壁を強化しました。強化に用いられたのは、レバノンのバールベックにあるジュピター神殿から転用した巨大な花崗岩の支柱でした。その後、989年の地震では、西側のドームが被害を受け、皇帝バシレイオス2世は994年、アルキテクトのトルダト（950頃〜1020）に再建を行わせます。このとき、モザイク画による壁面装飾のすべてに、清掃と修復が行われました。その後、第4次十字軍（1202〜04）の際、1204年に建物は再び被害を受け、14世紀に数度大規模な修復が行われています。

オスマン帝国軍によるコンスタンティノープル略奪に伴い、キリスト教の聖堂としてのアヤソフィアも同様に略奪され、1453年6月1日には正式にモスクへと変更されることになりました。ミナレットの建設は1481年から始まりますが、大半が建つのは16世紀のことで、建物への追加の修復は建築家ミマール・スィナン（1489頃〜1588）が行いました。この前後の時代に、モスク周囲の建物が取り壊され、スルタンやその王子たちのための墓所が設けられました。17世紀から18世紀にかけて、オスマン朝の統治者たちは初期キリスト教のモザイク画を覆う漆喰の補修を行います。スルタンのアブデュルメジト1世は、1847年から1849年にかけてイタリアの建築家、ガスパーレ（1809〜83）とジュゼッペ（1822〜91）のフォッサーティ兄弟に建物全体の総合的修復を依頼しました。このときミナレットの高さも揃えられました。トルコ共和国の建国者にして初代大統領となったムスタファ・ケマル・アタチュルクが真っ先に手がけたのはモスクを博物館へと変更することでした。これにより、アヤソフィアはビザンチンとオスマン・イスラムの両文化遺産を顕揚する建物へと生まれ変わります。2006年にも復元修復作業が行われ、年に300万人以上の観光客が足を運ぶ場所となっています。

右　ビザンチン帝国皇帝ヨハネス2世コムネノスの名に由来するこのモザイク画は、1122年のもの。皇帝本人は右側に描かれている。処女マリアは嬰児イエスを腕に抱き、ハンガリー人の皇后エイレーネー［ギリシア名、ハンガリー名はピロシュカ］は左側。

下　聖堂内の装飾のほとんどは、ビザンチン帝国時代のモザイク画や装飾で、残りはイスラム時代の追加部分と19世紀に追加された装飾体のアラビア文字の入った8つの丸窓である。丸窓の大きさは直径24フィート6インチ（7.5m）である。

オスマン帝国
オスマン帝国は13世紀にはじまり、第1次世界大戦（1914〜18）を経て、1922年のトルコ独立に至ってようやく消滅する。その領土は、北アフリカからトルコ、バルカン半島を経て中東にまで及び、1453年以来イスタンブールが統治の中心となった。上図は、19世紀のギリシアの画家パナジオティス・ゾグラフォが、1453年のコンスタンティノープル陥落を描いたもので、スルタン・メフメト2世の姿が見える。美術作品の充実という観点からすれば、帝国は「壮麗帝」の名で知られるスレイマン1世治下でその頂点に達する。その治世は1520年から皇帝没年の1566年までである。ビザンチン様式のアヤソフィアは、多くのオスマン帝国時代のモスク建築の発想源となった。

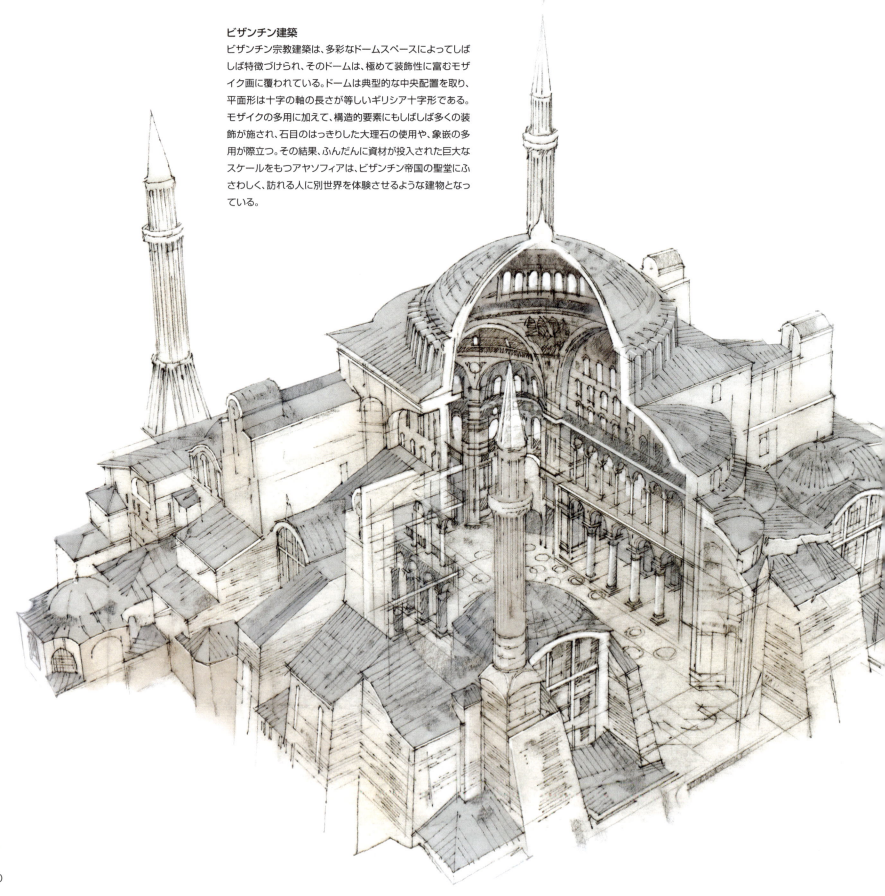

ビザンチン建築

ビザンチン宗教建築は、多彩なドームスペースによってしばしば特徴づけられ、そのドームは、極めて装飾性に富むモザイク画に覆われている。ドームは典型的な中央配置を取り、平面形は十字の軸の長さが等しいギリシア十字形である。モザイクの多用に加えて、構造的要素にもしばしば多くの装飾が施され、石目のはっきりした大理石の使用や、象嵌の多用が際立つ。その結果、ふんだんに資材が投入された巨大なスケールをもつアヤソフィアは、ビザンチン帝国の聖堂にふさわしく、訪れる人に別世界を体験させるような建物となっている。

◀ ミナレット

ミナレットはモスクのそばに建つ小塔で、礼拝への呼びかけを行う場所である。アヤソフィアのミナレットは、1453年のコンスタンティノープル略奪によって、キリスト教の大聖堂がモスクに変更された後に追加された。キリスト教時代のモザイク画は、スルタン・メフメト2世時代に漆喰で覆われたものの、かえってモザイク画の保存に役立ち、1935年に建物が博物館に変わると、漆喰がはがされてモザイク画は元の状態に戻った。

▼ 平面図

黒く塗られた壁断面のうち図の一番下の部分が聖堂のエントランスとなる。図の最上部に見える半円形のアプス（後陣）はのちにミフラーブとなる。Aは四隅のミナレットで、現在のままの位置にある。Bはかつての洗礼室で、のちにスルタン・ムスタファとスルタン・イブラヒムの墓所を収める。Cはメタトリウムと呼ばれる皇帝の居室。Dはスケウオフィラキオンと呼ばれる聖具室。洗礼室の周囲の建物は、現在は墓所となっており、セリム2世、メフメト3世、ムラト3世などスルタンたちの霊廟をも収める。

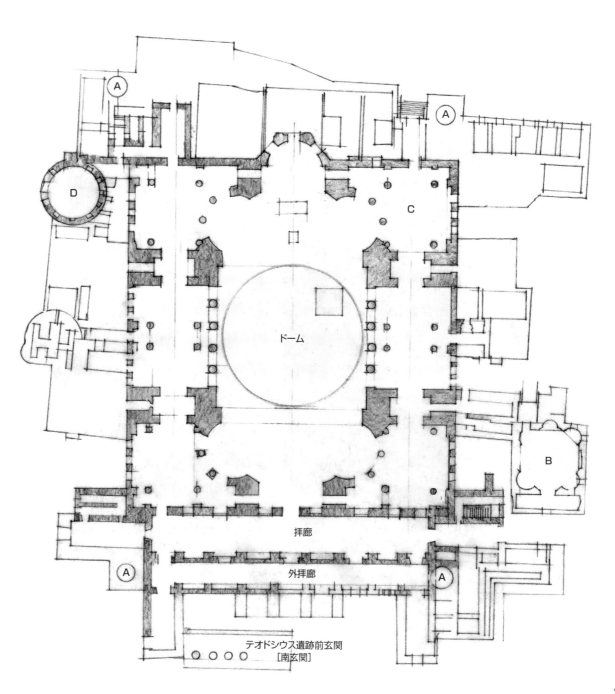

◀ ドームスペース

多くのビザンチン建築に典型的に見られるように、中央のドームはペンデンティブ（穹隅）と呼ばれる、球の四隅がつくる三角形の部分に載っている。これにより、ドームは高さが強調されるとともに、典型的な円筒形よりはドーム荷重を真下に伝えやすくしている。ドームは、直径108フィート（33m）、高さ約180フィート（55m）である。身廊の列柱の柱頭は、イスタンブールの南西100マイル（161km）に位置するマルマラ島から削り出した大理石でできている。堂々たる身廊の列柱は56フィート（17m）の高さがあり、近隣のギリシアのテッサリアの石切場から運ばれた石目のはっきりした大理石がふんだんに使われており、柱の中にはローマ帝国の記念碑を再利用したものであるという文言が刻まれているものもある。

▼ 断面図

アプス（後陣）もしくはミフラーブを中央奥に見るこの断面図では、左側には聖具室と地下のヴォールトが、右側には敷地全体に延びる分厚い石造の控え壁が見える。控え壁は地震地域での建物の補強要素である。ドローイングからは、身廊の両側にヴォールトの天井をもつ高い2層の側廊と、さらにレンガのドームを支えている40本ほどのリブがはっきりと見て取れる。

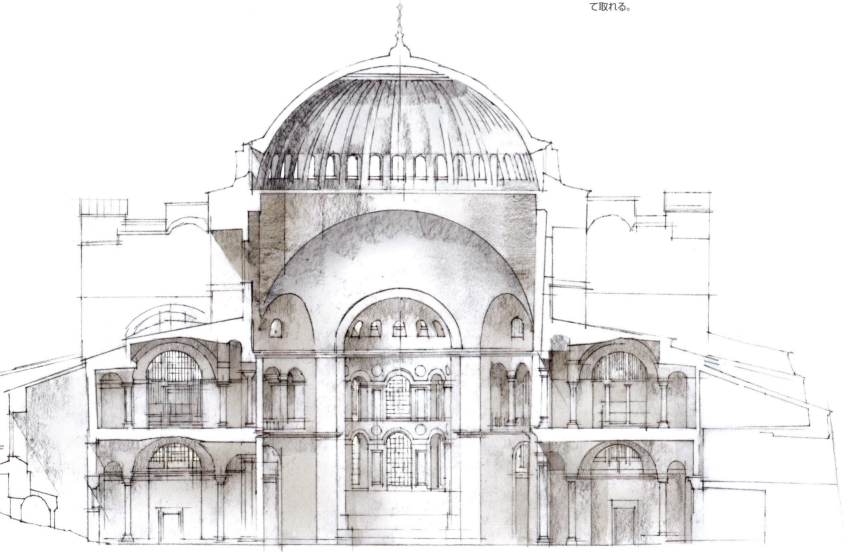

コルドバの聖マリア大聖堂

所在地――コルドバ(スペイン)
設計者――モスク部分は不明; 追加された大聖堂部分はエルナン・ルイス2世

建築様式――モサラベ様式、のちに部分的にルネサンス様式に変更
建設年――785年(モスクの多柱式アーケードの着工); 1523年(大聖堂部分の着工)

ダマスカスのウマイヤ朝カリフ、ワリード1世の認可のもとに、ターリク・イブン・ズィヤード率いる北アフリカのムーア人によるスペイン侵攻は、711年のジブラルタル占領をもって開始されました。ジブラルタルの名称は、アラビア語のジャバル・ターリク、すなわちターリクの山に由来します。ターリクは続くグアダレーテ河畔の戦い(711頃)にも勝利し、これによりスペインの西ゴート王国軍を潰走させ、コルドバほかのスペイン諸都市を占領することになります。こうしてコルドバは、アンダルシアの名で知られる、ワリード1世直轄のスペインの州の州都となり、756年にはアンダルシアはアブド・アッラフマーン1世統治のもと独立の首長国となります。さらに、1世の孫のアブド・アッラフマーン3世は、929年にコルドバをカリフ統治領とします。両者、ことに3世はこの都市を、地中海地域から北のサラマンカ、セゴビア、グアダラハラ、サラゴサ、タラゴナといった諸都市にまで及ぶムスリム・スペインの芸術的、文化的、知的中心地とすることに尽力しました。

コルドバには3000以上のモスクがあるといわれますが、その中心となるのは昔も今もたったひとつ、大モスク、現在は大聖堂と呼ばれる建物です。711年のコルドバ攻略後、同地に建つ西ゴート族の聖堂は、信仰の場所としてキリスト、イスラム両教徒に共有されました。アブド・アッラフマーン1世が建物を購入すると、784年に取り壊し大モスクの建設を始めます。建設工事は1世の後継者たちに引き継がれ、戦士にして摂政ムハンマド・イブン・アブ・アミール・アル・マンスールの代にまで及びます。

大モスクは、壮観ともいうべき多彩な色彩の石造りの連

続アーチ空間をもつ5つの礼拝の間、中庭、ミナレットからなっています。礼拝の間同士は相互に連絡し合い、敷地は為政者が変わるたびに拡張されていきました。ミナレットは、アブド・アッラフマーン3世によって建てられ、のちにルネサンス様式の鐘楼に吸収されます。アブド・アッラフマーン1世による最初の礼拝の間は、北西から南東にかけて走る11本の廊下または身廊と、110本の列柱と柱頭からなります。列柱には、ローマおよび西ゴート王国の廃墟から運ばれた花崗岩、碧玉、大理石が再利用されています。広間内の馬蹄形アーチは西ゴート様式で、ユニークな2重アーチの形をとり、高い天井を支えています。アル・マンスールの時代までには、礼拝の間は追加により元の3倍に、列柱の総本数も856本になっています。また、ダイナミックなヴォールトをもつ聖具室とミフラーブ（礼拝用壁龕）も、このモスクの南東側に追加されています。

カリフの権勢もアル・マンスール亡き後は衰え、結局は8世紀半ばから15世紀にかけてのレコンキスタと呼ばれる、キリスト教国による失地回復戦争の総決算として、1491年にグラナダ条約が結ばれ、ムーア人たちはグラナダを明け渡し、スペインからも撤退します。このレコンキスタの成果のひとつとして、コルドバは1236年、カスティーリャの王フェルディナンド3世により再征服され、大モスクはキリスト教の聖堂に変更されます。続く王たちがこれに手を加えていきますが、中でも最も目立つ追加は、礼拝の間の中央に置かれたルネサンス様式の大聖堂と、残ったミナレットへの鐘楼の追加でした。建築家エルナン・ルイス2世（1514頃～69）は、1547年に大聖堂を建てたのち、ミナレットの変更に手を染めます。この変更事業は17世紀まで続き、マティーリャのフアン・セケーロが時計を追加し、1664年にはガスパール・デ・ラ・ペーニャが再び塔に手を入れ、鐘楼室を加えたのでした。鐘楼最上部の聖ラファエルの彫像は、ベルナベ・ゴメス・デル・リオとペドロ・デ・ラ・パスの手になるものです。神聖ローマ皇帝カール5世がこの新しい大聖堂を訪れたとき、「彼らは全世界にたったひとつしかないものを奪い、破壊した後、どこの都市にも見つかるようなものを建てた」といいました。たしかに、モスクの建築だけを取ってみてさえ、大聖堂ではなくモスクこそがランドマークなのだということがはっきりとわかります。大聖堂内でイスラム教の礼拝を行うことが許されるべきか否か、という論争は現在も続いていますが、ひとつだけはっきりしていることがあります。年間150万人もの来訪者たちが、重要なのはイスラムとキリスト教の両文化がスペインという国とこの特別な信仰の場所とをつくり上げたのだということをしっかりと受け止め、認めているという事実です。

上左
中央のドームおよびこれを取り巻くミフラーブ直上の半円ドームスペースのリブがつくる回転幾何学模様は、精緻を極める抽象的な装飾と相まって、ウマイヤ朝カリフ統治領のイスラム建築、ことにミフラーブ内における典型的なデザインとなっている。

上右
馬蹄形アーチの列は、中世初期以来コルドバのモスク建築の特徴をなし、南フランスでは5世紀以来、スペインでは6世紀以来西ゴート建築の典型となっている。

イスラム・スペイン

ウィリアム・シェイクスピアの戯曲『オセロ』の題名となっている主人公は、ヴェネチア総督を務める北アフリカ出身のムーア人である。711年のアラブ・ムーア人の侵攻以来、およそ800年にわたってスペインの多くの地域では、アラビア風の様式や風習が一般的に見られるようになった。ムーア人の支配の下で、コルドバはヨーロッパの非イスラム地域に比べてはるかに先進的な都市となり、舗装道路、夜間照明、900を超える浴場を備えた。オレンジは、彼らがスペインに初めて持ち込んだ食べ物のひとつである。パティオ・デ・ロス・ナランホス（左）、すなわちオレンジの中庭は古いモスクの部分にほぼ相当すると考えられている。

1　大聖堂断面

1523年、建築家エルナン・ルイス2世（大エルナン・ルイス、1547死去）とその息子エルナン・ルイス3世（小エルナン・ルイス）は、元のモスクのまさに真ん中に大聖堂を建てた。建物は、ゴシック様式とルネサンス様式の装飾をもち、上に古典的ドームが載っている。アロンソ・マティアスによる祭壇は17世紀につくられたのに対し、18世紀につくられた説教壇は彫刻家ミゲル・ベルディギエルの作である。

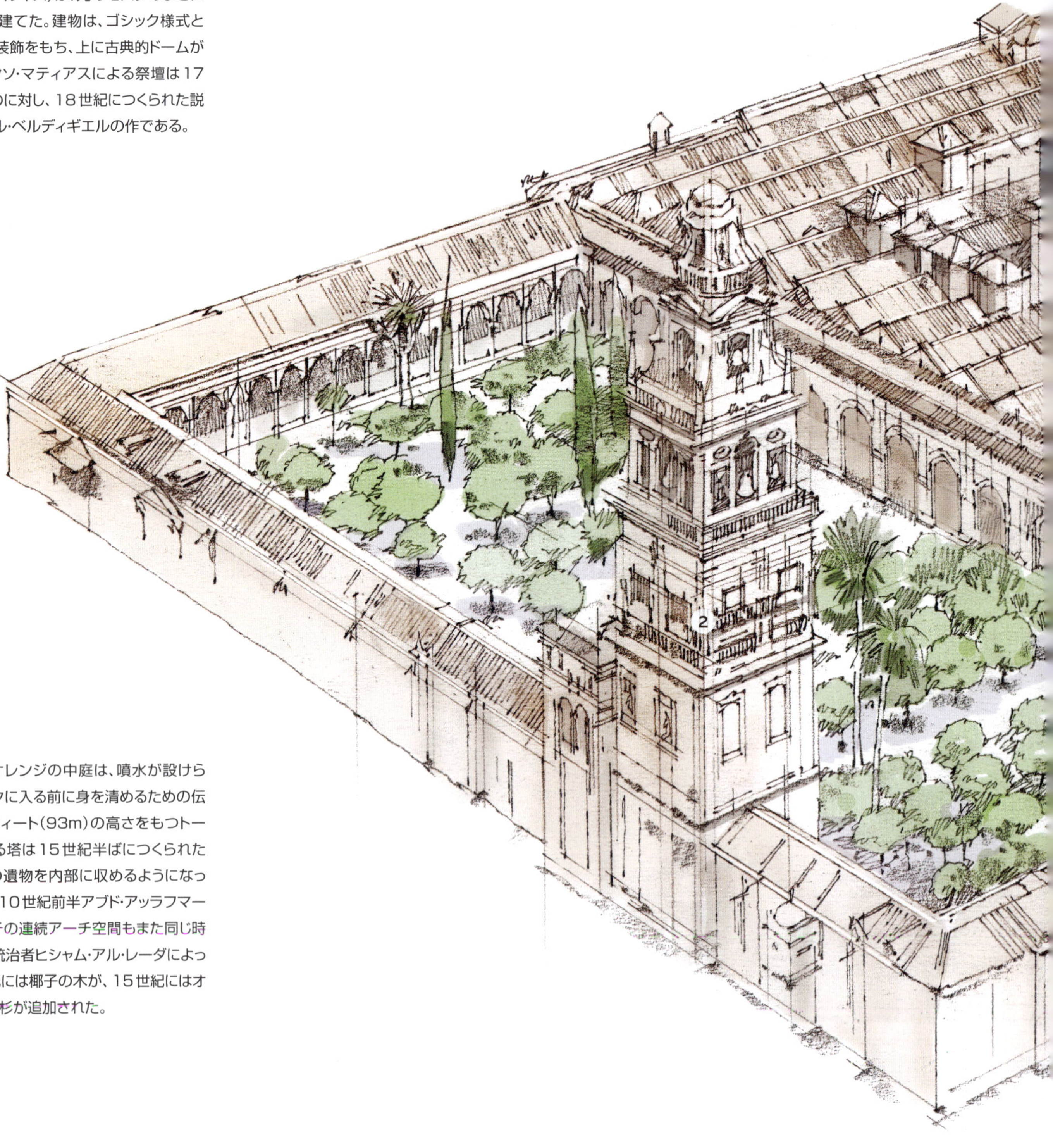

2　中庭の塔

この複合施設の北西側にあるオレンジの中庭は、噴水が設けられ、礼拝者が礼拝のためにモスクに入る前に身を清めるための伝統的なスペースである。305フィート（93m）の高さをもつトーレ・デル・アルミナールと呼ばれる塔は15世紀半ばにつくられたもので、のちに元のミナレットの遺物を内部に収めるようになった。この塔の建設が始まるのは、10世紀前半アブド・アッラフマーン3世治下のことで、2重アーチの連続アーチ空間もまた同じ時期につくられた。どちらも、次の統治者ヒシャム・アル・レーダによって完成された。中庭には13世紀には椰子の木が、15世紀にはオレンジの木が植えられ、のちに糸杉が追加された。

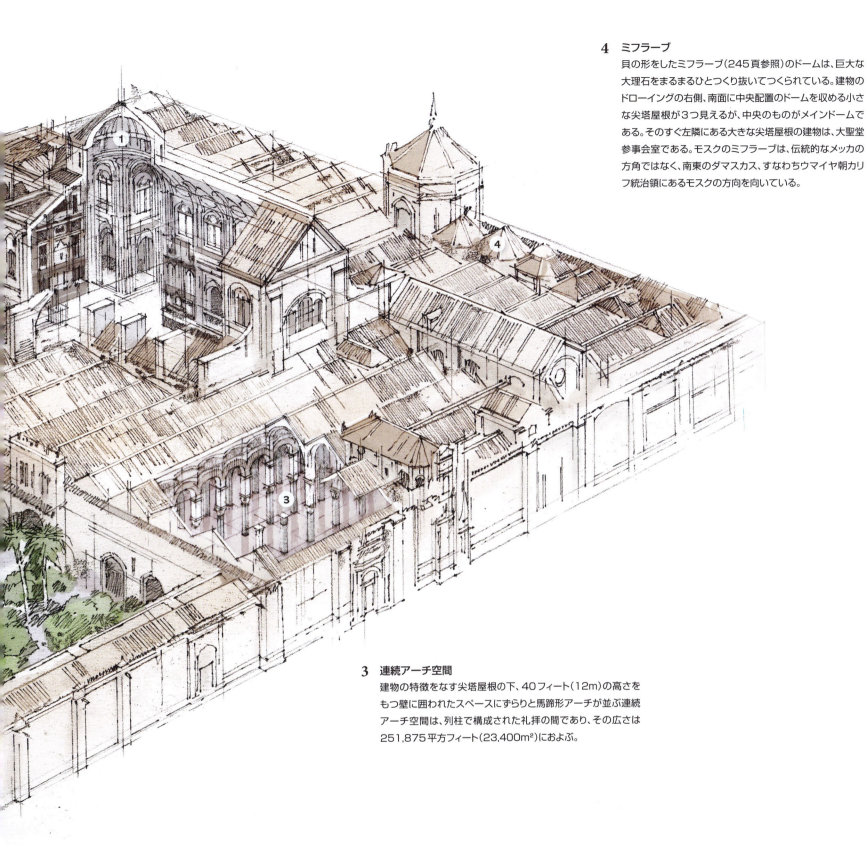

4　ミフラーブ
貝の形をしたミフラーブ(245頁参照)のドームは、巨大な大理石をまるまるひとつくり抜いてつくられている。建物のドローイングの右側、南面に中央配置のドームを収める小さな尖塔屋根が3つ見えるが、中央のものがメインドームである。そのすぐ左隣にある大きな尖塔屋根の建物は、大聖堂参事会室である。モスクのミフラーブは、伝統的なメッカの方角ではなく、南東のダマスカス、すなわちウマイヤ朝カリフ統治領にあるモスクの方向を向いている。

3　連続アーチ空間
建物の特徴をなす尖塔屋根の下、40フィート(12m)の高さをもつ壁に囲まれたスペースにずらりと馬蹄形アーチが並ぶ連続アーチ空間は、列柱で構成された礼拝の間であり、その広さは251,875平方フィート(23,400m²)におよぶ。

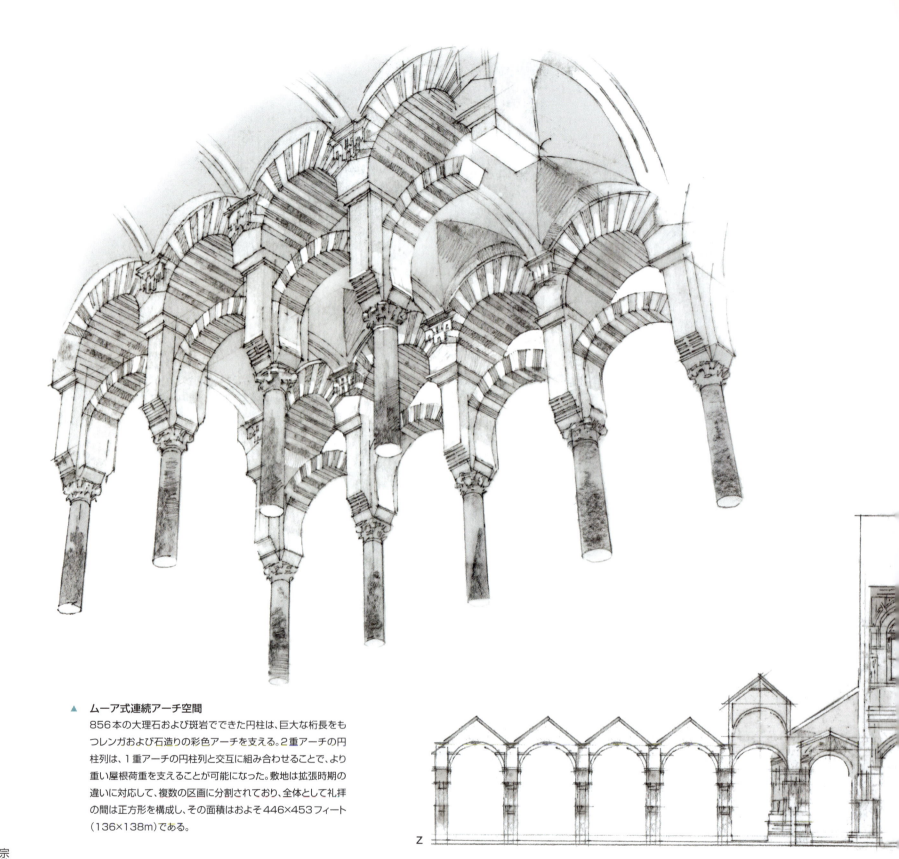

▲ ムーア式連続アーチ空間
856本の大理石および斑岩でできた円柱は、巨大な桁長をもつレンガおよび石造りの彩色アーチを支える。2重アーチの円柱列は、1重アーチの円柱列と交互に組み合わせることで、より重い屋根荷重を支えることが可能になった。敷地は拡張時期の違いに対応して、複数の区画に分割されており、全体として礼拝の間は正方形を構成し、その面積はおよそ446×453フィート（136×138m）である。

▶ 平面図
ここに掲げた平面図からは、キリスト教、イスラム教双方の人々の建物内のスペースについての考え方が伝わってくる。多様な礼拝堂の存在は、大聖堂の挿入とはまた別に、建物の宗教的用途の変化に呼応した、味付けの変化の妙を内部スペースにもたらしている。今日においても、建物はスペイン史にとって、また両宗派の信仰にとって、一大モニュメントであり続けている。

建物主要箇所
A　オレンジの中庭
B　聖マリア大聖堂
C　大聖堂参事会室
D　ミフラーブ
E　連続アーチ空間

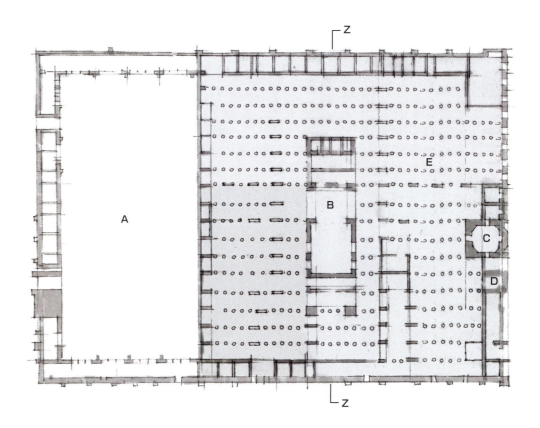

▼ 大聖堂断面（Z軸方向）
ここに掲げたドローイングは、大聖堂を南北の長辺方向（切断位置は上図にZで表示）に切った断面図である。鳥瞰切断図（247頁参照）からは、低層のモスク内へのこの建物の挿入のコンセプトが見て取れる。また、装飾からも、建物が単純な後期ゴシック様式の身廊から、より精緻なルネサンスおよびバロックへと交差部のドーム方向へ近づくにつれて変化してゆく様が読み取れる。

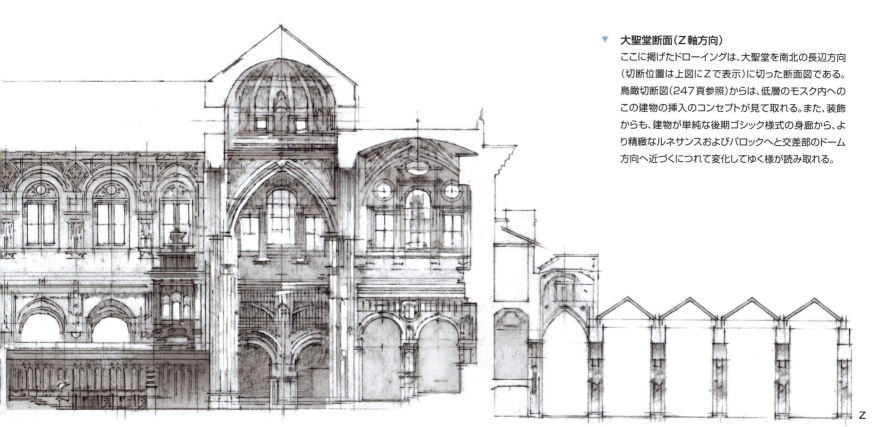

コルドバの聖マリア大聖堂

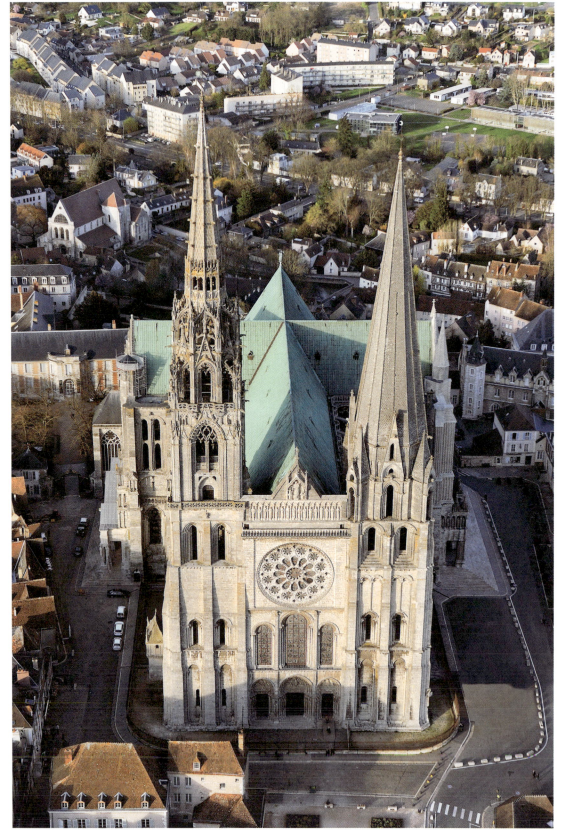

シャルトル大聖堂

所在地―――シャルトル（フランス）
設計者―――不明
建築様式―――ゴシック様式
建設年―――1194～1260年

「私を嘲にはできない、その前にこちらからやめてやる」。これこそまさに、フランスの建築家ジャン・ミニョが1401年、ミラノの大聖堂で依頼主の教会関係者を前に、「学なき美は無なり」（アルス・シネ・スキエンティア・ニヒル・エスト）という高らかな信念表明とともに言い放った捨てゼリフでした。彼は仕事を蹴った3番目の大聖堂建築家です。前の2人はドイツ人石工職長、ハインリヒ・パーラー（1310頃～70頃）とウルリヒ・フォン・エンシンゲン（1350頃～1419）でした。ミニョの言葉は、大聖堂の設計と建設の合理的規則から外れた建物の外観と不安定性を批判したものです。「学」（スキエンティア）とは、建物本体や、フライング・バットレス（飛び梁）のような構造的要素の幾何学的比率のことで、大聖堂のような高い建物を無理なく建たせるようにする知識のことです。そうした知識を欠いていたからこそ、ミラノの大聖堂はヨーロッパ大陸のゴシックの大聖堂と異なり、ウェディングケーキのような外観になりました。特にフランスの大聖堂との違いが大きく、それはこの地では2世紀も前にそうした設計方法が始まっていたからです。

ゴシック建築のもっとも早い例は、パリ郊外に建つサン・ドニ大聖堂（1135頃～44）に見ることができます。サン・ドニのアーチは、丸味を帯びた形状から徐々に尖頭形へと変化していきます。リブ・ヴォールト天井のベイ（柱間空間）を支えるのは分厚い側壁ではなく、柱になります。そのため、大きなステンドグラスの窓をベイの間に入れて、内部に光を入れることができるようになりました。サン・ドニの大修道院長シュジェ（1081～1151）は、今では名前のわからない石工職長と組んで西のファサードの建設、さらに重要な業績として聖歌隊席の拡張を行いました。これにより、開放的で、彼の言葉を借りれば、「明るい窓という窓から絶え間なく差し込む素晴らしい光で輝く（…）」スペースが生まれたのです。どこまでも上へと尖ることをやめないゴシックのアーチは、イスラム建築の初期のフォルムを応用しているようです。フライング・バットレスで補強されたリブ・ヴォールトのような、多くの人がフランス盛期ゴシック様式の典型と感じる骨組み要素は、アミアンの大聖堂（1220頃～70）にその表現が見出せます。シャルトルは、シュジェのサン・ドニからアミアン、それに続く多くの13世紀のフランスの大聖堂をつなぐ橋渡し的な存在です。そうした大聖堂はみな内部を努めて明るく開放的にすることをめざし、柱も細く、視覚的に複雑な、交差の多いものにしようとしました。それは、ロマネスク建築が分厚い壁、小さな窓、平板で直線的なフォ

ルムをめざしたのと対照的です。

聖母マリアのための聖堂として、またマリアの聖衣を収める重要な巡礼の拠点としてのシャルトル・ノートルダム大聖堂は、パリ南西50マイル（80km）のところにあります。全長430フィート（131m）、身廊の高さは121フィート（37m）です。同じ場所に最初に建っていた大聖堂は、ほぼ11世紀にできあがったもので、身廊と聖歌隊席は1194年6月10日に起こった火災で大きな被害を受けます。西側ファサードと王の扉口（1136～41）、それに11世紀につくられたクリプト（地下聖堂）は残りました。この大聖堂を建てた石工たちについてはわかっていませんが、研究資料によれば、300人ほどの人々が班に分かれて、1194年から1260年10月24日の献堂式に至るまでの60年以上の期間にわたってこのライムストーンの建物の建設に取り組みましたが、聖歌隊席だけは1221年に完成を見ていました。身廊の床面には、アミアンやランスの大聖堂と同様、ラビリンス（迷宮）があります。これは、巡礼者が誘惑に晒されたり横道に逸れたりしながら神を求めてさすらう巡礼の旅を象徴的に表現しています。

シャルトルには建設後に追加された箇所はほとんどないため、現在の内部は13世紀後半にここを訪れた人々が目にしたときのままということになります。すなわち、3層構成の身廊と聖歌隊席立面です。立面の構成は、1層目がベイごとにひとつの高いアーチをもつ連続アーチ、2層目が窓なしのトリフォリウム、そして3層目が広々とした窓に色彩豊かなステンドグラスの嵌ったクリアストーリーです。このバラ窓のステンドグラスの数は176枚にも及び、その大半が1205年から1240年にかけてつくられたものです。ステンドグラスは、第2次世界大戦（1939～45）が始まるとすぐに取り外され、戦後にまた戻されました。このステンドグラス群は、シュジェがサン・ドニ大修道院で意図したものとほぼ同様の類い稀な経験、すなわち新しいエルサレムを空間的に、五感的に経験することを可能にしてくれるのです。

ヴィラール・ド・オヌクール
中世の建築家は、建築のドローイングを羊皮紙だけでなく、漆喰の床や壁にも描いており、床や壁面が図案で埋まってしまうと、上から漆喰を塗り直して再び真っさらにすれば描き直せた。ところが、13世紀に1人のフランス人、ヴィラール・ド・オヌクールという人物がおり、この人は石工建築家の身分ではなく、単なる職人だったようだが、250ものドローイングをスケッチブックに描き留めており、それが現在フランスの国立図書館に所蔵されている。そこに描き留められたスケッチは、ラン、ローザンヌ、モー、ランス、そしていうまでもなくシャルトルへの旅行の記録となっている。シャルトルでは、西のバラ窓がスケッチされている（上図）。

左
身廊のリブ・ヴォールトの天井から視覚的には連続して下に延びるように見える支柱を介して、建物の荷重は下に伝達されるとともに、飛び梁を介して建物周辺にも逃がされる。

下
南側翼廊のバラ窓は1225年頃のもので、直径35フィート6インチ（10.8m）である。

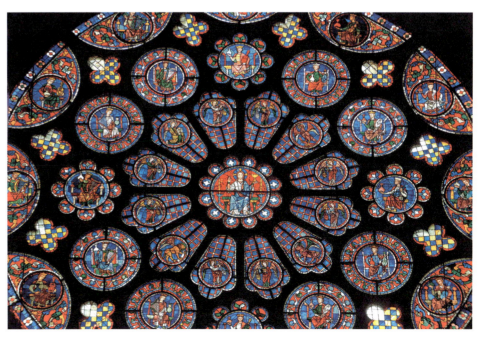

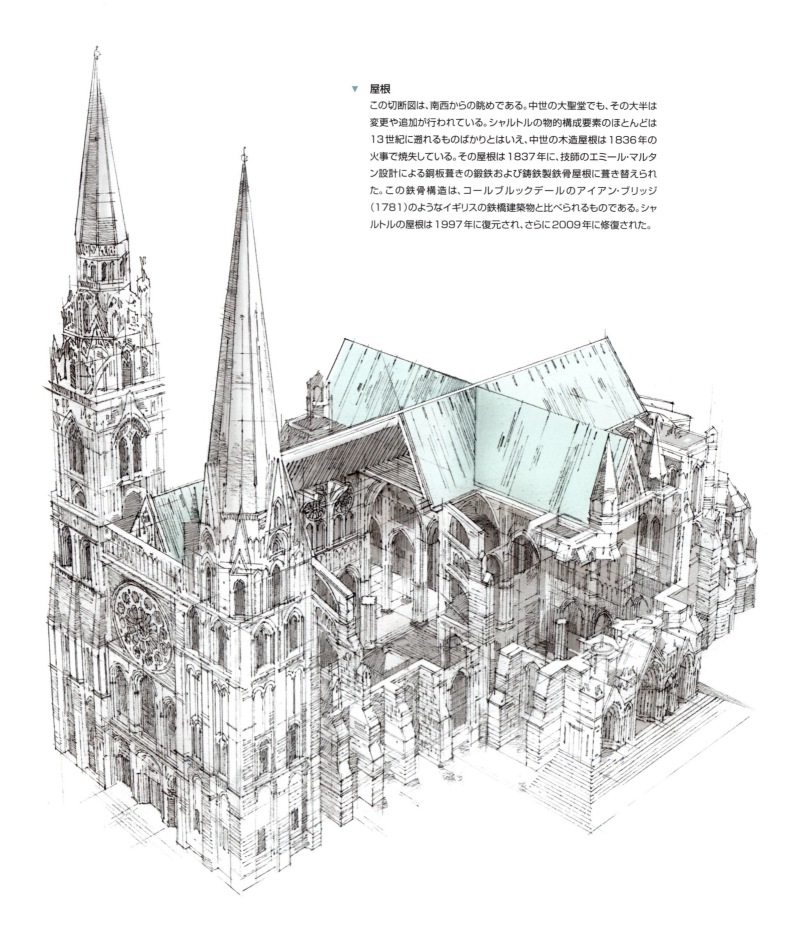

▼ 屋根
この切断図は、南西からの眺めである。中世の大聖堂でも、その大半は変更や追加が行われている。シャルトルの物的構成要素のほとんどは13世紀に遡れるものばかりとはいえ、中世の木造屋根は1836年の火事で焼失している。その屋根は1837年に、技師のエミール・マルタン設計による銅板葺きの鍛鉄および鋳鉄製鉄骨屋根に葺き替えられた。この鉄骨構造は、コールブルックデールのアイアン・ブリッジ（1781）のようなイギリスの鉄橋建築物と比べられるものである。シャルトルの屋根は1997年に復元され、さらに2009年に修復された。

▼ フライング・バットレス（飛び梁）
この断面図からは、身廊とヴォールトの構造のみならず、19世紀の屋根部分もよくわかる。身廊両側の壁面から延びる飛び梁の2層のアーチによって、建物の荷重は側廊の外壁の外へ張り出した大きな控え壁に伝えられる。このシステムのおかげでゴシックの建築家たちは、経験的により高い、より細身の骸骨のような建物を建てることができるようになったが、ついに1284年ボーヴェの大聖堂で聖歌隊席が崩落するに及んで、いくらかは壁に厚みをもたせざるを得なくなった。

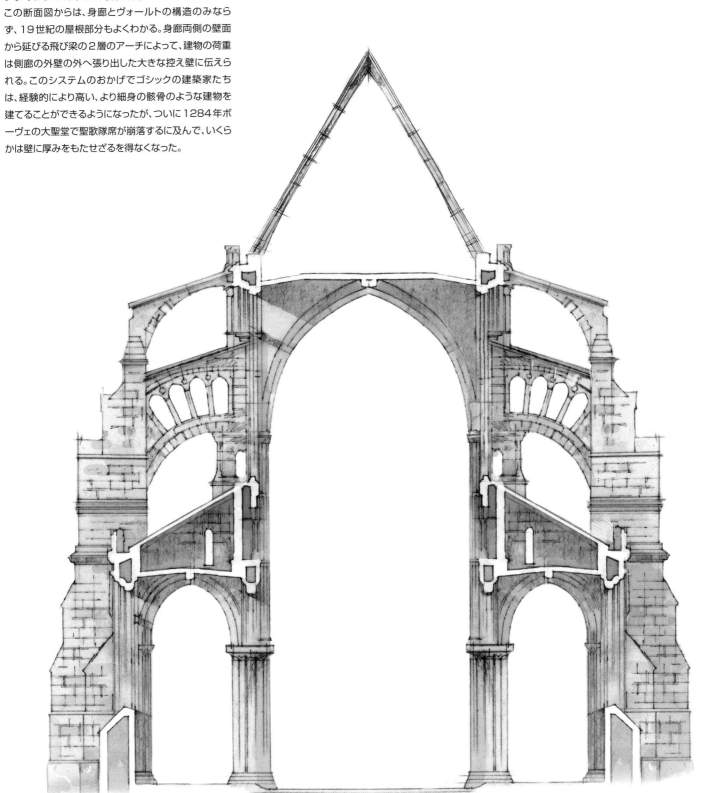

シャルトル大聖堂

▼ **身廊内部立面**
この内部立面図からは、大聖堂設計における極めて標準的な公式といえる3層構成の形式がとられていることがよくわかる。手の込んだ柱頭と束ね柱によるゴシックの連続アーチからは、垂直に柱が上へと延び、やがてベイにかかるヴォールトのリブとなる。天井で交差するリブは、ヴォールトを支えるとともに美しく天井部分を際立たせる。中間部の幅の狭い、明り取りの窓のないトリフォリウムは幅の広いクリアストーリーの真下にある。クリアストーリーに設けられた弓形のバラ窓の鉛桟ステンドグラスはその大部分が原形を保ち、聖堂内部をこの世ならぬ光で満たし、同じく下の側廊のステンドグラスも同様の効果をもたらしている。

ラビリンスと平面図

ここに掲げる間取り図は、少なくともフランスの大聖堂建築の定式からすれば、まずまず一般的といえる。聖歌隊席から飛び出る形で追加された長方形の間取りをもつ聖ピア礼拝堂（1323）を除けば、半円形の聖歌隊席東端のアプス（後陣）と複数の礼拝堂は、すべての大聖堂建築にとって宗教的な頂点をなしている。バシリカ形式の間取りをとり、中央に広い身廊とその両脇に側廊を配するシャルトルは、ほかの多くの大聖堂と同様に、身廊および聖歌隊席と交差する翼廊をもつ。交差する天井部分では、しばしば大きな交差ヴォールトとなり、ときにその上に塔が載ることがある。大聖堂の西端近くの身廊に設けられ、原形のまま残っているラビリンス（迷宮）（1205頃）は、人生のさまざまな寄り道を経て神へとたどり着く困難な巡礼の行路を表現している。ラビリンスは、アミアンやランスといったほかの大聖堂でも目にすることができるだけでなく、ヴィラール・ド・オヌクールのスケッチ帳にも描き留められている。

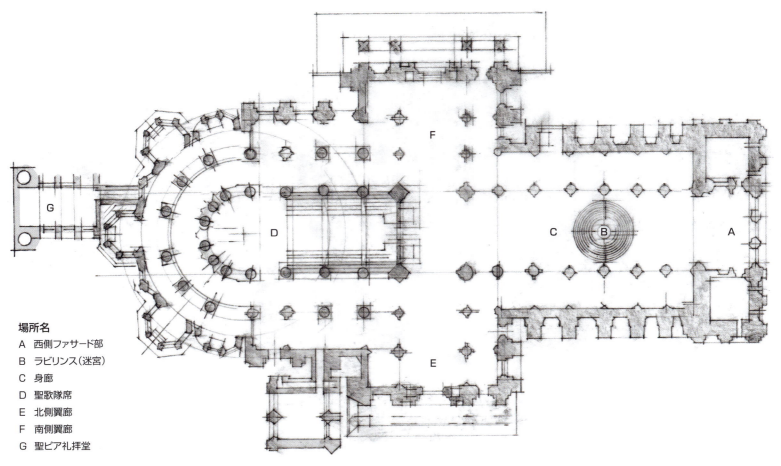

場所名

- A　西側ファサード部
- B　ラビリンス（迷宮）
- C　身廊
- D　聖歌隊席
- E　北側翼廊
- F　南側翼廊
- G　聖ピア礼拝堂

金閣寺

所在地───京都（日本）
設計者───不明
建築様式──禅宗様
建設年───1397年以降、1955年再建

1944年半ばから1945年夏の日本の降伏に至るまでの1年余りの間、日本の都市はおよそ160,000ショートトン（145,150トン）もの爆弾の標的となり、30万人を優に超える犠牲者を出しました。この統計には、広島と長崎の両都市を破壊した原子爆弾による20万人もの死者の数は含まれてはいません。京都も核攻撃の標的になっていましたが、何とか標的リストから免れました。これについては、当時の合衆国陸軍長官だったヘンリー・L・スティムソンが、ハリー・S・トルーマン大統領に対し、京都には軍事機能はなく、代わりにたくさんの歴史的建造物や神社仏閣があることなどを挙げて取りなし、日本の古都を核のホロコーストから免れさせたのではないか、というのが大方の見方です。実際、今日の京都は、日本のほかのどこの都市にも増して日本古来の建築物を見たいという人々の向かう人気の旅行スポットへと生まれ変わりました。京都には今や、ユネスコ世界遺産に登録されている10世紀から19世紀にかけての文化財が17件も存在します。そのひとつが鹿苑寺で、金閣寺とも呼ばれ、無数の旅行広告やお土産品の対象となり、そのイメージは冷蔵庫のマグネットから精巧なプラモデルに至るまでさまざまに姿を変え複製されています。

　金閣寺誕生は、将軍足利義満がこのあたりの所領を手に入れた1397年に始まります。このとき義満は仏教寺院のほかに大きな別荘群を建てますが、そのうちのひとつがこの金閣寺です。そのほとんどに北山杉を用いた金閣寺は、室町時代（1338〜1573）につくられた広大な庭園内の池に面して建っています。41フィート（12.5m）の高さをもつ3層構造の建物の第2層と特に第3層に、禅宗の寺や中国のパゴダとのつながりが見て取れます。第1層は、日本の中世初期の邸宅建築である寝殿造りの要素が顕著であり、そのため金閣寺は寝殿造りの建物の改築かもしれないと考える人もいるようです。金箔を貼った木造建築は自然の景観の中でひときわ目立ち、また水面にも映えます。「漱清」と呼ばれる池に張り出した突堤は、寝殿造りにおける釣り殿で、釣りに使われたと考えられています。金閣寺の全体的な外観は、同じく京都にある小さな銀閣寺（1490）を建てる際のプロトタイプとして使われています。

　金閣寺は、近隣の多くの建物を破壊した応仁の乱（1467〜77）を無事に生き延びています。また、京都が原爆の攻撃目標から外されたことで1940年代の戦禍からも免れました。ところが、1950年6月2日に、錯乱した見習い僧侶の林承賢（本名は林養賢）の放火によって焼失してしまいます。林は自殺を試みますが一命を取り留め、裁判にかけられて服役しています。金閣寺は1955年に、部分的には年代物の古写真や1906年に行われた解体修理の際につくられた外観図などを基に再建されました。まるでできたばかりのようなパリッとした外観には驚かされますが、それでもそこには中世後期の日本に建っていたときにはこうであっただろうという在りし日の姿を偲ばせるものがあります。

戦没者慰霊
　1955年に除幕が行われた京都の霊前観音は、第2次世界大戦（1939〜45）による日本人戦没者を慰霊するために建立された。彫刻家の山崎朝雲と実業家の石川博資は、80フィート（24m）もの高さの巨大なコンクリート造の仏像をつくった。メモリアルホールには、無名戦士の墓と戦没者銘板の両方があり、無名有名を問わず戦争で命を落とした200万の日本人を等しく慰霊する場所となっている。さらには、そこには太平洋地域の戦場で命を落とした4万8千人の外国人戦没者のためのメモリアルも含まれている。

上右
鳳凰は再生のシンボルである。元の建物が1950年の火災で焼失し、1955年に再建されたという経緯があるだけに、ここに置かれるにはふさわしい。

上左
金閣寺の第1層部分の西側に突き出た小さな屋根付きの小亭は、寝殿造りに典型的な釣り殿と呼ばれる突堤で、釣り用の施設だったといわれている。今日では小舟の船着き場として水上からのアクセスの便に応えるものとなっている。

▶ **最上層（第3層）**
軒にまで金箔を貼った屋根は4隅で軒が反り上がる曲線をもち、特にこの最上層に関する限り中国のパゴダ建築や禅寺の様式との関連が認められる。この寺は禅宗の僧侶たちの住居であったかもしれない。部屋の床面は周囲にめぐらされた縁のレベルより下にあり、この床の梁が縁の周囲に張り出した屋根を保持するための構造的な支持要素であることがわかる。

▶ **第2層**
L字形の間取りにすることで、第1層と同様に南側に広縁ができている。広縁の奥の小さいスペースは仏間として機能し、中に仏壇が設けられ、おそらく仏像が置かれていた。部屋には装飾として雲と鳥の絵があったが、再建の際にはなくなっている。

◀ 第1層
南西側からは小さな釣り殿が見える。この第1層には北山杉がそのまま用いられ、金箔で被覆された上層部分とは対照的である。南側は広々とした広縁である。北側に偏る形に配置された主要な床面を取り巻く縁は内側の床面より低い。日本家屋において玄関を南に配置するようになるのは、平安時代（794～1185）からである。

▲ 最上層の居室
パゴダ風の屋根をもつ最上層の内部には2層分の高さをもつスペースがあり、日当たり、風通しともに良好な大きな窓をもつ。屋根は柿（こけら）葺きで、裏側の屋根構造は入り組んでいる。入念な装飾が施されたこの最上層とは対照的に、下の2つの層は実にさっぱりとしている。最上層の装飾に関するドローイングは、先駆的な日本研究者A・L・サドラーによる『日本建築小史』（1941）に載っている。

サンタ・マリア・デル・フィオーレ大聖堂

所在地――フィレンツェ（イタリア）
設計者――アルノルフォ・ディ・カンビオ（身廊）、ジョット・ディ・ボンドーネ（鐘楼）、フランチェスコ・タレンティ（後陣）、フィリッポ・ブルネレスキ（ドーム）
建築様式――ゴシックおよび初期ルネサンス様式
建設年――1296～1461年

イタリアではゴシック建築のコンセプトが決してよくは理解されていなかったように見えます。イタリアのゴシック建築の例というと、ミラノ大聖堂（1386以降）のような極端なまでのウェディングケーキ形の建物か、ゴシックの構造要素にロマネスクの分厚い石造りを組み合わせて安定性を担保するタイプのどちらかで、いずれにせよ壁面装飾はビザンチン建築そっくりになります。このように壁面に穴をあけずになるべく連続面にしておこうとする傾向は、北ヨーロッパの寒く暗い冬に対してトスカナ地方の夏が暑いことに原因があるようです。理由はどうあれ、初期ルネサンスのフィレンツェに建てられたこの大聖堂を訪れる人が、アルノルフォ・ディ・カンビオ（1240頃～1310頃）による身廊とジョット・ディ・ボンドーネ（1270頃～1337）による鐘楼を前にして目にするものとはそうした壁面なのです。

アルノルフォは彫刻家にして建築家で、ピサの彫刻家ニコラ・ピサーノの下で学びました。もっともよく知られた作品はピサーノと共同で制作したシエナ大聖堂（1348）のための説教壇（1265～68）です。アルノルフォの彫刻のスタイルは、古典的で、ずんぐりとして、平面的であるところに特徴があり、そこにはローマ的な佇まいが感じられます。同じ特徴が、フィレンツェのサンタ・マリア・デル・フィオーレ大聖堂の身廊にも見られます。この大聖堂は、フィレンツェの守護聖女、聖レパラータを祭った旧聖堂に代わるものとして建てられました。古い聖堂のほうは、大部分が8世紀から9世紀にかけてつくられ、11世紀に追加が行われました。1128年建立の、独立した八角形の洗礼堂は取り壊しを免れたものの、旧聖堂のほうは建て直しが必要になったのです。旧聖堂の長さはほぼ192フィート（58.5m）で、新しい大

聖堂はほぼ502フィート(153m)あります。

現在の大聖堂の隅石が置かれたのは、1296年9月9日のことでした。予想通り、身廊ではガラス面より壁面のほうが優遇され、建材にも多彩色の石が使われました。アルノルフォの死後、30年の中断を経て著名な画家ジョットが大聖堂建設を引き継ぎました。ジョットが手がけたもっとも有名なものが鐘楼で、これは1334年に設計され、大部分がジョットの死後彫刻家にして建築家のアンドレア・ピサーノ(1295頃～1348頃)の手によって完成を見ました。高さは278フィート(84.7m)で、彫刻を施した長方形のパネルで全面が覆われ、上階部分は建築家にして彫刻家のフランチェスコ・タレンティ(1300頃～69)により完成を見ました。アルノルフォの大聖堂案を東側に拡張したのもタレンティです。そのほかにも、ジョヴァンニ・ディ・ラーポ・ギーニ(1371没)のような建築家が加わり、最終的な身廊の完成が1380年、大聖堂の大部分の完成が1418年ですが、ドーム(クーポラ)だけまだできてはいません。

多くの人にとって、フィリッポ・ブルネレスキ(1377～1446)が設計し1420年から1436年にかけて建設されたドームこそは、大聖堂の大聖堂たる所以の部分でしょう。建設当時このドームはヨーロッパ最大であり、最大径が144フィート(44m)、塔頂のランタンを含む高さが374フィート(114m)ありました。それでも高さだけでは、1330年着工・高さ404フィート(123m)のイギリス・ソールズベリー大聖堂の尖塔や、1439年着工・高さ466フィート(142m)のフランス・ストラスブール大聖堂を超えてはいません。

ブルネレスキは、連続アーチのファサードをもつフィレンツェの捨子保育院(1419～45)のような、ローマ古典主義建築を手本とする建物をつくりました。1418年のフィレンツェ大聖堂のドームの設計競技では、巨大なレンガ模型をもって臨んだと思われるブルネレスキの案が1等を取りましたが、ドームの設計案については1357年以来複数あり、1367年にはすでに現在あるドームのスパン長、高さが決定されていました。ブルネレスキ案の天才的なところは、ドームを八角形にして、しかも8つのシェルが内側に湾曲しながら互いに支え合う構造にした点にあります。2つの半円からなるヴォールトは、上下に重ねられ、レンガで連結されており、下(内側)のヴォールトには石が、上(外側)のヴォールトには軽いレンガが使われています。そこでは寄木張りのような配列で縦横に並べたレンガをかみ合わせて積むことで、構造強度が確保されています。また複数の鎖や石がリング状にドーム内を取り巻き、漆喰で固定されてドームを補強

上
ドーム内部にはフレスコ画が描かれている。ジョルジョ・ヴァザーリとフェデリーコ・ツッカリによる『最後の審判』(1568～79)は、38,750平方フィート(3,600m²)もの面積を占める。

しています。さらに、ブルネレスキは1439年にドームの外側にエクセドラ(半円のニッチ)を追加し、ドーム基底部を支える控え壁としました。完成したドームの高さは、ミケランジェロがサン・ピエトロ大聖堂(1506～1626)設計の際に、設計者自身と教皇にとって超えるべき目標となりました(270頁参照)。

天国への門
八角形のサン・ジョヴァンニ洗礼堂は、大聖堂の東の真向かいに建つ。この建物でもっとも有名なのが複数のブロンズ製の扉で、特にロレンツォ・ギベルティが1401年の設計競技でブルネレスキを退け、制作した天国への門(1425～52)という扉を飾るレリーフの連作である。それより以前に、ジョットは建築家として大聖堂の設計に関わった際に、1330年から1336年にかけてアンドレア・ピサーノに洗礼堂の最初の扉のデザインを勧めていた。ピサーノとギベルティによるこれらのブロンズ扉のレリーフ連作は、ルネサンス彫刻のもっとも偉大な傑作に数えられる。

1　身廊切断図

アルノルフォ・ディ・カンビオは、大聖堂の身廊の設計を1296年より開始し、仕事を引き継いだ3人の建築家、ジョット、ピサーノ、タレンティによって建物の主要部分が建てられた。鐘楼を脇に見たこの切断図からは、堅固でありながら単純な壁面にオクルス（円形窓）を開けて光を採り込むようにし、同時代のフランスの大聖堂のようにクレアストーリーに大きなステンドグラスを入れて採光を行うことをしていないのがよくわかる。身廊を構成する4つのベイ（柱間空間）は、西から東へ1366年から1380年にかけて建設された。旧聖堂の聖レパラータ聖堂の一部は、ブルネレスキの墓とともに西の最初の2つのベイの下に眠っている。この旧聖堂の遺構は1973年に掘り出された。

2　後陣内礼拝堂

ドームを囲む3つの多角形の後陣スペースにはそれぞれ5つずつ礼拝堂が収められている。全体は1380年頃から1418年にかけて建てられた。タレンティが大聖堂建築家になった際に、元々のアルノルフォの設計にあった礼拝堂が少なくともベイひとつかそれ以上分東側へ追いやられて出来上がったのである。ドームを囲む後陣とそれに付随するドーム形のエクセドラはドームを載せた円筒部分（ドラム）を支持し、それによってドームそのものも支持している。

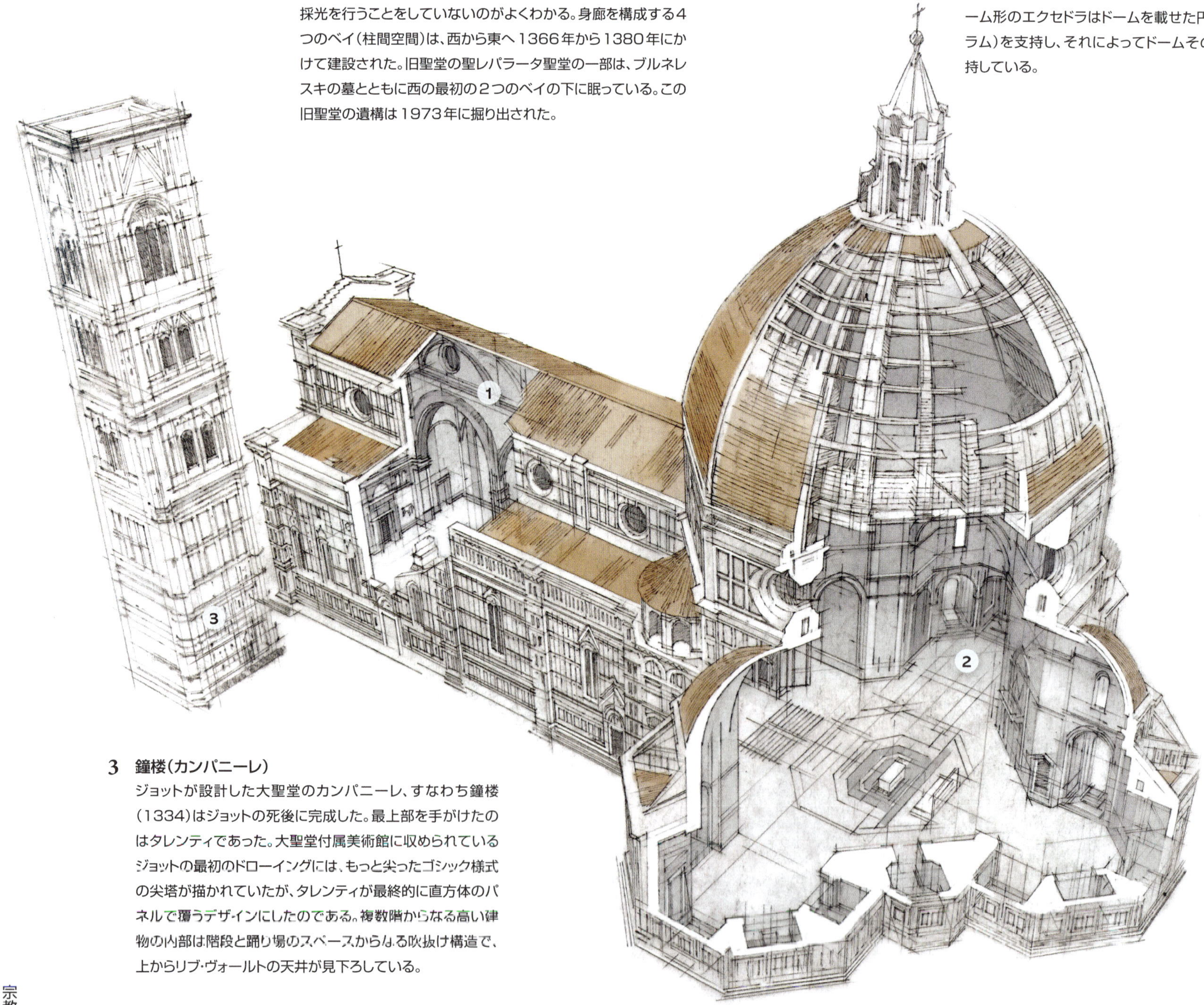

3　鐘楼（カンパニーレ）

ジョットが設計した大聖堂のカンパニーレ、すなわち鐘楼（1334）はジョットの死後に完成した。最上部を手がけたのはタレンティであった。大聖堂付属美術館に収められているジョットの最初のドローイングには、もっと尖ったゴシック様式の尖塔が描かれていたが、タレンティが最終的に直方体のパネルで覆うデザインにしたのである。複数階からなる高い建物の内部は階段と踊り場のスペースからなる吹抜け構造で、上からリブ・ヴォールトの天井が見下ろしている。

宗教

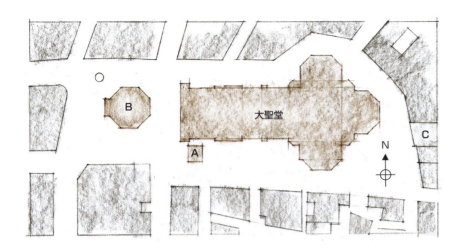

◀ **配置図**
大聖堂前の広場を含む配置図を見ると、大聖堂を、鐘楼（A）や洗礼堂（B）のような他の要素とともに複合施設として周囲の都市環境に合わせようと、全体を東西方向の配置にしていることがはっきりとわかる。大聖堂の聖具類は聖堂内の聖具室のほかにも、大聖堂の東の正面に建つ大聖堂付属美術館（C）にも展示所蔵されている。敷地面積72,871平方フィート（6,770m²）のこの美術館は、2015年に建築事務所のナタリーニ・アルキテッティとグイッチャルディーニ＆マーニ・アルキテッティによって改装されている。

▼ **洗礼堂**
1128年に完成したサン・ジョヴァンニ洗礼堂は、大聖堂の玄関ファサードの西の真向かいに建つ。白のカラーラ大理石および緑の大理石でできた八角形の建物にはピラミッド形の屋根が載っている。屋根内部には13世紀につくられた見事なモザイク画が飾られている。

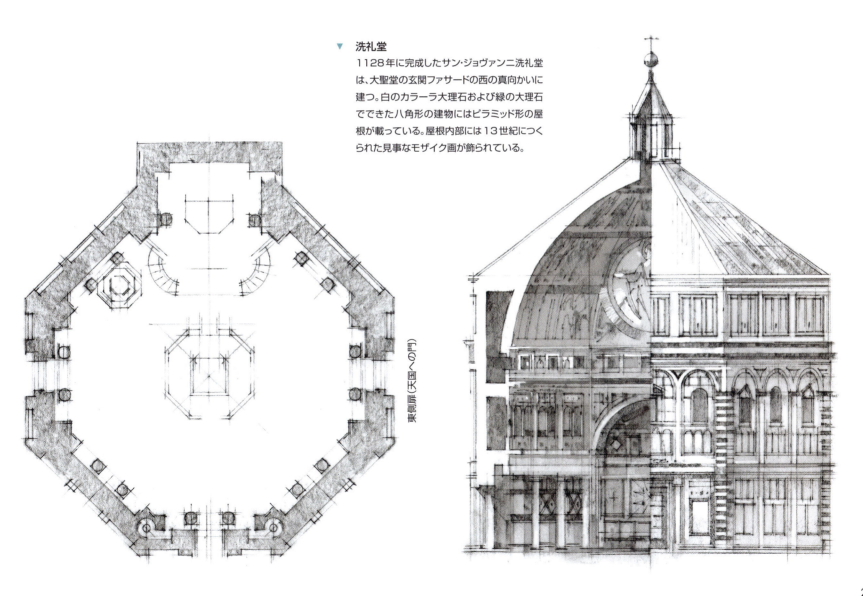

▶ ドーム
この切断図からも、ドームの湾曲する補強用リブが追加の支持要素としての石積みのリングに取り巻かれている様子が見て取れる。ドームはさらに、下の八角形のドラムの底部に取り付けられたエクセドラが控え壁となることで支えられる。頂塔を含む高さは374フィート(114m)である。

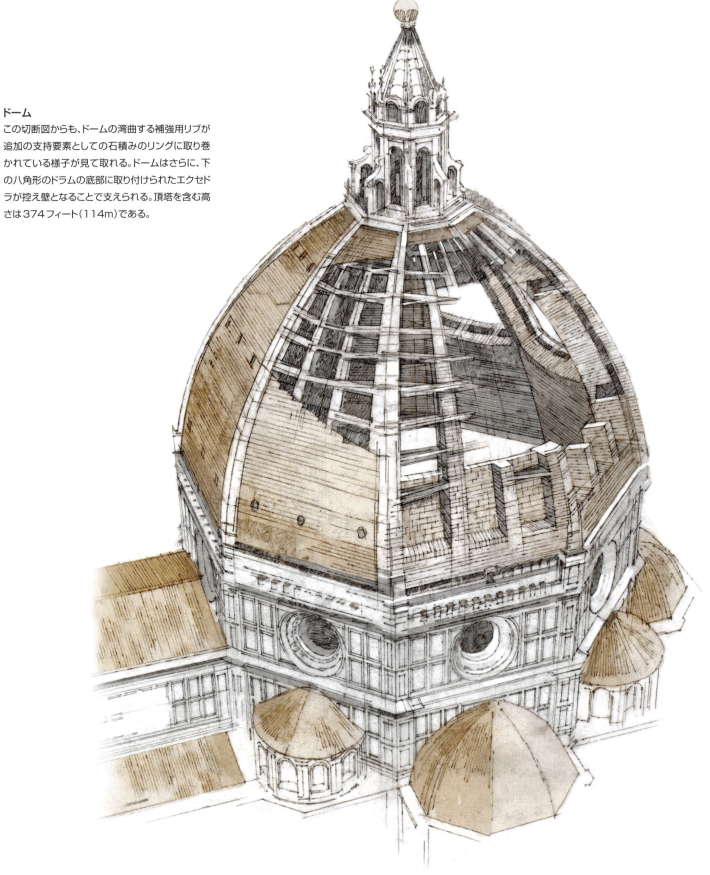

▶ 部分立面図／断面図

大聖堂の現在のファサードは、4世紀の後、部分的に完成していたほぼレンガ造りの無装飾のファサードに代わって付け替えられたものである。赤、白、緑の象嵌大理石によるまとまりのあるデザインは、近接して建つ洗礼堂や鐘楼の外観ともよく合う。建築家のエミーリオ・デ・ファブリス（1808〜83）が、1876年から1883年にかけて設計を行った。この部分立面図／断面図からは、きわめてカラフルな大理石のファサードの裏に隠された優れた構造的アイデアがよくわかる。

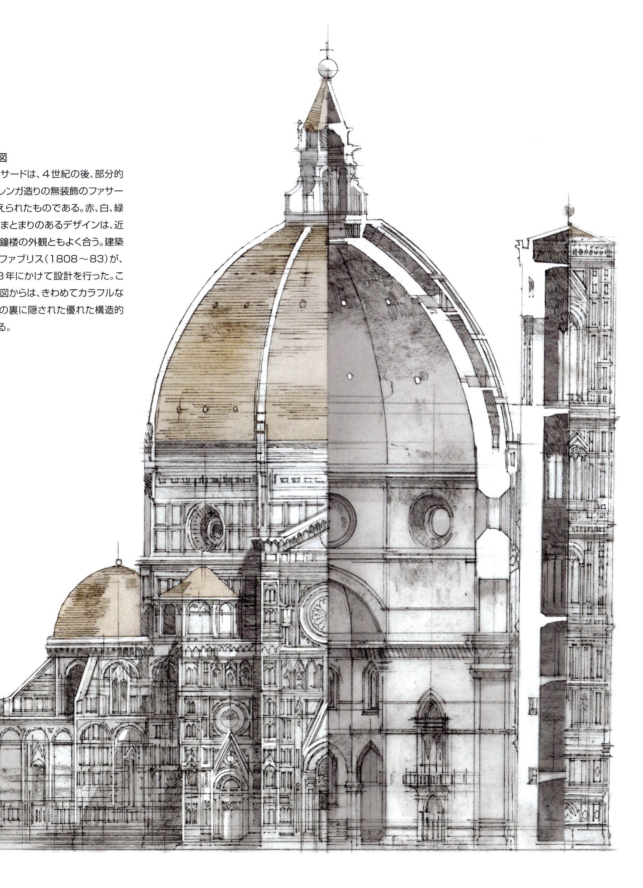

サンタ・マリア・デル・フィオーレ大聖堂

バターリャ修道院

所在地──バターリャ（ポルトガル）
設計者──アルフォンソ・ドミンゲスほか
建築様式──後期ゴシック様式
建設年──1386〜1533年

　バターリャ修道院は、1385年8月14日、ポルトガルとカスティーリャ王国のあいだに起きたアンジュバロータの戦いの戦勝記念として建設されました。ポルトガルのジョアン1世妃がランカスター公の娘フィリッパであったため、ポルトガル軍はイングランドの援軍を得てカスティーリャのフアン1世軍に勝利を収めました。イタリアやフランスもまたカスティーリャ軍に大量の兵を送り込んだため、この戦いは英仏間ですでに起きていた百年戦争（1337〜1453）の一環ともいえる様相を呈しました。ポルトガルは自国兵1人に対しカスティーリャ兵が5人と、数の上では劣勢でしたが、それでも勝てたのは、イギリスの防衛戦術と射手隊がフランスの騎兵隊に勝る力をもっていたためです。この戦いで勝利を収めたポルトガルはスペイン（カスティーリャ）からの独立を守り抜きました。戦勝に感謝を捧げるべく、ジョアン1世は戦場の北約11マイル（17.7km）の地にバターリャ（ポルトガル語で「戦い」の意）の町をつくり、1386年、勝利の聖母マリア修道院の建設を開始しました。

　修道院の設計者はアフォンソ・ドミンゲス（1402没）で、1388年から亡くなる年まで建設を指揮しました。ドミンゲスの設計や細部装飾は、イングランドの垂直様式など先例の影響を受けており、直線を強調した化粧ファサード、回廊奥にある求心的な平面形の参事会室にその特徴が顕著です。あとを引き継いだダビド・フュゲット（1416〜38）も、亡くなる年まで建設を率いました。フュゲットは、高さ106フィート（32.3m）以上の身廊部のヴォールト、東にある未完の礼拝堂、参事会室のドームをはじめとする回廊の一部、そし

て創設者の礼拝堂を設計したことで名高い建築家です。1426年に完成した見事なヴォールト天井の創設者の礼拝堂には、凝った装飾が施されたジョアン1世と王妃フィリッパの墓が収められています。また、修道院外周の回廊には多数の王子とその妃たちの墓が設置されています。

建設はその後も数々の建築家のもとで進みました。修道院からやや離れた場所にある2番目の回廊は、1448年から1477年にかけてフェルナン・デヴォラが手がけたものです。精巧な彫刻が美しい未完の礼拝堂の入口を1503年から1509年まで手がけたのはマテウス・フェルナンデス（父、1515没）で、その後、ジョアン・デ・カスティーリョ（1470～1552）が仕事を引き継ぎ、ミゲル・デ・アルーダ（1563没）が1533年以降にバルコニーをつけ加えました。しかし、建設は未完のままそこで終わります。マヌエル1世、ジョアン3世といったポルトガル王たちが、リスボン郊外のベレンにあるジェロニモス修道院（1495～1601）などに資金をつぎ込んだためです（ベレン地区には現在、修道院のほかに国立考古学博物館、海洋博物館があります）。ジェロニモス修道院の華美な後期ゴシック様式はマヌエル1世にちなみマヌエル様式と呼ばれ、バターリャ修道院にも同様の細部装飾が見られます。ケンブリッジのキングズ・カレッジ・チャペル（イギリス、1515）、インゴルシュタットの聖母教会（ドイツ、1515～20）のヴォールトなど、16世紀ゴシックの細部に対する尋常ならざるこだわりをゴシック時代の終焉の先触れと見る人もいます。この時期、多くの国々で、よりシンプルなイタリア・ルネサンス様式や、それを地域ごとにアレンジした様式が好まれるようになっていました。

バターリャ修道院はナポレオン戦争（1803～15）中の1810年に損傷を受け、ポルトガルで修道会解散令が発布された1834年以降は見捨てられていましたが、朽ちゆく修道院に心を痛めた国王フェルディナンド2世が政府に圧力をかけ、1840年に修復を宣言させました。その後、15～16世紀に建てられた修道院と回廊を中心に、19世紀を通して修復工事が進みました。隣接する建物が移転したり取り壊されたりし、この巨大なモニュメントは意味合いを変え、1980年以降は博物館として利用されています。元参事会室にはポルトガルの無名戦士の墓がつくられ、1921年にフランドル地方やポルトガル領アフリカから運ばれた遺骨が眠っています。

上左 アフォンソ・ドミンゲスのオリジナル設計のひとつ、王の回廊の北西の角にはヴォールト天井の部屋があり、美しい噴水盤が設置されている。

上右 1402年から1438年にかけて、2人目の建築家フュゲットが細い身廊と内陣の上にそれぞれヴォールト天井をつけ、建物は106フィート（32.3m）以上という現在の高さになった。

アルジュバロータの戦い

ポルトガルとスペイン（カスティーリャ王国）の争いにそれぞれの同盟国が加わったアルジュバロータの戦いは、装飾写本に描かれ人びとの心に記憶されてきた。ポルトガルがスペインから独立を死守したという意味で伝説的な戦いであったと同時に、イングランドの戦術と射手隊が、自らを上回る兵力を打ち負かした数ある戦いのひとつでもあった。ある意味、1415年のアジャンクールの戦いでイングランドがフランスに圧勝することを予言していたといえる。

▼ 未完の礼拝堂

14世紀に建った聖堂の後陣の奥にあるのが未完の礼拝堂だ。建設開始はおそらく1434年以降、設計者はフュゲットで、その後16世紀初頭にフェルナンデスが任を引き継いでいる。当時の王、ドゥアルテ1世は、自らを埋葬する霊廟として創設者の礼拝堂に引けを取らないものを建設しようとした。バターリャ修道院でこの未完成の建造物がもっとも記憶に残るのは、のちの王たちが建設を進めたにもかかわらず結局完成にいたらず、ひときわ大きく設計された廃墟のように見えるからだろう。復元された外周の細い塔は、これらが支持するドーム屋根が計画されていたことを物語っている。

1 回廊

この修道院には回廊が3つある。まず右手、聖堂に隣接して王の回廊がある。これはドミンゲスの設計を、フェルナンデス、ディオゴ・ボイタックら複数の建築家が引き継ぎ完成させた。ボイタックは回廊のアーチの中のトレーサリー（幾何学模様装飾）を手がけている。この切断図で見るとおり、王の回廊の東には修道院の参事会室がある。イングランド様式の影響を受けた求心的な平面形の参事会室は、マルティム・ヴァスケス（1235～1335）が仕上げたものと思われる。王の回廊の左、すなわち北側には、2階建てのアフォンソ5世の回廊がある。これはフェルナン・デヴォラが設計し、1448年から77年にかけて建設された。この回廊に接して東側には3つ目の回廊があったが、ナポレオン戦争中の1810年、フランスの軍隊に破壊されてしまった。

2 身廊
イングランドのヨーク大聖堂(1230〜1472)に見られる14世紀のデザインを彷彿させる身廊。身構えたような西側のファサードや東端の八角形の礼拝堂、求心的な平面形の参事会室や創設者の礼拝堂には、フランスよりもイングランドの影響がうかがえる。創設者の礼拝堂は、ウィリアム・ラムジー(1349没)設計のロンドンの旧セント・ポール大聖堂(1332)にある参事会室に似ていると指摘されてきた。未完の礼拝堂は、建築家アラン・オブ・ウォルシンガム(1364頃没)と棟梁ウィリアム・ハーレーが手がけたイーリー大聖堂(1322以降に再建)の八角形塔を連想させる。

3 創設者の礼拝堂
イングランドの多角形の参事会室を思わせる礼拝堂はポルトガル王室の霊廟である。建設を指示したのはジョアン1世、設計はダビド・フュゲット、工期は1433年から1434年。当初は四角形の設計だったが、リブ・ヴォールトを頂く八角形の空間に変更されて、王夫妻の墓を包み込んでいる。内部と入口に隣接した場所には王の子どもたちの墓があり、20世紀初頭には王の子孫を埋葬する霊廟もつくられた。

バターリャ修道院

サン・ピエトロ大聖堂

所在地──バチカン市国、ローマ（イタリア）
設計者──ミケランジェロほか
建築様式──盛期ルネサンス様式、バロック様式
建設年──1506〜1626年

　サン・ピエトロ大聖堂の複合建築を目にした人は、そのスケールの大きさ、とりわけ教皇が姿を見せたときの壮大さに驚きます。大聖堂前の広場は25万人もの群衆を収容し、世界最大級の宗教施設という表現にふさわしいスケールです。この非凡な建造物を手がけてきた建築家の名を見わたせば、それがイタリア・ルネサンスにおける一流の建築家とアーティストを集めた建設委員会によって進められたプロジェクトであると感じる人もいるでしょう。

　今日目にするルネサンス様式とバロック様式の精緻な建造物が建っているのは旧サン・ピエトロ大聖堂（326〜333）があった場所です。64年、ネロ帝の迫害により聖ペテロはこの地で殉教しました。その後、コンスタンティヌス帝の命により、今よりも小規模な初期キリスト教様式の旧聖堂が4世紀に建てられました。新しい聖堂の着工は1506年で、1626年に完成しました。旧聖堂の床面と現在の大聖堂の床のあいだのレベルにある、「グロット（洞窟）」と呼ばれる地下墓所には聖ペテロや歴代教皇が眠っています。19世紀に書かれた文章には、ドーム天辺までの高さが448フィート（136.6m）というサン・ピエトロ大聖堂は世界最大級の建造物であると書かれています。大部分が大理石でできた重厚な聖堂は長さ約730フィート（220.5m）、幅約500フィート（152.4m）であり、ときとして数万人もの礼拝者が訪れます。その大きさと、堂内のそこここに並ぶ精巧な古典主義の彫像は、まさに反宗教改革（1545〜1648）を目に見えるかたちで表現したものといえるでしょう。教皇の権威とカトリック神学の重要性をあらためて主張せんとする反宗教改

革は、30年戦争(1618〜48)中に最高潮に達したプロテスタンティズムの広がりに真っ向から応えた運動でした。

新たな大聖堂の建設案が持ち上がったのは15世紀。教皇ニコラウス5世の命を受け、設計を担当したのはレオン・バッティスタ・アルベルティ(1404〜72)とベルナルド・ロッセリーノ(1409〜64)でした。しかし工事はほとんど進まず、ついに1505年、教皇ユリウス2世が旧聖堂の解体を決断し、設計コンペが開かれました。選ばれたのはギリシア十字形の平面構成にローマのパンテオン(18〜128)のようなドームを被せるというドナト・ブラマンテ(1444〜1514)の案でした。ところが、1513年にユリウス2世が亡くなると、別の建築家たちが起用されます。そのひとりが画家のラファエロ(1483〜1520)です。ラファエロは平面構成をラテン十字形に変更する案を出しました。しかし1527年に神聖ローマ帝国によるローマの略奪が起きたことによる政治的な問題、また初期の基礎工事に見つかった構造的な欠陥の問題などを抱えた1547年、教皇パウルス3世はミケランジェロ(1475〜1564)を建築責任者に選びます。ミケランジェロは構造問題を解決し、大聖堂をブラマンテの提唱したギリシア十字形に戻しました。そしてフィレンツェの大聖堂(1296〜1461、260頁参照)に比肩しうるドームを再設計し、工事を進めていったのです。現在の大聖堂は、多くの部分がミケランジェロの設計によるものです。そのミケランジェロが亡くなると、ジャコモ・デッラ・ポルタ(1533頃〜1602)、ドメニコ・フォンターナ(1543〜1607)が仕事を引き継ぎ、1590年にドームを完成させました。その後も追加工事が重ねられ、サン・ピエトロは現在の姿になりました。身廊を延長し、広場に面したファサード(1608〜14)をつくったのはバロック建築家カルロ・マデルノ(1556〜1629)で、ドーム直下のバルダキーノ(天蓋)(1624〜32)とサン・ピエトロ広場(1656〜67)をつくったのはバロックの巨匠、ジャン・ロレンツォ・ベルニーニ(1598〜1680)です。

サン・ピエトロには1523年以降、建物そのものの手入れを担当する一種の建築委員会が存在していますが、20世紀初頭までは修繕のみを手がけていたわけではありませんでした。1988年、教皇ヨハネ・パウロ2世は継承者委員会を設立し、建物の修繕、メンテナンスをし、教会関係者、訪問者、巡礼者の行動を規制する仕組みをつくりました。1999年には500万ドルをかけて修繕と清掃が実施されました。

左
ドームを飾るのはフレスコ画ではなくモザイク画。ジュゼッペ・チェーザリがその大半をデザインし、多数のモザイク職人がつくりあげた。

下
精巧なデザインのブロンズ製バルダキーノ(天蓋)は、1624〜32年にベルニーニが制作。高さ約96フィート(29.3m)、重さ約10万ポンド(45,359kg)。

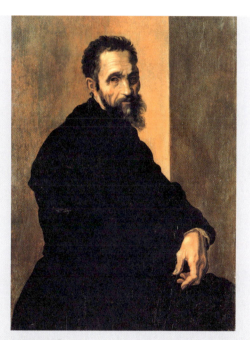

ミケランジェロ
イタリアの偉大な芸術家のなかでもミケランジェロ・ディ・ロドヴィーコ・ブオナローティ・シモーニはとりわけ優れた存在であり、レオナルド・ダ・ヴィンチにも匹敵するといえるだろう。フィレンツェで育ち、アーティストたちに弟子入りして技術を磨いたミケランジェロは、『ピエタ』(1498〜99)や『ダビデ像』(1501〜04)など、イタリア・ルネサンスを代表する彫刻作品の作者である。絵画における傑作となるバチカンのシスティーナ礼拝堂の天井画(1508〜12)は、聖書に登場する人物など300人が描かれた、460平方メートル以上もの大きさを誇る大作である。建築では、フィレンツェのサン・ロレンツォ聖堂(1521〜24、以降改修あり)内にあるメディチ家礼拝堂も手がけている。

▶ **切断図**
ドーム、身廊、側廊、ファサード、広場など、巨大な建造物を構成する各部がどのような位置関係にあるのかが、この図から把握できる。ドームの真下にブロンズのバルダキーノがあるのも見える。身廊は長さ約694フィート（211.5m）、格間つきの半円筒形ヴォールトは高さ約151フィート（45.7m）となっている。大聖堂や広場からなるこの複合建築は、1505年から1667年頃まで、160年以上の歳月をかけて建設された。

ドーム
フィレンツェの大聖堂(260頁参照)に引けを取らないドームを目指してミケランジェロが1547年に設計、デッラ・ポルタとフォンターナが1590年に完成させた。聖堂床面からランタン(頂塔)の天辺にある十字架までの高さは448フィート(136.6m)、世界一高いドームである。フィレンツェの大聖堂と同様の二重構造ドームだが、ここではレンガの2重ドームと、16本の石造リブで構成されている。

バルダキーノ(天蓋)
金箔を被せたブロンズ製のバルダキーノは、チボリウムの形をもとにベルニーニがデザインしたもの。チボリウムとは聖餐式で用いる聖体を覆う天蓋のことで、廟の屋根のような形をしている。このバルダキーノのデザインは教皇の頭上に掲げられる日よけからもヒントを得ている。ねじれた柱は古代のエルサレム神殿にあったといい伝えられる柱を想起させる。また、金色の蜂がここかしこに散りばめられ、教皇ウルバヌス8世の紋章も刻まれている。

ファサード
マデルノの設計により1608年から1614年にかけて建設されたファサード。トラバーチン石を使用したファサードの工事には700人以上の作業員が携わった。大きさは幅376フィート(114.6m)、高さ149フィート(45.4m)。ファサードのすぐ後ろにある半円筒形ヴォールトの拝廊が、玄関ホールの役目を果たしている。

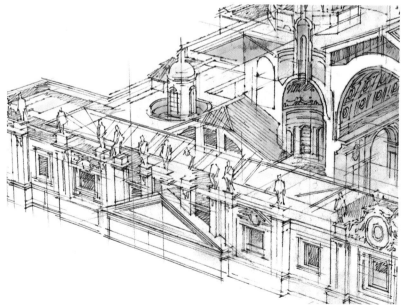

彫像
サン・ピエトロにはおびただしい数の装飾や彫像がある。入口の上部にはキリスト、洗礼者ヨハネのほか、ペテロ以外の使徒11人の彫像が並ぶ。聖ペテロの彫像は下方、入口付近に立っている。ペディメントには教皇パウルス5世を称える銘文が刻まれている。

▼ **断面図**
東を向いた断面図。96フィート(29.3m)の大天蓋の上にドームとドラムがあり、ドームの頂までの高さは448フィート(136.6m)。身廊の天井高さは151フィート(45.7m)。側廊にまでドーム状のヴォールト天井がついている。堂内の壁に豊かな装飾がほどこされているのもわかる。

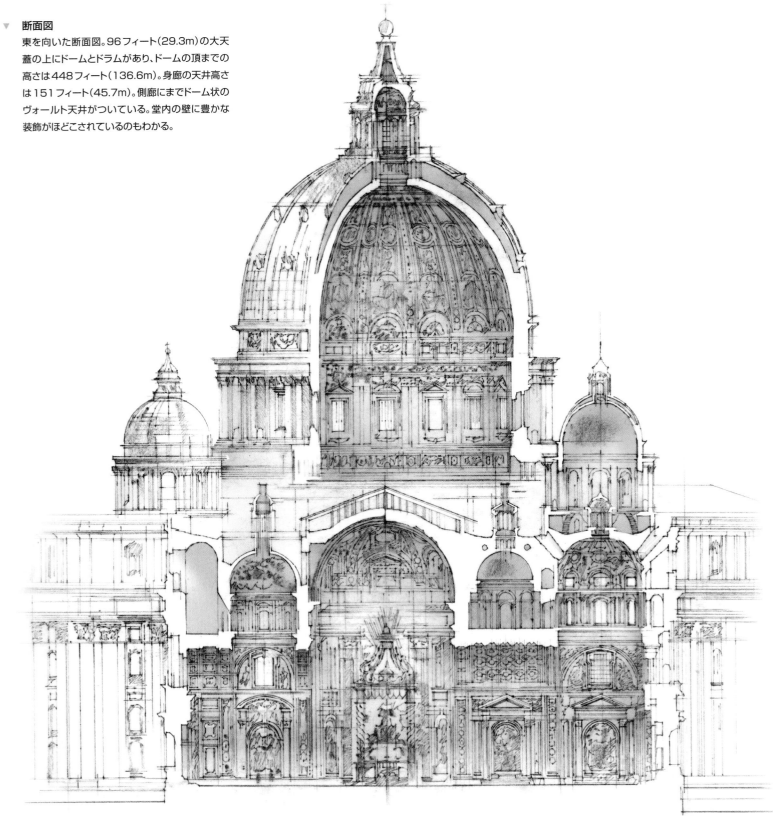

▼ **全体断面図および平面図**
サン・ピエトロ大聖堂とその正面にある広大な広場の位置関係を示す。ベルニーニの設計により1656年から1667年にかけて造営された広場は、長さ1,115フィート(339.8m)、幅787フィート(239.8m)。この曲線の形状はカトリック教会が両腕を広げて人びとを温かく迎え入れる様子を表している。広場に立つオベリスクはもともとエジプトにあったもので、聖ペテロの磔刑にゆかりのあるものといわれている。戦利品としてローマにもたらされたもののひとつである高さ約84フィート(25.5m)、重さが359トンのオベリスクは、1年以上をかけてこの地に運ばれた。

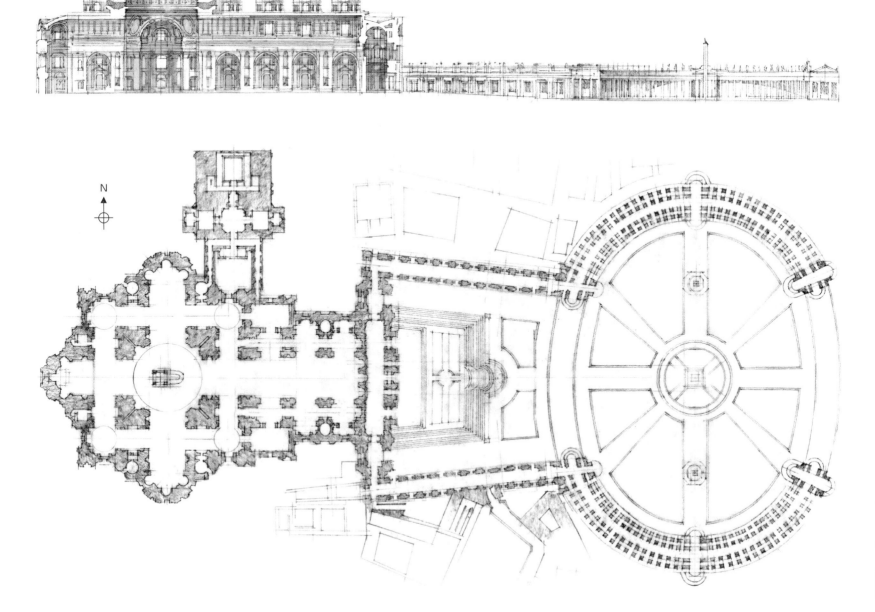

サン・ピエトロ大聖堂

セント・ポール大聖堂

所在地──ロンドン（イギリス）
設計者──クリストファー・レン
建築様式──イギリス・バロック様式
建設年──1675〜1720年

ビジネスと金融の中心地、シティ・オブ・ロンドンの中心部に位置するセント・ポール大聖堂は、街の中でひときわ目立つ存在でなくてはならないと考えられているため、新たな都市開発計画に際しては大聖堂の見え方を保たなければならないという都市計画制度があります。1666年に起きたロンドン大火で旧聖堂が焼失したあと、1675〜1711年の再建によってセント・ポール大聖堂は現在の姿になりました。設計したのはクリストファー・レン（1623〜1723）。大火の再建責任者に任命されていたレンは、焼失後すぐに新たな聖堂の設計にとりかかりました。レンは、セント・メアリー・アルダメリー聖堂（1679〜82）やセント・スティーブン・ウォルブルック聖堂（1672〜79）など、ロンドンにおける街の中心となる聖堂を数多く手がけた建築家で、今日まで続くその地区らしい街並みづくりに寄与した人物です。セント・ポールは、当時のイギリスの大聖堂のなかで唯一、1人

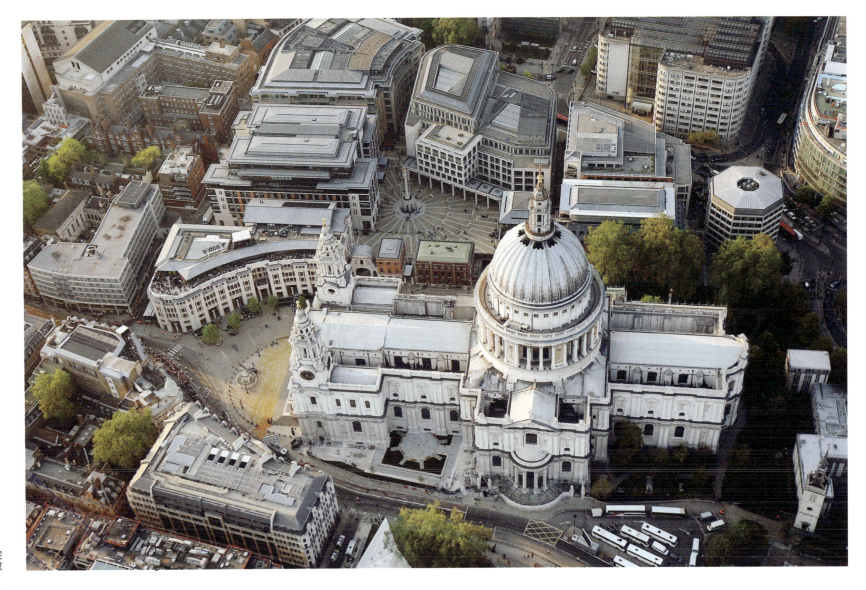

左
聖堂の東側をのぞむ。はるかむこうに聖歌隊席と主祭壇が見える。もともとあった祭壇は、ロンドン大空襲で聖堂の東端もろとも破壊されたが、1958年に再建された。手前のパイプオルガンは1695年製。イギリスで3番目に大きなオルガンである。

幾何学的な階段
主席司祭の階段とも呼ばれる、南西の塔にある階段。ルネサンス期の建築家がよく用いたような形式の階段だが、そのなかでも特に長いもののひとつである。聖堂フロアとトリフォリウムをつなぐこの階段ができたのは1705年。中央に支柱がなく、壁から片持ち梁で支えた片持ち階段のように見える(しばしばそのように説明されてもいる)が、荷重の大半はすべての段が接合されていることによる力の伝達で支持されている。階段は2連になっており、上半分が88段。途中に踊り場はない。

の建築家が設計し存命中に完成したものでした。

レンは最初、縦横のアームの長さが等しいギリシア十字の平面構成案を出しましたが、教会側に却下され、2度目に出したラテン十字形の設計案が採用されました。現在目にする大聖堂はその案をもとに建てられたものです。十字の交差部分の上部にドームを頂きそこから両側にウイングが延びるデザインはイギリス初のものであり、それと同じような建築物は現在のイギリスにも存在しません。レンはアンドレア・パッラーディオの建築に触発されていましたが、パッラーディオのスタイルをそのまま採り入れるのではなく、イギリスの伝統的な教会建築と融合させました。

壁にポートランド石を用いて、建設は段階的に進められました。最上部にくるドームは最高傑作となるべく検討が重ねられましたが、デザインが決まったのはいちばん最後でした。レンは、芸術性と同時に技術的な問題もクリアしなくてはなりませんでした。彼はドームをロンドンの街並みの中でもひときわ高くそびえ立つ存在としようと考えましたが、外観として印象的な大きさのドームは、内部空間としては極端な高さとなってしまいます。この問題を解決するには内側に形状の異なるドームをもうひとつ設ければいいのですが、そのかわりにレンは世界初の3重ドームを設計しました。2つのドームのあいだにレンガ造の円錐体を入れ、外側の木組みドームとその上に載っている石造りのランタン(頂塔)を支えさせることにしたのです。旧聖堂の基礎が沈下しつつあったため、ドームの重さを軽減するのは必須事項でしたが、こうしてレンは問題を解決しました。

このほかにも、塔が2つそびえる威厳に満ちた西正面のポルティコ、彫像や手の込んだ金属細工、モザイク画による豊かな内部装飾など、セント・ポール大聖堂には見逃せない特徴がいくつもあります。ここにはホレーショ・ネルソン提督、初代ウエリントン公アーサー・ウェルズリー、その他多くの有名人が埋葬されており、こんな墓碑銘の刻まれたクリストファー・レンの墓もあります。「彼の墓を探しているのなら、まわりを見回すこと(Si monumentum requiris, circumspice)」。

セント・ポール大聖堂は国民の暮らしの中でも重要な役割を果たしてきました。第2次世界大戦(1939〜45)中、ドイツ空軍によるロンドン大空襲であたり一面が焼け野原になったときには、幸運にも全壊を免れて希望のシンボルになりました。セント・ポール大聖堂は、もっともイギリス的ではない建物のひとつながら、イギリス社会の中心に位置しています。

▼ **等角投影・切断図**

セント・ポール大聖堂の下はロンドン粘土層。重い建築物にとってベストな地盤ではない。ヨーロッパ最大の地下聖堂には巨大な柱があり、その上にある聖堂のやや細めの柱を支えて負荷を減らしている。ドームの柱は一般的には4本だが、セント・ポール大聖堂のドームの場合は8本（東西南北に2本ずつ）で支えられている。これも荷重を分散させる工夫である。勾配のゆるやかな屋根は、地上から眺めたときにパラペット（立ち上がり壁）で隠れるように設計されている。

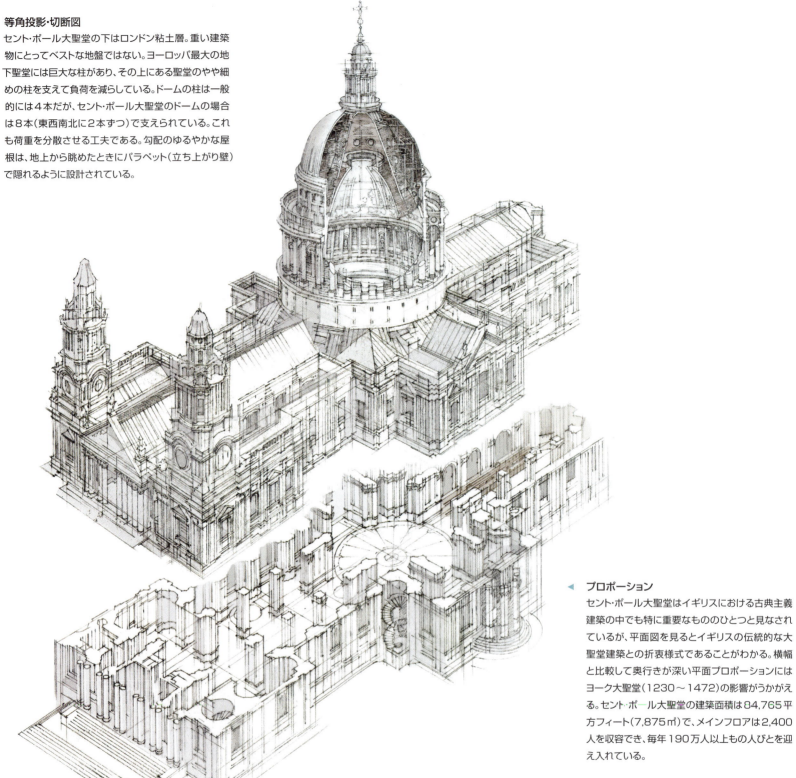

◀ **プロポーション**

セント・ポール大聖堂はイギリスにおける古典主義建築の中でも特に重要なもののひとつと見なされているが、平面図を見るとイギリスの伝統的な大聖堂建築との折衷様式であることがわかる。横幅と比較して奥行きが深い平面プロポーションにはヨーク大聖堂（1230～1472）の影響がうかがえる。セント・ポール大聖堂の建築面積は84,765平方フィート（7,875㎡）で、メインフロアは2,400人を収容でき、毎年190万人以上もの人びとを迎え入れている。

▶ 断面図

3重ドームの構造がわかる断面図。レンの考え出した革新的構造のおかげでドームの重みが軽減されたうえ、内側と外側の見た目がかなり異なるドームになった。現在、一般客は上ることができないが、内側ドームの天辺にはギャラリーがある。画家のジェームズ・ソーンヒルはドームの内側に格間を模した天井画を描いているが、それは天井が立体的に見えるほどの非常に見事なトロンプ・ルイユ（だまし絵）となっている。3重ドームによって実現した高さ365フィート（111.3m）というこの聖堂はかつてロンドン一の高さを誇っていたが、1963年、ロナルド・ウォード&パートナーズが高さ387フィート（118m）のミルバンク・タワーを建てたため、トップの座を譲ることとなった。

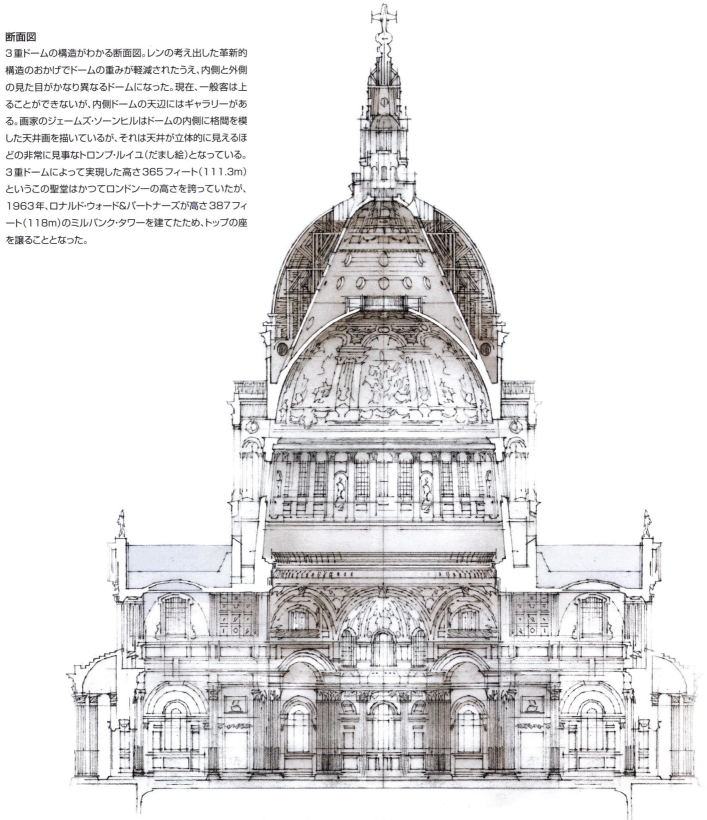

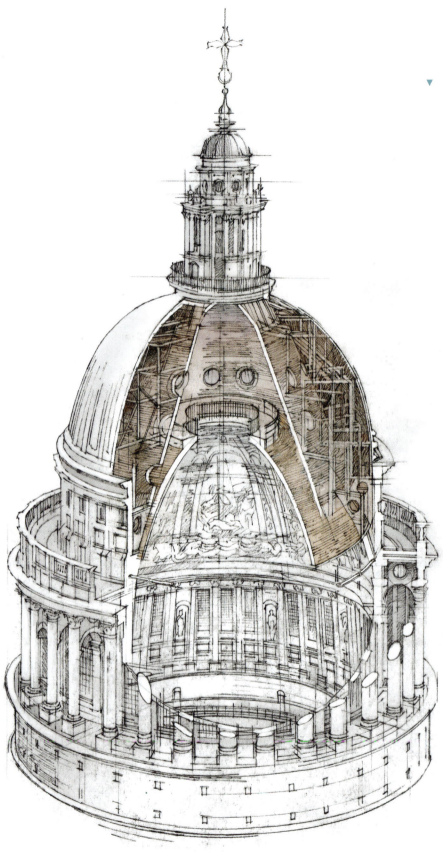

▼ **ドーム切断図**
ドームの十字架の先端までは高さ365フィート（111.3m）。重さを軽減するため、内側ドームは薄いレンガ造り、外側ドームは鉛葺きの木造になっている。レンはドームの頂に石造りのランタン（頂塔）を載せようと決めた。が、木組みのドームでは荷重に耐えられないため、2つのドームのあいだにランタンを直接支えるレンガ造りの円錐形ドームをつくることにした。この円錐形ドームは内外のドームの間の階段まで上っていかないかぎりは視認できない。頂塔の重みで円錐が外側に広がろうとする"輪の推力"を食い止めるため、レンは円錐体の一部に石の輪をつくり、その中に鉄の鎖を埋め込んだ。ドームの裾あたりにある大いなる鎖はその中で最大のもの。鎖が入った部分以外はレンガを用いた設計である。内側ドームの頂点にはオクルス（丸天窓）がひとつあり、そこから聖堂内に光が降りそそいでいる。

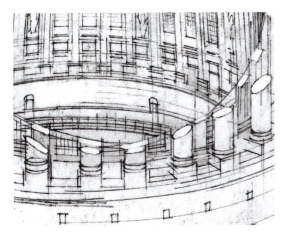

ささやきの回廊
ドームの見学者が階段を259段上って最初にたどり着くのが内側ドームの最下部にあるささやきの回廊である。ここに立ち、小声で何かしゃべると、回廊の正反対にいる人に声が届くという珍しい音響効果ゆえについた名前だ。

石の回廊
外側に2つある回廊のうち、外側ドームの最下部に位置しているのが石の回廊だ。地上173フィート(53.4m)のところにあるこの回廊にたどり着くには階段を378段上らねばならない。ロンドンの街を見晴らせると同時に、ドームを間近で見ることもできる格好のスポットだ。

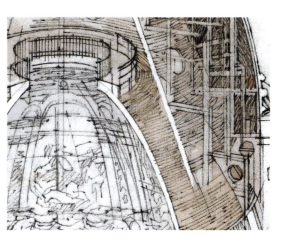

レンガ造の内側ドーム
おおよそ半球形の内側ドームの厚みはたったの18インチ(46cm)、標準的なレンガを縦に2つ並べた厚みだ。しっかりとした構造にするため、ドームの厚みと同じ長さのレンガも特注でつくられた。レンはドームに装飾物を加えることを許可しなかった。

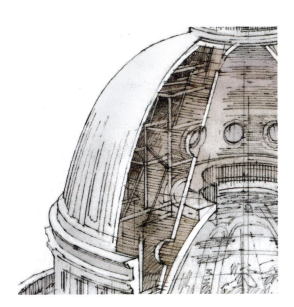

木造の外側ドーム
レンはこの外側ドームの形状を理想に近づけるために設計変更をくり返した。詳細な縮小模型をいくつかつくり、数学者ロバート・フックとさまざまな力学理論に取り組んだ。そのすべてを証明できたわけではなかったが、試行錯誤しながらテストを重ね、ついに、それまでにはない傑出したランドマークをつくり上げた。

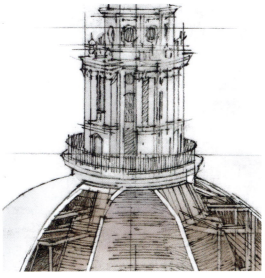

金の回廊
階段を528段上ると、床面からほぼ280フィート(85.4m)の高さに金の回廊がある。現在、観光客が上ることのできる一番高い場所となっている。ドームの天辺に設けられたこの小さな展望台からはロンドンの壮大な景色が一望できる。たどり着くには、外側のドームと円錐形ドームのあいだにある階段を上ってゆく。回廊に出る直前、内側ドームのオクルスから聖堂の床面を覗くことができる。

球とランタン(頂塔)
1708年、球と十字架を最初に立てたのはロンドンの甲冑職人、アンドルー・ニブレットであった。その後、構造調査をしていたC・R・コッカレルがデザインした球と十字架を、R・ケップとE・ケップが1821年に設置した。レンはランタンを設計したとき、ガラスを入れることを考えていなかった。堂内に雨が降り込むことがわかり、後年ガラスがはめ込まれた。

ノートルダム・デュ・オー礼拝堂

所在地────ロンシャン(フランス)
設計者────ル・コルビュジエ
建築様式────有機的モダニズム様式
建設年────1950〜54年

　1944年夏、連合軍はドイツ占領下のフランスに侵攻しました。6月6日にノルマンディーでD-デイとして知られるオーバーロード作戦、そして8月15日にはマルセイユ近郊でドラグーン作戦を開始しました。その後数カ月で連合軍はドイツ軍を独仏国境まで退却させますが、死傷者の数や払われた労力は並大抵のものではありませんでした。1944年9月、ロンシャンにあるネオ・ゴシックの古い巡礼教会がドイツ軍に占領され、続く10〜11月、ロンシャンの東にある町、シャンパニーを解放しようという勢いが生まれました。第1自由フランス師団が、アルジェリアなど仏領植民地の軍隊と協力しドイツ軍を東方に撃退したものの、作戦が終了する頃にはロンシャンの教会は廃墟も同然となっていました。

　終戦になるや、親独ヴィシー政権に協力した教会関係者が解任され、ロンシャンに新たな教会を建てる計画が立案されました。1949年、最初につくられた設計案はジャン=シャルル・モルウ(1889〜1956)による伝統的な様式の礼拝堂でした。その案が検討されていた頃、ル・コルビュジエ(1887〜1965)は、ロレーヌ地方のサン・ディエ大聖堂(1948)など戦争で破壊された聖堂群を、戦後の新しいフランスを象徴するような現代的デザインで再建する計画に携わっていました。第2次世界大戦後、コヴェントリー大聖堂(1962)を設計したイギリスのバジル・スペンス(1907〜76)や、カイザー・ヴィルヘルム記念聖堂(1970)を設計した西独のエゴン・アイヤーマン(1904〜70)らと同じような目的意識で仕事をしていたわけです。地方教会の改革を目指し、コルビュジエに聖堂再建の仕事を委託しようと尽力したのが、ドミニカ人神父のマリ=アラン・クチュリエでした。一流のモダン・ステンドグラス作家でもあったクチュリエは、ロンシャンの新しい礼拝堂やラ・トゥーレット修道院(1960)

の設計者にコルビュジエを推しました。

　コルビュジエが1950年に示した礼拝堂の設計案、ことにその独特な屋根の形は、カニの甲羅に着想を得たものでした。1946年にニューヨーク州ロングアイランドの浜辺で見つけ、製図台の上に置いていた甲羅をヒントにしたのです。屋根や壁は、森のある豊かな自然風景に呼応するよう湾曲させています。コンクリート造の壁の中には旧礼拝堂の瓦礫を入れ、表面は白色のガナイト（吹き付けモルタル）で仕上げられています。上方に向かうにつれ薄くなる白壁は、さまざまな四角の窓と光り輝くステンドグラスがアクセントになっています。差し込んでくる幾筋もの光を眺めていると初期ゴシック様式の大聖堂にいるような超俗的な気分になってきます。壁の最上部にある細いクリアストーリーから漏れる光が1本の帯となり、湾曲した大きな屋根が浮いているように見えますが、実は屋根は壁の中に埋め込まれたコンクリートの柱で支えられています。大きな屋根は約7フィート（2.1m）という途方もない厚さですが、内部は中空でコンクリートのリブが入っており、屋根面はすべてアルミ葺きとなっています。礼拝堂の東側には屋外の祭壇があり、巡礼者に対して野外ミサを行うための広場に面しています。また礼拝堂の北東部にあるオープンスペースには、1944年、ロンシャン解放を目指して戦死した人びとを追悼する慰霊碑が建てられています。屋外祭壇の壁にはガラス張りのニッチ（凹み）があり、旧礼拝堂から救い出された古い聖母マリア像が収まっています。

　ル・コルビュジエがロンシャンの礼拝堂でみせた独特の表現は、初期のコンクリート建築に見られた合理的、機能的なアプローチとは対照的です。聖地巡礼や建築巡礼の旅でロンシャンの礼拝堂を訪れる人びとは毎年8万人を超えています。

　2014年、心なき人物によって窓が壊され、世界中の建築家や歴史家がその蛮行を非難しましたが、はからずもこの事件で明るみに出たのは保存状態の悪さと資金不足でした。2011年、近隣に建設されたレンゾ・ピアノ設計の修道院、ビジターセンター、ホステルには1,000万ユーロ（1,080万ドル）を超える潤沢な資金が投入されたのにひきかえ、ロンシャンの礼拝堂に割り当てられていた予算はずっと少額だったのです。

上左
奥行きの深い窓は一見無計画に並んでいるように見えるが、有機的な形で構成された堂内に差し込む光の帯がドラマチックな効果を生む。

上右
自分の設計した建物に絵具やエナメルで絵を描いた入口をつくることが多かった。それはまるでコンクリート壁に特大絵画がかかっているように見える。この写真は南の主玄関にある中心軸回転扉である。

ル・コルビュジエ

ル・コルビュジエ（本名シャルル＝エドゥアール・ジャンヌレ）はスイスのラ・ショー＝ド＝フォンに生まれた。建築の教育を正式に受けてはいないが、おそらく20世紀でもっとも影響力の強かった建築家だ。第1次世界大戦（1914～18）前の初期の住宅作品はがっしりとした、シンプルだが伝統的なデザインである。戦後、パリに移り住んでからはキュビズムを高く評価し、現代建築と都市計画について独自の理論を育んでいった。著作『建築をめざして（Vers une architecture）』（1923）や、パリ郊外のポワッシーに建てたサヴォワ邸（1928～31）など1920年代の建築作品では、クールで純粋なモダニズムを提唱したが、第2次世界大戦（1939～45）後は、より有機的なアプローチのデザインに取り組むようになった。

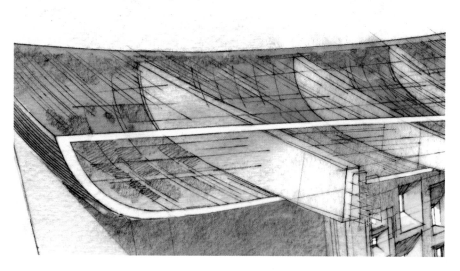

カーブした屋根
ドラマチックな曲線を描く屋根は、どっしりと重いコンクリート製の波をイメージさせる。厚さ約7フィート(2.1m)の屋根が不思議と浮かんでいるように見えるのは、その下に細い帯状のクリアストーリーがあるためである。実はこの屋根は中空になっており、内部には弓なりのリブが入っている。屋根面はアルミニウム葺きとなっている。雨水は屋根の上から西端にある2本の管に流れ落ちてゆく。この屋根は修道女の服に似ているといわれることが多いが、コルビュジエによれば、1946年にニューヨーク州ロングアイランドの海岸で見つけたカニの甲羅から着想を得たものだという。

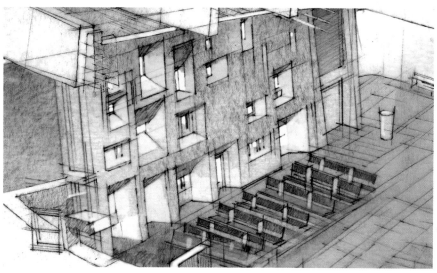

窓
南側の壁も中空で、ほかの壁と同じくガナイト(吹き付けモルタル)仕上げ。厚みは4～12フィート(1.2～3.6m)と一様ではない。27ある四角形の窓からは、さまざまな形の光が礼拝堂内に差し込んでくる。窓ガラスはおおかた透明だが、ところどころにステンドグラスが入っている。会衆席は有機的な形の空間のなかに斜めに配置されている。コンクリートの床は、この場所の地形に沿いながら祭壇に向かって低くなるように傾斜している。堂内の設計には曲線が多用されているため、3次元的、有機的なデザインを体感できる。また、上にいくほど壁が薄くなっており、控え壁のいらない構造となっている。

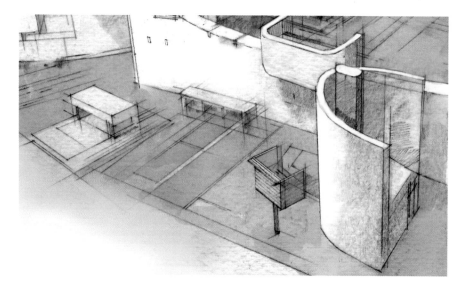

屋外の祭壇と説教壇
主祭壇は屋内の東端にあるが、屋外にも祭壇と説教壇があり、巡礼者が多数訪れたときには屋外でミサができるようになっている。テラスと聖堂をつなぐ東入口のそばにはニッチがあり、破壊された旧礼拝堂から持ち出された聖母マリアの木像が収まっている。

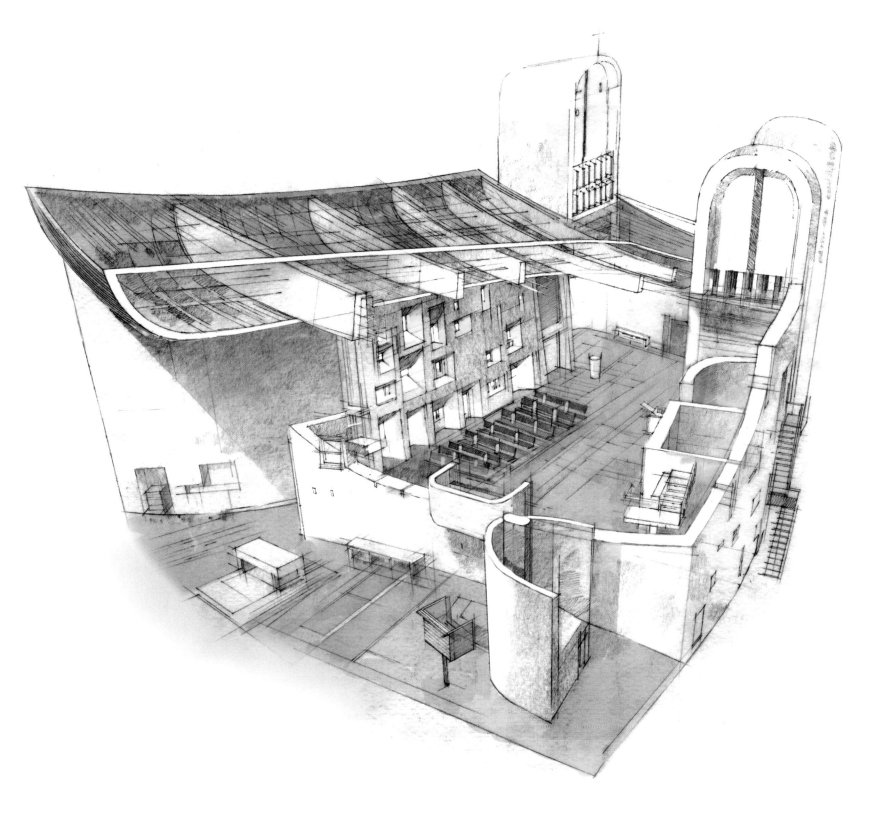

ノートルダム・デュ・オー礼拝堂

▼ 断面図
礼拝堂の塔の高さはいずれも88フィート（26.8m）以上。この断面図でわかるとおり、屋根と南の壁は中空となっている。1944年に破壊されたあとに残った壁は、旧礼拝堂のがれきを用いて再建された。会衆席の反対側にあたる北側には、聖歌隊のオープンスペースがある。図の右側、がれきの壁に囲まれた多階構造の部分には礼拝堂と聖具室が設けられている。正面奥には告解室の扉が見える。

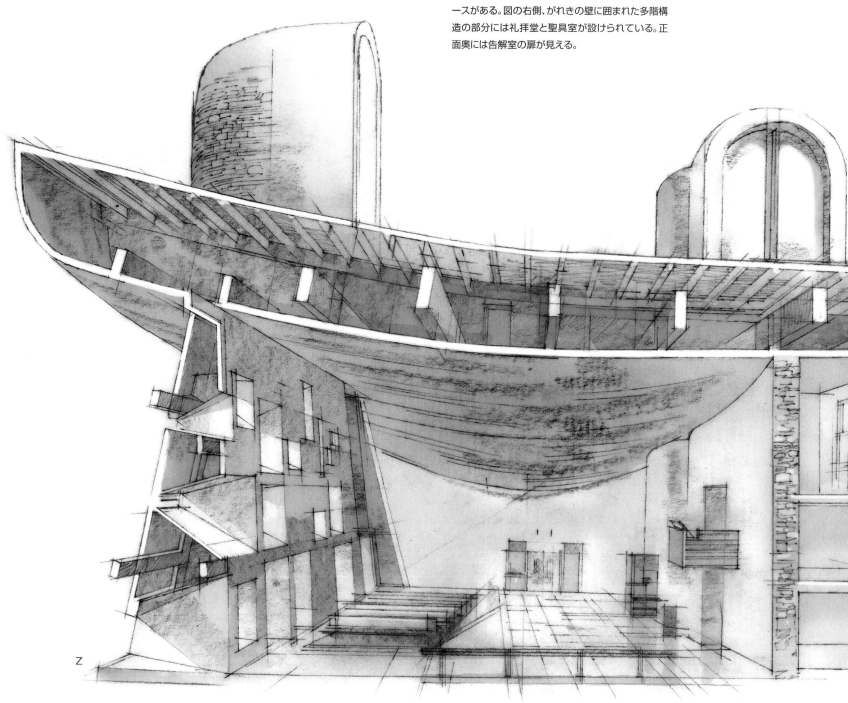

各部の配置

- A 祭壇
- B 聖歌隊スペース
- C 聖具室
- D 主玄関
- E 南礼拝堂
- F 告解室
- G 西礼拝堂
- H 北入口
- I 東礼拝堂
- J 東入口
- K 屋外祭壇・説教壇

▼ **平面図**

礼拝堂の全体寸法は約98×131フィート（30×40m）、堂内には200人を収容できる。この図の左端、礼拝堂の東端には屋外祭壇のあるオープンスペースがあり、1,000人を超えるミサが行える。西寄りには曲面壁の塔が3つあり、それぞれが礼拝堂になっている。そのエリアの壁のくぼんだ部分は告解室。南西には回転扉の主玄関、その斜向かいの北の壁にもやや小さい入口がある。

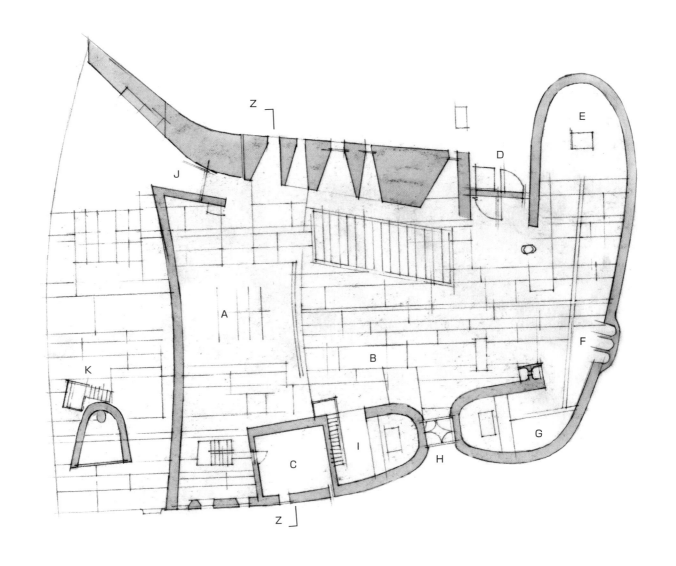

サグラダ・ファミリア

所在地────バルセロナ(スペイン)
設計者────アントニオ・ガウディ
建築様式────独自の様式
建設年────1883年〜

　本章のしめくくりが1883年に着工したサグラダ・ファミリアとは意外かもしれませんが、この聖堂は2026年に完成が予定されています。建設期間が140年以上と長期にわたっているのもこの建築の話題のひとつですが、期間の長さでいえば、中世の大聖堂にも実に長い歳月をかけて建設されたものがあることを忘れてはいけません。たとえば1248年着工のケルン大聖堂は、2世紀以上たった1473年に工事がいったん中止されますが、19世紀には再開され、1880年、オリジナルのデザインどおりにファサードの塔が完成しています。現代の大聖堂も、必ずしも短期間で完成しているわけではありません。1907年着工のワシントン大聖堂が完成したのは1990年ですし、1892年着工のニューヨークのセント・ジョン・ザ・ディヴァイン大聖堂は1909年に設計が変更されたものの、いまだに未完成で「未完のセント・ジョン」というニックネームまでついているほどです。設計が変更され今も建設の途上という点ではサグラダ・ファミリアも同じです。しかし変更といっても、サグラダ・ファミリアの場合、確立された形式をもったゴシック様式から、今日目にするようなガウディ独自の表現主義への大胆な変更でした。

　サグラダ・ファミリアとは「聖家族」を意味し、正式名称は「聖家族贖罪教会 (Basílica i Temple Expiatori de la Sagrada Família)」で、アントニオ・ガウディ (1852〜1926) が生涯情熱を傾けた傑作です。ガウディはバルセロナの建築高等学校に入り、学業のかたわら製図工として研鑽を積みながら1878年に卒業しました。特に優秀な生徒ではありませんでしたが、実作では優れた才能を発揮し、緻密な装飾や自然への愛着を表現した素晴らしいデザインを生み出しました。自然をモチーフにカラフルなセラミックでつくった幾何学的、抽象的な作品には、ゴシック、アジア、イスラムの要素が見られます。初期の作品群の中でも特に有名なのは、バルセロナにあるグエル邸 (1887) とカサ・ヴィセンス (1888) でしょう。ガウディ独自の表現主義的自然主義の格好例は、いずれもバルセロナにあるカサ・バトリョ (1906)、カサ・ミラ

（1912）、グエル公園（1914）です。

　設計図を描いた建築物もあるにはありますが、ガウディは3次元でものを見ることが大好きだったため、模型や石膏像を好んでつくりました。サグラダ・ファミリアの模型は今でも残っています。ガウディがこの仕事に取りかかったのは1883年ですが、1915年から1926年のあいだは、持てる時間の大半をサグラダ・ファミリア建設に捧げ、ますます敬虔なカトリック信者になっていきました。もともとこの聖堂は、フランシスコ・デ・パウラ・ビリャール・イ・ロザーノ（1828～1901）の設計で1882年に着工され、伝統的なゴシック様式のクリプト（地下聖堂）ができていましたが、ガウディは彼独自の形態の建築へと設計をやり直しました。5廊式の身廊のイメージは森で、立ち並ぶ木々の林冠には双曲面を駆使したヴォールトが広がっています。有機的な形態のファサードのなかでも、ガウディ自身がデザインした生誕のファサードには表現主義的な彫刻があり、ゴシック大聖堂かくあるべしとのビジョンがうかがえます。ガウディは18本の塔をもつ聖堂を構想しました。サグラダ・ファミリアにおける設計変更は、世紀末に至るこの時期にガウディの作風がより有機的な建築へと変化してきたことを反映したものでした。その変化はバルセロナ近郊にある未完のコロニア・グエル教会（1890～1918）や、高さ1,180フィート（360m）の複合塔形態の超高層ビル構想であったニューヨークのホテル・アトラクション案（1908）などに顕著に見られます。

　1926年6月7日、ガウディは路面電車に轢かれ、数日後に亡くなりました。このため、助手のドメネク・スグラニエス（1878～1938）が任を引き継ぎ、サグラダ・ファミリアの建設が続行されました。スペイン内戦（1936～39）のときにはガウディの仕事場が荒らされ、模型や設計図が消失しましたが、その後もリュイス・ボネット・イ・ガリ（1893～1993）はじめ、さまざまな建築家のもとで聖堂の建設は続きました。近年ではリュイス・ボネットの息子、ジョルディ・ボネット・イ・アルメニョール（1925～）が主任建築家を務めました。身廊は2000年に完成し、2006年には塔と交差部の支柱が建ちました。また、2016年にはドームを頂く聖具室のひとつも完成。現在の主任建築家、ジョルディ・ファウリ・イ・オレー（1959～）によれば、見学料収入で総コスト2,500万ユーロ（2,800万ドル）をカバーできるため、2026年にはおそらく完成するとのことです。

上左
生誕のファサード細部。彫刻はガウディの監督のもと1905年に完成した。このファサードとクリプト（地下聖堂）がユネスコ世界遺産に登録されている。

上右
3本に枝分かれした柱が身廊の特徴。表現主義的なヴォールトを際立たせる役目も果たしている。ロンドン・プレイン・ツリー（モミジバスズカケノキ）の節と樹皮をモチーフとしている。

メホラーダ・デル・カンポ大聖堂

メホラーダ・デル・カンポ大聖堂は、ガウディが生涯かけて打ち込んだサグラダ・ファミリアに触発されたとも思われる、164×82フィート（50×25m）の聖堂である。廃棄された建材を利用しつつ、50年以上かけて建設しているのは元農夫で闘牛士のフスト・ガジェゴ・マルティネス（1925～）。トラピスト会修道士でもあったマルティネスは独学で建築を学び、マドリードから約12マイル（20km）の地に聖堂を建てることに人生を捧げてきた。ローマ領ヒスパニアで福音を説いていたキリストの使徒、聖大ヤコブの前に聖母マリアとキリストが姿を現したという逸話にちなみ、彼はこの聖堂をヌエストラ・セニョーラ・デル・ピラール（ピラールの聖母）聖堂と名づけている。

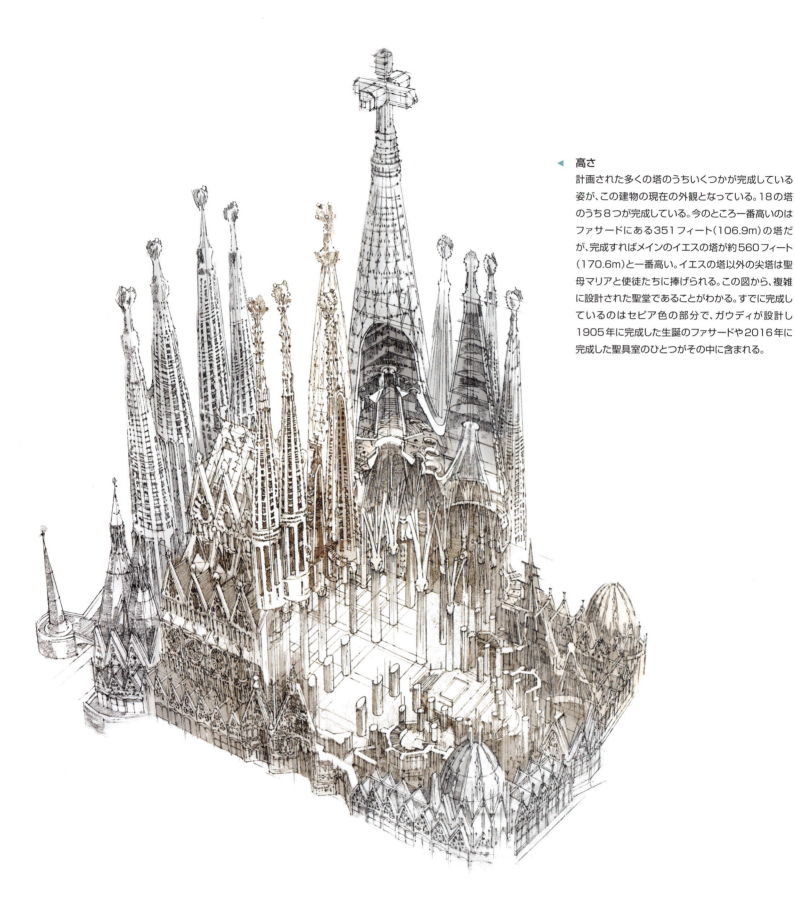

◀ **高さ**
計画された多くの塔のうちいくつかが完成している姿が、この建物の現在の外観となっている。18の塔のうち8つが完成している。今のところ一番高いのはファサードにある351フィート(106.9m)の塔だが、完成すればメインのイエスの塔が約560フィート(170.6m)と一番高い。イエスの塔以外の尖塔は聖母マリアと使徒たちに捧げられる。この図から、複雑に設計された聖堂であることがわかる。すでに完成しているのはセピア色の部分で、ガウディが設計し1905年に完成した生誕のファサードや2016年に完成した聖具室のひとつがその中に含まれる。

イエスの塔

イエスに捧げられたメインの塔のために、周囲の低い塔はバットレス（控え壁）のような役目を果たしている。ガウディが1908年に設計し、ロウアー・マンハッタンに建つはずだった放物線状の超高層ホテルと同じような構造だ。ホテルの建設予定地には、のちにワールド・トレード・センター（1973〜2001）が建設された。イエスの塔は交差ヴォールト、つまり基壇の部分までしか進んでいない。2006年にはその交差ヴォールトの躯体コンクリートを打設するための型枠と配筋までが完成した。

フライング・バットレス（飛び梁）

多くのゴシック大聖堂と同じく、この聖堂にもフライング・バットレスがあるが、ここのものは構造的に必要だからというよりは美的効果を狙ったものである。すでに完成している、切妻屋根形をいくつも重ねた身廊のクリアストーリーの壁にはフライング・バットレスがない。この壁は折り重なった放物面によって支えられている。

聖具室

聖具室のひとつが2016年に完成した。多階構造の小さなテンピエット（円形堂）で高さは約150フィート（46m）。建物の歴史や関連した物品などを展示するスペースとして使用されている。この聖具室の古い模型が1951年に公開されている。

▶ 平面図

長方形の敷地にさまざまな建築物が一見不合理な配置で並んでいるように見えるが、内部に入れば伝統的なフランスの大聖堂の平面構成とほぼ同じである。両脇に側廊が2列ずつ並んだ身廊はラテン十字形で、翼廊、交差部、聖歌隊席、シュヴェ（後陣）があり、その奥に礼拝堂を配した伝統的な聖堂である。この図の向きは前頁の透視図の向きとほぼ同じとなっている。

場所名

- A　受難のファサード入口
- B　生誕のファサード入口
- C　栄光のファサード入口
- D　入口
- E　祭壇（下部はクリプト〔地下聖堂〕）
- F　復活の礼拝堂
- G　洗礼場
- H　秘蹟の礼拝堂

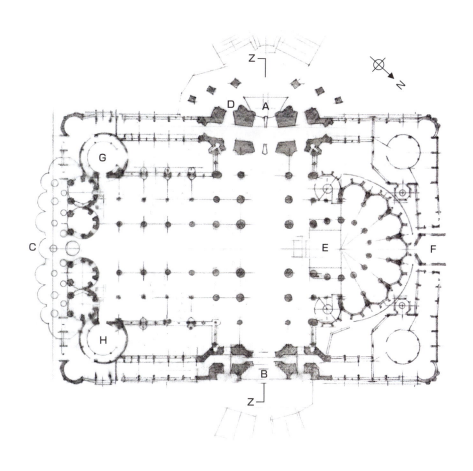

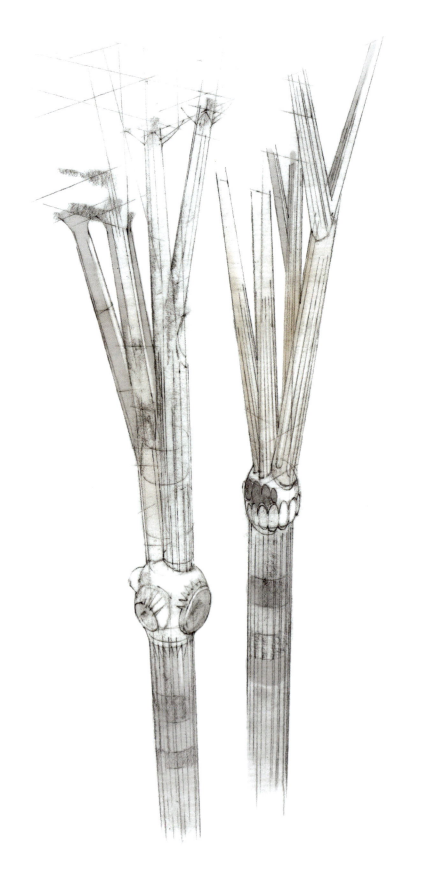
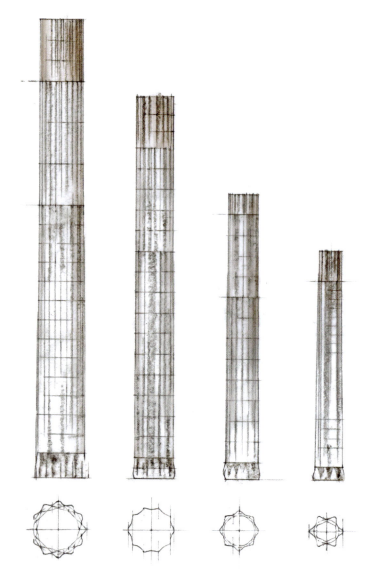

◁▲ **身廊の柱**

3段階の模型による検討を経たあとにガウディは柱のデザインを最終決定した。植物の節のような独特な柱頭と表情豊かな骨のようなリブのある柱は、自然物を抽象化したデザインであり、ロンドン・プレイン・ツリーの質感をモチーフにしている。サグラダ・ファミリアは熱帯の自然の中にある形をふんだんに取り入れている。根のような形の柱、カポックの木に着想を得た受難のファサード（1917設計、1986より建設）の彫刻。小塔の頂に載せた帆立貝のような装飾はアロエがヒントになっている。ガウディのつくった模型の写真も柱の図面も残ってはいるが、今ではCAD化されたデータを使って柱の内部にかかる力を解析し、建設を円滑に進めている。

▶ **断面図**

ガウディの図面は施工に用いるにはいささか印象主義的ではあるが、それは概略図というわけではなく（そのようなものもあるが）、ディテールやデザインの外観そのものを伝えるものとなっている。ここに挙げた断面図（切断位置は291頁の平面図にZで表示）にはその雰囲気がある程度出ており、塔の先端の尖った部分まで細かく描かれている。東西のファサードの塔には、黄鉄鉱、方鉛鉱、蛍石など光を反射して美しく輝く鉱物が散りばめられている。これもまた、ガウディが自然界の物質や形に魅せられ、それをモチーフにデザインしたことを示している。地下には広いクリプト（地下聖堂）がある。

主な参考文献

建築について深い学習をするためには昔ながらの出版物もまだ大きな価値をもっていますが、今日では建築について知りたいと思う情報の多くはオンラインで探すことができます。ウェブサイトについていえば、時間とともに変化してしまうであろうURLをここに列挙するよりも、本書で挙げた建物に関連するキーワードでウェブ検索をすることのほうが有効だと考えます。現在公開されているウェブサイトのうち、ロビー・ポリー(Robbie Polley)や本書に作品が掲載されている現代の建築家たち、あるいは世界遺産を登録しているユネスコ(国際連合教育科学文化機関)のような組織のものなどは、ウィキペディアやブリタニカ百科事典(Encyclopedia Britannica)とともに非常に重要です。博物館、美術館、文化団体、歴史的建造物などの多くの建物にも独自のウェブサイトがあります。そしてさらに情報を追加するものとして、本書での掲載順にその建物に関する参考図書も掲載します。建築全般に関する書籍はあまりにも数が多いためリストには入れていませんが、例としては古典であるバニスター・フレッチャーの『世界建築史』(A History of Architecture on the Comparative Method、1896年、その後1996年まで多くの版あり)から、デナ・ジョーンズが編集した『建築全史』(Architecture: The Whole Story、2014年)までさまざまなものがあります。ここに挙げた書籍やその他の関連資料は本書の調査作業に際してシカゴ美術館のライヤーソン&バーナム・ライブラリー(Ryerson and Burnham Libraries)で参照したものです。

公共

コロッセウム
Keith Hopkins and Mary Beard. *The Colosseum*. Cambridge, Massachusetts, 2005.

ディオクレティアヌス宮殿
Iain Gordon Brown. *Monumental Reputation. Robert Adam & the Emperor's Palace*. Edinburgh, 1992.
Marco Navarra, ed. *Robert Adam. Ruins of the Palace of the Emperor Diocletian, 1764*. Cannitello, Italy, 2001.

ドゥカーレ宮殿
Giandomenico Romanelli, ed. *Palazzo Ducale Storia e Restauri*. Verona, 2004.
Wolfgang Wolters. *The Doge's Palace in Venice*. Berlin, 2010.

アメリカ合衆国議会議事堂
William C. Allen. *The Dome of the United States Capitol: An Architectural History*. Washington, D.C., 1992.
Henry Hope Reed. *The United States Capitol, Its Architecture and Decoration*. New York, 2005.

クライスラー・ビル
Donald L. Miller. *Supreme City*. New York, 2014.
David Stravitz. *The Chrysler Building: Creating a New York Icon*. New York, 2002.

ダレス国際空港
Jayne Merkel. *Eero Saarinen*. London, 2005.
John Zukowsky, ed. *Building for Air Travel*. Munich, 1996.

立法議会議事堂
H. Allen Brooks, ed. *The Le Corbusier Archive*, vols. XXII–XXV. New York, 1983.
Jaspreet Takhar, ed. *Celebrating Chandigarh. 50 Years of the Idea*. Chandigarh-Ahmedabad, 1999.

バングラデシュ国会議事堂
Kazi Khaleed Ashraf and Saif Ul Haque, *Sherebanlanagar: Louis Kahn and the Making of a Capital Complex*. Dhaka, 2002.
Grischa Rüshchendorf. *Louis Kahn House of the Nation*. San Francisco, 2014.

ライヒスターク
Michael S. Cullen. *The Reichstag: German Parliament between Monarchy and Feudalism*. Berlin, 1999.
David Jenkins, ed. *Rebuilding the Reichstag*. London, 2000.

ロンドン・アクアティクス・センター
Yoshio Futagawa. *Zaha Hadid*. Tokyo, 2014.

ワールド・トレード・センター駅
Joann Gonchar. "Talk of the Town," *Architectural Record* (April 2016), 50–53.
Alexander Tzonis. *Santiago Calatrava. The Complete Works*. New York, 2011.

モニュメント

パルテノン神殿
Jenifer Neils, ed. *The Parthenon: From Antiquity to the Present*. Cambridge, England, 2005.

アンコール・ワット
Eleanor Mannikka. *Angkor Wat. Time, Space and Kingship*. Honolulu, 1996.
K.M. Srivastava. *Angkor Wat and Cultural Ties with India*. New Delhi, 1987.

タージ・マハル
Ebba Koch. *The Complete Taj Mahal*. London, 2006.

ヴェルサイユ宮殿
Jean and Louis Faton. *La Galerie des Glaces. Histoire & Restaurantion*. Dijon, 2007.
James Arnot and John Wilson. *The Petit Trianon Versailles*. New York, 1929.

モンティチェロ
Beth L. Cheuk. *Thomas Jefferson's Monticello*. Chapel Hill, North Carolina, 2002.
Susan R. Stein. *The Worlds of Thomas Jefferson at Monticello*. New York, 1993.

アインシュタイン塔
Norbert Huse, ed. *Mendelsohn, der Einsteinturm: die Geschichte einer Instandsetzung*. Stuttgart, 2000.

芸術と教育

サー・ジョン・ソーンズ美術館
Helene Mary Furján. *Glorious Visions: John Soane's Spectacular Theater*. New York, 2011.
Susan Palmer. *The Soanes at Home. Domestic Life at Lincoln's Inn Fields*. London, 1997.

グラスゴー美術学校
William Buchanan, ed. *Mackintosh's Masterwork. The Glasgow School of Art*. Glasgow, 1989.

バウハウス
C. Irrgang. *The Bauhaus Building in Dessau*. Leipzig, 2014.
Monika Margraf, ed. *Archäologie der Moderne : Sanierung Bauhaus Dessau*. Berlin, 2006.

バルセロナ・パビリオン
Franz Schulze. *Mies van der Rohe: A Critical Biography*. Chicago, 1985, rev. 2012.

ソロモン・R・グッゲンハイム美術館
Alan Hess. *Frank Lloyd Wright. Mid-Century Modern*. New York, 2007.

ベルリン・フィルハーモニー
Peter Blundell Jones. *Hans Scharoun*. London, 1995.
Wilfrid Wang and Daniel E. Sylvester, eds. *Hans Scharoun Philharmonie*. Berlin, 2013.

キンベル美術館
Patricia Cummings Loud. *The Art Museums of Louis I. Kahn*. Durham, North Carolina, 1989.

シドニー・オペラ・ハウス
P. Murray. *The Saga of Sydney Opera House*. New York, 2004.

ポンピドー・センター
Kester Rattenbury and Samantha Hardingham. *Richard Rogers. The Pompidou Centre*. New York, 2012.

グラン・ルーヴル
Philip Jodidio and Janet Adams Strong. *I.M. Pei Complete Works*. New York, 2008.
I.M. Pei and E.J. Biasini. *Les Grands Desseins du Louvre*. Paris, 1989.

グッゲンハイム美術館ビルバオ
Coosje van Bruggen. *Frank O. Gehry, Guggenheim Museum Bilbao*. New York, 1998.

国立アフリカ系アメリカ人歴史文化博物館
Mabel Wilson. *Begin with the Past: Building of the National Museum of African American History and Culture*. Washington, D.C., 2016.
Okwui Enwezor and Zoë Ryan, in consultation with Peter Allison, eds. *David Adjaye: Form, Heft, Material*. Chicago, 2015.

生活

ボーヌの施療院
Nicole Veronee-Verhaegen. *L'Hôtel-Dieu de Beaune*. Brussels, 1973.

ヴィラ・アルメリコ・カプラ「ヴィラ・ラ・ロトンダ」
Gian Antonio Golin. *La Rotonda: Andrea Palladio*. Venice, 2013.
Renato Cevese, Paola Marini, Maria Vittoria Pellizzari. *Andrea Palladio la Rotonda*. Milan, 1990.

タッセル邸
François Loyer and Jean Delhaye. *Victor Horta: Hotel Tassel, 1893–1895*. Brussels, 1986.

シュレーダー邸
Bertus Mulder. *Rietveld Schröder House*. New York, 1999.

メゾン・ド・ヴェール(ガラスの家)
Yukio Futagawa, ed. *Pierre Chareau Maison de Verre*. Tokyo, 1988.

落水荘
Lynda Waggoner, ed. *Fallingwater*. New York, 2011.

マイレア邸
Göran Schildt. *The Architectural Drawings of Alvar Aalto 1917–1939, vol. 10*. New York, 1994.

ルイス・バラガン邸
Luis Barragán. *Luis Barragan: His House*. Mexico City, 2011.

イームズ邸
Elizabeth A.T. Smith. *Blueprints for Modern Living: History and Legacy of the Case Study Houses*. Los Angeles, 1989.
James Steele. *Eames House: Charles and Ray Eames*. London, 1994.

中銀カプセルタワー
Peter Cachola Schmal, Ingeborg Flagge, Jochen Visscher, eds. *Kisho Kurokawa: Metabolism and Symbiosis*. Berlin, 2005.

アブソリュート・タワーズ
Ma Yansong. *MAD Works MAD Architects*. London, 2016.

宗教

アヤソフィア
Heinz Kähler and Cyril Mango. *Hagia Sophia*. New York, 1967.
Roland Mainstone. *Hagia Sophia*. London, 1988.

コルドバの聖マリア大聖堂
Antonio Fernández-Puertas. *Mezquita de Córdoba: su estudio arqueológico en el siglo XX*. Granada, 2009.
Gabriel Ruiz Cabrero. *Dibujos de la Catedral de Córdoba: Visiones de la Mezquita*. Cordoba and Madrid, 2009.

シャルトル大聖堂
Philip Ball. *Universe of Stone: A Biography of Chartres Cathredral*. New York, 2008.
Brigitte Kurmann-Schwarz and Peter Kurmann. *Chartres: la cathédrale*. Saint-Léger-Vauban, 2001.

金閣寺
Jiro Murata. "The Golden Pavilion," *Japan Architect* (March 1963), 90–97.

サンタ・マリア・デル・フィオーレ大聖堂
Eugenio Battisti. *Brunelleschi: The Complete Work*. London, 1981.
Francesca Corsi Massi. *Il ballatoio interno della Cattedrale di Firenze*. Pisa, 2005.
Marvin Trachtenberg. *Giotto's Tower*. New York, 1971.

バターリャ修道院
Vergilio Correia. *Batalha. Estudo Historico-Artistico-Arqueologico do Mosteiro da Batalha*. Porto, 1929.
Ralf Gottschlich. *Das Kloster Santa Maria da Vitoría in Batalha und seine Stellung in der Iberischen Sakralarchitektur des Spätmittelalters*. Hildesheim, 2012.

サン・ピエトロ大聖堂
Barbara Baldrati. *La Cupola di San Pietro. Il Metodo Costruttivo e il Cantiere*. Rome, 2014.
Paul Letarouilly. *The Vatican and Saint Peter's Basilica of Rome*. New York, 2010, orig. Paris, 1882.

セント・ポール大聖堂
Derek Keene, Arthur Burns, Andrew Saint, eds. *St. Paul's: The Cathedral Church of London, 604–2004*. New Haven, 2004.
Ann Saunders. *St. Paul's Cathedral: 1400 Years at the Heart of London*. London, 2012.

ノートルダム・デュ・オー礼拝堂
Le Corbusier. *Ronchamp, Maisons Jaoul, and Other Buildings and Projects 1951–52*. New York and Paris, 1983.
Danièle Pauly. *Le Corbusier: La Chapelle de Ronchamp*. Paris and Boston, 1997.

サグラダ・ファミリア
I. Puig Boada. *El Templo de la Sagrada Familia*. Barcelona, 1952.
Jordi Cussó i Anglès. *Disfrutar de la Naturaleza con Gaudí y la Sagrada Familia*. Lleida, 2010.
Nicolas Randall. *Sagrada Família: Gaudi's Opus Magnum*. Madrid, 2012.

用語解説

アーチ
曲線の開口をつくる構造形式。アーチの両端部で横方向の力を受ける部材を迫台（アバットメント）という。橋梁などの独立アーチは自然地形（河川堤防、崖）または人工物（バットレスなど）のいずれかによって両端を支え、アーチ形が広がるのを防ぐ内向きの反力を与える必要がある。西洋建築とイスラム建築に共通するアーチ形状としては尖頭アーチがある。またイスラム建築に特有のものには馬蹄形や多角形のアーチ、西洋建築に特有のものにはランセット（鋭尖形）、三つ葉形、チューダー（つぶれた尖頭形）などがある。

インターナショナル様式
1932年にヘンリー・ラッセル・ヒッチコックとフィリップ・ジョンソンによって最初に定義されたように、特定の社会的背景に依存しない形態を目指した建築様式。1925年頃から1965年にかけてヨーロッパにおけるモダニズム運動とバウハウスから生み出された。その後中心はアメリカ合衆国に移り、そこから世界へと発信された。大きく影響を受けた建築類型としては超高層オフィスビルなどがある。

エクセドラ
屋外で半円形または長方形の壁の凹み部分に設けられたベンチ。また聖堂の祭壇の後陣部分、あるいはそこにある壁の凹みを指すこともある。

オクルス（複数形はオクーリ）
ドームの頂部に位置する円形の開口部。

オピストドモス（後室）
古代ギリシア神殿において、正面入口から最も離れた背後側に位置する部屋。

型枠
「堰板」型枠とも呼ばれる。プレキャストコンクリートが硬化するまでコンクリートの形を保持する、一時的もしくは恒久的な鋳型。特に木材型枠の場合など、型枠のテクスチャーはコンクリートに転写される。意図的なテクスチャーや凹凸などは、型枠の内側にあらかじめ別の型板を設置することによって作成される。

ガナイト（吹き付けモルタル）
セメント、砂、水の混合物を圧力ホースを用いて吹き付け、緻密な硬質コンクリート被覆層をつくる構法。

ギャンブレル屋根
中央に棟をもち、両側に2段階の傾斜のある屋根面をもった屋根の形。屋根勾配は上部が緩く、下部が急になっている。

クアドリガ
4頭の馬が並んで引く2輪の馬車。

クリアストーリー
聖堂の身廊の壁の上部、側廊部の屋根の上の部分にある高窓。遮るもののない位置からの採光により、内部全体を明るくする。この語は非宗教的な建物や各地の伝統建築などにおける似通った形の採光窓に対しても用いられることがある。

セラ
古代ギリシア、ローマ神殿における、神像が置かれる内部エリア。ナオス（本殿）と同義で用いられることも多い。

セルリオ風窓
3つの部分からなる窓で、中央の窓は頂部がアーチ形になっており、その両側を頂部が直線の通常の縦長窓に挟まれている。その名称は、著書『建築七書』(1537)にこのデザインを記述したセバスティアーノ・セルリオに由来する。アンドレア・パッラーディオの建築でも同様の窓がよく使われたため、パッラーディオ風窓とも呼ばれている。

チボリウム
キリスト教の祭壇の上に設置される、柱に支えられた室内の天蓋。バルダキンと類似したもの。

チャハトリ
建物の屋根の上に突き出したドーム形パビリオン。一般的にインド建築、特に現在のラージャスターン州地域のラージプート建築によく見られる。

ティンパヌム
出入口の上にある、水平のまぐさとアーチ（半円形または三角形）で囲まれた装飾壁部分。レリーフ彫刻で飾られることが多い。

鉄筋コンクリート
コンクリートの一種で、金属製の棒材やワイヤーを埋め込んで引っ張り強度を高めたもの。

テンピエット
小さな寺院風の建物。円形のものが多い。

トリフォリウム
聖堂の身廊のアーチの上にある廊下で、側廊の上階を形成する。身廊とクリアストーリーの中間の高さに位置する。

ナオス
「セラ」を参照のこと。

ナルテックス（拝廊）
中世のキリスト教の聖堂の入口にある前室空間（ポーチ）の総称。ビザンチン様式の聖堂には2つのタイプのナルテックスがある。聖堂（身廊・側廊）の手前にあるエソナルテックス（内部拝廊）と、ファサードの外にあるエキソナルテックス（外部拝廊）である。いずれの場合もその領域は列柱、手すり、壁などで明確に区切られている。

ハイテック
工学技術やその他の科学技術に関連する素材や技術から着想を得た建築様式。この語はジョアン・クロンとスザンヌ・シュレシンの共著によるインテリアデザイン書『ハイテック：住宅のための工業的スタイルと着想』(1978)

から普及したものであり、1970年代に同様の建築デザインを表していた「インダストリアル・スタイル」という言葉に取って代わった。

バットレス
壁を支える石またはレンガ積みの控え壁。建物の角を壁に沿って覆うような形の「クラスピング・バットレス」や、建物の外向きの横力に抵抗するアーチまたは半円アーチ形の圧縮材である「フライング・バットレス」なども含まれる。より簡易なバットレスとしては、壁に向かって45度の角度で立てる木製の厚板もある。

バルダキン（バルダキーノ）
宗教に関係のない王座、あるいは宗教的な祭壇などの上に置かれる室内の天蓋。上部から吊り下げたり、支柱で自立させたり、壁から突き出たりして固定する。

ピアノ・ノービレ
大邸宅における、来客用のレセプションルームのあるメインフロア。一般的には地面から高い位置に設定された1階がそれに相当し、上階よりも天井が高くなっている。

ピーシュターク
モスクの突出した門または出入口であり、多くは平面的な長方形の「額縁」内にアーチ形の出入口がある。建物の存在感を強調する役割をもつ。

ピロティ
建物の持ち上げられた床を支える柱、支柱、脚柱。床を持ち上げることによって開放された外部空間が下部にできる。ル・コルビュジエの建築によって一般化されたが、その起源は各地の伝統的な建築である。バリエーションとしてはブラジルの建築家オスカー・ニーマイヤーによるV形とW形のピロティなどがある。

ブリーズ・ソレイユ
特に暑い気候の地域で用いられる、窓からの日射を遮るための固定の日覆い。通常は垂直または水平のルーバーだが、隙間をあけて模様積みした組積壁なども含まれる。ル・コルビュジエが用いたことによって普及したが、その起源はイスラム地域の建築にある。

プロナオス
古代ギリシア神殿の正面にある前室空間であり、セラの前のポルティコ（列柱入口）で形成される。

ボザール様式
19世紀後半から20世紀初頭の古典折衷的な建築様式。16世紀から19世紀にかけてのフランス建築の象徴性と華麗な装飾ディテールを引用、改変した様式。

まぐさ式構造
柱梁構造とも呼ばれる、基本的な架構方法。2本の垂直の支柱が、その上面に架け渡される水平のまぐさ（梁）を支える。

マンサード屋根
寄棟となる4つの屋根面がそれぞれ急勾配で大きな下段と緩勾配の上段という2段勾配になっている屋根。下段の勾配は通常見上げても見えない角度とされる。このデザインはフランス・ルネサンス建築に特有のものであり、それを参照した19世紀の第2帝政期建築様式の特徴ともなった。

メトープ
ドリス様式建築のフリーズ（梁形の帯状装飾部）のトリグリフ（垂直の飾板形）の間の四角い小壁部。彫刻作品で飾られていることも多い。

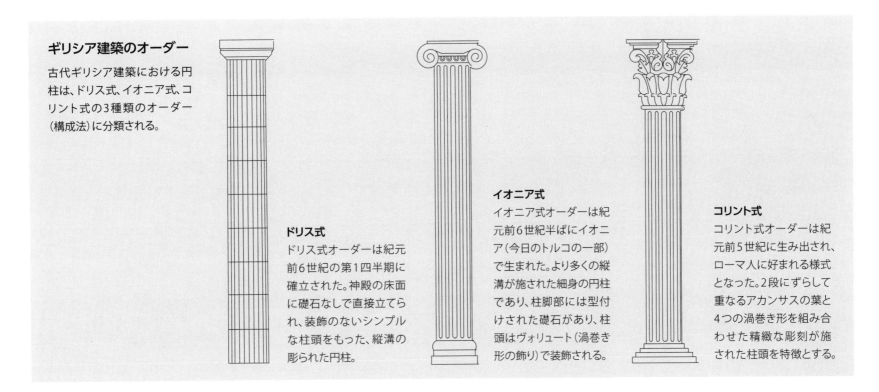

ギリシア建築のオーダー
古代ギリシア建築における円柱は、ドリス式、イオニア式、コリント式の3種類のオーダー（構成法）に分類される。

ドリス式
ドリス式オーダーは紀元前6世紀の第1四半期に確立された。神殿の床面に礎石なしで直接立てられ、装飾のないシンプルな柱頭をもった、縦溝の彫られた円柱。

イオニア式
イオニア式オーダーは紀元前6世紀半ばにイオニア（今日のトルコの一部）で生まれた。より多くの縦溝が施された細身の円柱であり、柱脚部には型付けされた礎石があり、柱頭はヴォリュート（渦巻き形の飾り）で装飾される。

コリント式
コリント式オーダーは紀元前5世紀に生み出され、ローマ人に好まれる様式となった。2段にずらして重なるアカンサスの葉と4つの渦巻き形を組み合わせた精緻な彫刻が施された柱頭を特徴とする。

索引

ア

アーキグラム　159
アーム・ハウス　151
アール・デコ　14, 38, 43, 207
アール・ヌーヴォー　122, 125, 180, 192, 193
アールト, アイノ　210, 211
アールト, アルヴァー　182, 210, 211, 213
アールト, エリッサ　211
アールフェルト　126
アイアン・ブリッジ　252
アイデア・ストア・ホワイトチャペル　174
アイヤーマン, エゴン　282
アインシュタイン塔　77, 78, 108-111
アウレンティ, ガエ　157
アカデミア書店　211
アグラ　92
アグリアーロ　188
足利義満　257
アジャイ, デイビット　113, 174
アシュモレアン博物館　113
アストロ・ドーム　16
アスプルンド, グンナー　210
アスペン美術館　113
アタチュルク, ムスタファ・ケマル　239
アダム, ロバート　23
アテネ　77, 80, 81, 84
アテネ憲章　77
アブソリュート・タワーズ　182, 230-233
アブデュルメジト1世　239
アブド・アッラフマーン1世　244, 245
アブド・アッラフマーン3世　244-246
アミアンの大聖堂　250
アムステルダム　224
アメリカ合衆国議会議事堂　13, 34-37, 98, 103, 174
アメリカ合衆国ナショナル・トラスト　77
アメリカ合衆国ホロコースト記念博物館　174
アメリカ建築家協会　38, 163, 207
アメリカ博物館同盟　113
アメリカ歴史的建造物調査機関　77
アヤソフィア　235, 238-243
アラッド, マイケル　70
アラブ世界研究所　157
アラミージョ橋　71
アラン・オブ・ウォルシンガム　269
アル・レーダ, ヒシャム　246
アルストローム　211
アルテック　211
アルドゥアン・マンサール, ジュール　96-99
アルベルティ, レオン・バッティスタ　271
アルメリコ, パオロ　188
アレ, エティエンヌ・スュルピス　34
アンコール・ワット　76, 78, 86-91
アントニヌス・ピウス　22
アンドルー, ポール　157, 170
アントワネット, マリー　97
アンマン＆ホイットニー　45
イームズ, チャールズ＆レイ　44, 180, 220, 221
イームズ邸　180, 181, 220-223
イーリー大聖堂　269
イエール大学アートギャラリー　147
イエール大学英国美術研究センター　147, 149
イオニア式　80, 81, 83, 85, 97, 189, 191, 297
イクティノス　80
イサク大聖堂　36
石川博資　257
イスタンブール　235, 238, 239, 243
イスラム, モザール　54
磯崎新　113, 169
イマクラータ礼拝堂　236
イリノイ工科大学　127, 130
インゴルシュタットの聖母教会　267
インターナショナル様式　220, 296
インテリアデザイン　44, 220
　　さらに家具の項も参照
ヴァイル・アム・ライン　64
ヴァグナー, マルティン　182
ヴァザーリ, ジョルジョ　261
ヴァスケス, マルティム　268
ヴァスコニ, クロード　156
ヴァルマラーナ家　189
ヴァロット, パウル　58, 59
ヴァン・アレン, ウィリアム　38, 39, 41
ヴァン・デ・ヴェルデ, アンリ　192
ヴァンシムグリオ　188
ヴィープリの図書館　211
ヴィエルヴァル, ジャン　156
ヴィクトリア＆アルバート博物館　117
ウィスクリ, ジャック　184-187
ヴィスコンティ, ルイ　165
ヴィズニーヴスキ, エドガー　141
ヴィチェンツァ　180, 188
ヴィトラ消防署　64
ヴィトルヴィウス　188
ヴィボルグ　211
ヴィラ・アルメリコ・カプラ 「ヴィラ・ラ・ロトンダ」　180, 182, 188-191
ヴィラ・ガッツォッティ・グリマーニ　188
ヴィラ・サラチェーノ　188
ヴィラ・チエリカティ　188
ヴィラ・ポイアーナ　188
ヴィラ・マグナ　22
ウィルフォード, マイケル　140
ウィロー・ティールームズ　122, 123
ウールマン, ハンス　141
ウェアリング＆ギロー社　200
ウェーバー, マルティン　236
ウエストチェスター　35
ウエストチェスターの第一教会　35
ウェスパシアヌス　16
ヴェネチア　13, 28, 29, 182
ヴェルサイユ宮殿　78, 79, 96-101, 116, 164, 182
ヴェロネーゼ, パオロ　29
ヴェンダース, ヴィム　141
ウォーカー, ピーター　70
ウォーレン＆ウェットモア　14
ウォルター, トーマス・ウスティック　34-37
ウォルト・ディズニー・コンサートホール　168
ヴォルフスブルク　64
ウッツォン, ヨーン　150-155
エイト・スプルース・ストリート　168
エイモン・カーター美術館　146
エヴァソン美術館　162
エクスター　55
エクスペリエンス・ミュージック・プロジェクト (EMP)　168, 231
エクセドラ　261, 262, 264, 296
エスカレーター　157, 159, 161, 165, 177
エステルス邸　131
エッセンのオペラハウス　211
エバーグリーン・アーキテクチャルアーツ社　39
エピダウロス劇場　113
エラスムスラーン　196
エルウッド, クレイグ　221
エルギン・マーブル　80
エルナン・ルイス2世　244-246
エルムハースト美術館　131
円形劇場　16
エンシンゲン, ウルリヒ・フォン　250
エンタシス　85
エンテンザ, ジョン　221
大分銀行ドーム　170, 224
オーヴ・アラップ事務所　150, 151
大阪　224, 225
オール・ソウルズ教会　29
オクルス　262, 280, 281, 296
オスマン帝国　28, 80, 81, 238, 239
オスロ　174
オットー, カルロス　163
オハイオ21世紀科学工業センター　113
オピストドモス　81, 83-85, 296
オリエンテ駅　71, 72
オルタ, ヴィクトール　192-195
オルブリッヒ, ヨゼフ・マリア　192
オルムステッド, フレデリック・ロー　35

カ

ガーゴイル　43
カーディナル, ダグラス　174
カーン, マクラマート　93
カーン, ルイス　13, 54-57, 113, 146-149, 155
カイザー・ウィルヘルム記念聖堂　236, 282
階段
　アインシュタイン塔　109, 110
　アンコール・ワット　89
　イームズ邸　223
　ヴィラ・アルメリコ・カプラ 「ヴィラ・ラ・ロトンダ」　189, 191
　グラン・ルーヴル　165, 167
　国立アフリカ系アメリカ人歴史文化博物館　175, 177
　セント・ポール大聖堂　277, 281
　タッセル邸　193-195
　ドゥカーレ宮殿　29
　バウハウス　127
　ベルリン・フィルハーモニー　142
　マイレア邸　213
　メゾン・ド・ヴェール　201-204
　ルイス・バラガン邸　216, 217
ガウディ, アントニオ　288-293
カウフマン, エドガー＆リリアン　206, 207
家具　109, 110, 123, 168, 169, 196, 198, 201, 220, 221
カサ・ヴィセンス　288
カサ・バトリョ　288
カサ・ミラ　288
カストルム　23
カハルフェルト設計事務所　142
カプラ, オドリコ＆マリア　188, 189
ガブリエル, アンジュ・ジャック　97, 99
カマロ, アレクサンダー　142
カミノ・レアル・ホテル　215
カラトラバ, サンティアゴ　13, 70-73, 169, 231
カラヤン, ヘルベルト・フォン　140

カリクラテス　80
カリフォルニア　55, 146, 168, 220, 221
カリフォルニア航空宇宙博物館　168
カリム, ミール・アブドゥル　93
カルピオン　80
カレンダリオ, フィリッポ　28-30
観光　16, 93, 113, 169
ギース, ルートヴィヒ　61
議会　13
キコスキー, アンドレ　135, 137
記念物保護法　77
ギブス, ジェームス　103
ギベルティ, ロレンツォ　261
ギマール, エクトール　192, 193
ギャルリ・ラファイエット　43, 193
ギャンブレル　101, 296
旧セント・ポール大聖堂　269
共生　224
京都　182, 235, 256, 257
ギリシア建築のオーダー　297
金閣寺　182, 235, 256-259
キングズ・カレッジ・チャペル　113, 267
ギンズブルグ, モイセイ　182
キンベル, ケイ&ヴェルマ　146
キンベル美術館　113, 146-149
グアダラハラ　214, 215
クアラルンプール国際空港　224
グイッチャルディーニ&マーニ・アルキテッティ　263
クウェート国民会議場　151
グエル公園　289
グエル邸　288
グスタフ・アドルフ聖堂　236
グスタフソン・ガスリー・ニコル社　175, 178
クチュリエ, マリ=アラン　282
グッゲンハイム美術館ビルバオ　113, 168-173
クトゥブ・ミナール　94
クメール王朝　86, 87, 90
クライスラー, ウォルター・P　38-41, 182
クライスラー・ビル　14, 38-43, 78, 132, 182
クライスラー社　39, 40, 43, 45
グラスゴー美術学校　115, 122, 123-125
グラセルネ・ケッテ　140
グラン・プロジェ　156, 157, 162, 163
グラン・ルーヴル　157, 162-167
グランド・セントラル駅　14
グランド・ホテル・グアイランド　200
クリアストーリー　251, 254, 283, 284, 291, 296
クリーブランド・ハイツ　109
グリクセン, ハッリ&マイレ　211, 212
クリスト邸　214
グリッツァーナ　211
クルトゥルフォルム　140, 141, 145
クレ, ポール・フィリップ　146
クレーフェルト　131
クレマー, ロタール　141, 143
クレリソ, シャルル・ルイ　102
黒川紀章　170, 182, 224-229

黒川巳喜　224
グロピウス, ヴァルター　126-129, 162, 196
クロフォード, トーマス　35, 36
グワスミー・シーゲル事務所　135, 138-139
ゲーリー, フランク　67, 168-173, 231
ゲーリー・テクノロジーズ社　170
ケップ, R&E　281
ケネディ, ジョン・F　45
ケムニッツ　108
ゲルバレット梁　161
ケルン　236, 288
建築家技術者国際会議　77
建築図　6, 9
ケント, ウィリアム　103
ケンブリッジ　113, 267
コヴェントリー大聖堂　282
公共建築　150, 191
高層建築／高層ビル　7, 38, 231
港湾公団ハドソン川横断鉄道（PATH）　71
国際建築博物館連盟　117
国際博物館会議　113
国立アフリカ系アメリカ人歴史文化博物館　112-113, 174-179
国立アメリカ・インディアン博物館　174
国立民族学博物館　224
国連ビル　49
ゴシック　29, 32, 184, 235, 236, 246, 249, 250, 253, 254, 260, 266, 267
古代記念物保護法　77
国家歴史保全法（アメリカ）　77
コッカレル, C・R　281
コブ, ヘンリー・N　162
コペンハーゲン　151
コマンダント, オーギュスト　147
ゴメス・デル・リオ, ベルナベ　245
コモドール・ホテル　14
コリント式　23, 85, 121, 297
コルドバの聖マリア大聖堂　235-237, 244-249
コルベ, ゲオルグ　131
コルンハウス　127
コロッセウム　6, 13, 16-21, 78, 116
コロンバス　113
コロンビエール・ヴィラ　214
コンティーノ, アントニオ　33
コンポジット式　97

サ

ザ・ゲートウェイ　162
ザ・ブロード　113, 231
サー・ジョン・ソーン美術館　115-121, 182
サーリネン, エーロ　13, 44-47, 220, 221
サーリネン, エリエル　220
埼玉県立近代美術館　224
サヴォワ邸　283
サグラダ・ファミリア　235, 288-293
サラン, ギゴーヌ・ド　184
サリヴァン, ルイス・H　122, 192
サン・アントニオ公共図書館　215

サン・ジョゼフ聖堂　236
サン・ピエトロ大聖堂　234, 235, 261, 270-275
ザンクトガレンの修道院平面図　6
サンクトペテルブルク　36
サンゴバン社　165
サンソヴィーノ, ヤーコポ　29
サンタ・マリア・デル・フィオーレ大聖堂　235, 236, 260-265, 271, 273
サンテリア, アントニオ　109
サン・ドニ大聖堂　250
サンフランシスコ　109, 135
シアーズ・タワー・ビル　39
シアトル　168, 231
シーグラム・ビル　130
シェーファー, フリッツ　61
ジェームス・コーナー　65
シエナ大聖堂　260
シェパー, ヒンネルク　127
ジェファーソン, トーマス　78, 102-107
シェムリアップ　86
ジェローム, ジャン・レオン　17
ジェロニモス修道院　267
シカゴ　39, 43, 46, 113, 130, 180, 184
シカゴ美術館　113
信楽　162
シカンダル・ローディー廟　94
シグムンド・スーダック事務所　230
シザ, アルヴァロ　169
シティズン開発グループ　231
シテ科学産業博物館　113
自動車会社　38, 39
シドニー・オペラ・ハウス　78, 115, 150-155, 230
シマンク, ギュンター　142
シャーロッツビル　102, 103
ジャクソン, アンドリュー　34
シャニュ, フェルディアン　193
ジャハーン, シャー　92, 93
ジャポニズム　122
ジャヤーヴァルマン7世　87, 90
シャルトル大聖堂　235, 250-255
シャルマー, M・N　48
シャロウン, ハンス　140-145
シャロー, ピエール　200-205
シャンティイー　44, 220
ジャンヌレ, シャルル＝エドゥアール→ル・コルビュジエ
ジャンヌレ, ピエール　48
シュヴァルツマン, ヘルマン・J　59
州および地方アメリカ歴史協会　115
宗教建築　7, 86, 235-236
シュジェ大修道院長　250, 251
シュタール聖堂　236
シュタデルホーフェン駅　71
シュダンヌ, ジョルジュ　193
シュトゥットガルト　108, 141
シュミンケ邸　140
シュメトフ, ポール　163
シューリーブ・ラム・アンド・ハーモン　39

シュレーダー邸　8, 180, 196-199
シュレーダー, トゥルース　196, 197, 199
シュレンマー, オスカー　127
小イシドロス　239
昇降機　20
消費者組合ビル　127
ジョット・ディ・ボンドーネ　260-262
ジョン・F・ケネディ国際空港　44, 45
ジョン・F・ケネディ大統領図書館　162
ジョンソン, フィリップ　146, 296
ジラール大学　35
シラジ, ウスタード・イサー　93
シンガポール　123, 162
新裁判所（ロンドン）　116
スィナン, ミマール　239
スーリヤヴァルマン2世　86, 87, 90
スカイスクレーパー→高層ビル
スカット, デア　14
スカモッツィ, ヴィンチェンツォ　188, 189, 191
スキッドモア・オーウィングズ・アンド・メリル事務所　45, 70, 174
スグラニエス, ドメネク　289
スターリング, ジェームズ　140
スティーブン・F・ウドバーヘイジー・センター　45
ストーンヘンジ　235
ストノロフ, オスカー　146
ストラスブール大聖堂　261
ストリックランド, ウィリアム　35
スノヘッタ事務所　70
スプリト　14, 22, 23
フォン・スプレッケルセン, ヨハン・オットー　157
スペンス, バジル　282
スミス・グループJJR社　174
スミソニアン協会　174, 175
スローン&ロバートソン　14
聖エンゲルベルト聖堂　236
聖ボニファティウス聖堂　236
セヴェランス, ハロルド・クレイグ　38
世界遺産リスト　77, 78
ゼッケンドルフ, ウィリアム　162
セビリア　71
セラ　81, 83, 296
セラ, リチャード　169
セルリオ, セバスティアーノ　25, 296
セルリオ風窓　189, 296
繊維研究所の学生宿舎　182
セント・ジョン・ザ・ディヴァイン大聖堂　288
セント・スティーブン・ウォルブルック聖堂　276
セント・ポール大聖堂　235, 276-281
セント・メアリー・アルダメリー聖堂　276
セントルイス・ランバート国際空港　44
ソーク生物学研究所　55, 146
ソールズベリー大聖堂　261
ソーン, ジョン　115, 116-121, 182
ソーントン, ウィリアム　34, 35, 103
ソーントン・トマセッティ社　43

ソーンヒル, ジェームズ 279
ソニータワー大阪 225
ソマルーガ, ジュゼッペ 192
ソリアーノ, ラファエル 221
ソルヴェー邸 193
ソロモン・R・グッゲンハイム美術館 134-139

タ

タージ・マハル 55, 57, 78, 92-95
ターニング・トルソ 71, 231
ダイカー, ジャン 200
タイガーマン, スタンリー 54, 184
大丸装工部 225
タウト, ブルーノ 182
ダグウェイ実験場のドイツ村 108
ダッカ 13, 54, 147
ダックスフォード帝国戦争博物館 113
タッセル, エミール 193
タッセル邸 192–195
ため息橋 29, 33
ダリッジ・ピクチャー・ギャラリー 116
ダルザス, ジャン&アニー 200, 201, 204
ダルベール, ルイ 201
ダレス国際空港 13, 44–47, 220
タレンティ, フランチェスコ 260-262
丹下健三 225
ダンシング・ハウス 168, 231
チェーザリ, ジュゼッペ 271
チェスター郡銀行 35
チジック・ハウス 103, 189
チッパーフィールド, デイヴィッド 113
チャイルズ, デイビッド 70
チャイルズ・レストラン 38
チャニン, アーウィン 14
チャニン・ビル 14
チャハトリ 94, 296
チャマイエフ, セルゲイ 108
チャンディーガル 13, 48–53
中銀カプセルタワー 182, 224–229
中国銀行香港支店ビル 162
中国国家大劇院 170
チューリッヒ 70, 71
チュミ, ベルナール 163
チュン, ダン 230
超高層(ビル) 7, 9, 14, 38, 39, 70, 71, 162, 168, 224, 289, 291, 296
チョウドリー, ユーリー 48
チリッチ, クリスチアン 131
ツッカリ, フェデリーコ 261
デ・アルーダ, ミゲル 267
デ・キリコ, ジョルジョ 214
デ・ステイル 130, 196–197
デ・ラ・ワー・パビリオン 108
ディオクレティアヌス 22–23
ディオクレティアヌス宮殿 14, 22–27
ディ・カンビオ, アルノルフォ 260, 262
帝国海軍本部 58
帝国保険事務所 58

ティトゥス 16
デイビス・ブロディ・ボンド社 70, 174
ティベリウス 22
ティボリ 22, 23
ティムールの墓廟 94
ディラー・スコフィディオ+レンフロ 113, 231
デイリー・レコード・ビル 122
ティントレット 29
デヴォラ, フェルナン 267, 268
テオドシウス2世 81
デ・カスティーリョ, ジョアン 267
デコンストラクション 168
デッサウ 115, 126, 127, 182, 196
デッサウ公共職業安定所 127
デッラ・ポルタ, ジャコモ 271, 273
デファンス地区のグラン・ダルシュ 157
デフリーゼ, ゴドフロワ 193
デリー 94
テリー, クインラン 116
デル・リンク 140
デルマン靴店 38
デレイ, ジャン 193
デンバー 174
ド・オヌクール, ヴィラール 251, 255
ド・ゴール, シャルル 156
トゥーゲントハット邸 131
ドゥカーレ宮殿 12, 13, 28–33, 182
東京 182, 224, 225
ドゥビュイッソン, ジュール 192
ドーム
　アインシュタイン塔 109, 110
　アメリカ合衆国議会議事堂 35–36
　アヤソフィア 238-240, 243
　ヴィラ・アルメリコ・カプラ「ヴィラ・ラ・ロトンダ」 189, 191
　コルドバの聖マリア大聖堂 245-247, 249
　サー・ジョン・ソーン美術館 117, 119-121
　サン・ピエトロ大聖堂 270-274
　サンタ・マリア・デル・フィオーレ大聖堂 261, 262, 264
　セント・ポール大聖堂 277–281
　タージ・マハル 92–95
　ディオクレティアヌス宮殿 25
　モンティチェロ 102, 104, 107
　ライヒスターク 59–63
ドミティアヌス 16
ドミンゲス, アフォンソ 266-268
トムブル, エドワード 39
トラレスのアンテミオス 238
トランプ, ドナルド・J 14, 34
ドリス式 36, 81, 83, 85, 297
ドリュー, ジェーン・B 48
トルダト 239
ドルベ, フランソワ 96
トロント 182, 230

ナ

ナオス→セラ

ナショナル・ギャラリー東館 162, 163, 174
ナショナル・トラスト(イギリス) 77
ナショナル・ヘリテッジの指定(イギリス) 77
ナショナル・モール 174, 175
ナショナル9.11メモリアル 70
ナタリーニ・アルキテッティ 263
ナッシュビル 81
ナブテック社 165
ナポレオン3世 165
ナルコムフィン官舎 182
ナルテックス 296
ニーマイヤー, オスカー 49, 297
ニーム 102
ニコラエフ, イワン 182
ニブレット, アンドルー 281
ニューベリー, フランシス・ヘンリー 123
ニューヨーク
　1107ブロードウェイ・ビル 38
　400 マディソン・アベニュー・ビル 38
　40ウォール・ストリート・ビル 38
　724フィフス・アベニュー・ビル 38
　エイト・スプルース・ストリート 168
　エヴァソン美術館 162
　エンパイア・ステート・ビル 39
　オール・ソウルズ教会 29
　クライスラー・ビル 14, 38–43, 78, 132, 182
　国連ビル 49
　シーグラム・ビル 130
　ジョン・F・ケネディ国際空港 44, 45
　セント・ジョン・ザ・ディヴァイン大聖堂 288
　ソロモン・R・グッゲンハイム美術館 134–139
　チャイルズ・レストラン 38
　デルマン靴店 38
　ナショナル9.11メモリアル 70
　ニューヨーク国立デザイン・アカデミー 29
　ハーバード・J・ジョンソン美術館 162
　ファースト・ユニタリアン教会 55, 146
　マキシーヌ・エリオット劇場 99
　ワールド・トレード・センター駅 11, 13–15, 70–75
　ワン・ワールド・トレード・センター 70
ニューヨーク国際博覧会フィンランド館 211, 213
ニューヨーク国立デザイン・アカデミー 29
ニュルンベルク 108
ヌーヴェル, ジャン 157, 201
ネルー, ジャワハルラール 48
ネロ 16, 21
ノイトラ, リチャード 221
ノートルダム・デュ・オー礼拝堂 49, 236, 282–287
ノーベル平和センター 174
ノビツキ, マシュー 48
ノルマルク 180, 210, 211

ハ

バーカ・アーキテクツ 230
パーキンソン, ジョン&ドナルド 16
パーク・シナゴーグ 109
バージニア州議会事堂 103
ハーシュホーン博物館 174
パーシング・スクエア 215
ハーバード・J・ジョンソン美術館 162
バーベルスベルク 78, 108, 109
ハーペンデン 151
パーラー, ハインリヒ 250
ハーレー, ウィリアム 269
バーンズ&マクドネル 45
ハイテック 156, 159, 296
パイミオのサナトリウム 210
バイヤー, ヘルベルト 146
ハウ, ジョージ 146
バウスベア教会 151
バウハウス 115, 126–129, 182, 196, 205, 296
バウムガルテン, パウル 59
パウル, ブルーノ 131
バエス, アンリ 193
バクー 64
パシフィック・ガーデン・ミッション 184
パシフィック・タワー 224
柱
　アメリカ合衆国議会議事堂 36
　ギリシア建築 297
　コンポジット式 97
　サグラダ・ファミリア 289, 292
　ダレス国際空港 47
　バルセロナ・パビリオン 132
　パルテノン 80, 81, 83, 85
バシレイオス2世 239
パス, ペドロ・デ・ラ 245
バスティーユのオペラ座 163
ハステッド, エレリー 45
バセッジオ, ピエトロ 29
バターリャ修道院 235, 266–269
バチカン 270, 271
バック, フェルディナン 214
バック・デ・ロダ橋 71
バッド社 45
パッラーディオ, アンドレア 29, 103, 180, 188–191, 277, 296
パッラーディオ様式 25, 103, 105, 182, 189, 191
パティソン, ハリエット 147, 148
ハディド, ザハ 64–67, 230
ハドリアヌス 22, 23
ハドリアヌス宮殿 22, 23
ハニーマン&ケッピー設計事務所 122, 123
林養賢 257
バライ 90
バラガン, ルイス 214–217
パリ
　アラブ世界研究所 157
　オルセー美術館 157

ギャラリー・ラファイエット百貨店　43, 193
グラン・ダルシュ　157
グラン・プロジェ　156, 157, 162, 163
グラン・ルーヴル　157, 162–167
サン・ドニ大聖堂　250
シテ科学産業博物館　113
パシフィック・タワー　224
バスティーユのオペラ座　163
パンテオン　35
フォーラム・デ・アール　156
フランス経済財務省　163
ポンピドー・センター　113, 156–162
メゾン・ド・ヴェール　200–205
メトロ　193
ラ・ヴィレット公園　163
バリー, チャールズ　13
ハリソン＆アブラモヴィッツ事務所　49
ハリソン, ウォレス・K　49
バルセロナ　130, 235, 288, 289
バルダキーノ　271–273, 297
パルテノン　78, 80–85, 235
パルテノン（ナッシュビル）　81
バルトニング, オットー　236
ハルビン・オペラ・ハウス　230
バワリー貯蓄銀行　14
バングラデシュ国会議事堂　54–57, 147
坂茂　113
バンシャフト, ゴードン　174
パンテオン（パリ）　35
パンテオン（ローマ）　34, 36, 103, 191, 271
ピアノ, レンゾ　113, 147, 148, 156, 283
ピーシュターク　94, 297
ピサーノ, アンドレア　261, 262
ピサーノ, ニコラ　260
ビザンチン（建築）　238–240, 243, 260, 296
ビスマルク, オットー・フォン　58
ヒッチコック, ヘンリー・ラッセル　296
ピッツハンガー・マナー　116
ヒトラー, アドルフ　59
ピュージン, オーガスタス　13
ヒューストン　16
表現主義　78, 108, 109, 115, 140, 141, 235, 288, 289
ヒラルディ邸　215
ビリャール・イ・ロザーノ, フランシスコ・デ・パウラ　289
ヒル・ハウス　122, 123
ビルバオ　71, 113, 134, 168–173
ヒルフェルスム　200
広島市現代美術館　224
ピロティ　51, 297
ファースト・ユニタリアン教会　55, 146
ファーンズワース邸　131
ファーンブルック・ホームズ社　231
ファウリ・イ・オレー, ジョルディ　289
ファグス工場　126
ファブリス, エミーリオ・デ　265
ファン・エイク, ヤン　184
ファン・ゴッホ美術館新館　224
ファン・スロベ邸　196

ファン・デア・ルッベ, マリヌス　59
ファン・デル・ウェイデン, ロヒール　184, 185
ファン・ドゥースブルフ, テオ　197
フィーガー, カール　127
フィッシャー, テオドール　108
フィラデルフィア　35
フィラデルフィア・メモリアルホール　58
フィリップ・エクスター・アカデミー図書館　55
フィンレイソン・フロイントリ, エルヴィン　108, 109
フェアノ科学センター　64
フェイディアス　80, 84
フェルディナンド2世　267
フェルディナンド3世　245
フェルナンデス, マテウス　267, 268
フォートワース　113, 146
フォーラム・デ・アール　156
フォスカリ, フランチェスコ　29
フォスター, ノーマン　13, 58–61
フォスター事務所　113, 169
フォッサーティ, ガスパーレ＆ジュゼッペ　239
フォン・スプレッケルセン, ヨハン・オットー　157
フォンターナ, ドメニコ　271, 273
フック, ロバート　281
ブッセ, アウグスト　58
フュゲット, ダビド　266–269
フライ, マックスウェル　48
フライング・バットレス　250, 253, 291, 297
ブラウン, ファーゴ・リチャード　146, 147
プラカーシュ, アーディティヤ　48
ブラジリアのドイツ大使館　141
プラハ　168, 231
ブラマンテ, ドナト　271
フランキーニ, ジャンフランコ　156
フランクフルト　236
フランス経済財務省　163
ブリーズ・ソレイユ　51, 157, 233, 297
フリード, ジェイムズ・インゴ　174
フリーロン・グループ社　174
プリツカー建築賞　64, 151, 162
ブリッツ集合住宅　182
ブリュッケ　140
ブリュッセル　180, 192, 193, 220
ブルース, トーマス　80
ブルータリズム　159
ブルネレスキ, フィリッポ　260–262
ブルノ　131
ブルフィンチ, チャールズ　35
ブルミディ, コンスタンティノ　35, 36
プレイノ　131
プレーリー（草原）様式　207
ブロイヤー, マルセル　146
ペイ, イオ・ミン　46, 157, 162–167, 174
ベイカー・ハウス学生寮　211
ヘイダル・アリエフ文化センター　64
ベイフット, ベルナルト　200
ベイヤー・ブラインダー・ベル社　39

ペーター・ベーレンス　126, 131, 192
ペーニャ, ガスパール・デ・ラ　245
ベーム, ドミニクス　236
ヘールレン　196
ベガス, ラインホルト　61
北京　170, 230
ベクスヒルオンシー　108
ベスナルグリーン聖ヨハネ聖堂　116
ベトー, ユーグ　186
ベトン・ブリュ（荒々しいコンクリート）　49
ペリクレス　81
ベルギー労働党のための人民の家　193
ヘルシンキ　134, 211
ベルタン, クロード　98
ベルディギエル, ミゲル　246
ベルテジナ　188
ベルニーニ, ジャン・ロレンツォ　271, 273, 275
ベルリン
　カイザー・ウィルヘルム記念聖堂　236, 282
　グスタフ・アドルフ聖堂　236
　帝国海軍本部　58
　帝国保険事務所　58
　ブリッツ集合住宅　182
　ベルリン・オリンピック・スタジアム　16
　ベルリン・フィルハーモニー　115, 140–145, 152
　ベルリン国立美術館新ギャラリー　140, 141. 145
　ベルリン新博物館　113
　ベルリン大聖堂　58
　ムゼウムスインゼル　113
　モッセハウス　108
　ユダヤ博物館　113
　ライヒスターク　13, 58–63
　レムケ邸　131
ベルリン・オリンピック・スタジアム　16
ベルリン国立美術館新ギャラリー　140, 141, 145
ベルリン新博物館　113
ペレ, オーギュスト＆ギュスターヴ　236
ヘレンズバラ　122
ペロー, ドミニク　163
ポイアーナ・マッジョーレ　188
ボイタック, ディオゴ　268
ボイル, リチャード　189
ボーヴェの大聖堂　253
ホークスムア, ニコラス　116
ボーヌの施療院　182, 184–187
ポープ, ジョン・ラッセル　163
ホール, スティーヴン　123
ホール, ピーター　150, 151
ホガース, ウィリアム　121
ボストン　113, 162, 211
ボネット・イ・アルメニョール, ジョルディ　289
ボネット・イ・ガリ, リュイス　289
ホバン, ジェームズ　34
ポリー, ロビー　6, 9

ホワイトハウス　34
ポワソン, ジャンヌ・アントワネット（ポンパドゥール侯爵夫人）　97, 99
ポワッシー　283
ボン, ジョバンニ　29
ボン, バルトロメオ　29
香港　162
ポンパドゥール侯爵夫人　97, 99
ポンピドー, ジョルジュ　157
ポンピドー・センター　113, 156–162

マ

マーシャル・アンド・フォックス事務所　99
マース, ルイーズ　109
マーチ, ヴェルナー　16
マイモニデス病院　109
マイヤー, アドルフ　126
マイヤー, アルバート　48
マイヤー, ハンネス　127
マイレア邸　180, 182, 210-213
マカリー, ミシェル　164
マガンツァ, アレッサンドロ　191
マキシーヌ・エリオット劇場　99
槇文彦　70
マクスウェル, エドワード＆ウィリアム　99
マクドナルド, フランシス　123
マクドナルド, マーガレット　123
マクミラン計画　35, 174
マコーミック邸　131
マコーレイ, デビッド　20
マッキントッシュ, チャールズ・レニー　122-125
マックニー, ハーバート　123
マティアス, アロンソ　246
マティーリャのフアン・セケーロ　245
マディソン, ジェームズ　106
マデルノ, カルロ　271, 273
マハル, ムムターズ　92
マルシー, ガスパール＆バルタザール　98
マルセイユ　49
マルタン, エミール　252
マルティネス, フスト・ガジェゴ　289
マルメ　71, 231
マルロー, アンドレ　156
マンサード屋根　101, 164, 297
マンサール, フランソワ　101
マントン　214
ミーク, リシャール　97
ミース・ファン・デル・ローエ, ルートヴィヒ　115, 127, 130–133, 140, 141, 145, 147, 200
ミケランジェロ　261, 270, 271, 273
ミッテラン, フランソワ　156, 157, 162, 163
ミナレット　94, 238, 239, 241, 245, 246
ミニョ, ジャン　250
ミラー, ジョセフ　107
ミラー, ハーマン　220
未来派　109
ミラノの大聖堂　250, 260

ミル・ラン 206
ミルウォーキー美術館 71
ミルズ, ロバート 35
ミルバンク・タワー 279
ミレトスのイシドロス 238
ムガール建築 55, 92–95
ムゼウムスインゼル 113
ムルダー, ベルタス 197
メイデンレーン140 135
メグズ, モンゴメリー・C 35
メゾン・カレ 102, 103
メゾン・ド・ヴェール 200-205
メタボリズム 159, 224, 225
メディチ家 28, 271
メトープ 80, 297
メトロ（パリ）193
メフメト2世 238, 239, 241
メホラーダ・デル・カンポ大聖堂 289
メンデルゾーン, エーリヒ 108–111
モールド, ヤコブ・レイ 29
モガーハンガー・ハウス 116
モスクワ 182
モスクワ経営管理大学院 175
モダニズム
　イームズ邸 180, 220–223
　キンベル美術館 113, 146–149
　空港 44-47
　宗教建築 236
　シュレーダー邸 180, 196–199
　ノートルダム・デュ・オー礼拝堂 49, 236, 282–287
　バウハウス 115, 182, 196, 205, 296
　バルセロナ・パビリオン 115, 130-133
　マイレア邸 180, 182, 210–213
　メゾン・ド・ヴェール 200-205
　ライヒスターク 13, 58-63
　落水荘 182, 199, 206–210
　ルイス・バラガン邸 180, 214–219
モッセハウス 108
モルウ, ジャン＝シャルル 282
モンティチェロ 78, 102–107, 115, 182
モンテスパン侯爵夫人 97, 99
モンドリアン, ピエト 197
モントリオール美術館 99

ヤ

ヤマサキ, ミノル 44, 70
山崎朝雲 257
ヤンソン, マ 230
ユヴァスキュラの労働者会館 210
ユーゲントシュティール 192
ユスティニアヌス1世 238
ユスティニアヌス2世 238
ユダヤ博物館 113
ユトレヒト 180, 196–197
ユニテ・ダビタシオン（マルセイユ）49
ユネスコ 6, 77, 78, 93, 127, 257, 289
ヨーク＆ソーヤ 14

ラ

ラ・ヴィレット公園 163
ラ・ホーヤ 55, 146
ラーポ・ギーニ, ジョヴァンニ・ディ 261
ライス, ピーター 164
ライト, フランク・ロイド
　ソロモン・R・グッゲンハイム美術館 134–139
　落水荘 182, 199, 206–209
ライヒスターク 13, 58–63
ラインハルト＆ズッセングート事務所 58
落水荘 182, 199, 206–209
ラシュドルフ, ユリウス・カール＆オットー 58
ラスキン, ジョン 29
ラッチェンス, エドウィン 116
ラトローブ, ベンジャミン・ヘンリー 34–35, 103
ラピダス, モーリス 195
ラファエロ 271
ラプソン, ラルフ 221
ラホーリー, ウスタード・アフマド 93
ラムジー, ウィリアム 269
ラルフ・アッペルバウム事務所 175
ランゲ邸 131
ランドルフ, マルタ 106
ランファン, ピエール・シャルル 34, 174
リード＆ステム 14
リートフェルト, ヘリット 196–199
リーベイ, ヒラ・フォン 134
リオデジャネイロ 71
リオラ教区教会 211
リスボン 71, 72
リッチモンド 103
リッツォ, アントニオ 29
立法議会議事堂 13, 48–53
リバティ様式 192
リベスキンド, ダニエル 70, 113
霊前観音 257
ル・アーヴル 236
ル・ヴォー, ルイ 96
ル・コルビュジエ
　ノートルダム・デュ・オー礼拝堂 49, 236, 282–287
　ピロティ 51, 297
　ブリーズ・ソレイユ 51, 157, 233, 297
　立法議会議事堂 13, 48–53
ル・ノートル 96, 98
ル・ランシーのノートルダム聖堂 236
ルイ14世 96-99, 163, 164, 167
ルイス・バラガン邸 180, 182–183, 214–219
ルーカス美術館 231
ルービン, ロバート 201
ルドルフ, ポール 54
ルフュエル, エクトール＝マルタン 165
ルブラン, シャルル 96, 97
ルメルシエ, ジャック 164
レイク・ショア・ドライブ・アパートメント 130
レーバウ 140

レオナルド, イーソン・H 162
レクワイア, アラン 81
レゴレッタ, リカルド 214, 215
レスコ, ピエール 164
列柱 23
レムケ邸 131
レン, クリストファー 10, 276–281
レンウィック, ジェームズ 175
ロイズ・ビル 159
ロイター, エリッヒ・F 141, 142
ロイド＆モルガン 16
ローマ
　MAXXI国立21世紀美術館
　コロッセウム 6, 13, 16–21, 78, 116
　サン・ピエトロ大聖堂 234, 235, 261, 270–275
　パンテオン 34, 36, 103, 191, 271
ローレンス, トマス 118
ロサンゼルス
　イームズ邸 180–181, 220–223
　ウォルト・ディズニー・コンサートホール 168
　カリフォルニア航空宇宙博物館 168
　ケース・スタディ・ハウス 221
　ザ・ブロード 113, 231
　パーシング・スクエア 215
　メモリアル・コロシアム 16
　ルーカス美術館 230, 231
ロジャース, リチャード 156, 159, 201
ロシュシュアール, フランソワーズ・アテナイス・ド（モンテスパン侯爵夫人）97, 99
ロッセリーノ, ベルナルド 271
ロトンダ（バージニア大学）103
ロナルド・ウォード＆パートナーズ 279
ロハン, ダーク 131
ロベール, ユベール 97
ロミオとジュリエット高層集合住宅 141
ロラン, ニコラ 184, 185
ロンシャン 49, 236, 282, 283
ロンドン
　アイデア・ストア・ホワイトチャペル 174
　ヴィクトリア＆アルバート博物館 117
　旧セント・ポール大聖堂 269
　サー・ジョン・ソーン美術館 115–121, 183
　新裁判所 116
　セント・スティーブン・ウォルブルック聖堂 276
　セント・ポール大聖堂 235, 276–81
　セント・メアリー・アルダメリー聖堂 276
　ダリッジ・ピクチャー・ギャラリー 116
　チジック・ハウス 103, 189
　ピッツハンガー・マナー 116
　ベスナルグリーン聖ヨハネ聖堂 116
　ミルバンク・タワー 279
　ロイズ・ビル 158
　ロンドン・アクアティクス・センター 13, 64–69

ワ

ワグナー, オットー 122, 192
ワールド・トレード・センター駅 11, 13–15, 70–75
ワイト, ピーター・B 29
ワシントン
　アメリカ合衆国会議事堂 13, 34–37, 174
　アメリカ合衆国ホロコースト記念博物館 174
　国立アフリカ系アメリカ人歴史文化博物館 112–113, 115, 174–179
　国立アメリカ・インディアン博物館 174
　ナショナル・ギャラリー東館 162, 163, 174
　ナショナル・モール 174, 175
　ハーシュホーン博物館と彫刻の庭 174
　ホワイトハウス 34
　ワシントン記念塔 35, 174, 175
　ワシントン大聖堂 288
ワリード1世 244
ワン・ワールド・トレード・センター 70

A～Z

BIM 6
E・ヴァスムート社 132
IBM工場 215
MADアーキテクツ 182, 230–233
MAXXI国立21世紀美術館 64
MIHOミュージアム 162
WASAスタジオ 135

その他

1107ブロードウェイ・ビル 38
400マディソン・アベニュー・ビル 38
40ウォール・ストリート・ビル 38
724フィフス・アベニュー・ビル 38

図版クレジット

Illustrations by Robbie Polley. Photographs supplied by the following sources:

(Key: top = **t**; bottom = **b**; left = **l**; right = **r**; center = **c**; top left = **tl**; top right = **tr**; center left = **cl**; center right = **cr**; bottom left = **bl**; bottom right = **br**)

2 Architectural Images/Alamy Stock Photo **12** Fotofeeling/Getty Images **15** James Ewing/OTTO Archive **16** Denis Polyakov/Alamy Stock Photo **17t** phxart.org/Wikimedia Commons **17bl** Evan Reinheimer/Getty Images **17br** J. Pie/Alamy Stock Photo **22** Mrak.hr/Shutterstock **23tl** DEA Picture Library/Getty Images **23bl** Tuomas Lehtinen/Alamy Stock Photo **23r** Peter Noyce ITA/Alamy Stock Photo **28** @Didier Marti/Getty Images **29tl** Roland Liptak/Alamy Stock Photo **29tr** dominic dibbs/Alamy Stock Photo **29b** Photo by H.N. Tiemann/The New York Historical Society/Getty Images **34** © Corbis/VCG/Getty Images **35tl** Thornton, William, Architect. [U.S. Capitol, Washington, D.C. East elevation, low dome]. Washington D.C, None. [Between 1793 and 1800] Photograph. Retrieved from the Library of Congress, https://www.loc.gov/item/92519533/ **35bl** Irene Abdou/Alamy Stock Photo **35r** Photo by Library of Congress/Corbis/VCG via Getty Images **38** Cameron Davidson/Getty Images **39l** Elizabeth Wake/Alamy Stock Photo **39c** Nathan Benn/Corbis via Getty Images **39r** Iconic New York/Alamy Stock Photo **44** Connie Zhou/OTTO Archive **45tl** Balthazar Korab/OTTO Archive **45tr** Granger Historical Picture Archive/Alamy Stock Photo **45b** Connie Zhou/OTTO Archive **48** James Ewing/OTTO Archive **49t** (c) Stephane Couturier/Artedia/VIEW **49b** ITAR-TASS Photo Agency/Alamy Stock Photo **54** David Greedy/Lonely Planet Images/Getty Images **55t** VIEW Pictures Ltd/Alamy Stock Photo **55bl** Phillip Harrington/Alamy Stock Photo **55br** Majority World/UIG via Getty Images **58** (c) Werner Huthmacher/Artur/VIEW **59tl** VIEW Pictures Ltd/Alamy Stock Photo **59tr** dpa picture alliance/Alamy Stock Photo **59b** akg-images/Alamy Stock Photo **64** Hufton+Crow/Corbis Documentary/Getty Images **65tl** Hufton+Crow/Corbis Documentary/Getty Images **65tr** View Pictures/REX/Shutterstock **65b** Loop Images Ltd/Alamy Stock Photo **70** James Ewing/OTTO Archive **71tl** Peter Aaron/OTTO Archive **71tr** Leonardo Mascaro/Alamy Stock Photo **71b** Kim Karpeles/Alamy Stock Photo **76** Pakawat Thongcharoen/Moment/Getty Images **79** charistoone-travel/Alamy Stock Photo **80** Ren Mattes/hemis.fr/Getty Images **81t** Nick Dale/Design Pics/Getty Images **81bl** akg-images/Peter Connolly **81br** Brian Jannsen/Alamy Stock Photo **86** Boy_Anupong/Moment/Getty Images **87t** imageBROKER/Alamy Stock Photo **87bl** Robert Holmes/Alamy Stock Photo **87br** VW Pics/Universal Images Group/Getty Images **92** Wildviews/Charles Tomalin/Alamy Stock Photo **93tl** Diana Mayfield/Lonely Planet Images/Getty Images **93tr** david pearson/Alamy Stock Photo **93b** khairel anuar che ani/Moment/Getty Images **96** Guillaume Baptiste/AFP/Getty Images **97tl** Hemis/Alamy Stock Photo **97tr** Loop Images/Tiara Anggamulia/Passage/Getty Images **97b** Kalpana Kartik/Alamy Stock Photo **102** Albert Knapp/Alamy Stock Photo **103tl** Buddy Mays/Alamy Stock Photo **103tr** Evan Sklar/Alamy Stock Photo **103b** Philip Scalia/Alamy Stock Photo **108** akg-images/Bildarchiv Monheim/Opitz **109t** Photo Scala, Florence/bpk, Bildagentur fuer Kunst, Kultur und Geschichte, Berlin **109c** ullstein bild/ullstein bild via Getty Images **109b** Photo Scala, Florence/bpk, Bildagentur fuer Kunst, Kultur und Geschichte, Berlin **112** Brad Feinknopf/OTTO Archive **114** Jannis Werner/Alamy Stock Photo **116** Mark Lucas/Alamy Stock Photo **117t** Arcaid Images/Alamy Stock Photo **117bl** Mieneke Andeweg-van Rijn/Alamy Stock Photo **117br** Archimage/Alamy Stock Photo **122** John Peter Photography/Alamy Stock Photo **123tl** Leemage/Universal Images Group/Getty Images **123tr** VIEW Pictures Ltd/Alamy Stock Photo **123b** John Peter Photography/Alamy Stock Photo **126** ullstein bild/Getty Images **127tl** Ton Kinsbergen/Arcaid Images **127tr** Jannis Werner/Alamy Stock Photo **127b** LianeM/Alamy Stock Photo **130** imageBROKER/Alamy Stock Photo **131t** Campillo Rafael/Alamy Stock Photo **131c** imageBROKER/Alamy Stock Photo **131b** Arthur Siegel/The LIFE Images Collection/Getty Images **134** imageBROKER/Alamy Stock Photo **135tl** Art Kowalsky/Alamy Stock Photo **135tr** Peter Aaron/OTTO Archive **135b** Historic American Buildings Survey, Creator, Frank Lloyd Wright, and V C Morris. V.C. Morris Store, 140 Maiden Lane, San Francisco, San Francisco County, CA. California San Francisco San Francisco County, 1933. Documentation Compiled After. Photograph. Retrieved from the Library of Congress, https://www.loc.gov/item/ca1392/ **140tl** View Pictures/Universal Images Group/Getty Images **140bl** akg-images/euroluftbild.de/bsf swissphoto **141** Iain Masterton/Alamy Stock Photo **146** Ian G Dagnall/Alamy Stock Photo **147t** Richard Barnes/OTTO Archive **147b** Randy Duchaine/Alamy Stock Photo **150** Michael Dunning/Photographer's Choice/Getty Images **151tl** Ivo Antonie de Rooij/Shutterstock **151tr** Blaine Harrington III/Alamy Stock Photo **151b** French+Tye/Bournemouth News/REX/Shutterstock **156** Connie Zhou/OTTO Archive **157tl** Atlantide Phototravel/Corbis Documentary/Getty Images **157tr** Hemis/Alamy Stock Photo **157** Photononstop/Alamy Stock Photo **162** Sebastien GABORIT/Moment/Getty Images **163tl** Richard I'Anson/Lonely Planet Images/Getty Images **163tr** Hemis/Alamy Stock Photo **163b** nobleIMAGES/Alamy Stock Photo **168** Kevin Schafer/Corbis Documentary/Getty Images **169tl** View Pictures/Universal Images Group/Getty Images **169tr** Senior Airman Christophe/age fotostock/Superstock **169b** Art Streiber/OTTO Archive **174** REUTERS/Alamy Stock Photo **175tl** Brad Feinknopf/OTTO Archive **175tr** Brad Feinknopf/OTTO Archive **175b** Buyenlarge/Archive Photos/Getty Images **181** Danica Kus/OTTO Archive **182** Peter Aaron/OTTO Archive **184** JAUBERT French Collection/Alamy Stock Photo **185tl** Pol M.R. Maeyaert/Bildarchiv-Monheim/Arcaid Images **185tr** Hemis/Alamy Stock Photo **185b** Wikimedia Commons **188** David Madison/Photographer's Choice/Getty Images **189tl** Bildarchiv Monheim GmbH/Alamy Stock Photo **189tr** Fabio Zoratti/Getty Images **189b** Pat Tuson/Alamy Stock Photo **192** Karl Stas/Wikimedia Commons, CC-BY-SA-3.0 **193tl** © Our Place The World Heritage Collection **193tr** © Our Place The World Heritage Collection **193b** Charles LUPICA/Alamy Stock Photo **196** Arcaid Images/Alamy Stock Photo **197tr** Anton Havelaar/Shutterstock **197cl** Digital image, The Museum of Modern Art, New York/Scala, Florence **197b** Image & copyright: Centraal Museum Utrecht/Kim Zwarts 2005 **200** © Rene Burri/Magnum Photos **201tl** © Rene Burri/Magnum Photos **201tr** Arcaid Images/Alamy Stock Photo **201b** Digital image, The Museum of Modern Art, New York/Scala, Florence **206** Connie Zhou/OTTO Archive **207tl** Wim Wiskerke/Alamy Stock Photo **207bl** HABS PA,26-OHPY.V,1-93 (CT), Library of Congress Prints and Photographs Division Washington, D.C. 20540 USA http://hdl.loc.gov/loc.pnp/pp.print **207r** Alfred Eisenstaedt/The LIFE Picture Collection/Getty Images **210** Lehtikuva Oy/REX/Shutterstock **211l** Lehtikuva Oy/REX/Shutterstock **211r** Arcaid Images/Alamy Stock Photo **214** Peter Aaron/OTTO Archive **215tl** Peter Aaron/OTTO Archive **215cl** Peter Aaron/OTTO Archive **215br** Arcaid Images/Alamy Stock Photo **220** Walter Bibikow/Photolibrary/Getty Images **221t** EWA Stock/Superstock **221b** Peter Stackpole/The LIFE Picture Collection/Getty Images **224** Arcaid Images/Alamy Stock Photo **225l** urbzoo/Wikimedia Commons, CC-BY-2.0 **225r** Paul Almasy/Corbis Historical/Getty Images **230** VIEW Pictures Ltd/Alamy Stock Photo **231t** VIEW Pictures Ltd/Alamy Stock Photo **231b** Lucas Museum of Narrative Art/ZUMA Wire/REX/Shutterstock **234** Thoom/Shutterstock **237** Pascal Saez/VWPics/Alamy Stock Photo **238** Ali Kabas/Corbis Documentary/Getty Images **239tl** Ayhan Altun/Alamy Stock Photo **239bl** Siegfried Layda/The Image Bank/Getty Images **239r** Science History Images/Alamy Stock Photo **244** Benny Marty/Alamy Stock Photo **245tl** Gonzalo Azumendi/Photolibrary/Getty Images **245tr** John Turp/Moment/Getty Images **245b** Perry van Munster/Alamy Stock Photo **250** Arnaud Chicurel/hemis.fr/Getty Images **251tl** Photo (C) BnF, Dist. RMN-Grand Palais/image BnF **251bl** Martin Siepmann/imageBROKER/REX/Shutterstock **251br** funkyfood London - Paul Williams/Alamy Stock Photo **256** Joshua Davenport/Alamy Stock Photo **257tl** Mariusz Prusaczyk/Alamy Stock Photo **257tr** Alex Timaios Japan Photography/Alamy Stock Photo **257b** David Clapp/Photolibrary/Getty Images **260** Panther Media GmbH/Alamy Stock Photo **261l** Cristina Stoian/Alamy Stock Photo **261r** Gunter Kirsch/Alamy Stock Photo **266** © Aiisha/Dreamstime **267tl** Florian Kopp/imageBROKER/REX/Shutterstock **267tr** GM Photo Images/Alamy Stock Photo **267b** British Library/Robana/REX/Shutterstock **270** Eric Vandeville/Gamma-Rapho/Getty Images **271tl** Mark Williamson/Stockbyte/Getty Images **271bl** imageBROKER/Alamy Stock Photo **271r** De Agostini Picture Library/Getty Images **276** Peter Macdiarmid/Getty Images News/Getty Images **277l** Ludovic Maisant/hemis.fr/Getty Images **277r** VIEW Pictures Ltd/Alamy Stock Photo **282** Oleg Mitiukhin/Alamy Stock Photo **283tl** Annet van der Voort/Bildarchiv-Monheim/Arcaid Images **283tr** Bildarchiv Monheim GmbH/Alamy Stock Photo **283b** Michel Sima/Archive Photos/Getty Images **288** GlobalVision Communication/GlobalFlyCam/Moment/Getty Images **289tl** Travel Library Limited/Superstock **289tr** Panther Media GmbH/Alamy Stock Photo **289b** Senior Airman Christophe/age fotostock/SuperstockWW

Architecture Deconstructed
By John Zukowsky & Robbie Polley

© 2018 Quarto Publishing plc

Japanese translation rights arranged with Quintessence Editions,
a division of Quarto Publishing Plc., London
through Tuttle-Mori Agency, Inc., Tokyo

This book was designed and produced by
Quintessence Editions, an imprint of The Quarto Group
The Old Brewery
6 Blundell Street
London N7 9BH

Senior Editor	Elspeth Beidas
Editors	Carol King, Juliet Lecouffe
Senior Designer	Isabel Eeles
Design Assistance	Josse Pickard
Production Manager	Anna Pauletti
Editorial Director	Ruth Patrick
Publisher	Philip Cooper

All Rights Reserved. No part of this publication may be reproduced
or transmitted in any form or by any means, electronic or mechanical,
including photocopy, recording or any other information storage
and retrieval system, without prior permission in writing from the publisher.

Printed in China

イラスト解剖図鑑　世界の遺跡と名建築

2018年9月1日　第1刷発行

著者	ジョン・ズコウスキー、ロビー・ポリー
日本語版監修	山本想太郎
訳者	山本想太郎「序」「公共」「モニュメント」「芸術と教育」「生活」p6〜233, 「主な参考文献」「図版クレジット」p294〜297 鈴木圭介「宗教」p234〜265 神田由布子「宗教」p266〜293
編集協力	内野正樹／ecrimage
DTP	株式会社リリーフ・システムズ
本文デザイン	金子 裕（東京書籍 AD）
カバー印刷	図書印刷株式会社
発行者	千石雅仁
発行所	東京書籍株式会社 〒114-8524 東京都北区堀船2-17-1 電話　03-5390-7531（営業） 　　　03-5390-7515（編集） https://www.tokyo-shoseki.co.jp

ISBN 978-4-487-81150-2 C0652
Japanese edition text copyright ©2018 Tokyo Shoseki Co.,Ltd.
Printed（Jacket）in Japan
本体価格はカバーに表示してあります。
本書の内容を無断で複製・複写・放送・データ配信などをすることはかたくお断りしています。
乱丁・落丁本はお取り替えいたします。